南通博物苑百年苑庆纪念文集

南通博物苑　编

文物出版社

目　录

前　言

　　2005年，是南通博物苑百年华诞之年。南通博物苑是中国第一座博物馆，标志着中国博物馆事业的开端。经文化部、江苏省人民政府、国家文物局研究，将南通博物苑百年庆典活动定名为"南通博物苑一百年暨中国博物馆事业发展百年庆典活动"，决定由三家联合主办，江苏省文化厅、南通市人民政府、江苏省文物局、中国博物馆学会、中国自然科学博物馆协会承办。为配合活动的开展，南通博物苑决定编辑出版《南通博物苑百年苑庆纪念文集》。

　　2002年9月，国家文物局副局长张柏先生在考察南通博物苑时指出：南通博物苑在世界文博史上占有重要地位，是东方大地上非常靓丽的文化闪光点，值得很好地纪念、研究。研究、讨论、交流博物馆文化、博物馆学的问题，开博物馆先河的南通博物苑应肩负起应有的历史使命。要站在为中华民族的全面发展、服务的高度，对博物馆事业、博物馆文化进行研究。要编辑出版好《纪念文集》，这样南通博物苑百年苑庆就会流芳百世。国家文物局领导既高度评价了博物苑在博物馆史上举足轻重的地位，同时又对我苑开展学术研究和编辑出版纪念文集寄予厚望。在今年1月召开的市文化系统备战百年苑庆动员会上，南通市副市长季金虎先生指出：出版物是庆典活动不可或缺的重要内容。优秀的出版物不仅能体现文博单位的编辑出版水平，同时也能展示其丰富的历史文化底蕴，并为庆典活动留下永久的、弥足珍贵的纪念。要统筹兼顾、精益求精地做好百年苑庆的编辑出版工作，确保出版物经得起专家学者的推敲，经得起历史的检验。市政府领导站在历史和时代的高度，对编辑百年苑庆出版物提出了明确的要求。

　　先贤张謇先生光辉的博物馆思想、卓越的博物馆实践是中国博物馆史上的一座丰碑，我们应该很好地研究、继承并发扬光大。从上个世纪初张謇先生的两次上书和《南通博物品目》，到八十年代的《苑丁生活》，历代"苑丁"点滴积累，笔耕不辍，我苑的学术研究活动延绵不绝，硕果累累。进入新世纪，我苑对学术研究的认识进一步提高，工作进一步加强。我们认为学术研究是传承文明，发扬传统的根本保证，是拓宽视野，增长知识的重要手段，是促进交流，扩大影响的极好平台，又是以人为本，开拓创新的必由之路。我们创办了苑刊《博物苑》，南通市文化局局长黄振平先生为创刊号撰写了发刊词，其副标题为"学术研究是立苑之本"。苑刊的创办不仅为"苑丁"练笔搭建了平台，而且得到了众多文博专家的关注，争取到了一批优质稿件，成为张謇与博物馆研究的重要窗口。我们鼓励申报各级各类学术研究课题，并予以扶持；组织并参与苑内外的学术活动，扩大我苑的学术影响；组织并参与张非武、张柔武、张绪武捐赠《张謇收藏书画选》、《张謇与梅兰芳》、《漫步博物苑》、《往事琐记》、《中国近代第一城》历史图集、《张謇》画传等的编辑出版工作，博物苑的学术地位在巩固中逐步提升。

这本纪念文集共收集与博物苑相关的文章 66 篇，绝大多数作者为本苑或曾在本苑工作过，所记述的均与我苑人和事、品或物相关联。文体与其所记述内容一样，体现了多样性。有的在有关报刊上发表过，有的则专门为百年苑庆而作。一切的一切，都是百年老馆的历史见证，都是"苑丁"们的精心构造。有的在南通博物苑和中国博物馆事业发展史上具有基础性意义。特别值得一提的是两院院士、清华大学吴良镛教授将规划设计我苑新展馆的过程整理成篇，通过文集首次推出。还有中国博物馆界资深专家：国际博协博物馆学委员会成员、国家文物局专家组成员、中国国家博物馆研究员苏东海先生，中国自然科学博物馆协会荣誉理事、北京自然博物馆研究员、著名古脊椎动物学和博物馆学专家甄朔南先生，全国高校校史研究会学术委员会委员、南开大学文物与博物馆学系教授、南开大学博物馆学研究中心名誉主任和学术顾问梁吉生先生等专门为文集撰文，从历史和现实的角度对我苑进行全面观照并做出全新评价，更是对我们极大的鼓舞和鞭策。

衷心希望文集能成为广大读者了解张謇、了解南通博物苑和中国博物馆事业的重要参考与收藏。

王倚海

2005 年 8 月

文 博 南 通

——南通博物苑及其环濠河文博馆群巡礼

黄振平

一 解读南通博物苑四大特征

南通博物苑一个"苑"字就让人颇费思量，其实南通博物苑最大的特色还就是这个"苑"字。今年，是南通博物苑建苑 100 周年，可以说是南通博物苑历史长河中的重要里程碑。我们有必要对南通博物苑的独特意义和主要特征进行解读。

（一）历史久长——南通博物苑历史悠久，是中国人办的第一座公共博物馆，其重大意义是开创了中国博物馆事业发展的先河。

1905 年，清末状元张謇在家乡南通始办南通博物苑。当时，还没有中国人自己独立创设的博物馆，只有早些年外国人在上海办的博物馆。作为拥有新思想、力图新作为的清朝状元，张謇在奏请朝廷创设文博机构未果等诸多情况下，回到家乡，一边办实业，一边兴教育，实现其"父教育、母实业"的救国理想。他亲手创办的南通博物苑，也成为了中国历史上第一个中国人用自己的力量和先进的理念建立起来的博物馆。1956年 5 月，文化部副部长、国家文物事业管理局局长郑振铎同志在全国博物馆工作会议上就提出："中国博物馆事业的历史并不太久。最早的公共博物馆，除了帝国主义者们在沿海地区办的几个以外，要算张謇他们办的南通博物苑。"南通博物苑建苑 90 周年的时候，国家文物局、江苏省政府和南通市政府联合举办了苑庆活动。今年适逢建苑 100 周年，文化部、国家文物局将联合江苏省人民政府举办南通博物苑一百年暨中国博物馆事业发展百年庆典活动。这进一步奠定了南通博物苑在中国文博史上的历史地位，其意义重大、影响深远。

（二）特色鲜明——张謇办苑理念体现了人文科学与自然科学的结合，扩大了博物馆的功能，使之成为一个综合性的地方博物馆。

张謇创办博物苑，其宗旨是"设为庠序学校以教，多识鸟兽草木之名"，强调了科学性、知识性、教育性的功能。显而易见，除了有人文科学的内涵外，南通博物苑还以"多识鸟兽草木之名"扩大到自然科学领域，成为一个科普阵地、休闲场所。初创时期的南通博物苑就分历史、美术、天产三个部分，即是明证。所以，不叫"博物馆"、"博物院"，而是以"博物苑"定名。这是博物馆的发展方向之一，可见其在中国文博发展史上的独特地位。

（三）遗存丰富——南通博物苑是全国重点文物保护单位，其历史建筑和办苑思想具有物质遗产和非物质文化遗产的双重价值。

张謇创办的南通博物苑，主要有南馆、中馆和北馆三个馆舍，及具有植物展示功能的室外配套场地。而作为全国重点文物保护单位，先是列入了张謇故居濠南别业，后又将啬园的张謇墓地并入。为改善馆藏和展示条件，目前正在兴建新展馆。因此，南通博物苑作为一个文物保护单位，其意义不仅是作为地方综合性博物馆，而是其历史文化保护区的所有建筑均属于物质文化遗产；另外同样重要的是，张謇先生的文博思想，特别是办苑思想，更是十分难得的非物质文化遗产。从这些情况来看，南通博物苑的文化遗产意义有非常丰富的双重价值。

（四）集群示范——南通博物苑的社会价值和示范作用，激励当代南通人创办更多的专业和行业博物馆，使之发挥更广泛的社会文化作用。

博物馆功能主要是研究、传播和收藏。博物馆在传承文化多样性和显示文化地域性等方面发挥着无可替代的作用，因此，其作为社会事业的重要部分，已越来越被党和政府所重视。早在20世纪八九十年代，南通就以专业、行业博物馆之多在省内外享有盛誉，其中有全国第一个行业博物馆——纺织博物馆，有专业性极强的建筑博物馆和给水技术博物馆。进入新世纪，南通以构建环濠河文博馆群为龙头，着力塑造"博物馆城"的城市文化新形象和城市个性特色。先后创办了中国体育博物馆南通馆、中国珠算博物馆，正在筹建城市博物馆和长寿博物馆。与此同时，又开辟了王个簃艺术馆、沈寿艺术馆、张謇纪念馆、梅欧阁纪念馆等。又以个人力量创办了风筝展示馆、蓝印花布艺术馆。可谓国家、集体、个人力量一起上。到目前，环濠河文博馆群基本建成，博物馆城也已具雏形。这是南通人民宝贵的物质财富和精神财富，是文化南通的标志，是精神文明建设的重要载体，是南通市委、市政府落实科学发展观，实现文化跨越发展的最新体现。南通的博物馆及其他文化场所的质量和数量，吸引了上海等周边城市前来学习、取经。我们相信南通发展文博事业的经验和做法，在全国也有诸多借鉴意义。

张謇先生在苦心经营南通——"中国近代第一城"的过程中，创造了十多个"第一"。因为诸多原因，绝大多数"第一"并没有得到权威认定。而唯有南通博物苑是文化部和国家文物局予以充分肯定的。客观、正确、全面地解读南通博物苑，不但能充分认识其历史独创性，还能帮助我们进一步认识其现实指导性。因此，南通博物苑百年庆典不是一般的庆典活动，而是对南通文化建设乃至经济、社会跨越发展，以及中国文博事业新推进，具有深远影响和重大意义的盛会。

二 环濠河文博馆群在崛起

每个城市都必然有自己的文化个性。那么南通的文化特质和个性魅力又是什么呢？有一种比较成熟的意见认为，主要体现在三个方面，即"江海文化"、"近代文化"和"博物馆文化"。

所谓"江海文化"，是因为南通滨江临海的特殊地理位置使然，素有"江风海韵"之特色。特别是东海与黄海在南通交汇，使南通打上了鲜明的海洋文化烙印。南通人兼收并蓄，敢于与自然抗争的人文性格就是江海文化的典型表达。而综观南通千年史，以"近代文化"最为丰富和发达。与其说南通的现代基础是后周显德年间筑城建制时打下的，不如说是由张謇先生自主建设和全面经营"中国近代第一城"（两院院士吴良镛先生语）奠定的发展基础。近代文明的兴旺和城市文化的辉煌使南通在中国城市史上占有突出的位置。这一文化积累和精神财富至今都在惠及一代又一代，特别是当代南通人。用文化部艺术司司长于平和中国文化报社总编辑孙若风两人先后参观"张謇业绩展"后的题词来评说最为精当。于平司长的题词是"续千年古韵"，孙若风总编辑的题词是"开一代新风"。

"博物馆文化"，从某种程度上说，就是源于张謇先生及其所创办的南通博物苑。博物苑与博物院（馆）不同之处在于苑结合了人文科学和自然科学，而院（馆）则主要侧重于人文科学。这一理念至今在国际博物馆界仍然领先，有一席之地。张謇一百年前在京城关于建立博览馆的两次动议未获奏准以后，毅然回到家乡，在兴办实业的基础上创办教育，创设了南通博物苑，并由此揭开了中国博物馆事业发展的序幕。因此，南通博物苑的百年苑庆同时也是中国博物馆事业发展的百年庆典。用国家文物局原博物馆司司长孟宪民的话说，"'中国近代第一城'的命题本身就揭示出南通的博物馆城特色"。这以后，特别是近年来，南通又兴建了一批博物馆。博物馆的质和量，及其所达到的高度及广度，彰显了南通博物馆文化的城市特色。所以，就目前看来，把江海文化、近代文化、博物馆文化作为南通城市文化的三大个性和优势是有历史意义和现实依据的。

环濠河文博馆群就是近代文化和博物馆文化的双重体现和物质载体。所谓环濠河文博馆群，是指以南通城濠河为中心，环绕旧城而建的一系列文博场馆的总称。其中有具有百年历史的南通博物苑，有改革开放初期领全国行业博物馆风气之先的南通纺织博物馆，有建筑博物馆等专题博物馆，有陆续新建、改建的个簃艺术馆、沈寿艺术馆、张謇纪念馆等，还有最近两三年新创办的中国体育博物馆南通馆和中国珠算博物馆等等。共计有二十多个。就一个中等城市而言，南通的文博场馆不但"质量"高，而且数量大，称"环濠河文博馆群"和博物馆文化特色是显而易见的，说已初具"博物馆城"之美誉也是当之无愧的。文化部、国家文物局和建设部的领导和诸多领域专家视察、参观南通后，对此都赞不绝口。

近年来，南通市委、市政府按照"文化立市、文化名城"的崭新理念，贯彻和实践科学发展观，推动南通的现代化进程，南通文化在国内外产生了广泛的影响，海内外人士纷至沓来。他们普遍的感觉是"原先不知道，来了看不够，看了不想走"。一山（狼山）、一水（濠河）、一人（张謇）、一城（"中国近代第一城"）给宾客们留下了美好的深刻印象。从博物馆的规划、建设，到管理的人文理念，从博物馆的研究、传播，到收藏的功能定位，市委、市政府都举全市之力、集全民之智。市委、市政府主要领导亲自抓，有关职能部门齐心协力，调动一切可以调动的社会力量。市政府斥巨资建设南通博物苑新展馆，预计2005年9月份百年苑庆时就能开馆迎宾。南通建中国珠算博物馆本来并没有什么明显的优势，硬是靠市财政局包括局长在内的全部智慧和力量，在财政部、省财政厅的支持下建成中国第一个珠算博物馆。参观过该馆的人士无不为财政人建博物馆的满腔热情和敬业精神所折服。蓝印花布艺术馆是"前馆后作坊"的经营模式，既有事业性质又有产业特征。为支持该馆成为南通的一张城市文化名片，市领导亲自过问，有关部门以极低的价格把在城市中心绿地的仿古建设群，租赁给其展示、经营，使其取得了经济效益和社会效益互相统一、互相提高的经营业绩。

环濠河各文博场馆，就其性质而言，有事业性质的，也有产业性质的。事业性质的是由国家和地方财政予以支持，如南通博物苑、个簃艺术馆等；产业性质的由业主自己经营，政府予以尽可能的帮助，如蓝印花布艺术馆、长寿博物馆（筹）等。不少博物馆交由行业和国有企业创办、领办，如沈寿艺术馆、建筑博物馆分别由市旅游局、市建设局管理，纺织博物馆交由市国资委所属工贸公司管理。这样形成了国家办、行业办、企业办、个人办的"众星拱月"的格局。体制的多样性和机制的灵活性，促使环濠河文博馆群中的大多数场馆充满了活力，成为对未成年人进行教育的重要阵地，吸引海内外来宾的重要窗口。

盛世兴文，藏文于馆。就全国而言，新一轮博物馆建设热潮正在兴起，表现为省级馆改造旧馆、建设新馆，城市博物馆规划和建设的高起点、高品位，以及发达和较发达地区大量兴建县级博物馆。人类文明就是在文化积累的基础上不断创新发展的，这种创新发展的物质载体就是博物馆。所以，博物馆在承担文化继承的连续性、地域文化的特色性和文化创造的多样性中，发挥着不可或缺的重要功能和作用。

高水平建设和管理环濠河文博馆群，是南通市委、市政府重视大文化建设、实现文化新跨越的体现，更是实践科学发展观和三个文明协调发展的结果。近年，南通在建设

"文化大市"的基础上，又提出建设"中国近代第一城"与现代江海文明交相辉映的"文化南通"的目标定位。环濠河博物馆群建设是其中的具体内容。可以深信，南通的文博场馆在注重量的增加中，一定能更加注重质的提高，使环濠河文博馆群彰显的人文魅力与濠河自身拥有的自然风采相得益彰，共扬城市之个性。

关于南通博物馆管理体制
与运行机制的思考

王栋云

城市在自己的发展过程中形成了自己特有的城市文化，其独特的文化品位又提升了城市的魅力，为其可持续发展注入了活力。高楼大厦不一定能使一个城市伟大起来，但其独特的文化内涵一定能使一个城市屹立于城市之林而被人们铭记。博物馆从事文物的收藏、保护、研究和传播，是一个城市物化的文化载体，在丰富城市文化内涵、提升城市文化品位、增强城市文化魅力、促进其可持续发展方面起着十分重要的作用。

南通是中国博物馆事业的发祥地。1905年，近代伟大的爱国主义者、著名实业家、教育家、思想家张謇，怀抱"教育救国"的理想，以"设为庠序学校以教、多识鸟兽草木之名"为宗旨，在南通创办了中国第一座公共博物馆——南通博物苑。

改革开放以来，南通的文博事业呈现出勃勃生机。1979年，中国自然博物馆协会筹备工作会议在南通召开，推动了南通一批专业技术博物馆的建立，如纺织博物馆、给水技术博物馆、建筑博物馆等。2005年，中国博物馆事业开创100年暨南通博物苑百年苑庆即将来临之际，南通正以建设环濠河文博馆群进而建成"博物馆城"为目标，大力推进博物馆事业。

一 南通博物馆事业的发展现状及其特点

近年来，南通以保护"中国近代第一城"为契机，大力发展文博事业，开创了南通博物馆事业发展的新纪元。其特点主要表现为：

（一）博物馆数量大增。截至2004年底，南通已有各类博物馆、纪念馆20余家，全市博物馆的人均占有率远高于全省平均水平（江苏平均水平为44万人拥有一座博物馆，南通为34万人拥有一座博物馆）。特别值得关注的是，2004年以来，南通的珠算博物馆、体育博物馆相继筹建完成并对外开馆，抢占了专业馆发展的先机，增加了南通博物馆事业发展的份量。此外，南通城市博物馆也在积极地筹建中，相信它的建成，将会为"中国近代第一城"进一步的保护、利用，以及对外造势、扬名起到极大的促进作用，必将成为"环濠河博物馆项链群"中一粒耀眼的明珠。

（二）专业门类丰富。在已建成的 20 几家博物馆中，除南通博物苑、如皋市博物馆、海安县博物馆三家综合性的博物馆以外，其余的皆为颇有特色的专业馆、纪念馆。其内容涉及到工业、建筑、体育、财经等领域，可谓门类丰富，特色鲜明。

（三）投入渠道多元。南通的博物馆建设以国家、政府管理为主导，同时鼓励企业、民间投资兴办博物馆。在 20 余家博物馆中，国有全资性质的有南通博物苑等 17 家，企业和个人投资的有 4 家。17 家国有博物馆，分属文化、建设、民政、文联、财政、体育、纺织控股公司、自来水公司等 8 个不同的行业系统直接或间接管理。

（四）建设重点突出。南通博物苑的保护和建设，是南通文博馆群建设的重中之重。市委、市政府非常重视这一龙头馆的建设，特聘两院院士、清华大学教授吴良镛先生为南通博物苑设计新展馆建设方案和总体规划。新展馆建设投资 7000 余万元，建筑面积 6330 平方米，有 6 个展厅及文物库房。南通博物苑初创时的历史建筑和设施，作为中国博物馆事业百年历史的见证，将按照全国重点文保单位的要求实施维修和恢复。2005 年博物馆新展馆、历史保护区将形成完整统一的面貌。

（五）目标定位准确。在中国博物馆事业开创 100 年暨南通博物苑百年苑庆即将来临之际，南通市委、市政府做出了建设"环濠河文博馆群"的决策。把建设文博馆群作为在城市化战略中挖掘地方人文资源、打造南通文化品牌，建设文化南通的重要举措。这也是落实科学发展观，促进南通可持续发展的得力之举。南通文博馆群的建设以濠河为主线，规划有序、多元并举，体现了起点高、特色鲜、作用明、理念新的特色，顺应了"避免千人一面，发展、完善具有专题特色和自身优势的博物馆"这一博物馆事业发展的方向。

"发展才是硬道理"，博物馆事业的建设和发展也是如此。当然，南通博物馆事业的迅猛发展也附生出一些问题。如庞大的博物馆资源如何整合、体制如何理顺，尤其是管理方法、运行机制与迅猛发展的态势所形成的断层问题必须予以重视，认真地加以研究、解决。

二　理顺南通博物馆管理体制的几点想法

南通博物馆的建设，投入主体多元。有政府出资，也有法人和自然人投资兴办，分属多个行业系统，业务往来较少，资源无法共享。在"量"的迅速扩张的情况下，理顺体制这一"质"的问题十分必要。

（一）给博物馆性质以准确定位

博物馆性质的准确定位，是理顺博物馆管理体制的首要问题。国际博物馆协会章程明确指出"博物馆是为社会及社会发展服务的非营利的常设机构"。中共中央颁布的《爱国主义教育实施纲要》指出："各类博物馆、纪念馆……是爱国主义教育的重要场所。"博物馆必须为社会主义物质文明和精神文明建设服务。因此，在市场经济条件下，我们必须更加重视博物馆在总体上是非营利公益事业性质。作为非营利机构，博物馆更加注重社会效益；作为公益事业，博物馆提供的是公共产品。博物馆代表的是政府的形象。由于博物馆的这一特性，决定了博物馆的工作资源主要依赖于公共财政和社会捐助。政府的支持应当成为博物馆发展的主要推动力。无论是博物馆的产业活动或是民间资金进入博物馆，都不应改变政府的主导地位。

（二）拓展办馆渠道，调动社会资源发展博物馆事业

发展博物馆事业要面向并适应社会主义市场经济这一大环境，坚持政府兴办为主，同时也要大力争取社会支持。政府可出台鼓励行业和民间兴办博物馆的办法，引导民资发展经济效益好、吸引力强、质量高的博物馆项目，在他们谋取经济利益、发展文化产业的同时，承担收藏、保护和展示地方文化遗产的职能，为社会提供公共产品。同时对现有博物馆给予优惠的文化产业发展政策，使其增强自我"造血"功能，并靠灵活的运行机制来吸引社会资金。中国有句老话"乱起黄金、太平古玩"，在国泰民安的今天，南通的私人收藏有一定的水准。我们应积极引导、鼓励其建立博物馆，使私人收藏服务于社会。近年来，南通的私立博物馆有所发展。如海安的德让博物馆、南通蓝印花布艺术馆就是以个人收藏和资金建立起来的。虽然规模小，在总量中所占份额低，但他们所起的示范作用和所昭示的发展方向，对南通文化建设的作用不能低估。

（三）打破系统分割，建立统一的管理体制

对国有性质的博物馆，政府可运用行政手段，打破目前"各自为政"的局面，对其进行宏观统一管理。一是要坚持科学发展观，对南通博物馆事业的发展进行科学的、可行的规划。市计划发展委员会可邀请规划学、博物馆学、地方文化专家对南通可实施的博物馆题材进行研究，进一步编制《南通市环濠河文博馆群建设规划》。在规划编制过程中要注重博物馆的核心问题即藏品问题、场馆设施问题及人才问题等，使规划更具可操作性。要充分挖掘南通文化资源中最值得保存和展示的内容，要体现地域特色、时代特色、专业特色，要将文化底蕴和现代意识融合起来，使规划具有独创性和超前意识，符合博物馆最新的发展潮流。特别要提出的是要注重对现有的文物建筑，特别是文物保护单位的利用，这样可以对文物保护单位实施有效保护和充分展示，并提升新博物馆的自身内涵。二是应尽快建立南通博物馆协会，通过协会对博物馆进行行业规范和业务指导，并建立馆际间资源共享、业务交流联动机制。三是文化局要进一步履行主管部门的

职能，通过政府授权对现有博物馆实施登记，对设立博物馆实施审批手续。并对所有国有博物馆所收藏的国有文物，实施监管，藏品账册及相关档案要报文物主管部门备案，文物主管部门定期检查国有博物馆文物收藏情况，防止国有文物损坏和流失。就财政管理体制而言，市财政要重点保障南通博物苑等主要国有博物馆正常的人员经费和业务经费。同时结合南通公益性事业单位改革，对现有的博物馆进行评估和分类。对属于公益性强、代表南通形象的国有博物馆，市财政应予以重点扶持，从经费上保证其正常运转，并可纳入文化系统直接管理。对能够承担政府精神文明建设、对外开放等职能的行业博物馆、民办博物馆，应根据其提供公共文化产品的质量和数量给予一定补助。

三 以灵活的机制激活南通博物馆资源

要使博物馆有一个灵活的机制，大的前提就是要进行公益型事业单位的改革（尤其是南通博物苑这样的百年老馆），理顺体制，使其成为独立的法人主体，其内部才能制定灵活的用人制度、分配制度等等。笔者根据自身的工作实践，对激活博物馆资源谈点粗浅的想法：

（一）队伍建设专业化

博物馆事业迅速发展，对那些真正有知识、有专业水平的人才的需求日增。博物馆的功能决定了博物馆必须拥有管理、研究、保护、讲解等方面的专业人才。

人才队伍专业化有三点值得注意：①管理人才要适度增加。面对社会主义市场经济的新形势，博物馆的管理问题是博物馆工作中最重要的问题。任何一个博物馆要想立于不败之地，必须通过加强自身管理，高效率地组合资源，发挥自身独具的优势，用现代的管理理念来实现自身价值。当一个现代化的博物馆建成以后，博物馆的发展将主要依靠现代化的科学管理，这也就取决于管理的加强和人才的培养。②复合型人才要大量培养。中小型博物馆，专业的分工不可能非常细化，可采用一专多能，一人多用的方法来进行人才的配置。③有很大部分工作可向社会化转化。比如，环境保洁、后勤服务、安全保卫等岗位。甚至那些专业性很强的课题研究、技术开发，也可运用"柔性机制"通过招标的形式委托大专院校及社会上的专门人才来完成。社会化更能凸显专业化。

（二）用人机制灵活化

现行的国有博物馆用人机制呆板单调，不能有效地起到激励、竞争的作用，"平均主义"、"大锅饭"思想严重，干部任用能上不能下，专业技术职务终身化，很大程度上制约了博物馆事业的发展。可适度引入竞争和激励机制。在人员任用晋升上，打破"论资排辈"的观念，对专业技术人员实行评聘分开，可以高职低聘，亦可低职高聘，打破职称终身化的模式；对行政管理人员，同样破除"铁交椅"，使干部能上能下。在工资晋级和奖励上，拉开档次，与贡献大小挂钩。总之，应通过种种举措，使员工能进能出，能上能下，工资待遇能升能降，保证人力资源使用渠道的畅通。

（三）内部管理制度化

规章制度是博物馆各项工作顺利进行的基本保证。在实际工作中，制定制度并不难，难的是怎样形成一个有效的机制，使这些制度内化成员工的行为准则，这是博物馆制度建设中的一个难题。笔者以为可将之作为一个专门的课题在馆际间进行交流、探讨。

（四）藏品保护信息化

信息化是时代发展的需要。现行的博物馆管理在很大程度上是"手工作坊"式的，消耗大、效率低。博物馆的安全防范工作是一个地方的重中之重。"门锁加狼狗"式的安防措施不能适应其安全保障的需要。这些都急需对其进行信息化的改造。信息化的瓶颈是资金问题，这方面，上级主管部门已辟专项资金，用于博物馆的信息化建设。地方政府也应有配套措施。

（五）宣传教育大众化

博物馆的发展引申出博物馆功能的演化。专家指出，博物馆的核心功能应是展示。展示将博物馆与公众联结在一起，并使博物馆的存在价值得以最终实现。也就是说，博物馆的工作要更多地贴近群众、贴近实际、贴近生活，与社会构建起一种良性的互动关系，既要让公众参与进来，博物馆更需要主动介入社会。在陈列展览方面，博物馆应积极创新思路，把握观众的实际需求，改变以往陈列周期长、面貌多年不变的现状，推出系列的具有活力的为观众喜爱的展览。在方式上，可做到几个结合：基本陈列与临时展览相结合，固定展览与流动展览相结合，室内展览与室外陈列相结合，独自办展与联合办展相结合。除了展示，博物馆还可以组织其他丰富多彩的活动项目，如讲座、相关的表演、文物鉴定的培训等等。

总之，在建设社会主义市场经济的新形势下，博物馆应重新对自己的功能进行定位，积极探寻更好地服务社会的路径。在管理上，既要引入灵活的机制和手段，又要基本遵循和围绕博物馆的社会价值来开展。

传承张謇博物馆思想与实践
铸造中国博物第一馆新的辉煌

王倚海

到 2005 年，由清末状元、著名的实业家、教育家张謇（1853～1926 年）先生创办的中国第一个公共博物馆——南通博物苑将迎来百年苑庆。回顾张謇的博物馆思想与实践，抓住当前南通大力发展博物馆事业的有利时机，与时俱进，开拓创新，铸造中国博物第一馆新的辉煌，具有十分深远的历史意义和重大的现实意义。

一　张謇的博物馆思想与实践

张謇是中国博物馆事业的创始者和热心倡导者，是中国博物馆学最早的研究者和奠基人，是中国博物馆事业的开路先锋。多年来，我国文博界对张謇的博物馆思想与实践已做了比较深刻的研究，总而言之，主要集中在张謇创办博物馆的动因、思想的主要内容和实践三个方面。

（一）张謇创办博物馆的动因

张謇创办博物馆的动因大致基于以下两个方面：一是办教育、启民智的必要补充。他认为，要办好教育，必须办博物馆。他曾深刻地指出："以少数之学校，授学有秩序，毕业有程限，其所养成之人才，岂能蔚为通儒，尊其绝学？盖有图书馆、博物苑以为学校之后盾，使承学之彦有所参考，有所实验，得以纵合古今，搜讨而研论之耳。"意思是说，学校培养人才有一定的局限性，而图书馆、博物馆则可补其不足。他把博物馆看作是一种利用实物来普及教育的手段，是一种社会教育机构。他为南通博物苑南馆所题写的一副对联："设为庠序学校以教，多识鸟兽草木之名"，就道出了他办学与办馆的初衷。二是京师办馆倡议受挫。1903 年，他应邀前往日本大阪参观劝业博览会。此间，他先后参观了该国多处文化教育机构，并萌发了在中国京城创设帝室博览馆——合图书馆和博物馆为一体——并由之推广至全国的想法。回国后，他积极倡导创办博物馆，分别上书清政府和学部，建议在京师建立国家博物馆，并逐步"推行于各行省而州而县"。由于这一倡议没有得到清政府重视和肯定，也由于自己办实业具备了一定的经济实力，办教育积累了一定的经验，更由于对办博物馆有了比较充分的思考，他就下决心亲自动手，在南通创办了中国第一个公共博物馆。

（二）张謇博物馆思想的主要内容

张謇的博物馆思想主要体现在《上南皮相国请京师建设帝室博览馆议》、《上学部请设博览馆议》、《通州博物馆敬征通属先辈诗文集书画及所藏金石古器启》、《国家博物院、图书馆规画条议》、《博物苑观览简章》、《南通博物苑品目序》等文内。这些都是中国博物馆事业的重要历史文献，也是中国最早的博物馆学论著。在这些论著中，他从博物馆的功能，到馆址的选择、馆舍的设计、队伍建设、文物的征集和陈列、藏品的分类和保管，以及安全保卫工作等方面提出了一系列的理论和办法。

1. 在博物馆的功能定位方面。张謇认为，博物馆要"以为学校之后盾"，要"高阁广场，罗列物品，古今咸备，纵人观览"。也就是将博物馆的功能定位在教育和收藏两个方面。

2. 在馆址选择和馆舍设计方面。张謇十分注重博物馆的地点选择和环境美化等问题。他认为选择地点要"便于交通，便于开拓者为宜"，"隙地则栽植花木，点缀竹石；非恣游观，意取闲野"。南通博物苑的择址和布局设计，正体现了张謇的这种设想。他将博物馆称之为苑，就含有园林、苑囿的意思。

3. 在队伍建设方面。张謇提出"经理之事，关乎学识"，"胜斯任者，非博物好古丹青不渝之君子，又能精勤细事富有美术之兴趣者，莫克当此"。这就要求博物馆的经营管理者：一要有相当的学识；二要懂得文博专业知识并要有恒心；三是工作要精到、勤勉、细致、认真；四要有一定的艺术修养。他还特别重视培养和使用外语人才，以便与外宾交流。

4. 在文物征集方面。张謇建议京城参照国外的做法，"国家尽出其历代内府所藏，以公于国人。并许国人出其储藏，附为陈列"。对捐献"价值巨万"的文物收藏人士给予表彰奖励。他还特别重视地方文物的征集。倡导"收藏故家，出其所珍，与众共守"，既征集南通历代碑刻、金石车服，又广罗地方"经史词章之集，方技书画之遗"。

5. 在陈列和保管工作方面。张謇强调："博物馆之建设，有异于工商业及他种之会场；非参研学理，确有规则。"意即：博物馆既非各类商品展销会，也非学理研究会，而是有其自身的规律。在实践中，张謇把藏品按天产、历史、美术三部分类，天产品物按所获得地域区序陈列，历史、美术品物按制造时代区序陈列。

6. 在安全保卫方面。张謇认为，要"严管钥，禁非常"，并选派专人进行监督检查。身处战乱频仍、动荡不定的社会，为防止侵略战争对文物安全的威胁，张謇一再强调博物馆的国际保护问题。

（三）张謇的博物馆实践

中国人是否需要办博物馆，中国人能不能办成博物馆？这是当时很多中国人所想不到的，或者是想到了但也不敢轻易去做。因为，此前外国人在中国办的博物馆，其目的多是掠夺中国的文物和自然资源，所以不少人士对博物馆很反感，连朝廷、权臣对办博物馆也不予理会。可以想像，张謇办博物馆是何等的艰辛。但他不仅办了，而且办成了。张謇的博物馆实践突出表现在以下三个方面：

1.因地制宜，便于教育实践。为方便教育实践，并尽快实现其博物馆主张，张謇决定扩建通州师范学校隔河相望的学校植物园，"购并地二十九家，凡三十五亩有奇"，兴建博物馆。主体建筑有中、南、北三馆，分列天产、历史和美术三部。把自然博物馆、历史博物馆和艺术博物馆综合为一体。苑内还建有其他多座配套建筑、各式花坛，分类栽种各种植物，并饲有少量动物。把科学普及和园林欣赏结合起来，南通博物苑成为中国古代苑囿与近代博物馆相结合的科普公园。

2.捐赠个人收藏，丰富苑藏文物。张謇率先将自家收藏的文物捐赠给博物苑，起了重要的带头作用，开创了个人收藏为丰富国家收藏的先河。他在开列征集金石古器目录时就讲到"謇家所有，俱已纳入"。他在外出途中也不忘收集文物，其日记所记载的"与厚生同至天坛，拾黄绿二瓦归"可作佐证。他实事求是的收藏思想，在其手书的博物苑中馆匾中，得到体现："中国金石至博，私人财力式微，搜采准的务其大者。不能及全国也，以江苏为断，不能得原物也，以拓本为断。"他还令其子张孝若将"制意颇佳"的皮雕笔筒赠送博物苑，并以"个人收藏难垂远"相告诫。由于张謇的身体力行，南通博物苑的藏品很快得到丰富，到1914年，藏品就达2973件。在他的影响下，1995年南通博物苑90苑庆之际，其孙辈张非武、张柔武、张绪武诸君将127件家藏书画捐赠南通博物苑。

3.事无巨细，事必躬亲。张謇亲自担任博物苑总理，对建苑诸事事无巨细，均一一过问，仅写给苑主任孙钺的信札就有100多件。他亲拟了文物征集启事，亲订了博物苑苑章及观览规则，为苑藏品目作序。在他的日记、手札、手牒、匾额、对联及诗文中，有关博物苑的内容更比比皆是。

二　抓住机遇，用好机遇，明确重点，狠抓当前，铸就中国第一博物馆新的辉煌

第一次世界大战后，作为张謇文教事业支柱的南通纺织事业，由于受洋纱倾销、军阀混战、营运不振和抵押借款等影响而陷入困境。南通博物苑也因经费减少而举步维

艰。1926 年，张謇去世，博物苑因失去坚强支柱而每况愈下。1938 年，日本侵略军占领南通后，濠南别业沦为日军的指挥部，南通博物苑则沦为日军的马厩。到抗战胜利时，博物苑已成为一座废园。新中国成立后，博物苑有所发展。文革期间，博物苑同我国众多的文博单位一样，受到冲击。一批文博工作者受到不公正的待遇，苑内不少历史建筑（如花竹平安馆）被拆除，并建起不少新的与苑园不相协调的建筑，博物苑的整体形象和环境风貌受到破坏。直到 1999 年底，人民公园成建制并入博物苑，这才为博物苑的发展创造了机遇。

（一）抓住机遇，用好机遇，进一步提高对博物苑新一轮发展规划重要意义的认识

在南通市领导的重视和全市上下的关心与支持下，1999 年，江苏省文管办、南通市文化局、博物苑联合制定了《南通博物苑保护利用规划》，这一规划应该说是南通博物苑发展史上一次重要的、全面的规划，并且已得到国家文物局的批准。2001 年，濠南路改造以后，锁在深闺人未识的博物苑芳容初露。但实事求是地讲，目前博物苑还"只能远观，不可近玩"；"认识不一，动辄受责"。究其原因：一是不少原有古建筑年久失修，亟待修缮，并且有的建筑功能还需要进一步明确；二是公园并入博物苑呼声日久，缺少应有的投入，衰落不堪，并且园林部分因没有比较明确的规划，一时难以动手改造；三是由于 1999 年的规划是在人民公园并入博物苑之前进行的，随着濠河风景区通道建设步伐的加快，博物苑局部地区必须做出调整；四是随着市区文化建设投入的加大，以及南通大学城建设步伐的加快，市区部分文化资源将进行重组，南通博物苑的规划建设也应做出相应的调整。归根到底，就是要结合迅速提升的城市环境对博物苑的规划做出相应的调整，做大、做强、做优、做美博物苑，促进博物苑的可持续发展和跨越式发展。做好南通博物苑的发展规划或新一轮发展规划意义重大，具体体现在以下几个方面：

1. 挖掘南通城市文化内涵，进一步提高南通知名度的需要。新世纪，城市已开始进入以文化论输赢的时代。在年初召开的全市文化工作会议上，市委、市政府系统部署建设文化大市的目标任务，这是推动南通文化与经济、政治协调发展，提升城市综合竞争力的重要措施。在经济全球化、科技高新化的背景下，经济发展已从产品竞争发展到服务竞争，现在又开始向战略竞争深化。南通要建设文化大市，就必须适应这种趋势，把打造南通江海文化作为文化发展的核心战略。江海文化的范畴很广，张謇所创造的南通近代文教事业是其重要的组成部分，而博物苑又是南通近代文化的重中之重。通过实施博物苑的新一轮规划建设，可以有效保护和传承这一近代历史文脉，将南通近代文化的历史知名度提升到现代美誉度。

2. 发挥博物苑的"龙头"作用，促进环濠河博物馆群建设的需要。根据江苏旅游规划，南通城市旅游的定位之一是建设博物馆之城。这一定位基于南通博物苑——中国

第一博物馆以及南通环濠河已拥有诸多博物馆和准博物馆。自去年实施濠南路改造以后，市政府已将建设环濠河博物馆群列入重要议事日程。因此，搞好博物苑的规划建设，充分发挥博物苑的收藏、教育、科研、休闲以及管理、服务和队伍建设等方面的龙头、示范、辐射作用，是本市环濠河博物馆群建设的迫切需要。

3. 促进博物苑发展，加强自身建设，服务南通大众和海内外宾客的需要。创建之初博物苑的服务对象仅限于南通师范的师生，纵有延伸，也不外于服务张謇所创办的近代教育事业。规模小、藏品少是其历史局限。随着南通百万人口规模城市的发展，广大人民文化需求的日益增长，以及游客量的与日俱增和游客观光层次的提高，这一局限正在扩大。目前，市高层决策者们以及我们的部分文化人（博物馆人）已认识到了这一点。值得一提的是，市政府已决定在南通新的图书中心和南通大学城建设之际，将南通博物苑的规划预留地——市图书馆和老卫校的土地整体划拨给南通博物苑。南通博物苑获得新的、从未有过的、宝贵的发展空间。

4. 加速解决历史遗留问题，促进博物馆事业健康发展的需要。进行博物苑的新一轮规划，有利于博物苑的长远发展和可持续发展，有利于滞留在人民公园内的有关单位、办事机构和住户的彻底迁出，有利于博物苑解决办公、经营等用房问题。

（二）明确重点，狠抓当前，铸就中国博物第一馆新的辉煌

全面实施南通博物苑保护、利用规划，精心组织百年苑庆是当前和今后一个时期博物苑的两项重点工作。目前，应南通博物苑的邀请，中国科学院院士、中国工程院院士、清华大学建筑与城市研究所所长、清华大学人居环境研究中心主任、中国城市规划学会理事长吴良镛教授正在为博物苑设计新展馆，并对博物苑进行整体规划。全面规划建设方案拿出并履行必要的报批手续后，拟分三步实施。

第一步，2002～2004 年，完成历史文化保护区（东、南、西、北、中五馆）和濠南别业故居区的修缮；基本完成新馆建设任务；完成北部历史文化保护区、新馆区的园林绿化改造任务。在此期间，要妥善处理好老馆和新馆的功能定位等问题，使其相得益彰，相映生辉。

第二步，2005～2006 年，随着南通图书新馆的建成和南通大学的组建，将西楼（现市图书馆办公楼，俗称葫外楼）并入故居区，将老图书馆、原卫校并入南通发展新区。整合全市张謇研究资源，与市区和在通高校有关张謇研究机构联合组建张謇研究院，资源共享，优势互补，进一步提高南通的张謇研究水平。与南通大学共建文博培训中心、南通大学文博学院，为本苑、市区濠河博物馆群、全市及相关地区文博旅游单位培养和输送人才。在老图书馆旧址设立南通博物苑图书馆、文博书店，方便市民和研究工作者查找、选购文博图书、资料。

第三步，与啬园、纺织博物馆等单位实行跨地区、跨行业合作和联合，产业联动、

文明共建。到2010年，将纺织博物馆、南通博物苑合并项目张謇墓园并入博物苑，增建南通博物苑园林绿化基地。

2005年，我们将迎来博物苑的百年诞辰，鉴于这也是中国博物馆事业的百年庆典，按照国家文物局领导的要求，百年苑庆活动由文化部、国家文物局和江苏省政府主办，由江苏省文化厅、南通市政府和中国博物馆学会承办，其主题也确定为"中国博物馆事业百年庆典暨南通博物苑百年苑庆"。博物苑在全面实施保护、利用规划，加强硬件建设的同时，无疑还要承担大量业务工作。

1. 要组织陈列南通博物苑各类苑藏精品展；

2. 要编辑出版《南通博物苑志（史）》、《南通博物苑百年苑庆论文集》、《南通博物苑苑藏精品（各类）展》等纪念图书；

3. 要征集和接收捐赠一批与张謇先生有关的文物；

4. 要开发文物资源，研制出一批文物复制品、纪念品，投放文博、文化旅游市场，扩大博物苑的影响；

5. 开展与国内各大博物院、馆和国外著名博物馆之间的工作交流、展览交流和文化交流，提高管理水平和业务水平；

6. 做好相关会务工作。

三　加强组织领导，深化改革，为圆满完成既定的目标任务提供强有力的组织保证和不竭动力

（一）遵循领导规律，加强规划建设和百年苑庆工作的领导

要坚持工作的原则性，一切工作都要体现党和人民的根本利益，体现江泽民同志"三个代表"的要求，坚持工作的系统性，分清工作的轻重缓急，提高工作效率；要坚持工作的预见性，集中精力考虑事物比较长远的发展趋势和可能出现的各种情况；要坚持工作的创造性，在坚持博物馆基本规律的前提下，创造性地开展工作。具体来说，要成立相应的组织领导班子和工作班子，明确各自的工作职责。要层层分解目标，苑部与各部室签订的《目标管理责任书》也包括这方面工作的内容。各部室负责人与所在部室的同志也相应签订包括这方面内容的《目标管理责任书》。初步形成一级抓一级，一级对一级负责，职责分清、目标明确的管理体制。总之，要以工作的优异成绩向百年苑庆献礼，告慰博物苑的创始人张謇先生。

（二）改革用人和分配机制，探索新时期博物馆改革的新路子

目前，南通博物苑与不少文博单位一样，存在吃"大锅饭"的分配制度和用人制度，职工的积极性、主动性和创造性不能最大限度地调动。因此，必须加快推进内部运

行机制改革，提高管理水平，增强自我发展的能力和活力。我们将根据国家和省、市关于事业单位改革的要求，加快推进全员聘用制，以岗设人，量化指标，严格考核，真正做到能上能下、能进能出。同时，要深化分配制度改革，实行工效挂钩，多劳多得，优劳优酬，加大向优秀人才和关键岗位分配倾斜的力度。同时，针对本苑的特点，积极探索展厅管理、园林绿化、后勤服务以及安全保卫等方面的社会化发展道路。

（三）加强队伍建设，积蓄发展后劲

建设中国第一馆关键在于，要有一支能够适应新形势发展需求的高素质的博物馆人才队伍。要通过深化改革，引入竞争机制，培养和造就更多的中青年博物馆人才，鼓励各类博物馆人才脱颖而出。要拓展视野，积极引进一批高、精、尖的博物馆人才。我们还将为博物馆人才创造良好的工作环境，为他们解决创作、生活中的一些实际困难。我们不仅要博物馆专门人才，还要培养博物馆事业的经营管理人才。

总之，要按照"政治强、作风正、业务精、纪律严"的要求，提高干部队伍和全体员工的思想政治素质、思想道德素质、科学文化素质、专业技能素质、廉洁奉公素质和开拓创新的素质。大力弘扬张謇先生敢为人先的创业精神，进一步解放思想，把握机遇，勇于开拓，踏实工作，努力完成改革发展新形势赋予博物苑的崇高使命，以优异的成绩向党的"十六大"、向百年苑庆献礼。

（原载《博物苑》2002 年第 1 期）

百年回眸风雨路　万里展望云霞天

——纪念南通博物苑100年

陈卫平

1905年建立的南通博物苑，是中国第一个具有现代意义的公共博物馆，以它的建立为开始，中国博物馆事业走过了百年发展历程。2005年秋天，文化部、国家文物局、江苏省人民政府将在江苏省南通市联合举办"南通博物苑一百年暨中国博物馆事业发展百年庆典"活动。

一　南通博物苑是先进文化理念的产物

中国博物馆事业的发祥地，不是当时大清国的京城，也非最早受西方影响的那些通商口岸城市，而是偏处长江北隅一个相对闭塞的小城南通，其耐人寻味处，正可以启发人们加深对先进理念是先进文化之源的认识。在迎接双百年庆典的时候，我们对于南通博物苑的创建者、清末状元出身的近代爱国主义实业家、教育家张謇先生倍加怀念，对他以"教育救国"为核心的先进文化观要加强研究。

19世纪末，中国民族危机空前严重，变法运动兴起，维新派人士积极倡导资产阶级文化，上海强学会提出建立博物馆的主张。但当时国人并不了解博物馆，只看到从1868年起，外国殖民主义者在上海、天津等地建立的各种博物馆，不过是帝国主义掠夺中国文物资源、奴化中国人民思想的文化侵略工具，对博物馆存有偏见。

张謇是强学会成员，又在1903年东渡日本考察，在参观了日本的博览会和博览馆后，更加激发了倡建中国人自己博物馆的志向。最初他寄希望于清廷，在1905年撰写了《上南皮相国请京师建设帝室博览馆议》①和《上学部请设博览馆议》②，分别向洋务派重臣张之洞和新成立的学部上书，建议清廷设立合博物馆和图书馆为一体的博览馆，进而"推行于各行省，而府而州而县"。他在上书中指出"我国有历史以来，今四千余年矣。其附丽于历史而可以资考证者，曰经籍，曰图绘，曰金石之属。皇古迄今，不可胜计。所以绵绵延延赖以不堕者", 是因为一来"有朝廷之征求", 二来"有私家之搜辑", 然而"不能责以公诸天下也", 使得"承学之士, 久相慨惜", 只有开办博物馆则既保存文物又使之"公诸天下"。张謇还强调西方国家"上自皇家, 下迄县郡地方学校, 咸有博物馆之设", "大而都畿, 小而州邑, 莫不高阁广场, 罗列物品, 古今咸备, 纵人观览"。这正是它们成为"文明之先导"的基础。然而, 这番陈述并未得到清政府理会。无奈之下, 张謇决定身体力行, 在家乡南通继兴办通州师范学校 (中国第一个师范学校) 后, 在学校隔河以西购地移坟, 建立了南通博物苑。当时该博物苑附属于师范学校, 也向社会公众开放, 既方便师范的学生用各类实物验证课本知识, 又适应发展社会教育的需求。

先哲张謇在一百年前对博物馆这一新事物已经具有独到见解。前述的两件上书, 连同后来他陆续制订的《通州博物馆敬征通属先辈诗文集书画及所藏金石古器启》(1908年)③、《国家博物院、图书馆规画条议》(1913 年)④、《南通博物苑品目序》(1914年)⑤和《博物苑观览简章》(1912 年)⑥等文件, 一起堪称中国博物馆学的开山力作, 对博物馆的性质、任务、职能乃至设置管理等内容都有深刻的论述。

张謇认为博物馆服务社会有两种基本作用: 一是保护文物, 二是以实物进行教育。后者又包括辅益学校教育和推进社会教育两方面, 正所谓"为本校师范生备物理上之实验, 为地方人民广农业上之知识。"两种基本作用中, 他更看重博物馆的教育作用, 这与他一向视教育为救亡图存、振兴中华的必由之路的理念密切相关联。张謇在使南通博物苑"以为学校之后盾"的同时, 十分注意"出其所藏, 公于国人", 从而有利于面向社会发挥博物苑的教育职能。他通过征集文物等渠道加强博物苑与社会的联系, 使博物苑真正成为用实物进行教育的场所, 让人们来到这里可以"凡以为学于斯者, 睹器而识其名, 考文而知其物, 纵之千载, 远之异国者, 而昭然近列于耳目之前", 达到"觇古今之变迁, 验文明之进退"。由此可见, 博物馆为社会和社会发展服务的现代理念, 中国最早的博物馆在创建时业已萌生。

总之, 南通博物苑在一百年前诞生并非事出偶然, 这是中国早期现代化的先驱为了实现"教育救国"理想而建设先进文化的重要实践。先驱高瞻远瞩、敢为人先的开拓之功、披荆斩棘、筚路蓝缕的自强之举, 以及从中闪射的思想光辉, 永远值得后人铭记。

二　中国博物馆事业百年沧桑的缩影

以南通博物苑的建立为标志, 中国博物馆事业开始了艰难跋涉的世纪之旅。在一定意义上, 南通博物苑的百年沧桑正是中国博物馆历史的一个缩影。

南通博物苑最初的格局, 包括中馆、南馆、北馆三座主体建筑, 分别陈列天产 (自然)、历史、美术等部(后又单列一个教育部)的文物、标本。苑内广植树木花草，饲养以丹顶鹤等禽类为主的一些动物，并建有假山池沼、亭台馆榭等设施，形成中国古典园林与西方近代博物馆相融合的特点，这也正是名为博物苑的缘由(含有园林、苑囿的意思)。

张謇凭借自己的社会地位和广泛的社会联系，通过各种渠道，为南通博物苑征集文物、标本以及花木鸟兽，一些著名收藏家如端方、叶恭绰等人对博物苑悉有捐赠，张謇本人也捐赠颇多。这种立足本地兼及中外的征集工作甚有成效。到20世纪20年代初，南通博物苑已有一定的馆藏，成为一个深受众望的地方综合性博物馆，吸引了中外人士和一般民众的关注。诸如梅兰芳、黄炎培、马相伯、梁启超、丁文江、竺可帧、杨杏佛、陶行知等名人学者纷至沓来参观游览。美国教育家杜威博士、密勒氏评论报主笔鲍威尔一行以及日本内山完造等外宾也来到南通博物苑，给予积极评价。

但是张謇逝世后，南通博物苑一度陷入经济拮据的窘况。不久抗日战争爆发，1938年日军占领南通，南通博物苑沦为日本侵略军的马厩。苑藏文物除一小部分辗转移藏上海，大部分被毁坏、劫掠。抗日战争胜利时，南通博物苑几乎沦为一座废园，直到全国解放前夕仍然如是。从南通博物苑的局部不难想见同期中国博物馆事业整体遭创的状况。

中华人民共和国的成立给中国博物馆事业带来了新生。南通博物苑，与中国大陆20余所博物馆一样，均成为国有文化机构，并得到相应的恢复发展。可惜在20世纪50年代南通博物苑经历了撤并、重建，减慢了发展速度，而且其园林部分被划出，另建了一个"人民公园"，这一分割有损南通博物苑的馆园融合特色，严重影响了事业的发展。在文革期间，中国博物馆事业全面受挫，完全陷入停滞状态，南通博物苑自然也不例外。直到改革开放后，南通博物苑随着中国博物馆事业的振兴重新走上健康发展之路。中国现代化建设、尤其是城市化进程的加速，使得博物馆事业的重要意义逐渐凸显出来。于是，20世纪80年代起中国博物馆如雨后春笋，数量激增，涉及不同类型、学科和体制。在此基础上，90年代迄今，中国博物馆事业大踏步地走向世界、走向未来。南通博物苑在各级政府关心下，也得到前所未有的恢复和发展。例如长期占驻其中的单位被逐一迁走，主体建筑得到修缮，环境面貌有所改善。1988年南通博物苑被国务院公布为全国重点文物保护单位；1999年人民公园成建制并入南通博物苑，同年《南通博物苑保护利用规划》制定完成并得到国家文物局审定，这就为南通博物苑新世纪的发展勾画了美好的蓝图；2001年南通市濠南路改造工程完成，使位于濠南路南侧的南通博物苑打开了门面，绽放出原始的美丽。目前，南通博物苑正加快实施保护利用规划，其中一项主要工程——由两院院士吴良镛教授主持设计的一座现代化、多功能的新陈列展览馆，将在百年庆典之际完成并交付使用。

回顾南通博物苑一百年风雨历程，品读中国博物馆事业曲折发展的甘苦艰辛，令人感慨万千、启示良多，最重要的是一句话：只有政治稳定、经济发展、社会进步才能带来文化繁荣昌盛。

三　南通博物苑在新世纪的腾飞

《南通博物苑保护利用规划》实施后，将形成一个"三区一通道"的格局，即历史文化保护区、新建博物馆区、生态展示区以及一条沿河的"文博走廊"（自然人文景观通道）。而新建的现代化陈列展览馆也将是一个包括历史文物与自然标本展陈、多媒体演示以及文物库藏的建筑艺术结构，从而使南通博物苑在硬件上得到空前改善。南通博物苑人一定要抓住百年苑庆这一良好契机，践行"三个代表"思想，贯彻"三贴近"原则，全面推进博物馆管理和建设，努力实现百年老馆在新世纪的腾飞。

在谋求发展的过程中，对自身要有正确的定位，要科学地规划发展目标。南通博物苑的优势在其所具有的独特历史地位，但是它只是一个地方性的中小型博物馆，由于体制、财力、地域等多种因素影响，在水准、实力（特别是馆藏）等方面，不但远远不及国家级或省级大型博物馆，而且在相当时间内也赶不上一些历史文化底蕴厚重的同类城市的博物馆。因此，必须从实际出发，摆正位置，彰显自身特色。其一，坚持综合性，沿袭张謇创建时的基本格局，按照博物馆传统的收藏、研究、展示功能将历史、自然和艺术三部分并重，做大做强。其二，继承并发扬现代博物馆与古典园林结合、室内陈列与室外展示并举的风格，将陈列馆及其周边环境做优做美，为观众和游客营造具有教育、休闲、娱乐等多元价值的氛围。其三，南通建城不过千年，城市历史的闪光点应落在清末民初张謇建设"近代第一城"的时期，可以将表现张謇生平业绩的濠南别业——张謇故居、张謇纪念馆（均在南通博物苑所辖范围）以及相关的陈列展览打造成文博精品，提高知名度和影响力。其四，着眼于打造南通文化品牌，挖掘地方人文资源，提升城市整体形象，发挥对民众进行知识教育和思想道德培养的作用，达到为区域经济发展和社会进步服务的目的。

在谋求发展的过程中，要以开拓进取、勇于创新的精神，关注当代博物馆学研究的进展，注意利用其成果来指导实践。人类历史上第一个真正意义的博物馆出现在17世纪晚期，可是直到上世纪初博物馆才淡化了单纯文物收藏所的胎记，逐渐转变成具有社会功能的开放机构，从而也促进了博物馆学的产生。应该看到，就学科的理论体系而言，博物馆学——尤其中国博物馆学迄未成熟。这里，与其说博物馆学长期在考古学、历史学、艺术学、科学史学、管理学、建筑学等学科阴影里徘徊，不如说这些相关学科所构成的多元语境赋予博物馆学积极回应现实的活力，致使其宽泛的学科领域存在硕大的探索空间。这正是当代博物馆学研究显得十分活跃的原因所在。甚至连博物馆定义这样基本命题，都一直在不断争议、修订和完善。不久前我国文博界开展的"博物馆文化"等专题讨论，产生了十分积极的影响，引发了人们对当前博物馆事业面临的诸多新问题的思考。例如博物馆文化就其属性而言，需要在公益性和商业性两者之间寻求结合点吗？这一问题，不仅影响人们对博物馆教化作用与休闲娱乐作用的协调，而且与博物馆文化产业的开发以及处理文物与旅游关系等密切关联。又如博物馆需要怎样融入社会、走向社区，发展与观众的互动并争取社会全方位的支持，从而更好地为社会和社会发展服务、成为社会变革的工具？再如博物馆三大传统功能在时下是否需要以及如何进行拓展，而非物质文化遗产的保存与保护对这一拓展又提出了怎样的挑战？还有，新博物馆学的崛起究竟是传统博物馆学边界的扩张、增容还是对传统博物馆学的悖逆、颠覆？提升博物馆教育的文化内涵，除了运用现代教育学最新理论增强寓教于乐的效果，是否更需要突出培养人的全面素质？……诸如此类看似"形而上"的哲学思辨或理论争鸣，其实都来自基层博物馆的工作实践，自然反过来也可以发挥它们重要的指导作用。南通博物苑限于自身水平，对博物馆学的学科建设也许贡献微小，但是必须积极跟上博物馆学理论与时俱进的脚步，以便高屋建瓴地谋划发展的思路、运作的策略和管理的规范，把全部工作纳入科学思维的框架，迎头赶上，走与国际接轨的道路。

在谋求发展的过程中，最重要的是实施"人才战略"。任何美妙的设想、正确的思维以及完善的计划，没有人去执行，一切都是空谈。南通博物苑需要多学科的业务技术人才和经营管理人才。人才从何而来，如何吸引和留住人才，仅仅有正确的用人观念远远不够。办法必须从体制改革去想、出路只有从机制创新去找。更要注意营造有利于各种人才健康成长的环境氛围。

万里云天万里路，展翅凌云正当时，在纪念南通博物苑及中国博物馆事业一百年的时候，让我们团结一致，努力奋斗，满怀信心地迎接更加美好的未来。

注 释

①②③④⑤ 分别见《张謇全集》第 4 卷，第 272、272、278、280、283 页，江苏古籍出版社，1994年。

⑥ 原件藏南通博物苑。

（原载《中国博物馆》2005 年第 1 期）

南通博物苑诞生的历史意义和现实意义

苏东海

南通博物苑诞生已经一百年了。一百年来，中国博物馆在中国的土地上诞生、发展、壮大，走出了中国博物馆自己的道路，形成了中国博物馆自己的优良传统。中国博物馆在世界博物馆中已经据有了独特的席位。此时，再次认识南通博物苑诞生的历史意义和现实意义，对我们认识自己、继承传统、开拓未来，我想会是有益的。

一　南通博物苑诞生的历史意义和历史价值

（一）南通博物苑为中国创造了第一座使命型博物馆，开辟了中国博物馆参与社会改造的社会化道路。

博物馆是一种进步的文化形式，它的诞生和发展是紧密的与社会发展联系在一起的。近代欧洲博物馆的诞生是近代资产阶级革命时代的产物。博物馆的科学性、社会性是欧洲科学革命、民主革命赋予它的。当时欧洲几位哲学家、科学家，如培根等人，极力提倡办博物馆，视为反封建、反愚昧的一种进步的、有力的文化形式。因之，博物馆当时在欧洲也进入了社会进步文化的行列。继欧洲近代化之后，东方大国也先后走上近代化改造之路。先是俄国，之后是日本和中国向西方学习，开始近代化改造，也都看重欧洲博物馆模式对社会改造的价值，于是也相继办起了博物馆。南通博物苑是中国近代社会改造洪流中的产物，它的诞生为中国社会进步文化的发展增添了新的成员，增强了进步文化的力量。中国博物馆由此开始跻身于进步文化的行列之中。

中国在 19 世纪末进入近代社会改造的高潮，张謇在 1904 年筹建南通博物苑时，不胜感慨地说，过去十年中国社会的变化超过以往的百年。孙中山在 1905 年东京演说中也指出"近今十年思想之变迁，有异常之速矣"。在社会改革的洪流中，根植于社会最深、影响力最大的莫过于进步文化的兴起，正如同欧洲启蒙运动之于欧洲社会改造。1905 年在中国有许多重大文化事项出现了突破性进展。影响最深远的是 1905 年正式废除科举制度；影响最广大的是 1905 年出现的报纸上街。4 月北京出现了第一个面向社会大众的阅报室和街头阅报栏。《大公报》报道"观众如堵",开创了报纸走上街头、走向大众的开端。1905 年诞生的第一座博物馆也不是偶然事件,而是中国近代社会改革的有识之士几十年的呼吁、酝酿的结果。张謇就是其中的一员,并且奋力地把这种呼吁变为现实。从历史的观点看,1905 年南通博物苑的诞生是可以与 1905 年废科举、报纸上街相提并论的,它们与 1905 年前后诞生的电影艺术、近代体育等文化形式一起组成了进步文化群,对推进社会的改革产生了巨大的影响。南通博物苑一经建立,立即成为南通社会改造的有重大影响的生力军。参与社会的改造与发展,在博物馆思想史上是个很高的理念,20 世纪 70 年代才为国际博物馆理论界所关注,提出了博物馆是社会工具的观点。1974 年国际博协经典定义产生时,才把博物馆"为社会和社会发展服务"的思想铸入定义,博物馆社会化才进入一个新阶段。而早在 100 年前诞生的南通博物苑就已经参与了社会的改造,并以社会改造为自己的历史使命。南通博物苑的实践不仅为中国创建了第一座使命型博物馆,而且在世界上也是博物馆自觉参与社会改革的先驱。

　　(二)南通博物苑的诞生,为中国创造了第一座民族的、科学的、大众的博物馆,开辟了博物馆中国化的道路。

　　近代博物馆诞生于欧洲,它是欧洲近代社会改造中的产物。任何国家引进这种文化形式以服务自己,都存在一个本土化的问题。只有与自己的文化、自己的国情相结合,才能得以生存和发展,才能实现它的特殊的文化价值。沙皇俄国与日本明治维新时代引进西方博物馆,创造了俄国特色的博物馆与日本特色的博物馆,博物馆得以在其国家发展起来。为什么殖民国家在殖民地、附属国办的博物馆成不了气候?为什么传教士从19 世纪 60 年代就开始在中国办博物馆也成不了气候?就是因为这些博物馆没有和这些国家的社会产生血缘关系,不过是殖民国家博物馆的翻版而已。张謇办的南通博物苑与南通本土的近代化改造,与中国社会近代化改造紧密地联系在一起,有着天然的血肉关系,这是任何外人所办不到的。这就是中国博物馆事业要从南通博物苑算起的原因。我们不但要感谢张謇为中国建造了国人自己的第一座博物馆,而且要感谢他建造了一座具有深厚中国文化形式与中国文化内涵的博物馆。任何进步的文化不仅是科学的、大众的,而且是民族的。如果是外国文化的附庸还能是进步文化吗?张謇在很高的起点上为中国博物馆事业创造了第一座民族的、科学的、大众的博物馆。他精研欧洲的博物馆、精研日本的博物馆,实地考察,精心观摩,有所借鉴,有所创造,出色地融中西文化于一炉,创造性地把标本、活标本的陈列与中国传统的园囿文化融为一体;把历史陈列与中国的金石古器收藏文化融为一体;把美术陈列与中国的传统书画文化融为一体,创造了博物馆中国化的第一个范例。南通博物苑的诞生,不仅给我们提供了榜样,而且给我们指出了方向,至今,创建有中国特色的博物馆仍然是中国博物馆人不断努力的目标。

　　(三)南通博物苑的诞生,为中国创造了第一位博物馆大师,开辟了博物馆特殊的成才之路。

张謇以他政治家的视野、思想家的深刻、实业家的精细，呕心沥血地创建了南通博物苑。这不是一座普通的博物苑，这是一位时代英才的不凡作品。他胸中怀着的是整个中国博物馆事业发展的理想，并且已经有了在中国阶梯式发展博物馆的蓝图；他深刻理解博物馆的社会价值，并且努力地在南通博物苑的建设中实现其理想的价值；他极为精细地把博物馆专业知识贯彻到每一个细节中去，他的精细程度令人感叹、敬佩。这里不能不对他的博物馆专业贡献多说两句：

他多年来奔走呼号，唤醒国人抢救国家的文化遗产，他建博物馆的目的之一就在于抢救和保护文物。更可贵的是他独具慧眼地关注到流失海外的文物。"一散于庚申，再散于庚子，永沦异域，至可唏也"。他援引战争中保护博物馆、图书馆的国际公约《邦国交战例》以求索还。张謇之后，一百年间又经历了两次世界大战，国际文物索还运动方兴未艾，张謇实为先知先觉。

文物征集工作是博物馆藏品积累的前提。他援引日本皇室博物馆做法，呼吁化私为公，同时更着眼社会捐赠。"謇家所有，具已纳入"。更可贵的是他以收藏家的那种痴迷为博物馆征寻文物，甚至南山的古树、江边的石头、僧人的骨缸都在他的视野内。更远及国外文物的征集，"纵之千载，远之异国"，征集到日本、朝鲜、南洋群岛的民族民俗文物，甚至意大利的古石碑，波士顿市长赠送的金钥匙等，自然标本遍及五大洲，开创了中国博物馆收藏外国文物的先河。

藏品鉴定和分类是对藏品进行科学管理的重头戏。他为了提高鉴定的科学水平，广延馆外著名学者如陈师曾、诸宗元、宣子野、尤金镛和朝鲜专家金泽荣等参与鉴定考订工作。南通博物苑藏品集天产、历史、美术三类于一馆，分类难度更大。他制定的分类法，不仅科学有序而且留有发展余地，我们只要阅读《南通博物苑品目》，就可以感知我国第一部藏品分类法的高超。

南通博物苑的陈列思想和陈列体系，在当时完全是一种创新。其主题陈列法不仅西方未有，就是苏联博物馆的陈列主题结构，也比南通博物苑晚了许多年。主题陈列法是一种建立陈列体系的方法，这种方法是历史主义陈列思想的方法，他认为："论天演之进化，天产之中有历史；论人为之变更，美术之中亦有历史。"他是以当时流行的进化论观点，构建陈列体系，使观众"觇古今之变迁，验文明之进退"。严复译的赫胥黎《进化论与伦理学》（1998 年出版），当时影响极大，被视为社会改造的思想武器。张謇就是以这种进化论观点构筑主题陈列的，是很先进的。至于他对环境的营造，对博物馆教育、审美、科普、讲解、休闲、纪念品等无不站在很高的起点上进行，一百年后的今天其理念都不能说是过时的。

张謇之所以能在博物馆专业上达到如此高的造诣，是和他亲自动手建造南通博物苑的实践分不开的。真正的博物馆学家首先应该是博物馆实践家。我在给青年同行的一封公开信上说，"要了解博物馆这架机器是怎样运转的，首先要了解每个齿轮是怎么运转的"。张謇设计的南通博物苑的每一个齿轮都是高水平的，才会组成南通博物苑这座精美的机器。张謇创造了南通博物苑，南通博物苑创造了中国第一位博物馆大师。张謇在创建博物馆的同时，也开辟了一条博物馆人的成才之路。张謇的道路就是胸怀大志，脚踏实地做起，一点一滴地把博物馆的功能释放出来，贡献给社会。张謇的博物馆道路至今仍然是我们博物馆人求真务实的典范。

二　纪念南通博物苑的现实意义

（一）我们要学习和继承南通博物苑强烈的社会使命意识，更好地为中国的现代化建设服务。

西方博物馆界的社会使命意识到来的比较晚，国际博协前主席，英国博物馆学家 G·刘易斯说，过去的博物馆都是自发产生的，当然对社会的服务也是自发的了。1974 年国际博协新章程把"为社会和社会发展服务"的宗旨铸入定义之中，从而使国际博物馆界服务社会意识从自发升入自觉阶段。中国则不同，早在 1905 年建立的南通博物苑就是怀着强烈的社会使命意识建立的。南通博物苑建立的宗旨就是启发民智、改造社会、救亡强国。南通博物苑在当时是非常有名气的，它开创的使命型博物馆为随即建立的各省博物馆所承袭。如河南省博物馆颁布的办馆宗旨就是"启发民众知识、激增革命思想、促进社会文明"。新中国建立后，博物馆的社会使命意识更加自觉。1956 年 5 月举行的全国博物馆工作会议上提出的著名的"三性二务"论，把博物馆的基本任务规定为"为科学研究服务、为广大人民服务"。改革开放后，博物馆界把博物馆的基本任务按照宪法改为"为人民服务、为社会主义服务"。在新的历史时期中，博物馆的社会使命更加宽广了，博物馆的社会使命意识更加自觉和自为了，博物馆与社会的结合更加紧密了。70 年代以后，西方学者才强调博物馆的社会工具意义。中国从第一座博物馆诞生就是使命型博物馆，一直传承着，形成了我国博物馆这一优良传统。我认为强烈的使命意识一直是中国博物馆传统中最有价值的积极因素，是中国博物馆的一大特点，也是一大优点，是我们应该引以自豪而继承不已的。

（二）我们要学习和继承南通博物苑浓厚的本土情结，更好地贴近实际、贴近生活、贴近群众。

20 世纪 70 年代以来，国际博物馆界出现了两种改革。一种是在主流博物馆中进行的服务社会的改革，另一种是从主流博物馆中走出来的向文化本土探索改革之路。后者则是新博物馆学运动和生态博物馆运动的探索。这两种改革是并存的。1998 年国际博协墨尔本大会期间，博物馆学主流派与新博物馆学派联合召开了以"博物馆与社区"为题的联席会议，就博物馆学与新博物馆学的理论界限和结合点进行了探讨。双方都在汲取对方的理论智慧，寻找博物馆本土化的共同途径。博物馆与文化本土建立更密切的联系，这是当前博物馆的国际趋势。早在1905年创建的南通博物苑就为我们提供了一个本土博物馆的典范，其本土情结比现在有过之无不及。南通博物苑诞生在南通这块热土上，是南通城市近代化大变革的一部分，是南通实业建设、教育建设、文化建设的血肉联系的一部分。它又鲜活地服务于南通本土。南通博物苑建有"测候所"，每天将所测天气刊登在本地报纸上，不仅是博物苑的科学活动也是科学服务，造福民众。今天我们的博物馆改革中，不要忽视中国自己的经验，在向"三贴近"方向前进中，至今南通博物苑的本土情结和本土模式仍然是我们应该学习的典范。

（三）我们要学习和继承张謇之路，培养胸怀大志又务实求真的博物馆人才。

博物馆的人才是从实践中产生出来的。博物馆是一座复杂精密的机器。博物馆多功能之间是一个衔接得非常紧密的整体，收藏、科研和传播被一条内在的逻辑统一着。要真正理解博物馆不是靠悟性而是靠实践。国际博协博物馆学委员会的那些世界级理论家，几乎都是出身于博物馆馆长或博物馆资深人员。因为他们深知博物馆每一个细小环节的意义和价值，他们才有资本谈学理。例如克罗地亚学者马约维奇，他的研究接近国际博物馆学哲学派，但他写的《博物馆学导论》却一章一章地详细叙述博物馆的各功能。没有基础知识，那些思辨性论文不过是游荡着的浮萍。我们中国的博物馆研究和博物馆学研究有一个优良传统，那就是求真与务实。而这个传统就肇始于张謇和张謇创建的南通博物苑。最近我读了南通博物苑金艳同志写的《张謇与博物馆》、张炽康同志写的《张謇与文物》，深受感动。我很想建议把这两篇纪实文字作为教材，请走在成才之路上的博物馆管理者、工作者和研究者认真研读，使我们更好地学习与继承张謇开创的博物馆成才之路。

一位博物馆的先哲创建了南通博物苑，一座创世的博物苑开启了中国博物馆的历史纪元，这是一份中国博物馆界可以引以自豪的历史遗产。在百年庆典之际，学习张謇，学习南通博物苑，是我们对这位大师、这座博物苑最好的纪念。

用当代博物馆学的新理念看中国
博物馆事业的拓荒人张謇

甄朔南

今年是南通博物苑建苑 100 周年，也是中国人自己办博物馆 100 周年。在隆重纪念中国博物馆发展史上这一重大事件时，必然提到南通博物苑的创始人张謇。他被称为中国博物馆的拓荒人是当之无愧的。我认为即使拿当代博物馆学的新理念来观察他在探索如何在中国建立博物馆的理念、发展规划以及如何运作时，他的许多主张至今仍然闪烁着具有现实意义的光芒。概括起来，他最大的功绩就在于，是他首次把中国办博物馆的根本目的锁定在救亡图存、集思益智上，即把教育作为博物馆的主要目的，为饱经忧患的中华民族如何办好博物馆奠定了根本方向。另外，他有关博物馆的理论与实践，证明他也是中国第一位比较系统的研究博物馆学的学者。时至今日，他提出的一些主张与做法，依然对我们在考虑中国博物馆的发展战略时有重要的参考价值。本文拟从以上三个层面做初步的讨论。

一　张謇首次系统地提出在中国办
博物馆的根本目的是教育

今天几乎稍微有点文化的人都知道博物馆是社会教育机构，它至少有收藏、研究、教育三大功能。但是从博物馆的发展史上看，原来的 MUSEUM（博物馆）一字的用法"是强调其私有性和排他性的功能"[①]。在 14～17 世纪主要是贵族的收藏，至 17 世纪末才有平民收藏。18～19 世纪博物馆工作依然以收藏为主，教育功能已开始出现，但参观者大多是贵族。能允许所有公民参观博物馆已经是 19 世纪中叶。至少到 1800 年时要参观 1753 年建立的大英博物院还必须提出资格证明，批准后的两周才能拿到参观券，参观时还有一些限制[②]。把教育提升为博物馆办馆的主要目的的是美国，1880 年美国学者詹金斯在他出版的《博物馆之功能》一书中明确指出："博物馆应成为普通人的教育场所。"1906 年美国博物馆协会在成立时就宣言"博物馆应成为民众的大学"③。张謇在《上学部请设博览馆议》一文中指出："窃维东西各邦，其开化后于我国，而近今以来，政举事理，且骎骎为文明之先导矣。揣考其故，实本于教育之普及，学校之勃兴。然以少数之学校，授学有秩序，毕业有程限，其所养成之人材，岂能蔚为通儒，尊其绝学？盖有图书馆、博物院以为学校之后盾，使承学之彦，有所参考，有所实验，得以综合古今，搜讨而研论之耳。"他把教育的重要性，博物馆在教育中的重要地位诠释的淋漓尽致。他所以能领悟到如此的高度，又与救亡图存的时代召唤以及他本人拳拳的报国之心、渊博的学识和锐新的眼光有关。他生于鸦片战争之后，丧权辱国的不平等条约纷至沓来，作为上海强学会会员的张謇，必然要受到与他同时代而且倡导"教育救国"的思想家康有为（1858~1927 年）、严复（1854~1921 年）等人的影响。康有为是教育救国论的倡导者，他在《大同书》中设计出"大同世界"的蓝图，还提出了提高学生德、智、体全面发展的改革教育制度的倡议，主张在全国三级行政组织中建立博物馆。追逐康有为，共同搞维新变法运动的梁启超（1873~1929 年）也提出过"开博物院以助试验"的主张。严复于 1895 年完成了《天演论》（原名《进化论与伦理学》）的翻译工作，1898 年正式出版。他在这本书中以"物竞天择"、"适者生存"的生物进化的理论，警示国人只有奋发图强才能救亡图存，给当时爱国的知识分子以振聋发聩的启示。谁都知道鲁迅在他写的《朝花夕拾·琐记》中，幸福地回忆起，他在南京矿路学堂求学时，一边嚼花生米一边喜读《天演论》的情景。胡适在《四十自述》一文中写道："几年之中，这种思想像野火一样燃烧着许多少年人的心和血。"张謇在《国家博物院、图书馆规画条议》一文中曾提出"论天演之进化"，说明他也从阅读《天演论》中受到感悟。严复提出的"开民智"、"奋民力"、"和民德"三项主张的集中点就是办教育，以提高全民的思想、文化、道德与心理和身体素质。张謇参加的强学会的章程中曾把开办博物馆列为"最重要四事之一"，张謇则在《上南皮相国请京师建设帝室博览馆议》的文章中提出："夫近今东西各邦，其所以为政治、学术参考之大部以补助于学校者，为图书馆，为博物苑。"他两次提到的"东邦"是指日本，日本在明治维新后，主张教育立国。张謇曾在 1903 年去日本考察教育及实业 70 天，在他写的《东游日记》的最后一天的纪事中，曾对日本之行的观感做了小结，他说"就所知者评其次，教育第一"，并在另一天的日记中提出"国之不强不在兵而在教育"。他还看到了博物馆在发挥教育功能中的作用，他归国后更坚定了把办馆目的放在教育上，其他人虽然也提出过博物馆在教育中的重要作用，但是比较系统地阐述办博物馆的根本目的是教育，只有张謇做到了这一点。他的高瞻远瞩一直指导我国博物馆在正确的轨道上前进。丁文江、朱启钤等人在《组织中国博物馆协会缘起》的宣言中就提出"博物馆在教育上之价值，几倍于学校"，并总结说办博物馆"则其于文物之保存，教育之扶翼，国家之前途，胥有裨益"④，新中国成立后，我们依然坚持这一基本的指导思想，如科教兴国、振兴中华口号的提出。

二　张謇是我国第一位比较系统
研究博物馆学的人

二战结束以后，全世界的博物馆才进入现代博物馆时期。而博物馆学的研究则开始于19世纪之末。1869年，由马丁菲立浦（Philip Leopold Martin）首先在他写的《动物标本手册》一书中使用博物馆学（Museology）一词⑤。由于张謇不懂外文，国内没有博物馆学书刊，他不可能知道什么是博物馆学，但博物馆学是在博物馆发生、发展的实践中产生的，张謇是一位在经营博物馆的实践中不断把实务上升到理论的人，事实已经证明他是比较系统研究博物馆学的人。什么是博物馆学？各家都有自己的提法，国际博协（ICOM）所属的博物馆学国际委员会（ICOFOM）目前（2002年）对博物馆学所下的定义是："博物馆学所关注的是有关文化及自然遗产的保存、解释及传达的任何个人或集体活动的理论以及特定'人/物'关系发生的社会背景。虽然博物馆学的涵盖面远大于博物馆本身的研究，然而其主要关注仍然是博物馆保存社会集体记忆的功能与活动角色。"⑥下面仅简述他在首次研究博物馆学方面取得的成果。

（一）对博物馆的性质、任务与分类已有基本认识

博物馆是社会发展的产物，办馆的目的与任务必须符合它所服务的社会的需求，所以自1946年国际博协（ICOM）成立以来关于博物馆的定义已修改过多次。不管如何修改，博物馆的本质特征不能改变。例如它必须有文物或自然标本作为物证；它必须坚持不以营利为目的并对外开放的公益性；它的主要任务是保护文化与自然遗产并通过教育提高观众的文化与道德素养。如果我们仔细研究张謇的著述及在南通博物苑的实践，可以认为他对博物馆的性质（实际上是功能）、任务与分类已有基本的认识。什么是博物馆？张謇的理解是："大而都畿，小而州邑，莫不高阁广场，罗列物品，古今咸备，纵人观览。"为什么要急于设置国家博物院？主要是防止帝国主义分子以及国内的贪图金钱的不法分子把文物掠夺到国外。他在《国家博物院、图书馆规画条议》一文的开头做了有理论有事实的慷慨陈词。建馆的目的是"庶使莘莘学子，得有所观摩研究以辅益于学校。"当代出版的博物馆学教科书中，在谈到博物馆的类型时，一般都分为历史类、艺术类和自然科学类。南通博物苑作为综合型的博物馆，主要包括这三大类。博物馆如果按主管单位划分，则有国立、省立、市立、县立、私立等。张謇则一再提出要仿效日本，在当时的北京设立帝室博览馆——即今天人们常说的国家博物馆。当代博物馆的定义中认为动物园、植物园、水族馆等也属于博物馆的范畴。张謇的南通博物苑中也包括小型的动物园与植物园。这都说明他对博物馆的性质、任务与分类有清楚的认识。今天

国家博物馆以及国务院各部、委领导的各类专业的博物馆正在首善之区的首都发挥宣扬国威的巨大作用，可见张謇对博物馆的认识具有超前的一面。

（二）为我国博物馆展示理念奠定了正确的方向

展示是博物馆与观众沟通的重要手段。任何博物馆布展时必然有一套展示理念作为指导思想。什么是展示理念或者展示观？各家都有大同小异的说法。2005 年 5 月我在一次当代博物馆学展示理念的研讨会上，对展示理念做了一个界定。我认为："展示理念是指策划人通过人与环境的见证物和相得益彰的与观众沟通的展示语言，对当代社会或过去与未来的自然与人文环境的理解与诠释。它包括展示的规划、展示的手段与风格、展示的评估、观众的调查、展出的管理等。它是一个国家、民族、族群对特定时代与社会的价值观、道德观与美学思想的体现，它具有启人心智、充实人生的教育使命，是博物学理念的重要组成部分。"[⑦]张謇受时代的限制，当然不可能提出比较完整的展示观，但他已掌握了展示理念中最基本的要素。例如他在《上南皮相国请京师建设帝室博览馆议》中的"陈列之序"中就提到"博物馆之建设，有异于工商业及他种之会场。非参研学理，确有规则，见者且非笑之。大要分天然、历史、美术三部"。这就是首先要把所有的展品都请有关专家做出科学鉴定。根据首任苑主任孙钺（1876～1943 年）之子孙渠的回忆[⑧]，所有苑内藏品都曾请当时有名的专家做了鉴定。自然标本用林奈的生物命名法注上了拉丁文的学名，有产地，古生物化石有地质年代。对历史类与艺术类的藏品也要考其年代、作者及真伪，展出的手法则学习起源于 18 世纪、盛行 19 世纪的系统分类法，把展品按有序、统一、线性的方式展出，以便"觇古今之变迁，验文明之进退，秉微知巨"。这种"分别部居、不相杂厕"的系统分类法在当时是非常先进的展示手法，至今仍为一些博物馆列为首选的展出方式，并配以多种形态的展示手法。当代博物馆的展示理念强调人性化的为观众服务，张謇也有类似的想法。例如他在"建筑之制"一节中，除了提出博物馆的地址应选在交通方便而且有开拓余地的地点外，而且还提出了"馆中贯通之地，宜间设广厅，以便入观者憩息。宜少辟门径，以便管理者观察。隙地则栽植花木，点缀竹石。非恣游观，意取闲野。室中宜多安窗，通光而远湿。庋阁之架，勿过高，勿过隘，取便陈列，且易拂扫。"这就是说，他已注意到博物馆要满足观众休闲的要求，按照人体工程学的标准，防止"博物馆疲劳"，同时还要注意保护展品安全，做到恒温恒湿。另外也要便于展示管理，以符合博物馆建筑形式要服务功能这一原则。

（三）开创了我国博物馆利用社会资源征集藏品的先河

博物馆社会资源是指社会对博物馆捐赠的文物与标本以及提供的人力、财力、物力的有形资产。世界上许多著名的博物馆都是社会资源聚集的成果。世界上最早的博物馆是 1683 年在英国牛津大学成立的阿希莫林（E·Ashmole）博物馆，这个馆就是阿希莫林把自己和好友屈辛特（J·Tradescant）父子一辈子的收藏捐献给牛津大学的。拥有18座博物馆群的美国斯密桑宁机构（Smithsonian Institution，也有人译成史密森机构）、大英博物院、美国芝加哥费尔德（Field）自然史博物馆都是私人捐献的。至今美国许多博物馆至少有30％的经费来自社会多种形式的捐献。而我国在传统上富贵之家有修桥造路、放赈施棺的习惯。对于中国人来说，博物馆是舶来品，因而没有人把私人收藏捐献给博物馆的先例。张謇在国人对博物馆的性质、功能知之甚少的情况下筹建国内第一座博物馆其难度可想而知。但张謇借鉴日本人办帝室博览馆的经验，即"国家尽出其历代所藏，以公于国人，并许国人出其历代所藏，附为陈列"的思路，依靠他在南通甚至长江三角洲地区的人脉，向社会征集展品，他写的《通州博物馆敬征通属先辈诗文集书画及所藏金石古器启》是记录中国博物馆首次利用社会资源的历史性文献。它首先介绍了什么是博物馆、博物馆藏品包括哪些类别、把藏品放进博物馆有什么好处、南通博物苑的概况以及要征集哪些文物与标本。除了天然之部要征集中外的生物、地质、矿物标本外，历史、艺术二部藏品的征集只限于本地区的"乡里金石，先辈文笔"，并且具体地提出打算征求地方的文物、文献名录。他语重心长地呼吁："收藏故家，出其所珍，与众共守。"由于他本人的人格魅力以及当地或远方文化精英的支持，不久博物苑的藏品已蔚为大观，这是他"但得诸生勤讨论，征收莫惜老夫频"（《营博物苑》一诗中最后两句）的必然结果。当代著名的博物馆有一个优良的传统，那就是经常把野外采集、收购或别人捐赠的藏品编成目录，分送有关博物馆或科研单位。张謇为了更广泛地发动群众向博物馆捐献并号召世人保护好这些稀世珍宝，也在1914年把馆藏"辑是品目，播诸中外"，并且"祈得仁人君子矜惜而珍存之"（《南通博物苑品目序》）。他还在大门石额的题语中表达了同一希望，这在当时是很难得的与观众的互动。当代博物馆学主张通过公关工作整合全社会或社区资源以提高博物馆的形象，在近乎一个世纪之前张謇已在中国做了成功的开创性工作，这是他给我国博物馆事业留下的巨大智慧财富。

（四）张謇是我国第一位提出重视和培养博物馆专业人员的人

张謇通过自己生活的体验，深感人才的重要。他在《东游日记》5月17日中写道："执笔论事而悔读书之少，临事需人而悔储才之迟。"他在《国家博物院、图书馆规画条议》中谈到管理人才时，一针见血地指出："经理之事，关乎学识。"他清醒地看到当时中国博物馆缺乏人才的现状，即"十余年来，老师宿儒，风流渐尽；而胜斯任者，非博物好古丹青不渝之君子，又能精勤细事富有美术之兴趣者，莫克当此"。这就是说，一些有成就年事已高的学者，将逐渐不再有所作为，而当前最需要的是既懂自然科学又有历史、艺术修养的人。他们不仅是矢志不渝地"业精于勤"而且办事细心谨慎富有责任感。他还特别指出博物馆的"博物陈列，我国旧无先导，即乏专才"，因此他还提出了招聘人才的具体建议。从博物馆学的发展史上看，讨论博物馆的组织结构以及对博物馆长和各类人才的条件，始于二战结束，特别是在 20 世纪 70 年代以后，张謇能在 1913 年提出上述的真知灼见，不仅是我国研究博物馆人才管理的第一人，在世界博物馆学史上也是罕见的。举例来说，在美国出版的《博物馆新闻》1984 年 2 月号上发表了一篇题为《博物馆馆长：学者及企业家、教育家及游说者》的文章。我国受张謇的影响，省、直辖市的大型博物馆在选择馆长时，都把学者、教育家作为首选。但是从 20 世纪 70 年代博物馆引进了用营销学原理管理博物馆以后，有些馆又把企业家和游说者作为馆长必备的素质。如果我们检视张謇创办南通博物苑成功的经验，正好说明在当时他已具备了当代博物馆领导的一些素养。

三　张謇的某些博物馆学理念的现实意义

历史是一面镜子，既可以记忆过去，又能梳理出事物发展的规律并启示后来。古今中外许多古哲先贤智慧的声音总能穿越时空的阻隔，不会随风而逝。张謇就是这样一位在传播博物馆文化中永远令人怀念的先行者，他的某些博物馆学理念至今仍然闪烁着现实的光辉。经过一百年的风雨沧桑，特别是改革开放以来，我国的博物馆事业已取得举世瞩目的成就。但是随着经济的全球化、科技的一体化与文化的多元化，全世界的博物馆正在按照社会的需求而改变自己。我国博物馆的发展也正处在由量变到质变的关键时刻，机遇与挑战并存。我们一方面要根据需要，向国外学习先进的理论与实务，一方面也要推陈出新、继往开来。如何结合现实发掘张謇博物馆学理念中的精华，正是推动我国博物馆事业改革、创新的一种途径。限于篇幅，仅就重点工作做提纲挈领式的叙述。

（一）做好"全球化"与"本土化"的有机结合，在创新中显示各自博物馆的个性

张謇生活的年代，"教育救国"已成为有识之士的共同见解，虽然他们在如何办教育上有不同主张，但主张向日本学习则是共同的。例如张之洞主张"中学为体、西学为用"，但他坚持认为出国留学"西洋不如东洋"，因为"各种西书之要者，日本皆已译之，我取经东洋，力省效速"。康有为则主张"变科举、兴学校"，他具体指出中国学校的建立应采取德、日制度，他在《日本变政考》一文中写道："日本之骤强，由兴学之极盛。"因此要求清朝要"远法德国近采日本。"而康有为与梁启超又特别强调独立思考。张謇正是在当时这些学界名流的影响下，博采众家之长又独立思考筹建南通博物苑的。他一方面向日本以及西方学习办馆经验，一方面又立足于南通地区，所以南通博物苑从建筑到展示理念与手法都体现了全球化的视野，又洋溢着本土化的芬香，这正是今天我国每个博物馆在考虑自己的定位与创新时必须遵循的原则。

（二）坚持科学的发展观，各类博物馆都要在统一规划下适量、平衡、有序、因地制宜地发展，并考虑合理布局与资源配置的情况。在张謇的博物馆学理念中，他一再强

调全国博物馆的发展要有统一的规划，这一主张至今还有现实意义。例如当前在发展自然科学类博物馆时，有的人只注意发展科技馆，而且互相攀比规模大、花钱多，而忽视发展天文馆与自然史博物馆，没有充分考虑"建馆容易经营难"的经验教训。要特别考虑我国西部各省、市、自治区博物馆相对较少，应根据资源配置适当向西部倾斜。我国是个文物大国，历史类、艺术类博物馆多一些也是合理的。经过我们最近对全国自然科学类博物馆数量的调查，真正符合国际博协定义的博物馆还不到 200 座，与 2001 年行业的统计相比要少的多，所以按照科学发展观的要求适当地再建一些有一定水平的自然科学类博物馆是必要的。张謇对自然史博物馆情有独钟，这符合上海强学会要先发展自然科学博物馆的主张。目前我国还没有国家自然史博物馆，而建立这样一座博物馆是我国几代老一辈科学家的愿景，也是历届人大代表、政协委员多次提案的内容。张謇也特别重视国家博物馆，他希望的历史类国家博物馆已经建成。为了科教兴国战略，我相信早晚会有国家自然史博物馆出现于首都。

（三）深化体制与机制改革

我国博物馆管理政出多门，条块分割，不适合对文化与自然遗产和无形遗产的管理。因此，有不少业内人士建议把目前的国家文物局晋升为正部级的国家文化与自然遗产管理总局，下面单独成立"博物馆管理局"。各级政府管理部门也要由管理型向服务型过渡。同时要提倡个人、企业办博物馆，国家应予以鼓励，这也是张謇的主张。对私人、企业办的博物馆的管理，急需调研后出台能够操作的法规。张謇初建的南通博物苑的管理机制是很灵活的，能调动在职干部的积极性和忠于事业的献身精神。由于我国正处于由计划经济向市场经济过渡的转型期，所以也要改变博物馆中某些僵化的管理机制，例如建立鼓励创新的评价制度，对有真才实学、热爱博物馆事业的人才，在工资待遇、职称、荣誉等资源分配上有所侧重，不要只考虑学历与资历。结合我国人才强国的战略和博物馆的博大精深，我们的博物馆干部必须既有一门专业特长，又有博物馆学修养；既有科学知识，又要有人文素养，按照著名作家龙应台的说法，人文素养是指对人的深刻认识和对人的终极关怀；要勤于学习，不断更新知识结构，把握某一专业学科与博物馆学的前沿信息；要具备创新、创业与服务广大观众的能力与胸怀。张謇早就提出博物馆"必得通东西洋语言文字二三员，以便外宾来观，有可咨询"，所以在对外开放的今天，博物馆的有关领导、研究人员、讲解员精通至少一门外语也是绝对应该做到的，否则很难有全球化的视野。

（四）加强馆校合作，加强教育功能

南通博物苑成功的经验之一就是加强博物馆与学校合作。而当今加强馆校合作正在成为时代的潮流。只以美国为例，1992 年美国博物馆协会（AAM）出版了一本《二十一世纪的博物馆》，这本书预言馆校合作将有重大发展。目前在北美地区的馆校合作已发展到多种类型，如博物馆主导、学校主导、社区博物馆学校、博物馆附属学校等。我国台湾省的博物馆也在推广这些经验。我国历来有馆校合作的优良传统，在中央"三贴近"政策的指导下，我们不能只满足免费参观，要加大博物馆的教育功能，各地博物馆应根据各馆的特点，在馆校合作中发展多种合作类型，例如与城市中的农民工子弟学校合作应予关注，实际上这也是落实"三贴近"指示的创新。

致　　谢

当我写完这篇拙作时，首先想到的就是要感谢南通博物苑的金艳女士。感谢她给我寄来我需要的参考文献，使我在对张謇的道德文章更加心仪仰止的心情下完成这篇文章的写作。另外，我在写作中也参阅了吕济民先生、梁吉生先生有关中国博物馆史的论述，以及赵鹏先生的《漫步博物苑》，使我获益良多，仅在此一并致谢。

注　释

① 弗德利希·瓦达荷西（Friedrich Waidacher）《博物馆学（理论）》，曾于珍等译，张誉腾指导，第107页，台湾五观艺术管理有限公司出版，2005年。
② 乔治·艾里斯·博寇（G·Eills Burcaw）《博物馆这一行》，张誉腾等译，第42页，台湾五观艺术管理公司出版，1999年。
③ 段勇《当代美国博物馆》，第97页，科学出版社，2003年。
④ 《组织中国博物馆协会缘起》，载《中国博物馆协会会报》第1卷第1期，1935年9月。
⑤⑥ 陈国宁《博物馆学》，第4~5页，台湾空中大学出版，2003年。
⑦ 甄朔南《中国大陆博物馆展示理念的变化与分析》，2005年在海峡两岸当代博物馆展示理念高级研讨会上的发言稿（待刊）。
⑧ 孙渠《南通博物苑回忆录》，第92~100页，《东南文化》第1辑，1985年。

中国博物馆的骄傲

——关于张謇及其博物苑的随想

梁吉生

中国博物馆事业已经走过了一百年不平凡的历程。追根溯源，我们怀着崇敬之心纪念南通博物苑，纪念她的缔造者——近代著名实业家和教育文化先驱者张謇先生。

南通博物苑是中国第一座博物馆。从世界博物馆角度，它是博物馆植根东方的一个重要成果；从中国博物馆角度，它是博物馆本土化的成功尝试。

南通博物苑在黄海之滨、长江之津为中国博物馆奠基立础，开辟先路。我不禁想起郭沫若的一首诗：

漫天飞雪迓春回，岭上梅花映日开。

一自高丘传号角，万紫千红进军来。

张謇是中国博物馆之父，中国博物馆启蒙思想家。

张謇把文化的新风从东南一隅吹响大江南北。我不禁想起美国号称"钢铁之父"的著名实业家卡内基。在他的墓碑上刻着一首诗：

这里安葬一个人，

他擅长于把那些强过自己的人，

组织到，

他服务的管理机构中。

张謇的墓碑上也应刻上一首诗：

这里安葬一个人，

他把自己化为一只火炬，

用智慧和奉献，

烛照来者。

一　博物苑是张謇创造的一个中国范型

博物馆作为西方文化的表征，代表了西方文化系统和思维模式。具有近代意义的博物馆产生在欧美，中国的传统文化和传统社会生长不出博物馆。中国近代博物馆是晚清社会转型和文化变革的产物。

清朝后期，是一个古老而辉煌的文明在现代文明的剧烈冲击下急剧转变的时期。西方列强用新式舰船和炮火敲开了中国大门，腐朽的封建社会制度是那样地不堪一击，一系列的与西方军事冲突，带来的是一系列的屈辱和失败，这不仅使中国人对军事、政治产生怀疑和否定，也对传统文化价值提出了怀疑和质问。产生于士大夫群体中的这种文化认同危机，促使人们睁开眼观看外部世界，也自然带来对有别于中国传统文化的西方文化的思考。

不同文化的接触是人类进步的路标，张謇赞成学习西方文化，对西学的关注已经成为张謇吸收新的思想营养，走出沉重的传统文化桎梏的人生方式。他清醒地感知世界文明发展的趋势，科学日昌，向西方学习，接受西方文化是时代的要求。他与康有为、梁启超的变革思想是一致的，自称"余与康梁是群非党"①。但他在学习西方文化上主张博采外来文化，"祈通中西"②，"提倡国粹，不废欧化"③。1898 年，他为翁同龢拟订京师大学堂办法，主张"宜分内外院，内院已仕，外院未仕。宜分初中上三等，宜有植物动物苑，宜有博学院，宜分类设堂，宜参延东洋教习，宜定学生膏火"④。这不仅反映了他的中西会通思想，而且其中的植物动物苑、博学院的构想，也隐含了博物苑的最初萌动。这说明张謇对西方博物馆这一文化模式的趋同，不是在 1905 年《上南皮相国请京师建设帝室博览馆议》、《上学部请设博览馆议》，或者创建南通博物苑时才有的异想。他的博物馆的见解经历了一个过程。这并不奇怪，有些生命体验是非要时光的磨洗才能领悟的。

张謇不仅主张博采外来文化，中西会通，还强调学习西方文化"学必期于用，用必适于地"⑤。讲求实用和因地制宜，可以说是张謇中西文化观的又一个特点。

近代以来，如何对待西方文化，如何处理中国传统文化与西方文化的关系等问题，一直纠缠并苦恼着中国知识分子。张謇在中西文化撞击中表现了不自我失重的文化节操。他坚持学习西方文化，必须从中国的历史和社会现实情况出发，不能"扬西抑中"，"弃本逐末"，"夫一国各有特别之历史、政治、风化，即各有其肆应之能力，不能强彼以就此，更何荣抑己以扬人"⑥，各国自有"各国相沿之历史，特殊之灵魂，又非可削趾以适履也"⑦。他博采外来文化，中西会通，又强调"学必期于用，用必适于地"，这是张謇对西方文化的认同与对变革维新的期待。这就从精神文化本原意义上赋予了一个古老民族生命潜力以解放的功能，成为他大魁天下之后，弃官不做，在通海地区进行"早期现代化试验"的圭臬。

这也是张謇规划创建南通博物苑的思想主宰。没有对中国近代文化的宏观把握和对西方文化的清醒认识，就不可能在1905年起建堪为中国博物馆经典的博物苑。张謇不同于一般博物馆经营者，他是近代对文化有透彻理解力的思想者，是中国思想家型的博物馆家。

有了宏观把握，还必须有具体的构想和操作。张謇进行了许多创造性的劳动。

首先，为了将博物馆这种外来文化模式适应中国，特别是南通这新的环境，使其在与本地文化的冲突中生存流行，张謇创造性推出了"博物苑"这一东方博物馆新样式。

中国古代没有博物馆，但对古文物向有收藏，称之为"古物库"、"积宝楼"等。戊戌变法时期，一些开明知识分子和官僚开始使用"博物院"一词。但多与藏书楼并列，分别收藏古器物和图书，所起作用"皆为考定之资"[⑧]。张謇也曾经有类似的看法。1903年5月2日参观日本大阪博览会，看见"参考馆"中陈列各国物品，中国只有江、鄂、齐、蜀、闽六省参加，而湖北的陈列品更是汉瓦当、唐经幢等物。张謇不禁发出感慨："劝业以开来，而此以彰往，若移置中国博物院，差不倍耳。"[⑨]

1905年，张謇创办博物苑并不是单纯收藏古物的场所，而是有着中国风格、中国气派的博物馆。张謇充分考虑了近代西方博物馆的性质和特征，借鉴了博物馆的开放、展览、教育的基本要素，又把中国文化中古已有之的古物保藏、园囿、天文气象等制式融入其中。张謇以个人财力迁移荒冢30余座，购地35亩，建立了中馆、南馆、北馆和东馆四个陈列馆，展示自然、历史、美术、教育四部分文物和自然标本，苑内还有鲜活动物、植物之养殖。漫步博物苑，不仅在建筑风格上馆与苑有机的结合，而且随处都有中国文化因子的承袭，中国文化、东方哲学思想与方法论的底蕴隐然可见。如张謇书写的《博物苑》石额和题语，中馆名称和匾额以及他集《孟子》、《论语》联句为南馆手书的楹联，浓郁的人文氛围令人心怡。张謇的这种精心构思，是将科学与人文精神相结合，历史文化资源与自然环境资源相结合，展品与景观的动静相结合，从而化解了以西方为模本的博物馆与中国地方性、民族性文化之间的矛盾，开启了博物馆本土化之路。它是张謇基于自身文化语境，吸纳清新的外来文化因子，在中国近代文化变革中构合的一种新的东方启蒙思想的话语环境。它给中国人开拓了新的知识空间和文化视野，为中国传说文化找到了新的生长点和新的传播方式，也给中国人的文化习惯注入了新活力。

南通博物苑创造了一个中国范型。

这种范型的意义在于：它是建立在中国自己文化的价值基础上的，同时又利用自己文明的成就体认世界文化的共同性而创造新的价值趋向，符合中国人现代性追求的基本诉求。

这种范型的意义还在于：它给中国博物馆提供了一个重要的维度，即博物馆是一种教育工具。博物馆应当成为体现人文关怀的家园。张謇说博物馆"能消忙事为闲事"[⑩]，即指博物馆可以净化人的灵魂。他说各种文化形式"提倡美的艺术，尤为最高最后的目的"[⑪]，都深含了教育的意蕴。

把博物馆视为教育工具，是张謇博物馆思想的核心和精髓。许多的张謇与南通博物苑评论者，并没有深刻体认和准确把握这一内核。张謇之后的南通博物苑也未能守正不挠，百年来中国博物馆发展不无遗憾，也是没有很好继承张謇博物馆思想。

二 博物苑是张謇国民教育构想的一部分

张謇的爱国情怀，是从教育救国出发的。办学校，办博物馆都是他教育救国的义中之事。他认为，国家要富强，必须开民智，办教育，培养人才，这是振兴中国的重要手段。"欲雪其耻，而不讲学问则无资，欲求学问，而不普及国民教育则无与"[⑫]，还说"开民智，唯有力行普及教育"[⑬]。他在《上学部请设博览馆议》中也说："东西各邦，其开化后于我国，而近今以来，政举事理，且骎骎为文明之先导矣。揅考其故，实本于教育之普及，学校之勃兴。"[⑭]为此，张謇以其大办实业之利润，补助创办教育事业，表现了执着的敬业精神。他先是创办我国第一所民办的师范学校，并以该校培养的师资为主体，广设小学。在他积极倡导下，到1920年南通地区就办起了370多所小学校。同时，又开办纺织、农业、水利、医学、商业等专门学校，此外又办南通大学和其他高等学校，初步形成了南通地区以基础教育为主干的教育体系。据1925年统计，张謇及其兄，花在办学支出及其他文化公益事业上的费用，即达350多万银元，占他办企业资产的七分之一。张謇个人因为办学而负债达89万元。

张謇对博物馆的最初认识和定位是在国民教育的大格局之中的，是为开发民智，培养人才服务的。所以他说："设苑为教育也。"[⑮]张謇这里指的教育不单是学校教育。光凭学校教育，培养不出他心目中的人才。他说："然以少数之学校，授学有秩序，毕业有程限，其所养成之人才，岂能蔚为通儒，尊其绝学。"[⑯]什么是通儒？通儒者，乃通才也，即"会通中西"、"文武兼攻"、"德术兼修"的全面发展的人才。张謇以为"辅益于学校"者，就少不了博物馆和图书馆。他说："今东西各邦，其所以为政治学术参考之大部以补助于学校者，为图书馆，为博物苑"[⑰]，"盖有图书馆、博物院以为学校之后盾，使承学之彦，有所参考，有所实验，得以综合古今，搜讨而研论之耳"[⑱]。

张謇"设苑为教育"的主张，在南通博物苑创建过程中得到充分地体现。在规划设计、制度保证、机制建立、环境营造、功能区分上采取了一系列措施。博物苑址即选在通州师范学校"校河之西"，目的是向学生公开开放，"为本校师范生备物理上之实验"。

为此，张謇搜采了可供学校使用的动植物和矿物品、历史文物、美术品。为方便学校，创建初期博物苑就隶属通州师范学校，所用经费也由师范学校统一划拨。张謇还专门题写并悬挂于苑内主楼南馆的对联"设为庠序学校以教，多识鸟兽草木之名"，强调辅助学校教育的作用。为苑藏品分部时，更将原定三部，即天产（自然）、历史和美术，抽出有关教育的藏品另分出教育部⑲。张謇真可谓用心良苦。

由上可知，张謇博物馆思想的一个重要之点，是把博物馆的建设置于国民教育体系之中，成为教育的一个构成部分，担负着"辅益于学校"的社会教育功能。张謇的这一思想是体现时代性、富有前瞻性的制度创新，对后来的博物馆管理体制产生很大影响。清朝学部成立后，把博物馆明确纳入中央政府教育行政管理的职责范围，地方博物馆亦由各省主管教育的部门管理。这种体制延续到中华民国时期，并一直由教育部社会教育司统一管理。新中国成立以来，改变了这种体制链，中央教育部不再承担对博物馆的管理职能，博物馆归属于文化部门，这就注定博物馆永居于次位的格局，而且文化的意识总是高于教育的功能。

今天，我们重新审视100年前张謇提出的博物馆社会教育构想，的确是振聋发聩、远见卓识的，契合了现代博物馆的发展潮流。当今世界博物馆的发展，更加重视以人为本。为学校教育服务，发挥社会教育功能，已经成为博物馆现代化的重要特征。

三　博物苑是张謇构建和谐社会的有机细胞

张謇早就怀有"建设一新世界雏型之志"⑳。他的"新世界"理想，具体到南通地区，就是通过"地方自治"，着眼于社会的整体改良，发展实业、教育，以及其他社会事业，构建一个文明和谐的地域社会，"直接解救人民之痛苦"。

文化是社会存在和发展的本质性力量，对社会有着导引、激活功能。张謇在构建南通文明和谐地域社会中，形成了一个以博物苑等文化载体为中心的文化圈，使其成为一种文化关切和文化平等的象征。这不仅是所谓"南通模式"的重要内容，也是张謇博物馆思想的一个特点。

张謇十分重视文化设施的综合效应。他建设博物苑的同时，就在规划其他文化设施：他在谋求南通地区经济、社会协调发展的同时，就把城市的发展与文化事业的发展纳入一个统一框架中考察，使其相互促动，相得益彰。在短短二十多年时间里，张謇殚精竭虑，孜孜以求，建成了一批多种形式的文化设施，其中除博物苑外，还有南通图书馆、《通海新报》、《公园日报》、东西南北中五公园、翰墨林印书局、更俗剧场、伶工学社、中国影戏制造有限公司、南通俱乐部等。同时在规划布局上，他对南通旧城进行合理的扩建，将博物苑、图书馆、五公园、俱乐部、濠南别业、翰墨林印书局等一批文化设施建于濠河畔，使之成为集中展示南通城近代文化的濠河文化风景区。"进入这一区域，但见濠水清清，垂柳依依，上述文化景观错落有致，临水而建，宛如一幅精致的水墨长卷，给人留下终生难忘的印象。"㉑正如吴良镛先生在《张謇与"中国近代第一城"》中所说，"一系列建设事业与设施能在一个地方有大致规划地、较为集中地建设起来，在不太长的时间内将一个封建的县城开始过渡到现代城（并被称为"模范县"），的确具有划时代的意义。"㉒

和谐社会是人为主体的社会和谐发展状态。张謇希望以自己的努力为南通民众提供一个优美而富有教育寓意的社会环境。他很清楚，建设文明和谐的地域社会，离不开文化的协调、提升。正是博物苑等文化设施，把历史积累的文化与现实活力的文化结合起来，"物化"为城市形态、城市亮点和城市景观，构成近代南通文化"高地"，提升了南通的城市文化品位和竞争力，培育了城市精神。

博物苑等文化设施既是张謇的一种文化抉择，也是构成南通社会发展的活力。社会发展的活力包括了良好的人文环境、民众文明素质的提高和全社会的向心力、凝聚力等等。文化设施通过不同文化形式的融入和渗透，无疑对南通民众陶冶性情、涵养情操、移风易俗、更新观念、凝聚人心发挥了重大的教化作用，使"南通近代社会表现出一种经济与社会环境的全面发展，社会发展与人的素质提高的良性互动"㉓。正如有的学者指出的，经过张謇二十多年的经营，一个原本闭塞的封建小城镇，顿然以全新的现代都市的面貌展现给世人，以至被誉为全国"模范县"，甚至被外国参观者称赞为中国的一个"理想的文化城市"㉔。

四　结　语

百年来，人们一想起张謇就会想起南通博物苑。张謇与博物苑这两个名字已经紧紧联系在一起。在中国文化从传统向现代转型过程中，张謇以其敢为天下先的气魄，创建了博物苑，为中国博物馆树立了榜样，也为中国人创造性学习外来文化树立成功的信心。张謇躬耕博物苑的实践和体会，为中国博物馆发展提供了重要思想和精神资源，也为世界博物馆理论宝库增添了中国人的思想财富。

遗憾的是，长时间张謇博物馆思想并未受到重视，南通博物苑这一博物馆模式也未得到推广。这除了历史的、政治的原因外，也与博物馆界长期以来对博物馆的认识误区有关。我希望以纪念中国博物馆创建百年为契机，超越以往的研究"范式"，重新审视张謇博物馆思想，冷静思考南通博物苑一百年来走过的道路。南通博物苑的生命之旅，即是中国博物馆事业的缩影，凝聚了几代博物馆人心血。几多艰难，几多酸楚，几多教训，几多欣慰！

"雄关漫道真如铁，而今迈步从头越。"当中国博物馆的第二个百年即将启步之时，应当充满信心，以科学发展观为指导，更加努力做好博物馆这篇大文章，共筑中国博物馆事业新的辉煌，真正成为世界博物馆现代化大国，做出无愧于伟大时代的贡献。

写于南开大学西南村闲未得斋

2005 年 4 月 5 日

注　释

① 《张謇年谱》，1900 年（光绪二十六年）3 月。

② 《张謇全集》第 4 卷，第 270 页，江苏古籍出版社，1994 年。

③ 《张謇全集》第 4 卷，第 106 页，江苏古籍出版社，1994 年。

④ 《张謇日记》，1898 年（光绪二十四年）4 月 25 日。

⑤ 《张季子九录·教育录》第 5 卷，第 22 页。

⑥ 《张謇全集》第 1 卷，第 347 页，江苏古籍出版社，1994 年。

⑦ 《张謇全集》第 1 卷，第 146 页，江苏古籍出版社，1994 年。

⑧ 《中国博物馆学基础》（修订本），第 75 页。

⑨ 章开沅《张謇传稿：开拓者的足迹》，第 155 页。

⑩⑲㉔ 赵鹏《漫步博物苑》，黄山书店，2000 年。

⑪ 孙绪武等《张謇与梅兰芳》，中华工商联合出版社，1999 年。

⑫ 《张季子九录·教育录》第 1 卷。

⑬ 唐钺、朱经农、高觉敷编《教育大辞书》，第 1008 页，上海商务印书馆，1933 年。

⑭⑯⑰⑱ 《张季子九录·教育录》第 2 卷。

⑮ 《张季子九录·教育录》第 4 卷。

⑳ 《垦牧公司第一次股东会演说公司成立之历史》，《张季子九录·实业录》。

㉑㉓ 庄安正《张謇的文化观研究》，《南通师范学院学报》2003 年第 3 期。

㉒ 《文史知识》2003 年第 8 期。

澄怀创业　抱璞含真

——南通博物苑迎接百年庆典新馆设计述要

吴良镛　何玉如

南通博物苑由张謇先生创建于 1905 年，是中国人自己创办的最早的博物馆。苑内设天产、历史、美术、教育四部，是一个"园馆一体"的城市园林式综合性博物馆。博物苑位于南通旧城东南隅，东、北临濠河，北与濠南别业、东与原南通师范学校隔河相望，南临南通医学院，西接南通图书馆。一百年来，南通博物苑幸存下来，保存较为完好，1988 年被国务院公布为第三批全国重点文物保护单位。

根据南通博物苑事业发展的需要，南通市计划在纪念南通博物苑百年苑庆之际，在整个苑区进行总体规划设计基础上，增建一座现代化新馆，以展示苑藏文物、地方人文资源和研究成果，便于举行各种学术会议、进行科普教育和文物库藏等。2002 年我们接受委托，进行规划和建筑设计工作。现工程行将完工，我们对设计的总体考虑包括以下几点。

一　南通博物苑价值的认识

对博物馆的提倡是张謇教育思想体系与其伟大建树不可分割的组成部分。张謇是中国博物馆的开路先锋，并且杰出地将博物馆与教育联系起来，"设为庠序学校以教"，作为"学校教育之后盾"。

张謇对博物馆事业具有远见卓识，提倡更是不遗余力。他先后撰拟《上南皮相国请京师建设帝室博览馆议》等一系列建议，在未获采纳后，在南通这个他所倡导的试验场，倾注了极大的努力，率先付诸实施，至 1920 年博物苑已经得到长足的发展，"五山以北五公园，五五对峙；一邑之中一大苑，一一藏珍"，体现了社会之关注与欢迎。这是国人自办博物馆的第一里程碑，因此南通博物苑有重要的历史价值，作为中国博物馆史上的活化石，应视为中国早期现代化进程中的一个地标（landmark）之一，这个基本认识应视为新馆设计工作之前提，在规划设计中旧区宜审慎加以保护。

南通博物苑的同志，近从张謇日记中发现《营博物苑》诗一首，反映作者以愉悦的心情在博物苑粗成欣然命笔，录之如下：

> 濠南苑圃郁璘彬，风物骈骈与岁新。
> 证史匪今三代古，尊华是主五洲宾。
> 能容草木差池味，亦注虫鱼磊落人。
> 但得诸生勤讨论，征收莫惜老夫频。

前两句咏景赞时，继之表述成立博物馆之初衷，伟大与深远之意义溢于言表。最后预见到博物馆完成后，张謇见青年学子纷纷来此学习、受教育，因此，对创业之维艰，堪以自慰。这是一首绝妙之好诗，于新馆将近完成之时重新发现，喜谓正是天意，录之以此"尊华是主五洲宾"，更应视为新馆之规划设计的指导思想。

二 新馆规划设计

（一）新馆选址

新馆的选址和规划布局，综合考虑，宜将新旧建筑保持协调，浑然一体。故在总体布局中突出两条南北向轴线：一为原旧馆的北馆—中馆—南馆作为东轴线，将新馆之生物馆安排在东轴线南端；一为濠南别业轴线向南延伸，作为新馆的建筑中轴线，直至大门，延伸至"东寺"为对景。这样新老建筑互为交织，相得益彰。

（二）建筑出入口

在濠南路南侧，原旧址通向濠南别业及东北角的大门仍宜保存，可以通人，但不能用作新馆主要出入口，否则将大量人流引入苑内，有损历史保护地段。新馆需要在西南另辟大门，作为主要出入口。这一原则为南通市规划建设部门采纳后，经过再三考虑，新馆用地及南大门开在南通医学院北侧道路启秀路之西，此道路及桥梁现已加宽与建馆工程配合进行。

（三）历史文化保护区

在博物苑范围内原有建筑遗址为历史文化保护区，占地 2.5 公顷。在此用地北部，已毁的建筑，将来或可以恢复，或只在遗址侧，立碑纪念。原农校建筑，宜作为历史建筑加以修缮保护，在不损及原貌前提下，可根据现实需要加以扩建以再利用（如可建作"文博俱乐部"或"中国博物馆学会会址"等），对外可有单独入口通向濠河东岸。

三 建筑的布局

（一）建筑设计原则

南通博物苑，无论旧馆、新馆都可视之为张謇纪念博物馆，因此要尊重历史，新旧巧为结合。由于旧馆，无论北馆、中馆、南馆建筑体量均不算大，因此新馆不能成为庞然大物，咄咄逼人。故整个平面布局与体量造型宜碎，采用与中馆大小相当的"亭"式（pavilion type）为基调，呈松散式的组合。

（二）建筑平面布局

在前述整体布局的规划设计构思已明确后，选定西轴线南作为新馆之主要入口，以此分东西两组建筑群，东组主要为展览部分，西组为学术报告厅与管理及接待部分。新馆建筑本身有贯穿东西的横轴线为纲，东端之生物馆和原旧馆南北轴线相交，西端面对经过重建的图书馆古典门廊为对景。（附带说明：原图书馆为历史建筑，已颓朽不堪，不能不按原式重建。因原地周围空间局促，难以安排消防通道，宜加以转向，且以古典门廊正对新馆，作为东西轴线之尽端，通过小庭院成为视线的焦点。）

新馆东部入口有序厅及过厅，将三个展馆串通起来，在轴线上有楼梯通向楼上的两个展馆。鉴以张謇"分别部居，不相杂厕"的博物馆布局观念，属于"综合性"博物馆，故用"亭式"建筑。在外形上如前所述使建筑物不显现为庞然大物，在内部展陈上分为五个展厅，有厅、廊可以两两相连，在厅、廊中亦可根据情况布置少量展品，依据体裁形成系列，使内容与形式相统一。由于两年前在进行方案设计之初，对内部展陈如何处理尚无概念，选择这种布局方式亦期有较大的适应性。

具有良好设施的文物库房为近代博物馆重要的组成部分之一，由于原库房楼设备落后，已不能满足现代化的文物藏放的要求。所以在新馆中增加库存空间，位于半地下室，面积为1786平方米，包括藏品用房、技术处理用房。个别用房可特殊对外，接待少量参观者。文物可由室外通过电梯直接运达各层展示空间。管理用房及可容纳300人的报告厅，位于新馆西侧。新馆总建筑面积为6320平方米。

四　建筑造型与环境设计

新馆建筑造型以简朴严谨为原则，象征创业者张謇之精神。采用黛瓦灰墙为基调，以砖石为基础，间有木材装饰的明亮色彩相衬，亦不抢夺原有环境之本色。

旧馆园林基本保持旧貌，但加以精心培护，使其更为洗练。旧园及人民公园、南通图书馆部分共有各类树木约500株，新的规划设计中均最大限度的保留。根据新馆园林设计，调整部分植物的配置。对原有景观修缮整理，摘要恢复原有建筑景观，包括花竹平安馆、迟虚亭、相禽阁、荷花池、国秀坛、水禽栖、谦亭、葫芦池、苑表门等，细节则需统筹处理。

在博物苑进门入口处，有一高耸的银杏树，规划布局之初即考虑将之作为建筑群不可分割的组成部分，在浓荫下将形成难得的入口庭院，参观者在此院内沿浅水池东望，将张謇亲笔咏博物苑诗篇，刻于白石墙面作为博物苑点题。张謇先生以书法闻名于世，并每每鬻书以资助事业，故南通博物苑新馆不能无张謇事迹，且应置于显要之位置。张謇"营博物苑"诗原出现在日记的随抄，字迹娟秀，一气呵成，可称杰作。张謇先生九泉有知，当看到今日"但得诸生勤讨论"，对其创业及征集文物的辛勤应感到莫大的慰藉。在水池侧拟立有张謇雕像（建议作头像），这必须是艺术精品，能起到画龙点睛的作用，如创作不及可先立石礅。此入口庭院妙趣天成，巧施人工，成为该建筑群之第一空间层次；建筑物入口处立花架，花架上有紫藤，下为砖铺平台，此为建筑群之第二层次；在此入口平台往北宜立张謇书黑色"博物苑"卧碑，濠南别业为视景之焦点，此为建筑群之第三层次。故建筑物之入口平台作为面向四方的通透空间，要求其"灵气往来"。南部庭院宜以植物园、动物园为主，以便参观者"多识鸟兽草木之名"。好在人民公园树木已成气候，拆去一些杂乱建筑及不成形之杂树，对道路水池精心经营，即可形成佳境。北部庭院现有的临时陈列的雕像，如不能挪走，亦需移至博物苑的东南部。

五 文博景廊

博物苑东部连接濠河——由于城市发展，濠河沿岸宜逐步发展环河风光带，为城市步行者漫游观赏，此为全市规划之大战略。南通规划部门曾要求博物苑沿河若干米以内作为城市公有，后经博物苑负责人与城市规划部门专家共同勘查，建议博物苑让出一条"文博景廊"，宽窄不一，可随具体条件决定。博物苑可在苑内面向文博景廊开辟文物商店等为市民服务。此设想尚待进一步议定。

美好之建筑应具有内在的精神力量。我们在设计过程中，对张謇之学识、胸襟及事业逐步有了更多的学习与了解，日益崇敬其为人澄怀大度，抱璞含真，故希望为百年庆典所作之新馆建筑设计力戒平庸，以期淡雅天造，气逸质伦，新旧建筑浑然一体，蕴于自然之中。但设计贵在整体和谐环境之塑造、室内外多方面之配合，并努力营造新址的特色。现工程未完，尚多未竟事宜，在完工之前必然还要有所调节，以上之述要仅为设计者之初衷而已。

在设计过程中，南通市、局各位领导予以指导，博物苑同志热忱配合、参与策划，清华大学吴唯佳教授参与规划，朱育帆副教授参与庭院设计，在此一并致谢。

南通博物苑回忆录

孙　渠

前　言

家父孙钺从 1904 年起在博物苑工作，达三十年之久，曾任博物苑主任。而我的出生恰恰和苑同年同月（光绪甲辰阴历十二月）。我从学步起便常常跟父亲到苑游玩，那时耳闻目睹的情况，还恍如眼前。父亲年老体衰，我也曾帮助他处理苑事。所以，南通博物苑的发展情况，我是比较清楚的。写一份比较详细的回忆录，是我的责任，也是我的愿望。这个愿望终于达到了。

记得 1960 年前后，敬爱的周总理曾号召政协委员撰写回忆录。那时我在南通市政协工作，曾和几位同志写成若干专题，油印成册。1963 年前后，我又写了一篇《南通博物苑史料》，给南通博物馆。现在将这些材料，再加回忆补充，重新综合成一篇，以供研究地方史和博物馆史者作参考。

关于我父亲孙钺，这里做一简要介绍。

孙钺字子铁，生于 1876 年（清光绪二年）夏历七月初八日。祖父孙鳌，从小练武艺，二十岁后为秀才，晚年开设旱烟店为生。祖父共有五子，长子陈氏祖母生，以下均尹氏祖母生。长成者三人：次子沅，字汉清；第三子为我父；第五子杞，字支厦。三人均通州师范校学生，离校后随张謇办地方事业。我父亲初读私塾，后因外祖介绍，跟当时有名的经学家达继聘进江阴的南菁书院做课生。达先生是书院的课长，带课生住院学习。我父亲进书院后进步较快，曾写过几篇课艺，得到奖金。其时，父亲已受到新学的影响，觉得"皓首穷经"没有出路，立志于学科学。他订阅上海徐家汇天主堂出版的《汇报》、《格致汇编》等书报杂志。他认为欲求新知，非通外文不可，于是在 1903 年，考进日本人办的南京东文学堂。他勤修苦学，仅仅一年便弄通语法，考列冠军，受到日籍教师的奖励。后因祖母去世，家计艰难，我父亲便从东文学堂转入通师。甫及半年，张謇挑选他创办植物园，就此辍学就业。父亲离开东文学堂后，还从事翻译，并编了一本《日文文法教科书》。

这个回忆录，就是我跟随父亲在苑的所见所闻写成，涉及到博物苑的建筑过程、文物的征集、隶属关系、人事的变迁，以及南通沦陷以后直至解放的情况，力求忠实于当时的情景。但由于时隔久远，回忆的人和事，不免有疏漏之处，尚希读者指正。

一　创业过程

（一）基建

张謇在创办博物苑以前，曾参观日本东京帝国博物馆，有所感受，曾自叙其办苑目的是为学校教学和农业研究服务。

通州师范开学的第二年（1904 年），规划公共植物园于校河西对岸，徙荒冢千余并居户三十许为基地，面积约 30 余亩。博物苑的前身，便是这个植物园。1905 年，发展植物园为博物苑，附属于师范学校。

那时南通有个承包较大规模工程的人，叫周广隆。中馆和南馆的建筑工程，都是他承包的。民国元年以后，各项建筑都是我的叔父孙支厦（1882～1975 年）设计图样，负责建筑工程的。首先筑围墙和表门，渐次区划苑路和花坛。主要房屋以中馆建筑最早。当时的中馆是 3 间平房，中间为会客室，西房为职员寝室，东房为测候所。屋顶上有一晒台，约 4 平方米，名为观象台，设有测风力、风向、雨量等仪器。我父亲兼管天气预报。从宣统元年元旦开始，在南通地方报纸上逐日登载天气预报。这是南通气象史上的第一页。

其次建南馆。南馆名为博物馆，绝大部分文物陈列其中，分为天然、历史、美术、教育四部。后建北馆，陈列吕四海滨出土之鲸骨；在当时全城建筑中，它是开间最广，进身最深的一所用通贯梁的房屋。楼下除鲸骨骼外，还陈列了许多其他动物的骨骼标本和化石。楼上用特制的格屏，陈列通、如、泰、海名家书画。

南馆朝北大门两旁各有一座亭子，陈列古玄妙观的三清塑像，系元刘銮塑。刘曾在尼泊尔学过雕塑。

此外，尚有鸟室 9 间、兽室 8 间，休疗室 5 间、花竹平安馆 8 间、温室花房 3 间，以及风车、水塔、假山、水池、藤棚等，都包括在前期基建之内。至 1911 年，前期基建基本完成。苑基建经费系向师范校支付。据师范校汇报开办十年账略，有关上述博物苑基建部分，共计银元四万二千余元。

后期基建从 1913 年起，一月建相禽阁 3 间，为游人休憩之所。就苑西新拓之地建苑品出售所 7 间，原为出售苑中生产的花草之用，但从未用过。五月建鸠囮粜于北馆之东，位于全苑的东北角，内植竹林，饲鸠、雉和军山特产的竹鸡。同月，建藤东水榭和钓鱼台于苑东河滨。七月建东馆，楼上 2 间为苑主任和会计的寝室，楼下 2 间为接待室。十月就苑东南隅之椭圆池上架水禽罧，以饲水禽。

（二）布局

1914年建温室花房7间于南馆的东南隅。同年造网球场和弹子房于苑之西部（即今西馆所在）。弹子房西侧为"秋色坪"，植桂花和各种秋季盛开的草花。

农校开办后，将测候所的仪器移交农校。

1915年先拆去观象台，1920年加了一个方形的气楼，即现在中馆的面貌。气楼正面有张謇手书的"华严台"匾额，主要是为了悬挂一幅书写的《华严经》经文，这经文用小字组成宝塔形。金沙孙徹和省议会中的人曾集资购赠一批古钱、碑帖向张謇祝寿，也准备陈列中馆，但未实现，张謇逝世后一直搁置。

苑西有扇面形小楼，名为壶外亭，亭面向葫芦池。池中用玻璃碴堆假山，假山里有个蟾蜍喷水。玻璃碴是张謇从宿迁玻璃厂运来的（他曾投资于该厂，后厂倒闭）。

苑内有两个风车，两个水塔，其一在荷花池旁。听说风车从荷兰某洋行买来，配合美人石假山和喷水池。假山中原来还设置了人工瀑布，用机关控制，机关一开则泉水直泻。我只见开过一次，故外人罕知。瀑布下有一三角池，养金鱼。还有1个风车和1个水塔在秋色坪上，系本地仿制，专供濠南别业装自来水之用。

又1921年改建休疗室和附近诸屋为一个大厅，张謇题额为"味雪斋"。东西二厢，一个厢房命名"谦亭"。味雪斋匾额有跋，叙命名意义，为纪念已故的刺绣专家沈寿，因为她曾在此养病。这是博物苑的最后一次建筑。

（三）桑园

博物苑还有一部分苑外土地。一块是在姚港附近，距博物苑一千步左右，佃户姓管。这块地，据说是有一任县长（大约是卢子蘅）离职之日捐赠给博物苑的。还有一块在北濠西岸，从查家坝桥的小河起，向北到红庙子为止。这一大片地原为乱坟，张謇利用它种植桑树。师范与博物苑分开时，这块地各有一半。师范归省立后，这块地全部归博物苑了。博物苑在这块地边造了两间房子，雇佣了看守人。每年生产的桑叶，约有二三百元收入。在陈衡生任会计期内，陈衡生和当地一个叫陈二稳的农民挂了钩，封陈二稳为"桑园主任"。

这块桑园原为无主荒坟，本来很难肯定所有权的。可是在我父亲手里时（约在抗战前几年），有个什么公产调查报领机关（上属财政部），通知博物苑报领。张孝若拨了一笔钱买下来，并领有执照，于是博物苑取得了产权。

抗战前夕，这块地租给源顺木行堆放木头。现在这一片地已是工厂林立了。

（四）名人盛会

1920年5月，苏社在南通开成立会，曾在博物苑集体游园。

1922年8月，中国科学社在南通开第七次年会，曾在博物苑藤东水榭开过一次会，参加者有梁启超、杨杏佛、竺可桢、秉农山、丁文江、邹秉文、陶行知等人，张謇也参加了。具体情况我记不甚清楚，但我有一个印象，即我父亲为这次年会大忙了一顿。

1920 年，美国杜威博士也来过。

1928 年春，德国汉堡大学教授颜复礼博士来过。颜复礼是研究中国古典文学，来华留学，跟孙隘庵先生学习的。他特别来参观博物苑，我曾做他的翻译。他说在德就听说南通博物苑有中国古代文物。我们父子曾同他合影留念。

二 文物的采集和鉴定

（一）来源

苑品来源，有系当时地方政权交出者，有团体或私人捐赠者，有用苑费购买者；有很大部分系自行采集（如药用植物采自军山），或自制标本（如各种动植物标本）。第一对丹顶白鹤是刘世珩赠送的。垦牧公司送来大鲸骨，同时又得钱恕（字心斋）画的山水长卷，二者长度恰巧相等；于是造了北馆，楼下放鲸骨，楼上陈列字画。北馆的北窗下架了一块长板，专为展阅钱恕手卷之用。

张謇取回珠媚园旧物美人石和其他大块的宣石（张謇曾作美人石记，说明本是明顾大司马的珠媚园物，后来为人拆运常熟送给翁同龢，中途弃置于江边，张謇取回送苑），堆成假山；旁栽各种竹子，约有 20 多种，如淡竹、紫竹、湘妃竹、慈孝竹。其中尤以黄金间碧玉竹为罕见，竹竿一节黄、一节绿相间。另外，还设了一个"例外竹坛"，栽植天竹、文竹……凡一切名竹而实非竹的，统名为"例外竹"。这也是张謇的创见。

约在 1915 年前后，大修天宁寺光孝塔，当时七中校长缪文功参与其事，曾从塔顶取出若干古物（故例，每个宝塔都有"镇塔之宝"）；除取出一部分，其余仍封藏，并且还添了一些新的文物。据叔父孙支厦说，取出的古物，以沉香木雕的观音像为最有价值。这是根据西游记故事观音捉鱼精之像塑造的，号称鱼蓝观音，像高约 3 寸。另有文三桥刻图章数个，均曾陈列南馆。

那时南馆确实有一些比较珍贵的文物。例如有唐宫乐器"雷琴"，形似三弦，演奏时音如雷响。另有仿造大、小忽雷 2 件，是刘世珩赠送的。

张謇随吴长庆出使朝鲜时，朝鲜王爱张謇之才，送给他一套朝鲜品服，也陈列在南馆。

此外，还有洪宪时代用的中华帝国的国旗，旗上有红黄黑三色，图案近似英国国旗。张孝若当专使从美国带回林肯床上的木片，长约 2 市寸。美国波士顿市长给张孝若一把涂金粉的钥匙。辛亥革命后废除旧刑，所有旧刑具如剐刑用的小刀，打屁股的板子等，也都陈列在南馆。

南馆还藏有露香园的《昼锦堂记》字绣长屏 12 幅，白缎地，蓝色绒绣。叔父孙支厦告诉我：此物原系南洋劝业会展品。闭幕时，日人与张謇争购，结果张以三百多两白银买得。南馆楼上旧有紫檀屏风，即为悬挂此绣屏而设，但从未展出，一直锁藏于玻璃橱中，故见者极少。我记着叔父这句话，所以当日寇登陆前夕，胡履之主任问我南馆有哪些珍贵陈列品时，我即以此答，经胡取出后几经转移，解放后回到苑中；1954 年南通博物馆一度撤并于江苏省博物馆时，移交于省馆；1957 年南通博物馆恢复，此件未发还，现藏南京博物院。

刺绣家沈寿，原名雪宧，江苏吴县人。曾因清慈禧太后给她御书"寿"字，因而更名沈寿；民国初年张謇延聘她来通主办女红传习所，她的姊姊沈鹤一同时来通。沈鹤一独身，绣艺或云超过其妹。有人说沈绣耶苏像是姊妹合作的。

沈绣在美国的巴拿马万国博览会和清宣统二年的南洋劝业会中曾受到最高的奖状，以耶苏像为最杰出，曾随沈带来南通。沈寿死后，其夫余冰臣要追回沈绣数种。这时张謇已逝世，因用沈寿之兄的名义，根据沈寿生前遗嘱，送于博物苑，并向当时的县政府备案。这沈绣耶苏像于日寇登陆前夕由胡履之主任从南馆取出，曾带到吕四东的海复镇通师附小。时我在该校教课，亲眼见过，以后如何就不得而知了。

苑品发展最快是 1910 年（清宣统二年），当时清廷在南京开南洋劝业会，张謇任审查长，实际上是办这个劝业会的主要人物。闭幕后，他征集或购买了大宗展品，如动物标本、矿物标本之类，充实了南北两馆的内容。

（二）鉴定

我父亲的工作是很繁重的。张謇为了要规划一个药坛，专植军山上的药用植物，我父亲就去军山采集了一个月。需要水产标本，我父亲就去吕四海滨调查水产，采集标本。又如地方上发现了什么动植物的奇闻怪事，他要我父亲去调查研究，写成文章，在地方报纸上发表。天宁寺塔顶取下古物，要他去鉴定。鸟儿死了，要他做标本。还要他指导移植花木。每一植物或动物，要他定名。白天完不了的工作，深夜回到家里做。有时宿在苑内，经旬不归。如此种种，不胜缕述。

1912 年以后，开始考订苑品的名称。属天产部的，考其拉丁文学名、科学分类和产地；属历史和美术两部的，考其年代、作者，与真赝或仿制。有些并写了简短的说明，制订卡片，分类造册。

为了鉴定这些文物，邀请了一些专家，如金石家诸宗元，矿物专家和画家陈衡恪（字师曾），考古家宣子野，古典文学家尤亚笙和朝鲜诗人金沧江等，共同研究。为了学习和参考，我父亲还自费购买了日本新出版的科学书刊，如《理学界》杂志，订了二十多年。此外，还买了《动物图谱》、《植物图谱》、《鸟类图谱》、《昆虫图谱》和十巨册《日本百科大辞典》。经过两年的努力，于 1914 年印行了《南通博物苑品目》上下二册，共录藏品 2973 号。上述《品目》印行之后，继续征集的物品于 1933 年我父亲办移交时另编《品目号外》，录藏品 632 号，也就是到 1933 年止，苑品已达 3605 号。

（三）顾问木村先生

谈到苑内自制动植物标本及动植物的鉴定，不能不提到日籍教师木村忠治郎。他可说是博物苑的顾问，也是我父亲入苑工作的介绍人之一。

我父亲到博物苑工作是由两个人推荐的，一是通师监理江易园先生，二是在通师教理科（所谓理科，当时指包括各种自然科学的基本知识）的日籍教师木村先生。我父亲因通日语，和他师而兼友。

木村先生教动植物学，我父亲很喜欢听他的课。他在课外教给我父亲做植物、昆虫标本和动物剥制标本的技术。我父亲做的各式标本，曾在南京举行的南洋劝业会展出，后来又同沈寿女士的绣品一道送巴拿马万国博览会展出。我记得我父亲得到南洋劝业会一等金牌奖和巴拿马的奖状。

木村很随和而且勤奋，和我父亲经常交往，感情日厚。他有时到我家做客，就在我家里做起标本来。有时我们留他一起吃饭。木村很欣赏中国菜的口味，每一样菜，他都要问如何做法，边吃边记，把烹调方法记在小日记本上。

木村先生在通约五六年。他回国后，和父亲仍然书札来往不绝。我父购买日本新书，都由他经办寄来。1920 年前后，木村先生逝世了，我父亲异常悲痛，写信慰问家属，并寄去蜜枣为祭礼。因为木村先生很喜欢吃蜜枣。后来木村的儿子木村孝一和我父亲连续通讯来往，直到 1937 年中日战争发生止，我们的友谊连续了二十多年之久。

我国最早的一所博物馆，凝结着中日两国人民的深厚友谊。

（四）动物杂记

白鹤　张謇癖爱白鹤。博物苑饲养的动物之中，唯鹤与苑相始终。开办之初，我五六岁时即见一对丹顶白鹤，养于室中，室内放着一个木制浴盆。听说这对白鹤价值白银 200 两。后来移养于水禽窠之旁，沿东南角围墙，用竹篱隔为一条天井，内通一室以蔽风雨。这一对先后死了，张謇又以高价买了一对，同样是丹顶白羽，直到日寇驻军入苑，两鹤尚生存。日寇枪杀其一，煮以下酒，另一悲鸣绝食而死。

后来之鹤曾产卵数枚，形似鹅卵而大一倍。我父按其特性，用黄沙埋藏其卵，曝于日中，夜则以絮掩盖，终于孵出一雏，但未能长成。

鹤唳传播很远，有年春天，野鹤一对，丹顶白羽，飞回于鹤笼之上，降落于水榭前河滨，一时观者四集，旋即振翼冲天而去。苑会计葛进夫亲目所见。

吕四昔产丹顶白鹤，也产灰鹤。

鸸鹋　鸸鹋体型较鸵鸟为小，而形态完全相像，所以也称澳洲鸵鸟。博物苑饲养的鸸鹋，通俗就称为鸵鸟。这是一只雌的，春季产卵约 20 只。卵椭圆形，两端纵距约 4

市寸，壳颇厚，表面深绿，洒满黑色斑点，远看呈墨绿色，里面纯白。卵可食，苑出售时银元1元可买两只。买得者在顶端开一小孔，去其黄白，壳可久留玩赏。鸸鹋在苑15年，其寿命比一般动物都长。

镇江金山寺某僧曾买得一枚鸸鹋蛋，诳言为龙蛋，招徕游客以一睹为快。后值南通人游金山，道破了这个诳言。

1913年博物苑新添了大批动物，其中有一只小东北虎，还有黑熊、豹、孔雀、鸳鸯、山猫、箭猪、猴……曾有一只皂雕，到苑不久死去，制成标本。那只秃鹫和现在人民公园饲养过的一只等大，现在却标名为"座山雕"。

（五）花木记异

苑西北部北馆前原植名种果品若干种，每种只二三株，如苏州东山的白沙枇杷，德州胡桃，无锡水蜜桃，山东莱阳梨……都是张謇收集来的。此外，还有一些名种花卉：

八重樱 过去苑表门朝东，通向师范的长堤旁有几株樱花，是木村先生从日本带来的名种，复瓣八重；或云花八朵为一丛，故应书为"八丛樱"。花白色，微带红晕，黑夜望之如积雪，故又名夜光樱。

月季 博物苑东边的紫藤棚下有一排竹篱，依附在篱上的有各种蔷薇，其中香水白是最早传入南通的。还有高本的各种月季；矮本的盆植，有传统的四大名种：春水，桃坞，秋葵和汉宫。篱前有一块玫瑰花田，植红白玫瑰100多株。

牡丹 牡丹植于美人石下，有朱红色的大红袍、姚黄、魏紫、净白等名种。

金带围 金带围是芍药中的名种，花色浓紫，复瓣中有一圈花瓣色似黄金，故名"金带围"。紫色花每岁必开，而金带则不常见。我仅在十七八岁时见过一次。

檀香和胭脂红 苑中植梅多种。植梅区一在养鹤的竹篱前，一在南馆四周，一在美人石前。其中有两个名种：檀香梅三、五株，植于美人石下，花瓣白色，带有极淡的杏黄色，萼深红，芳香似栴檀。胭脂红植于南馆北面台阶下，花特大，不亚于桃杏，色似胭脂。此种自南京梅庵旧址移来；1918年南京高师（今南京大学前身）校长江易园先生招我父去规划学校园时索得一株，移植苑中。

琼花 美人石下有琼花一株，系自扬州某寺移来，或云为隋代遗种，其实与南通常见的八仙花一样。或者这是一个母本，从而插枝繁衍。

西山白皮松 张謇在北京三贝子花园（今北京动物园前身）购得白皮松（原产北京西山）数株，植于苑中土阜松林中，是一个良种，皮白色光滑。松根近处每当暮春产生松菌，鲜肥似冬菇。其孢子随松带来，逐渐繁殖了一大片土地。

"洋花"凡自外国输入的花木，通俗称为"洋花"。南通洋花的输入，最早来源于东门外的天主教堂，通过博物苑日益繁衍。我回忆到的有：雏菊（俗称洋长春或洋荠菜）、夏水仙、樱草、洋鬼子菊（大理菊）、花菖蒲、百日菊等。

　　白花除虫菊　除虫菊以白色者为良种，原产意大利。天主教堂有白花除虫菊，我父亲曾多次索得种子，总没有种得出。后来设法向该堂园丁弄得一株，精心培养，开花结子，随即及时播种，日益繁衍，更用分株繁殖法，不久就发展了大块土地，并由苑敞开供应种子，农民有试种者。三星化学工业社在上海收购花干，于是海启一带也推广种植，日益发展。

　　此外，南通还有一些珍贵的花木，如璎珞松、桤、楸、山茶、玉桂等等，当年都曾经我父亲考其品种。

三　隶属关系和人事变迁

（一）附属通师

　　博物苑一开始附属于通州师范，即从 1904 年至 1911 年，苑校合而为一。开办博物苑的经费，由通州师范统一筹划。我父亲主要管学术上的事，也兼管工程。另有庶务一人为尤式度，苑丁数人。

　　民国元年全苑布置就绪，我父亲拟了《观览简章》（现保存在南通博物馆），经张謇核定后，曾公布实行，开放了一个时期。因师范校中个别学生折了牡丹，苑丁阻止，发生冲突，张謇闻知，亲笔写了一个通告，用白字蓝底的油漆写在一块牌上立于牡丹花旁。通告责备参观者不守规则，没有点名而实指师范学生，言词有些偏激，引起了校中个别管理人员和学生的不满，迁怒于苑方办事人，发生冲突。结果张謇在盛怒下竖出了一块"暂停参观"的牌子。这块牌子后来受到群众的指责，实际并无大作用。因为在这以前，根本就没有向群众开门，仅仅局限于中上层及学校机关团体。在这以后，原来的游客仍是照旧游览，原来受拒绝的还是受拒绝。重大的转变即是脱离了师范而独自为政，直接受制于张謇而已。

（二）独立时期

　　通州师范在民国成立以后不久，便改为江苏省立代用师范。这时博物苑便明显地和它分离开来，校属省，苑属张氏所管的事业。张謇家居海门常乐镇，在通城居住苑内的花竹平安馆（在北馆之西），所以他直接督促苑事很方便。及至造了濠南别业以后，别业朝南正门仍和苑相通。

　　1914 年，张謇聘请苏州沈寿女士来通传习刺绣，沈的胞兄右衡先生也来通就业。沈右衡对于古玩有研究，张謇聘他任苑主任，我父亲下放为学术员。沈氏兄妹为人谦和，以为不可。因此，张謇不曾明白公布，而事实上是这样安排了。我父亲每月工资从此由 12 元减为 10 元。沈先生还带了同乡陈衡生为会计。沈任职约五年左右，后患肺病。二年病假期间，由陈衡生代理主任。

在沈右衡任内，发生了文物《刘南庐入山图》遗失事件。沈因久患肺病，长期由陈衡生代理，开馆参观，粗心大意，一任苑丁办理。这幅画是地方上文人张峡亭等捐送博物馆的。捐送不久，有人在上海古玩商店发现了这幅画。张峡亭得知后找张謇讲理，张謇责问陈衡生。陈说他接受不久，究竟何时遗失要与沈对质。这件事闹得满城风雨。张謇无法可想，只得恢复我父亲主任的职务（沈那时将死或已死，我记不清了），并将保管文物的责任交于我父。我父亲逐件点收，所幸除此以外，别无缺少。据推测，这幅画的遗失原因，有两种可能：一是先放在北馆橱中被人偷去，一是张謇交沈送裱，遗忘了。

由于这件事，我父亲加倍小心谨慎。当时一些人赠送文物，十之八九为了讨好张謇而直交张手，张再送苑。如此易发生差错，日后发生纠纷则有口难辩了。因此，就定了个制度，凡每月收到什么文物，在月尾登地方报公布，同时苑方给捐赠人开收条为证。

（三）附属通院

1926 年秋，张謇去世，其子张孝若继承父业。直到北伐革命后，在国民党统治下，博物苑才附属南通学院。1927 年南通入于国民党统治下，所有张氏主持的地方事业都摇摇欲坠，但是，上海方面大生厂董事和负责人等也有了他们的新基础。张孝若在上海也和江苏省农业厅联系，酝酿改组农科大学为南通学院，博物苑成为它的附属机构。所谓附属通院，其实也仅仅是幌子，借此抵抗南通地方上国民党当局而已。实际全部责任已推卸在我父身上。所有地方上对博物苑的责难，都由我父亲承当。我父亲一向胆小谨慎，遇事束手束脚，他一面还兼通院讲师。我劝他辞去苑职，他碍于和张氏父子相处多年，情面难却。我从 1927 年后经常帮助我父应付苑事。在北伐革命以后，我父早就把"暂停观览"的牌子拿去，开放苑门，任人观览，经过数年，尚相安无事。1931 年春节后，我父曾拟了全苑修理和整顿的计划，寄给张孝若校长。他回信表示完全同意，只是等他筹款施行；但以后便无下文。我父见事无可为，辞职数次，但都不够坚决。后来终因南馆失窃受到很大的刺激而辞职。

（四）南馆失窃

1932 年 11 月 5 日夜，南馆被窃，仿制古玉器、雕刻品、小件铜器、瓷器等，共 80 余件被窃去。案发后我父亲分头报案追缉。各港口迅速布置，严密检查过客。幸在任港获得贼伙一人，讯得线索。距失窃时间不到三天就破了案，人赃在上海悦宾旅馆全部获到，失物一件不少。

原来那夜贼伙四人合作，由藤东水榭前的钓鱼台登岸。从南馆偷到的东西，用小船接应。船上盖山芋，从青龙港运到上海。最先在任港抓到的是四人中之一，他还偷了其他人家的古玩，被查出讯问才吐出偷苑之事。那时他恐其余三人运走以后，他个人负担的罪责太重，所以才供出真情。如追缉稍迟一点，他们在上海会齐后便运走了。我父亲向张孝若校长报告失窃后，张孝若大发脾气，严厉谴责。破案后全部失物回复原处，我父亲即写信向张孝若校长辞职。

（五）主任辞职

我父所写辞职书全文很长，曾在本地各报发表。辞职书写道：

> 窃钺等自六日发觉南馆失窃，惶惧万分，实由事前未能充分预防，负咎良深。况钺受先苑总理及钧长二世之委托，质诸良心，何以自解。所以未请罪者，非不知罪也，追缉不容稍缓，请罪而未遑也。所幸地方人士，深悉苑中困难，征诸各报记载及其评论，绝未加一字之贬，此钺尽瘁苑事三十年唯一之自慰，感激至于流涕者矣。兹幸人赃俱获，窃案已破，而钺等得以赎前愆于万一，亦正痛定思痛时也。当先苑总理在日，苑费充足，外有岗警，内有更夫，日夜轮守，无或稍懈。自苑费减之又减，苑丁裁之又裁，岗警、更夫久付缺如。钺等非不知危，然以二十八年以来之安全历史为鉴，当此经费万窘之秋，固难作无因之虑也。此次窃案幸已破获，来日方长，无限怀惧。事大责重，钺等自度实无肩负能力。且苑中各处建筑，无在不急需修理，而南馆屋顶，势将倾覆，尤为险极。钺曾于十九年初，特请工程师估计修理工料，开具清单，呈请拨费修理。呈请数次，有案可稽，均未奉批准施行。一旦不幸发生，则馆品尽成齑粉，钺等虽留复何能为乎。钺自随先总理斩荆伐棘，以创以成，所以迟迟未忍去苑者，固未必尽为衣食而然，终于保管不周，酿此意外。是钺以爱苑者反以误苑，故为苑计，钺不可不辞也。而钺辱荷钧长逾格优容，累辞不获，至于今日，老朽残躯，头童齿豁，引咎辞退；无任惶愧。是钧长以爱钺者，反以罪钺，故为钺计，亦不可不准也。松年出身农家，仅以钺托滥竽苑职，亦且连同辞职，免阻贤路。苑事解弦重张，大有维新之机。而钺等亦得休养天年，自保信誉，公私兼全，实为公便。伏乞准予辞职，另派贤能克日来苑，以便移交。无任迫切惶悚之至。（此件录自1932年11月15日《通光日报》）

在这辞职书中，我父多年要说而又碍于情面，没勇气对张孝若说的话，都说了出来。张对信中所说南馆极为危险等等，他负了责任。张孝若对我父辞职一再慰留，函札来往有十数次，经过四个多月才派新人接事。新任苑主任唐志崇据云秀才出身，年在六十以外，为大生厂沪办事处吴寄尘的亲戚。张謇去世后，张孝若很得吴寄尘的帮助，张视他为父辈长者。唐接苑事即出于吴的推荐。新任到苑即办移交。我父征得张孝若同意，由习鉴清（前通燧火柴厂经理）代表张校长监视交收，办得非常细密，按册清点，经过半个月才办好。从此我父亲脱离了博物苑。

在我父亲任期内，我大体记得经费每月约一百七八十元，主要开支为动物饲料（例如鹤吃的鱼，每月就近十余元）和员工伙食、工资。职员二人：我父为主任，每月工资为银元12枚；会计葛进夫，每月银元10枚；苑工五六人，供膳外，工资6元或8元。

经费数目虽小，仍常拖欠不清，要我父筹垫。唐接任后，经费增加约一倍，主任工资从每月 12 元增加为 30 元（也许是 40 元），会计工资由 10 元增加为 24 元，还添了一名警察。南馆房屋在抗战前夕修理一新。据闻费了 4000 余元，张孝若为此拨了特费。

（六）通师代管

张孝若去世后，唐志崇复去职。经南通学院与通州师范两校协商决定，博物苑仍归通师代管。

1936 年夏，通师校长于敬之到我家来，介绍了一些唐任内的情况。他说上海大生厂方面的耆老（指与张氏有旧交的），以及通院董事会，认为博物苑还是由师范代管为妙，仍希望我父再接办。当时我父婉谢于校长来意。我那时和我父亲都在通师任教员，同意竭力为苑尽义务，不受报酬，不居名义；另推胡履之兼主任，负责管理苑务。从那时起，我父和我课后常常到苑，帮助胡履之整顿一切。在通师代管期内，一切都上轨道，本来要进一步发展，可是中日战争发生了。

（七）沦陷以后

1937 年夏，日寇首次轰炸南通；1938 年 3 月 17 日，南通沦陷。胡履之维持苑事也煞费苦心。当时有人主张把苑品搬走，但事实上困难很多，怕搬移中发生问题。又迷信文化事业受国际法保护，所以大体没有动。只是在沦陷前夕，苑主任胡履之，会计葛进夫通过了师范校的负责人，从南馆选取物品 50 余件，从北馆取出书画 43 轴，寄存在东乡芒虾子榨葛进夫家，字画存文峰塔河东校门房顾红林家。物品中有露香园绣的《昼锦堂记》条屏 12 幅，和沈寿绣耶苏像等绣品。在通师移到海复镇二附小开学后，我亲目所见，因我也到那里教课。有些字画曾经藏在地下，送到海复镇时已朽坏了不少。

日寇占领期间，胡、葛二人和一部分工友撤到葛家暂住。另一部分工友留苑饲养动物，灌溉花草，仍不时联系。可是日寇经常入苑骚扰，日甚一日，常从兽室牵出猴子，任意虐弄；有一次，竟枪杀白鹤，煮以下酒。在这种情况下，苑工坚持了两个多月，直到日寇驻军苑内，苑工才不得不全部离苑。

1938 年秋，我随通师迁吕四海复镇（当时为游击区）复课。胡履之告诉我：顾红林因日寇下乡搜索，故将字画埋藏田中，大部遭到潮损。通师于校长遂设法将字画和寄存葛家之物，一并搬至金沙孙氏小学，不久又搬到海复镇通师附小，最后运到上海。据胡履之说，由他交给张敬礼（张謇之侄）。另传一说是胡交给张謇之妻吴氏。所有取出文物的品目单，葛进夫留有底稿，核与解放后地方事业委员会所接收的实物大致相符，不过字画、法帖已烂毁，沈绣已由张融武取去，别的文物亦间有损坏，总计残存不过九牛一毛而已。

（八）一片废墟

抗日战争胜利后，博物苑已成废墟。味雪斋、相禽阁、鸟室、兽室、温室、鸠峎羼、水禽羼已全部拆除，片瓦无存。南、北、中三馆以及东楼，弹子房、藤东水榭仅有屋面，围以颓垣破壁。花木绝大部分毁灭。苑内陈列品仅剩剥制的鸟兽标本，也已蛀损，仍由师范学校保存。1946 年（？）新年，通师开会庆祝（在一附举行），曾在展览会中陈列。所有露天陈列的大件铁器和石器，尚存数件抛弃于瓦砾蔓草之中。国民党政府对此漠不关心，且继敌人之后长期驻军苑内，继续破坏，以致苑品在日本投降后到解放前的几年内又损失了不少。直到解放后，中国历史上第一所博物馆才获得了新生。

后　记

　　孙渠先生是南通市政协委员，他所写《南通博物苑史料》，初稿成于 1959 年 1 月 6 日，曾收入我馆于 1978 年 11 月编印的《南通博物馆史料》，1979 年南京博物院《文博通讯》第 24 期曾转载。1963 年前后，孙渠先生又写了一稿，虽仍名《南通博物苑史料》，内容却不尽相同。1978 年 2 月，他应我馆之请，写了《南通博物苑史料续编》。1980 年，他又作了四次补充，先后写了《孙钺和博物苑》、《回忆木村先生》、《补充博物苑史料》和《点滴回忆》。最后由我馆黄然同志将孙先生所写全部材料加以综合，整理成上文，复经孙先生亲自审定。

（原载《东南文化》1985 年创刊号）

南通博物苑第一任主任孙钺

黄　然

孙钺是张謇创办南通博物苑的有力助手，博物苑第一任主任。

孙钺字子铁，南通人，生于光绪二年（1876年）农历七月初八日。他幼年读私塾，后来进江阴南菁书院，跟有名的经学家达继聘做课生。这个书院很有点名气，远方慕名来求学的人很多。达先生是书院的课长，带课生住院讲课。孙钺读书进步很快，写了几篇课艺，受到老师的赞扬。

他的青年时代，正是社会动荡变革的时代。戊戌变法运动给当时的知识分子带来一种新思想，废科举，兴学校，学习西学，改革社会，成为一种新思潮。他感到"皓首穷经"没有什么出路了，于是就立志学科学，追求新知识。他订了上海徐家汇天主堂出版的《汇报》、《格致汇编》等书报杂志。

日本明治维新后出现的新发展，受到中国人的注意，留学日本的也多了。孙钺认为要打开眼界，学习新知识，就要懂得外文。他便在1903年考进南京东文学堂，专修日语。经过一年的勤奋学习，学完了语法，成绩优异。后来因为母亲去世，家计艰难，他便回到南通，转通州师范继续学习。

1904年张謇为师范学校规划公共植物园，并为此物色筹建人才。通师的监理江易园和日本籍教师木村忠治郎两位先生向张謇举荐孙钺，负责工程建设。1905年，植物园改建博物苑，孙钺仍负责整个博物苑的建设。1912年博物苑建成并对外开放。1913年，孙钺任苑主任。

张謇对于博物苑的用人标准是严格的。他在《国家博物院、图书馆规画条议》中写道："经理之事，关乎学识。胜斯任者，非博物好古丹青不渝之君子，又能精勤细事，富有美术之兴趣者莫克当此。"工作实践证明，孙钺是符合这个要求的。

博物苑的建设工程千头万绪，既要规划园林，设计栽植树木花草，又要建陈列馆，征集文物标本。很多工作孙钺都亲自去做。苑内要规划一个药坛，专植军山上的药用植物，孙钺亲自到军山上采集了一个月。他还到吕四海滨去采集水产，制作标本。他做的梅花鹿、海豹和各种禽类标本，曾在南京南洋劝业会上展出。他做的标本还和沈寿的绣品一道送巴拿马万国博览会展览，曾先后获得南洋劝业会的一等金牌奖和巴拿马博览会奖状。

文物标本的征集工作进度也很快。为了鉴定文物标本，博物苑邀请丁金石、书画、考古等方面有研究的专家诸宗元、陈师曾、宣子野、尤亚笙，朝鲜诗人金沧江、日本籍教师木村等，共同研究鉴定、分类。孙钺还自费买了《动物图谱》、《植物图谱》、《鸟类图谱》、《昆虫图谱》和日本《百科大辞典》等工具书。在孙钺的主持下，经过两年的努力，到1914年编印了《南通博物苑品目》。

1926年秋，张謇逝世。此后博物苑的经费日窘。1932年11月5日，博物苑南馆发生了文物失窃案，80多件文物被窃。幸好追查及时，不到三天，就在上海破案，文物全部追回。身为主任的孙钺深感责任重大，"负咎良深"，呈请辞职。辞职书上说："先苑总理在日，苑费充足，外有岗警，内有更夫，日夜轮守，无或稍懈，自苑费减之又减，苑丁裁之又裁，岗警更夫久付缺如。钺等非不知危，然以28年以来之安全历史为鉴，当此经费万窘之秋，固难作无因之虑也。"虽经张孝若一再挽留，1933年3月，他终于辞职了。

孙钺的工作是很勤奋的，除了日常工作外，还利用业余时间翻译了日本《养羊全书》、《造林全书》，介绍先进的生产技术。他编写的《植物病理学》，抗日战争前曾由中华书局出版。晚年他着手撰写《南通植物志》，写了一半，因病搁笔；1943年病逝，终年67岁。

（原载《江海春秋——南通文史资料精选》，江苏省文史编辑部，1998年）

木村忠治郎与南通博物苑

孙　渠

通州师范创办于清光绪二十八年（1902年），次年夏历四月开学。张謇不惜重金礼聘了几位日本自然科学的教师到通师教课。其中木村忠治郎，他于光绪三十年（1904年）七月起任职，教理科和教授法。所谓理科，包括理、化、动、植、矿等自然科学的基本知识。次年张謇在通师的对河一片荒土上创办一个植物园，木村先生曾为规划一切。当时我父亲孙钺，字子铁（1876～1943年）肄业通师，成为木村的学生。我父曾在南京日本人办的东文学堂学过一年多日文，会说日本话，能看日文书，所以和木村更为投契。木村见我父学习植物成绩很好，便向张謇推荐我父管理植物园工程。张謇同意后，我父乃辍学就业。植物园尚在建设中，张謇就改变计划，要进一步扩展为博物苑，仍由我父筹办一切。我父面临疑难学术问题，总是向木村请教。我从小经常随父在苑内游玩，亲眼见到他两人共商苑事，迄今记忆犹新。

父亲和我经常闲谈，木村先生为博物苑做了许多好事：

（一）在规划全苑道路时，木村设计了花坛和冬青树的短篱。沿苑路两侧都是冬青短篱，高一米不足，上剪平顶。花坛用瓦片或砖头插入泥土，围成各种图案。此种庭园布置方式自博物苑开始，流行于张謇早期创办的学校、机关及公共场所。

（二）木村教我父为博物苑做各种标本，如兽类和鸟类的剥制标本、解剖标本、植物标本、昆虫标本、酒精浸制标本……

（三）按植物科属，分区选植有代表性的品种，有的从征购得来，有的直接自山野采集。我父做此类工作都得到木村的指导。

（四）为实物定名，首先找出林奈的拉丁文学名，再考其科属。木村和我父翻阅辞典，图谱和其他有关书籍，不厌其烦，务求名实吻合方休。暇时还带我父到山野认识各种植物，采集标本。

木村创作的一部《高小理科笔记帖》，共分四册，系活页卡片，一面画好图形（例如讲稻的一课，画了稻的整个形态和稻花的放大图……），各个部分都画了虚线，由学生在讲听时自己标明，并在卡片的另一面印了格子，备写笔记。学生每上完一课即将卡片交老师审阅订正。翰墨林印书局曾翻印此种卡片供高小生采用。我用的则是木村给我父的一部在日本印的原本，写明"木村忠治郎著"，其时约在 1915 年前后。事实说明，南通科学知识在全国先行一步，和张謇聘请的几位日籍教师是分不开的。除了木村，还有远藤民次郎（教数理化）、吉泽嘉寿之丞（教数理化）、宫本几次（教测量工学）、照井喜三（未详）、西谷虎二（教西洋史和英语），任期一或二三年不等，以西谷和木村任期最长。

木村先生，态度和蔼静穆，有学者风度，在通任教时似不出四十之外。他星期天常在我家做客，偶或共进午餐。南通有一种特别菜叫"涨蛋"，木村最喜此物。他在我家吃饭，不许办多菜，只此一式便好。

木村于 1910 年回国后，我父亲还念念不忘他的深情厚意，经常书札来往，在通信中还时常谈及苑事。1920 年前后，木村先生逝世，他的儿子木村孝一来信报丧，我父非常悲痛，寄去祭礼。有一年木村孝一还寄给我父亲一盒饼干。每当岁首，我们仍相互贺年，从未间断；直到 1937 年中日战争发生，方断了往来。

（原载《科普作品选》，南通市科普创作协会编印，1982 年）

端方与南通博物苑

王建华

端方（1861～1911年），满洲正白旗人，托忒克氏，字午桥，号陶斋，曾任两江总督、直隶总督等职，权倾一时。仕宦之余，酷嗜金石书画，收藏丰富，著有《陶斋吉金录》、《陶斋藏石记》等。张謇，字季直，甲午恩科状元，授翰林院修撰，清末东南立宪派领袖，著名实业家、教育家。他以"实业救国"、"教育救国"为己任，在家乡南通开展了一系列"建设一新世界之雏形"的伟大实验，并于1905年（清光绪三十一年）在南通创办了中国第一座具有近代形态的博物馆——南通博物苑。

博物苑创设之初的目的，是为"设为庠序学校以教"，使学子能"多识鸟兽草木之名"（张謇为苑南馆所做联语）。为充实博物苑的藏品，张謇身体力行地捐赠和购买了大量珍贵文物，并通过自己的关系，尽可能地为博物苑多征集藏品。张謇与端方来往关系密切，《张謇日记》中多有记载。张謇曾多次应邀至端方署中观赏文物，端方也曾答应助其筹建博物苑，并不止一次表示要将自己的部分藏品分赠张謇，以助其所藏，如张謇致端绪函中即有端方曾赠给"拓本数十，陶器十数"之语。在1914年所编《南通博物苑品目》和1933年《品目号外》中，端方所赠文物种类有青铜器、石刻、石雕、墓志、晋砖、陶器、拓片等，共计61件，其中拓本有23幅，两汉陶器17件，正所谓"拓本数十，陶器十数"。另有广东产爬行类动物鼍龙1只，由博物苑制成标本陈列，意大利摩色石标本1件，可谓种类丰富。精品虽不多，但不少赠品填补了博物苑藏品的空白。

时光荏苒，近百年过去，博物苑历经沧桑，端方所赠文物也大都散失，所剩无几，据查考，现存文物有5类14件，它们是：

青铜乐器1件。战国，为虎钮錞于。錞于流行于战国、秦汉西南少数民族地域，该器器形精美，钮虎生动。

陶壶6件。东汉，皆双耳，施釉。

晋铭文砖3件。有铭文"寿若大山"、"元康九年贺氏作砖"、"元康三年太在子作"。

石质碑刻、墓志3件。石碑为元至元残碑，内容为"元至元二十一年铁佛寺住持释善和石塔……"墓志为唐故河间邢夫人墓志盖，河间邢氏为名门望族，不知该墓志铭现流落何处。另有18世纪柱体拉丁文墓碑1件，上镌拉丁文字7行，为西方一教派教徒阿可里·皮诺斯碑，当为端方1905年出国游欧考察政治期间所购带回。

拓本1件。为埃及古刻拓片。博物苑另有东魏武定八年（550年）砖刻磨郎墓志拓片，为端方所赠，该拓片拓于1930年8月，隶书，文字娟美。可惜今已不存。

端方于1911年任川汉、粤汉铁路督办大臣，当年在四川保路运动中为起义新军所杀。张謇于次年4月28日做有挽端方联："物聚于好，力又有强，世所称者，燕邸收藏，三吴已编匋斋录；守或匪亲，化而为患，魂其归乎，夔云惨淡，万古同悲蜀道难。"并致信其弟端绪，希能"践陶公之约"，"分其复品陈列于本州"，并开列数十种所需文物名单，惜物是人非，讵未能成，实为憾事。

在南通博物苑建苑一百周年之际，我们不能忘记本苑创始人张謇，当年为博物苑征集藏品而殚精竭虑的拳拳之心。也应该记住端方这位满清重臣，大收藏家，为博物苑做出的一份贡献。

日寇在中国第一座博物馆干了些什么

卜万容

1938年3月17日，是南通人民永远不能忘记的日子。这一天，侵华日军饭冢旅团约5000人，从城郊姚港附近登陆。此后八年间，日军在南通地区杀人、放火、抢劫、奸淫，无恶不作，给当地人民带来了空前深重的灾难。中国人自己创办的第一座博物馆——南通博物苑被日寇劫掠一空。

一　张謇苦心经营的文化宝库

1905年，近代著名人物张謇，在他心爱的家乡——南通，创建南通博物苑。此后在他二十多年的苦心经营下，南通博物苑已具相当规模。建有亭榭池馆二十余处，收藏了大量历代珍宝、名人书画和动、植、矿（包括化石）物标本，并且栽植了各种名贵花木，饲养了许多珍稀动物。据《南通地方自治十九年之成绩》所附博物苑《历年情况表》中统计，至1914年已建成的主要建筑的南馆、中馆、北馆、国秀亭、藤东水榭、鸟室、兽室、温室花房以及风车、水塔、假山、水池等23处。1914年编印的《南通博物苑品目》，分上、下两册。上册为"天产部"，登录的品物有：动物类460号，536件（其中494件为标本，42只为饲养的禽兽）。有东北虎、豹、鲸、猩猩、猿、猞猁、袋鼠、树獭、孔雀、鸵鸟、白鹤、鹳、鸢等（这些种类的动物，现在都被列为国家一、二类保护动物）；植物307号，计308件（其中标本22件，栽植286株）。名花异木有牡丹、金带围（芍药中的名种）、琼花、檀香梅、山茶、玉桂、璎珞松、西山白皮松、桤、楸等等；矿物标本1103号，计1247件。其中有沙金、金矿、铱等稀有金属，有猫睛石、虎睛石、鱼睛石等珍贵宝石。《品目》下册为"历史"、"美术"、"教育"三部，都属历史文物。三部文物共分28类，包括金、玉石、瓷陶（属历史部，陶为主，侧重历史价值）、拓本、土木、服用、音乐、遗像、写经、画像、卜筮、军器、刑具、狱具、书画、瓷陶（属美术部，瓷为主，侧重艺术价值）、雕刻、漆塑、绣织、缂丝、编物、铁制、烙绘、铅笔画、纸墨、科举、私塾、学校等，共1103号，计1447件。1933年又编了一本补充的登记册，登录了632号，6485件（含文物和标本）。至日军侵占南通前夕，南通博物苑拥有品物总计3605号，10023件。

文物、标本绝大部分存放、陈列在南馆、北馆和中馆，少数大型文物如雕塑等陈列于户外。所有文物、标本都写有说明。除了上述建筑设施、文物标本、珍禽异兽、名花奇木外，博物苑内还设有葱绿的草坪、迂回的道路，苑的东边有清澈的河流，河边、亭旁都有丝丝的垂柳……

这一座既有丰富蕴藏，又有园林之胜的博物苑，在张謇经营的事业中，具有特别重要的地位。在当时战乱的环境中，张謇忧心忡忡，惟恐一旦发生战争，会使他苦心经营的博物苑毁于战火。为此，他一再强调国际保护的问题。他在为博物苑征集文物所写的启事中，对国际公法中有关保护博物馆和文物、图书的规定大加称道，说是"美哉义也，可大可久！"又在《南通博物苑品目序》中提出："抑闻公法，战所在地，图书馆、博物苑之属，不得侵损，损者得索偿于其敌。"接着他又慨叹："世变未有届也，缕缕此心，贯于一草一树之微，而悠悠者世，不能无虑于数十百年之后。"

张謇的这种担心不是没有理由的，在他逝世十二年之后，博物苑终于毁于侵华日军之手。

二　养马煮鹤：博物苑驻上日军警备队

在抗日战争爆发后，国民党政府对南通博物苑的保护没有任何应变措施。当时的苑主任南通师范教师胡履之也无能为力（博物苑原来附属于通师，一度独立，后又附属于南通学院，1936年后，又交通师代管）。以后的情况，在已故南通市政协委员孙渠先生所撰《南通博物苑回忆录》中写得很清楚。孙渠是南通博物苑第一任主任孙钺之子，从小随其父到博物苑游玩，长大后也曾帮助其父处理苑事，抗战前在通师任教，南通沦陷后随通师迁往启东海复镇任教，晚年致力于地方文史资料工作。《南通博物苑回忆录》的《沦陷以后》一节这样记述：

> 1937年夏日寇首次轰炸南通，1938年3月17日，南通沦陷。胡履之维持苑事也煞费苦心。当时有人主张把苑品搬走，但事实上困难很多，怕搬移中发生问题。又迷信文化事业受国际法保护，所以大体没有动。只是在沦陷前夕，苑主任胡履之、会计葛进夫通过了师范校的负责人，从南馆选取物品50余件，从北馆取出书画43轴，寄存在东乡芒虾子榨葛进夫家，字画存文峰塔河东校门房顾红林家。物品中有露香园绣的《昼锦堂记》条屏十二幅，和沈寿绣耶稣像等绣品。在通师移到海复镇二附小开学后我亲目所见，因我也到那里教课。有些书画曾经藏在地下，送到海复镇时已朽坏了不少。

日寇占领期间，胡、葛二人和一部分工友撤到葛家暂住。另一部分工友留苑饲养动物、灌溉花草，仍不时联系。可是日寇经常入苑骚扰，日甚一日，常从兽室牵出猴子，任意虐弄；有一次，竟枪杀白鹤，煮以下酒。在这种情况下，苑工坚持了两个多月，直到日寇驻军苑内，苑工才不得不全部离苑。

关于白鹤，还有一段动人的故事：张謇癖爱白鹤，因此白鹤饲养的时间最长，几乎与早期博物苑相始终。第一对白鹤原为张謇恩师翁同龢家饲养。翁逝世后，归贵池刘聚卿所有。刘系张謇好友，他于光绪三十三年（1907年）将白鹤赠送南通博物苑。这一对白鹤先后死了，张謇又以高价买了一对，同样是丹顶白羽。直到日寇驻军入苑，两鹤尚生存。日寇枪杀其一，另一悲鸣绝食而死。

1938年秋，我随通师迁吕四海复镇（当时为游击区）复课，胡履之告诉我：顾红林因日寇下乡搜索，故将字画埋藏田中，大部遭到潮损。通师于校长遂设法将字画和寄存葛家之物，一并搬至金沙孙氏小学，不久又搬到海复镇通师附小，最后运到上海。据胡履之说，由他交给张敬礼（张謇之侄）。另传一说是胡交给张謇之妻吴氏。所有取出文物的品目单，葛进夫留有底稿，核与解放后地方事业委员会所接收的实物大致相符，不过字画、法帖已烂毁，沈绣已由张融武取去，别的文物亦间有损坏，总计残存不过九牛一毛而已。

根据孙渠的上述回忆，可知南通沦陷后两个多月，日军即进驻了博物苑，苑工也就在坚持两个多月后被迫全部离苑。此后，日军即在博物苑内为所欲为了。日军还霸占了张謇故居濠南别业，作为驻通部队的司令部，直至日军投降。南通城区的一些老人，至今还清楚地记得，在濠南别业的大门一侧，挂着"大日本军南通警备队本部"的木牌子。牌子未经油漆，以黑墨书写。在博物苑现今收藏的伪政府所绘制的《城区启秀坊图》（1：5000晒蓝图）上，在濠南别业的位置印着"濠南别业"、"松浦部队"两行并列的文字。当时，博物苑成了日军司令部的后院，日军在那里种菜、养马，甚至用作埋葬战死者的墓地。1981年，在博物苑的南草坪西南角发现一块墓碑，上面刻着"故陆军步兵军曹杉谷秋文之墓　昭和十三年八月十三日战死　建立者　中队长　石桥大尉　小队长　谷秋少尉"。

三　劫后的博物苑

被强盗盘踞八年之久的博物苑，在日军战败撤离后，人们看到的是什么情况？还留下些什么呢？孙渠在其回忆录的最后一节《一片废墟》中说：

抗日战争胜利后，博物苑已成废墟。味雪斋、相禽阁、鸟室、兽室、温室、鸠屋翠、水禽翠等已全部拆除，片瓦无存。南、北、中三馆以及东楼、弹子房、藤东水榭，仅有屋面，围以颓垣破壁。花木绝大部分被毁灭，苑内陈列品仅剩剥制的鸟兽标本，也已蛀损。……所有露天陈列的大件铁器和石器，尚有数件抛弃于瓦砾蔓草之中。

在1946年2月23日的《五山日报》上，有一篇署名"言永"的《城南文化地区凭吊记》对此做了更为具体的描述：

　　……进了濠南别业的大门（如今已砌成只容一人出入的小门了），便有一股令人欲呕的臭气触人鼻脑。庭院中苍茂的高松翠竹，早已不见；两只铁鹤却还凄然地站立在乱石之中；两旁的木屋已倾斜得几乎要倒下来；门窗当然是什九残毁。绕到别业的朝南大门，门都紧闭着；从窗缝中望去，室内已是空无所有。只是门边两株紫藤，却长得已碗口粗，一直缠到三楼阳台的铁架上，支持了她那般柔中带刚的姿态。有走马楼相连着的西面的一幢屋，过去是孝若（张謇之子）先生幼年读书游息之所；前面的空地，现已成菜园；日寇搭成的厕所，还东西并列着，没有拆除，草绳做的门帘，随着风飘荡着。从这里可望见图书馆的曝书楼，楼上的玻璃窗已都毁失，楼后茂密的园林和风车，都没有了踪影。

　　由濠南别业的破墙边走进博物苑，纵目四望，但见一片乱石荒草。最擅幽胜的美人石，竹树丛花，都已不见；乱石倾倚在乱草间，失去了以往的姿态。重行寻诵了一下啬公的《美人石记》，真使人不胜今昔盛衰之感！沿日寇搭建的马厩走去，沿路的冬青短篱，美花异木，早已尽付炉灰。走到过去收藏古今珍物最富的南馆，首先就见一尊大铁佛倒仰在地上，除了头部还完整以外，身躯已分裂成支离碎破了。还有几尊有玻璃棚卫护着的富有艺术和历史价值的佛像，侥幸大体还算完整。南馆四周还有许多石刻的文物制品，除了少数粗大的石马等物以外，其余都不见了。馆门已用锁锁着，但窗户已损坏，只见两段原在北馆的鲸鱼头骨，搁置在零乱倾倒的橱柜之上，还有些肋骨抛弃在墙外乱草之间。橱柜中空无所有，似已久被尘封了。中馆门已闭着，北馆更是空无一物。花竹平安馆已经寻不出旧日的踪迹，藤东水榭也完全改变了面目。许多建筑物都失了所在。喷水池已干涸，野草丛生。悬有'见树木交荫，时鸟变声，亦复欢然有喜；待春山可望，白鸥矫翼，倘能从我游乎'对联的客厅，也只余一堆瓦砾……

作者最后慨叹说：

　　今日距离啬公之逝，只二十年耳，而博物苑、图书馆之属，便都给日寇侵损到如此程度。

四　珍贵藏品何处觅

从以上史料记载，可见南通博物苑被日军破坏之一斑。在日军盘踞期间，那里是行人经过都害怕的地方，一般的中国人根本不可能到那里去。房舍建筑、树木花草，当然只有日军去破坏；那么多的文物标本，除了日军，还有谁敢染指?!

在孙渠、言永文中写到的一些残存物品，都是难以搬运，或被认为没有价值的，如铁佛，由于多年置于露天，已经锈蚀破碎。言永所称"佛像"，实为原在古像亭中陈列的道教"三清"泥塑神像，体积高大而朽坏（已不存）。残存的石马、鲸骨等，现尚收存苑内。已蛀损的剥制鸟兽标本，曾由通师保存。至于辗转移存于上海，交张氏家属保管的文物，南通解放后，已由地方事业委员会于1951年6月从上海金城银行保管库提出，装三箱运回。其中包括孙渠提到的露香园绣的《昼锦堂记》12幅在内。由张融武携去香港的沈寿绣品《耶稣像》和《美伶倍克像》，也于1986年献归，现保存于南京博物院。

解放以来，经多方寻找，反复核对，现存抗战前藏品（包括从上海取回的）总计为100余件，与原有藏品数相比，确属九牛一毛，而绝大部是被日军劫毁。被劫被毁的藏品中有许多十分珍贵的稀有物品，如三叶虫、货币虫、侏罗纪羊齿植物、白垩纪植物、古世界背立罗温的化石；有商父佳鼎、周辛父剑、汉雷纹罍、魏磨郎墓志、梁武帝时铸的释迦牟尼像、唐人写经（四卷）、唐宫乐器雷琴、永乐大典（一本）等；还有不少反映中外交流的外国品物，如：张謇早年出使朝鲜时，朝鲜王送给他的品服；张謇之子张孝若当专使从美国带回的林肯床上的木片；美国波士顿市长赠给张孝若的涂金粉的钥匙以及爪哇土人制的沙笼、意大利古碑等。藏品中有不少是著名收藏家端方和张謇本人捐赠的。

日本军国主义发动的侵华战争，已是世界公认的历史铁案。可是日本的极右势力，竟冒天下之大不韪，一直予以否认。对此挑衅行为，中国人民决不会等闲视之。我们认为：南通博物苑遭受日本侵略军的破坏，应要求赔偿，被劫掠的文物，也应归还。我们还要以这段沉痛的历史教育后代，弘扬爱国主义精神，把祖国建设得更加强大！

（原载《中国文物报》2000年7月9日）

南通博物苑的兴衰与复兴

周国兴

一　南通博物苑的兴与衰（1905～1949年）

光绪二十九年（1903年），张謇为把南通建成他心目中的"新世界雏型"和"地方自治"的示范区，在大阪博览会开幕之际，东渡日本，进行实地视察，他除了参加博览会，还先后参观了35处教育机构和30处农工商单位。他每到一处，有看必问，每问必记，每记必思，对参观对象获得了极其深刻的印象。通过如此广泛的考察，他强烈地感到，要使中国富强，应该借鉴日本的经验，必须把教育和实业放在首要地位。其时他也萌发了在中国京城创设帝室博览馆——合图书馆和博物馆为一体——并由之推广至全国的想法。后来由于清廷未采纳他的建议，遂在家乡南通实施他的这一抱负。

南通博物苑始建于光绪三十一年十二月九日（阴历），在《张謇日记》中有记载：

光绪三十一年十二月九日，规画博物苑。

然而，早于一年前，即光绪三十年已在通州师范学校建有辅助教学之用的植物园，博物苑即在该园基础上扩建而成。正如张謇后人，其子张孝若所称：

先君于前清光绪三十年东游归来后，即有植物园之草创，其时作为师范生参观游息之所。清末民初，因物品苑集日富，规模日大，乃与图书馆并形独立。（原载1932年11月26日《通通日报》）

最初负责建苑工程的为通师学生孙钺（字子铁），业务指导为通师日籍教师木村忠治郎。

博物苑草创之后，经过十年的努力，在张謇先生的苦心经营下，日趋完臻。印于1914年的《南通地方自治十九年之成绩》一书中，在"博物苑"目下详细记述了建苑的过程，员工情况和经费开支的总计。建成的博物苑主体建筑有中、南和北三馆，其中南馆为全苑精华之所在，馆内陈列品分列天产、历史和美术三部。此外苑内还筑有各式花坛，分类栽种各种植物，并饲有少数动物。建有"谦亭"以陈列鲸鱼骨骼及各类化石，设有测候所，为中国气象观测之始。另建有花竹平安馆、藤东水榭、味雪斋、相禽阁、国秀亭和假山、水沼等园林结构。据该书载，这十年（除 1914 年未决算外）"计用银四万八千七百六十元八角六分八厘"，"均謇捐助"。

南通博物苑成为中国人自己办的第一座博物馆，第一位苑主任由孙钺担任，张謇自任苑总理。

苑内藏品颇丰，《南通博物苑品目》编印于 1914 年，分上、下二册。上册为天产部，登录动物类 460 号，植物类 307 号，矿物类 1103 号。下册为历史、美术和教育三部，各录藏品 722、294 和 87 号，四部合计共 2973 号（1933 年另有《品目号外》一册，即临时登记册，录有 632 号）。每一号中有 1 至若干件，故南通博物苑的藏品，在当时不可谓之不丰实。据 1930 年出版的《二十年来之南通》一书所载：

> 博物苑之南馆"则全苑之精华存焉。其中陈列之物，分为三部，曰天产部，曰历史部，曰美术部"。"闻之司苑者云，三部合计，所值不下五十余万元，可见其陈列之富矣。该苑总理季直先生，下设一管理员，及数司事而已。南通各校，凡讲关于动、植、矿物，常由教师率往参观，因之人多称为南通各校专设之标本室也。外来参观者，须有参观券，方得入内，否则无论何人，概不得擅入。"

由此可见，在张謇生前，经十多年建设，南通博物苑事业已达其鼎盛期。

有关博物苑的创建，事无巨细，张謇先生都一一过问，他亲拟征集藏品启（《通州博物馆敬征通属先辈诗文集书画及所藏金石古器启》，1908 年），亲订博物苑苑章及观览规则（1913 年），为苑品目作序（1914 年）。在他的日记、手札、手牒、匾额、对联及有关诗文中，有关博物苑的内容比比皆是。为了博物苑，张謇先生倾注了他的全部身心，可说是呕心沥血矣！

随着 1926 年张謇先生的去世，南通博物苑终于走上下坡路，日趋衰落。其实早在 1922 年后，作为张謇文教事业支柱的南通纺织事业，由于受舶来纺布低价倾销、军阀混战、棉贵纱贱、营运不振和抵押借款等的影响而陷入困境。博物苑终因经费减少而举步艰难，加之张謇先生逝世，博物苑失去坚强支柱而每况愈下。虽然 1928 年南通大学校董会建立后，南通博物苑转于大学范围之内，情况仍没有多大好转。我们从 1932 年 9 月 4 日《通光日报》上，笔名"落花生"所写的《从五公园游到博物苑》一文中可知，博物苑已陷入颓败境地：

> 我每次到公园水台上一坐，便会想到久已不去玩的博物苑来：葱绿的草场，迂回的道路，谦亭的垂柳，水榭的清流，可以使人流连忘返，确是一所很秀美的园林；但是三四年不曾去观光一次，不知近况如何。今天，我们吃了午饭，便乘兴跑到博物苑去闲逛一回。那知进门便一肚子不高兴，因为葡萄架已不成为架，只是东倒西歪的木头撑支着，枯瘦的葡萄枝干迎风颤动，更是憔悴堪怜。竹篱边的紫藤银藤，虽是粗如猿臂，木架也大半坍倒了。曲折的煤屑路，都是野草蔓生，没人

足踝。

南、北两馆东边的兽室，也是十室九空，只有孤独的猴子和蜷伏的刺猬点缀着。各处的房屋、亭台、池沼和两座水塔，也只是倒败芜秽不堪。南馆四周的佛像，大半龛门洞开，听任风雨剥蚀，尤其是假山石南陈列的大水晶和寒水石等物，竟是影迹不见，不知何往。"该文作者不禁哀叹："觉得事业的创始容易，维持不易，如果后继非人，简直转瞬可以覆灭。"他呼吁："我个人十二万分的希望，把这个比较重要的博物苑，不必由一个学校管理，可交由教育行政机关管理，大大的整理一番，庶乎先贤的遗泽，可以垂之永久。如果不然，在不久的将来，这个博物苑，不独墙倒壁坍，花枯树萎，鸟兽绝迹，恐怕那些较好的古董，大半要改名换姓。不信吗？请拭目以观其后。"

果然不出该文作者所料，厄运——降临南通博物苑！

该文章是9月4日发表的，两个月以后，当年的11月5日爆发了博物苑失窃大案。1932年11月8日《南通报》报道了"城南博物苑南馆失窃大宗古物"，"计损失铜器、玉瓷、雕刻、殉葬各类珍品，不下八十余件，价值约二十余万元之巨，诚属骇人听闻矣！"

所幸，报警及时，及警方采取有力措施，一周内在上海破案，人赃俱获，失物追回。博物苑主任孙子铁和会计葛进夫为此而引咎辞职，在辞职书中透露了他们迫于博物苑的窘境，而无力挽回颓局的无奈心情。据载于1932年11月15日《通光日报》上的辞职书上称：

当先苑总理在日，苑费充足，外有岗警，内有更夫，日夜轮守，无或稍懈。自苑费减之又减，苑丁裁之又裁，岗警、更夫久付缺如。钺等非不知危，然以二十八年以来之安全历史为鉴，当此经费万窘之秋，固难作无因之虑也。此次窃案幸已获破，来日方长，无限怀惧，事大责重，钺等自度实无肩负能力。且苑中各处建筑，无在不急需修理，而南馆屋顶，势将倾覆，尤为险极。钺曾于十九年初，特请工程师估计修理工料，开具清单，呈请拨费修理。呈请数次，有案可稽，均未奉批准施行。一旦不幸发生，则馆品尽成斋粉，钺等虽留复何能为乎？

张謇后人张孝若子承父业，虽慰留孙、葛等，但终究心有余而力不足，无回天之力矣。在其慰留信中，透露了博物苑面临困境之因缘——有限的经费要维持众多的教育与慈善机构（达20余处）实是难事，连他本人也要引咎辞职了。

仆所肩荷之先业，在教育、慈善范围以内，不下二十余处。此二十余处皆分利机关，仰赖实业方面之扶持补助者也。民十五先君逝世，仆一面受各实业公司股东董事之推举，谬长董会，一面继承各教养之保管主权，经过多时之商榷请求，动以恳挚之情感，语以关连之历史，乃暂获实业方面之补助。此项补助，几占各教养额定常费全数十分之七八。补助承诺时，且郑重表示，此款为扶助先君私人所创建之教养事业，仆私人固丝毫不得擅用，即他地方公共事亦不得占用。所以此项经费仆全平均支配于二十余处，各处送来最初预算，皆稍核减，使与收入相符。故博物苑预算之核减，安得例外？非仆独减博物苑预算，此不得已之事实也。

至修理苑内房屋之事，兄诚然受仆面托开列修屋工程预算，仆何尝不知急切应办？但兄须知所管辖之先君教养之事业，不止博物苑一处，而先君各项建筑，创办迄今，多则二三十年，少则十余年，损坏者有之，渗漏者有之，皆亟待修理，刻不容缓，仆早有通盘修理之计划。但此项特支，又与仅修一二处情形不同，数不在少，故不得不筹措的款，视其缓急，次第兴修。

尽管如此，张孝若先生还是为维持博物苑做出最大的努力。

各处经费来源有限，基产尚待开发，苑费确甚支绌。然必须应办之事，如苑丁之酌添，更夫之加设，决不可省。例如苑案既经一度发生，今后应如何防范计策万全，自当容纳尊意，切实整理。至常费不足，自当商陈吴、沈、徐三校董予以特支补助。仆职责所在，决不做使兄为难受困，尽请放心。

由于孙钺的坚辞，1933 年之初，博物苑主任易人，由六合县老秀才唐志崇接任。南通博物苑自 1928 年划归南通大学管理，失窃事发后，至 1935 年又由通州师范学校代管，但处境依然不佳，惨淡经营勉强支撑，然而最大厄运还在后面。

1938 年 3 月 17 日，日本侵略军占领南通，日军进驻张謇故居，博物苑沦为日军马厩。苑藏文物仅少数转移到上海，大部分为窃、为劫，遭到严重的破坏，待到抗日战争胜利时，博物苑已成废园一座！载于 1946 年 2 月 23 日《五山报》上的《城南文化地区凭吊记》一文（作者言永）写道：

由濠南别业的破墙边走进博物苑，纵目四望，但见一片乱石荒草。最擅幽胜的"美人石"竹树丛花，都已不见，乱石倾倚在乱草间，失去了以往的姿态。重行寻诵了一下啬公的《美人石记》，真使人不胜今昔盛衰之感！沿日寇所搭建的马厩走去，沿路的冬青短篱，美花异木，早已尽付炉灰。走到过去收藏古今珍物最富的南馆，首先就见一尊大铁佛倒仰在地上，除了头部还完整以外，身躯已分裂成支离破碎了。还有几尊有玻璃棚卫护着的富有艺术和历史价值的佛像，侥幸大体还算完整。南馆四周还有许多石刻的文物制品，除了少数粗大的石马等物以外，其余都不见了。馆门已用锁锁着，但窗户已损坏很多，只见两段原在北馆的鲸鱼头骨，搁置在零乱倾倒的橱柜之上，还有些肋骨抛弃在墙外乱草之间。橱柜中空无所有，似已久被尘封了。中馆门已闭着，北馆更是空无一物。花竹平安馆已经寻不出旧日的踪迹，藤东水榭也完全改变了面目。许多建筑物都失了所在。喷水池已干涸，野草丛生。悬有"看树木交荫，林鸟变声，亦复欢然有喜；待春山可望，白鸥矫羽，倘能从我游乎"对联的客厅，也只余一堆瓦砾。啬公在这里本来是要"设庠序学校以教"，使人"多识鸟兽草木之名"的（原为南馆联语）。他在博物苑落成之时，曾做了一篇《南通博物苑品目录》，当时在序文中也就早顾虑到，"世变未有届也……不能不虑于数十百年之后。"并且昭告后人："抑闻公法，博物苑、图书馆之属，交战国不得侵损，侵损者得索偿其值。"并且殷殷希望："一州之积，祈冀爱惋而珍存之。"今日距离啬公之逝，只二十年耳，而博物苑，图书馆之属，便都给日寇侵损到如此程度……

接下去是三年国内战争，国民党反动政权无暇顾及博物苑的恢复，而是使博物苑这座废园彻底地破坏了，机构已不存，故南通博物苑已名存实亡！

南通博物苑自1905年创建，到1949年，走过了漫长的45年历程，由兴到衰，它也曾光辉过，但终于衰落了，直至名存实亡，战乱和时代的局限性固然是它悲惨结局的主要因素，然而，由兴到衰的客观事实又包含着许多发人深省的教训。张謇先生凭借他顽强的意志与坚定的信念，通过个人的努力，大刀阔斧的实践，终于在中国大地上建立起中国人自己的第一座博物苑，使南通成为中国博物馆事业的发祥地，这是南通人永远值得骄傲的事。然而他毕竟是个人的行为，他所创的事业必须有后继者，必须融化为社会的集体行为，转变为政府的行为（当然必须是为广大人民群众谋利的政府），才能将个人所创建的事业继续下来并发扬光大。可惜他所创办的博物苑，随着他的逝去而衰败。这个不争的事实，再次表明了，如胡适先生所称，"张謇在近代中国史上是一个很伟大的失败的英雄"。

南通博物苑在它历史的前半期，以"名存实亡"而结束，有形的被毁灭了，但它却留下了一笔无形的巨大的精神财富。虽然张謇没有系统的有关博物馆的理论论著，但从他上书清廷到他创建南通博物苑的具体实践，他的建苑思想，他对博物馆在社会教育中的地位与作用，对博物馆的管理，均有一套独到的见解，直至今日，对博物馆事业的发展仍具有重要的借鉴和指导意义。事实上，所有这一切也正被博物馆学者们所研究、总结和发扬着。正如同贝多芬的《英雄交响曲》有其华彩章一样，张謇先生的博物苑，我认为也是他一生"英雄交响曲"中的华彩章，永远响彻在中国博物馆界的上空。

二　艰难的复兴之途（1949～1995 年）

1949 年南通解放后，百废待兴。是年，南通市第一届各界人民代表会议开幕，韩意秋、管惟吾等8位中教代表，为促进文化教育事业，以保存有历史纪念性的文化艺术为由，向会议提交"恢复博物苑的提案"，要求"就原有博物苑房屋修理使用，调查并收回原博物苑的各种陈列品，号召人民献出家藏的文化艺术的书籍和物品，"来恢复博物苑。

此后，南通市地方事业委员会于 1950 年 11 月 29 日召开会议，由南通市人民政府函聘委员十七人组成"南通市博物苑修建委员会"。推定尤海平副市长为主任委员，建立工程处，并确定初步修理工程，先修理中馆、南馆及东楼，规划路线，栽植花木，为公园式的布置。会议还决定募集款项来修建博物苑。"南通博物苑修建委员会的征募函"中指出：

今天已经是人民的南通了。我们对于像博物苑这样的人民自己的事业，必须尽可能用自己的力量及早地把它恢复起来，逐渐把它充实起来，然后，充分地把它发扬光大起来，使它成为我们自己的乐园。人民的南通快要走向文化建设的高潮，它是更迫切需要这样的事业的。

说到恢复光大，我们不应该也不可能仍旧希望少数人负担这个责任。在国家和地方财政情况刚刚开始好转的今天，我们也不能单纯希望马上由政府来照顾它。我们的建议，先且集合人民的力量完成初步的恢复计划。以后，再逐渐加以充实、扩展，使它成为人民大众的游乐园、科学馆、文化宫。

看来，南通博物苑的修建，已由张謇先生当年的个人行为，发展为政府行为，发展为南通人民的社会性行为。博物苑的恢复工作获得了南通各界、广大人民群众的热情支持，大家纷纷捐款、捐物，并开展义务劳动，实为感人。南通市地方事业委员会于 1951 年 7 月所作《十一个月来的工作报告》中曾对此有生动的叙述：

关于博物苑方面：博物苑经敌伪及反动统治时期长期破坏后，园圃荒芜，房屋残破，内部设备及花草鸟兽更荡然无存。为适应人民大众的需要，经组织修建委员会募集款项，兴工修建以来，由于大生第一纺织公司，本市各界人士及旅沪同乡的热情赞助，工程处全体工作人员的通力合作，或则捐助巨款，或则捐助花木，或则捐助工程材料，或则捐助应用家具，或则捐助图书、字画、古董，或则热心劝募，或则帮助设计，或则提供意见，或则提出批评，或则躬亲冒风寒雨雪辛勤劳作，或则以社会力量维护公物，众擎共举，蔚为风气。目前原有各馆及东楼、西斋已经修理竣工，道路园林大体布置就绪。

据该报告称，各方面捐款达 27000 多万币（旧币）。其中通沪两地热心人士捐款达 11000 余万元，企业捐款 9500 万元，仅此两项达到 20500 万元，要占全部捐款的五分之四强！可见南通人民是有觉悟和魄力的，热心办公益事业是有传统的。

1954 年 4 月，江苏省人民政府为贯彻中央"整顿巩固、重点发展、提高质量、稳步前进"的文教工作方针，撤销了江苏省南通博物馆，将馆藏文物、家具，移交给即将成立的江苏省博物馆筹备处。

到了 1957 年 4 月，江苏省人民委员会致函南通市人民政府，称：

1954 年撤销的南通博物馆是全国第一个民办的博物馆。我会决定自本年起在该馆的基础上重建一个新型的、地志性的博物馆，以搜集、整理、陈列南通市的历史、建设和自然资源的资料，向人民群众进行爱国主义教育。（苏文管字第 9027 号，1957 年 4 月 9 日）

于是，还制订了"征集文物资料暂行办法"随文附发。到当年 9 月，市文教局又制定了"南通博物馆征集文物资料工作的几项暂行规定"，由市人民委员会批发。在批发通知中指出：

南通博物馆准备 10 月 1 日正式建馆……，为了适应当前工农业生产跃进的需要，南通博物馆必须大力进行征集工作，使它更好地为科学研究和广大人民群众服务。（通教徐字第 403 号，1958 年 9 月 5 日）

经过近十年的努力，在党和政府的领导和关怀下，在广大群众的热情支持下，在"大跃进"的新形势下，博物苑终于以新的面貌——"南通博物馆"出现在原博物苑的废墟上。它肩负着"通过征集、陈列，介绍南通市、区的自然资源、历史发展（包括革命历史）和社会主义建设成就，向广大人民群众进行社会主义、爱国主义教育，借以激发群众生产建设热情。同时它又担负着为各部门提供科学研究资料的任务"（同上通知）。

新生的博物苑不仅在社会教育上，而且也在社会主义建设事业上发挥着它应有的作用。

星转斗移，时间推进到 1966 年，史无前例的文化大灾难降临了，这是一场民族大浩劫。南通博物馆再次陷入了困境，业务停顿，机构撤销，1968 年与其他单位合并为"南通市劳动人民文化宫"，1972 年与市图书馆联合成立革委会。市文化局所属文工团、影剧公司占据濠南别业院区，特别是当时的市文化局拆除博物苑"花竹平安馆"的建筑，紧靠着濠南别业主楼建造了一座钢筋水泥建筑（俗称"炮楼"）作为文工团的排练厅，严重破坏了南通博物苑的整体形象和环境风貌。

打倒"四人帮"后，南通博物馆再次迎来了新生。为了振兴南通博物苑，在我的推荐和联系下，1979 年 10 月中国自然科学博物馆协会的筹备会在中国博物馆事业的发祥地南通召开，南通博物苑的重要历史地位，得到来自全国各地博物馆人士的确认。裴文中教授特为之题词："中国第一博物馆，是最有价值的珍宝。"1986 年我在《大自然》杂志上，写了一篇《我国自办的第一个博物馆》——南通博物馆，进行了全面的介绍。

1988 年经国务院审定，南通博物苑成为全国重点文物保护单位。从此，南通博物苑踏上了恢复原貌的艰难历程。

为什么要恢复原貌？这固然是作为全国重点文物保护单位起码的要求，也正如裴文中教授所指出，它是最有价值的珍宝。作为中国人自己办起来的第一座博物馆，本身就具有重要的历史文物价值。恢复面貌使得广大人民群众和广大博物馆工作者能亲眼目睹，当年张謇先生苦心经营的博物苑究竟是怎样的？它是如何体现张謇先生的办馆思想和为提高人民大众科学与文化素质而发生作用的？也是我们南通人尊重历史、维持家乡荣誉的体现。

1990年8月24日市九届人大常委会第十七次会议根据市九届人大第三次会议的授权，审议了这一议案。并通过《关于保护和建设南通博物苑的决议》，决议中写道：

> 会议认为，南通博物苑是中国人自己办的第一个博物馆，是全国重点文物保护单位，是我市近代文化建设的瑰宝。保护和建设南通博物苑，对于建设社会主义精神文明，提高我市的知名度，促进我市对外开放，具有重要意义。

> 会议要求市政府在近期内按照文物保护法和园林管理法有关法规，根据我市城市总体规划及有关专业规划，制订保护和扩建南通博物苑的规划和分步实施方案。人民公园最终要作为博物苑的园林部分，供人民群众游憩观赏。当前，要着手筹建文物仓库，迁出动物园，以确保馆藏文物的安全，改善博物苑的环境。原电台用房及该处住户应尽快搬迁，以利博物苑的扩建。

这里明确了恢复和发展南通博物苑必须做的几件事，即：

1. 制定保护和扩建博物苑的规划和分步实施方案。
2. 人民公园回归博物苑，搬出动物园。
3. 筹建文物库房。
4. 电台用房及住户搬出，以利苑的扩建。

接着在当年9月又由徐燕市长主持南通市人民政府常务会议，研究落实九届人大常委会第十七次会议决议的意见。而且明确由葛忠康副市长总负责，争取1991年市人民代表大会召开前解决。

由于政府的重视，市长亲自过问，加上博物苑自重建以来，全苑专业人员的努力，博物苑做了大量工作，一方面努力搜集抗日战争中散失的藏品，另一方面又在本市和所属县、镇广征文物，藏品量大大提高，至1992年底总数已达42682件，其中文物36495件，标本6187件，内中不乏精品。博物苑的研究业务涉及到历史、自然、艺术诸方面，许多年轻馆员成为业务中的主力，也举办了不少好的展览。

然而在恢复过程中，两大问题困惑着博物苑，也引起历届政府领导的关注，这两个问题是排练房的拆除与人民公园的回归。

在我手上有一份1991年11月4日晚人大常委会领导朱剑、李明勋和徐虎给市文化局领导电话记录的复印件，读后实在令人感动：

> 给文化局领导的电话：

> 1. 濠南别业靠马路边的平房，在歌舞团搬出后，立即归还给博物苑……这是

我们和有关领导多次商量一致的意见，也将是博物苑规划的重要内容。

2.（略）

3. 文化局领导考虑问题应立足于保护和发展我市的文化事业，现在我市正在争取列为历史文化名城，更应在保护和发展文化事业方面多做工作，创造条件。想问题，办事情，不能迁就眼前利益，也不能屈从于暂时的困难，而要积极进取，迎难而上，千方百计，为我市文化建设做不懈的努力。

明事理的领导们如此关注于南通博物苑的恢复与发展，国内博物馆界的专家们也不例外。

1991年11月15日至20日在我的引荐下，南通市政府为保护和建设南通博物苑，发展南通文博事业，特邀请北京方面专家学者到南通考察，请他们提供咨询意见。鉴于这次活动的重要性，我现在将南通博物苑当时进行座谈的纪要——《恢复南通博物苑，发展南通博物苑事业座谈纪要》公布于下，以供研究南通博物苑史时参考之用。

10月15日至20日，南通市政府为保护和建设南通博物苑，发展南通文博事业，特邀请北京专家学者到南通考察，请他们提供咨询意见。于15日和16日下午在南通博物苑濠南别业，由市文化局局长叶晓平主持召开了两次座谈会。参加座谈会的专家学者有：吕济民（国家文物局前任局长、现任故宫博物院代院长、中国博物馆学会会长，世界博协中国方主席）、胡骏（原国家文物局博物馆处处长，现中国文物研究所副所长）、周国兴（北京自然博物馆副馆长、南通博物苑名誉苑长、中国自然科学博物馆协会副理事长、中国博物馆学会常务理事）、李嘉乐（中国风景园林学会副理事长、北京风景园林学会理事长兼秘书长）、周文斌（光明日报社、科学部主任）。参加座谈会的还有南通博物苑的新老领导等十人，计十六位同志，李炎副市长出席了16日的座谈会，并做了重要讲话。18日徐燕市长参加了聘任仪式，聘周国兴为南通博物苑名誉苑长并亲自授予了聘书。

座谈会以恢复和建设南通博物苑，带动南通文博事业，推动南通文化、经济建设为中心，围绕南通博物苑的现状，南通市城市、文化建设的需要展开了广泛的讨论，提出了宝贵意见。座谈情况综述如下：

一　恢复和发展南通博物苑的必要性和迫切性

与会者一致认为，从南通博物苑的现状看，目前不是一个保护问题，而是一个恢复问题。原貌几乎被破坏得面目全非，只剩下几块小小的飞地，上面的建筑破烂不堪，简直惨不忍睹。濠南别业虽已维修，但整个院落和附属建筑包括后建的舞厅，犬牙交错，杂乱无章，呈现出一派破落景象。所以，首先要提"恢复"，要逐步恢复到1914年时博物苑的面貌。

与会者根据自己对南通博物苑的研究，谈了恢复南通博物苑的必要性的迫切性。吕济民同志说："我的意见只有一个，这就是恢复南通博物苑。因为：第一，她是中国人自己办的第一个博物馆，是全国公认的、世界公认的，许多著作都是这样讲的。第二，她是全国重点文物保护单位，对这个问题，需要再认识，再提高。到现在为止，中国这么大，历史这么久，仅有五百个，对中国来说，这是非常少的。江苏在中国是个人口大省，文明之乡，这样的大省也没有几个国家保护单位，南通有这么个重点保护单位，应该说是来之不易的。南通有人把博物苑比作一颗明珠，这是很确切的，就是要有这个'明珠'意识。南通博物苑是张謇办的，张謇又是世界名人，要提高南通的知名度，市里领导就要有这个意识，这种'明珠'意识。"李嘉乐同志说："南通博物苑是全国博物馆的'祖师爷'，国宝单位，南通地图上却看不到标记和说明，真叫人遗憾。在中国，在世界上被人们尊重的地方，在南通反被遗忘了，不能不令人感到惊讶。"当有人提到南通申报了历史文化名城材料时，吕济民同志说："这个，首先要恢复南通博物苑的名誉，这个恢复，是在内部讲的。为什么？作为南通博物苑早就名声在外，文章上、书籍上到处都有，好多书上第一张照片就是南通博物苑，名声很大，而且列为全国重点文物保护单位，理应不存在恢复的问题。但这还需要恢复南通博物苑的名誉。南通市申报历史文化名城，我说南通博物苑如果还是这个样子，不能变，不恢复的话，你报历史文化名城，我就通不过，还能起决定作用，我可以叫他们不予讨论。因此，南通市要成为历史文化名城，首先要把南通博物苑的恢复搞好，要搞成真正的南通博物苑。"当谈到南通博物苑有了一个初步规划时，与会者一致认为，这个初步规划是好的，要保护好原貌，也要有所发展，不能停留在字面上，要解决实际问题。怎样恢复，怎样发展，需要很好地研究，还要找一些资料，要做很多工作，但一定要做。

二 恢复和发展南通博物苑需要有一个"共识"，要有一个决心

与会同志一致认为恢复和发展南通博物苑的难度，主要是一个观念问题，一个意识问题。主要是市领导要有一个"共识"。吕济民同志说，我体谅办事难，不像坐在这里，嘴一张比较好说。主要工作还是市里领导——市委、市政府。我把有关材料都认真看了，不能算不重视。但从另一方面讲，什么原因我不太清楚，确实这个事拖得太久，问题一直没有得到解决，而且是关键问题没有解决。这就是公园和博物苑关系这些方面的情况。对于这个问题，要从全面出发，具体地讲，要从南通市，从南通市的市政建设，从南通市的振兴，发展的角度来看待这些问题，要不然很难。这个扯皮，扯得没完没了。与会者认为对于扯皮的单位和个人，不能一味迁就，否则就难办了。对于公园归并到博物苑，在一个决议上用了"最终"字样，与会者认为这个"最终"是很难说的，那可能是几个世纪也说不上，"最终"是不行的。博物苑办好、办坏，关系到南通的切身利益，也关系到中国整个博物馆事业。

三 要为恢复和发展南通博物苑，为南通文化事业做出贡献

与会者对南通博物苑，对南通博物馆事业很有感情，对南通文化事业，对南通很有感情，都发表了热情洋溢语重心长的讲话。周国兴说："要振兴南通，并不是空话，我能做的，就是请一些人来，将来还通过各种关系，请好多博物馆来支持你们。要为南通市整个文化事业的发展起一个穿针引线的作用。目前博物苑是个烂摊子，烂摊子也好，收拾起来，面貌一新，容易看出成绩，这个成绩应该在这一届政府体现出来，现在聘我当博物苑名誉苑长，我要竭尽全力把这个事业推动起来。"吕济民同志表示，"市里领导重视，文化局加上大家共同努力，大家讲些公正话，从南通整个事业出发，我相信这个事情一定能够办好"。胡骏同志在谈到南通博物馆事业时说："我们这次是冲南通博物苑来的，因为她是中国第一个博物馆，创始人张謇又是一个非常受人敬重的历史人物，这个历史人物属于南通的，也是属于博物界的。南通博物苑，在我们博物界里确实是占有非常重要的地位，我们不能不关心她。我们研究博物馆学、博物馆史，都离不开南通博物苑的，不管从陈列、保管、研究、建设和人才培养等等，也都要溯源到张謇的博物馆学说。目前，南通博物苑的现状确实不尽如人意，需要有个极大的改变和提高。在这方面，我们愿意尽最大的努力，我们希望为办好这件事共同奋斗。"

李炎副市长在 16 日的座谈会上，自始至终听取了专家学者们的意见。在李炎副市长谈了我市的一些社会状况和经济形势后说："尽管存在着许多困难，对于博物苑说，前人已打下了这么一个基础，现在加上我们全社会，特别是我们市几套班子的关心和支持，再加上各位专家、学者帮助我们出了这么多点子，我们完全有信心，尽快地把问题解决。"文化局叶晓平局长作为会议的主持人，最后说："刚刚李市长鼓励我们文化局竭尽全力把中国第一个博物馆——南通博物苑办好，从我们来讲，责无旁贷，义不容辞，我们一定按照政府的要求，很好地去做。"她表示，"请领导和专家们放心，到 1995 年时，要使博物苑的面貌焕然一新，将尽一切努力达到所期望的目标。"

1992 年 5 月，经我的推荐，以市府名义邀请英国自然历史博物馆公共教育发展部主任吉里·科拉克博士夫妇，来通讲学。此次活动以南通博物苑和南通纺织博物馆为主，南通地区和江苏省博物馆学会派员参加，并获得英国英中友协的支持，讲学活动为期四天。吉里·科拉克博士介绍了世界最古老的博物馆——大英博物馆、自然历史博物馆的历史与现状，新展览体系的理论与实践，教育性服务活动诸方面丰富的内容。讲学期间还参观本市各博物馆，并有针对性的进行了咨询活动。科拉克博士认为，南通博物苑很重要，它是南通人的骄傲。要充实发展必须制定一个令人兴奋的计划，使观众看了都高兴。科拉克博士表示愿意为南通博物苑的发展提供自己的帮助。世界上两个最古老的博

物馆通过这次讲学活动而建立了业务关系，无疑将推动南通博物苑的发展。

随着 1995 年南通博物苑建苑九十周年的日益迫近，市领导多次召开会议，来推动南通博物苑的建设。如 1993 年 9 月 21 日为了加快文物库房建设、敦促动物园搬迁、敦促市电台部分职工及经济电台办公房的搬出，副市长潘宝才和李炎召集了有关单位进行专题研究，并发会议纪要。

现在新的文物库房在国家文物局、省文化厅和市文化局的积极领导和资助下，已近完工，张謇故居濠南别业得到整修，院内外住户已全部迁出，博物苑将以新的面貌迎接建苑 90 周年。

然而困扰博物苑的两大难题仍没有得到妥善解决——排练场的拆除和人民公园的回归，非此不能完成博物苑恢复到 1914 年原貌的大业。

1993 年排练厅设为天大娱乐公司，作为娱乐场所对外营业。此举在通市引起强烈反响，特别苑庆即将来临，此举处理不当，将引起不良后果。为此，1994 年 10 月，我陪同张謇先生后人、嫡孙张绪武（全国工商联常务副主席）拜会了国家文物局张德勤局长及其他有关领导。在拜会中，张局长十分关心作为中国人自己创办的首座博物苑——南通博物苑的现状，以及明年 90 周年。他讲："南通博物苑无疑是我国近代史上一份珍贵的文化遗产，又是一个进行爱国主义教育很好的阵地。因此明年建苑 90 周年理应很好的进行纪念活动，可以邀请国内外有关人士参加。"他说，南通博物苑目前有关保护以及其他情况有所耳闻，他至今尚未能去南通检查与了解，十分遗憾。张德勤局长说，中下旬钱伟长副主席将率领一个视察组赴江浙（包括苏州、杭州），视察文物保护工作，他如陪同，争取去南通。对于明年南通博物苑 90 周年纪念活动，他提出三条意见：

1. 国家文物局博物馆处将去人，会同江苏省文物部门近期去南通博物苑视察，对博物苑的管理和保护问题提出意见。

2. 建议江苏省有关方面与南通博物苑联合举办纪念活动，以推动我国以及江苏省博物馆事业的发展。

3. 建议拆除文化大革命的产物——建在苑中的市歌舞团排练厅，恢复南通博物苑的历史风貌。作为我国第一个博物苑——南通博物苑，建设和保护当前的重点是恢复原貌，为了弥补拆除费用的不足，国家文物局考虑可从文物维修费用拨部分款项，来支持南通博物苑。

拜会之后，张绪武先生与我随即将此情况写信函告江苏省张怀西副省长。张副省长接到我们 10 月 12 日函件后，于 10 月 21 日批示，请省府副秘书长王湛"同文化厅和南通市政府联系研究落实"国家文物局领导的意见。王湛将此指示连同函件寄南通市府，并在信上批转市政府负责同志阅处，并"请文化厅按怀西同志批示意见，与南通市政府研究，共同促进有关工作的落实。"

1994 年新疆克拉玛依和东北吉林市博物馆的银都夜总会发生重大火灾，造成人员、财物与文物的严重损失。为接受此教训，南通博物苑于 1994 年 12 月 28 日向市文化局、市公安局发出呼吁："郑重建议天大娱乐公司另选地址，千万不要设在博物苑内。"此建议件报送省文化厅和省公安厅。

1995 年 1 月 4 日，省文化厅发文（苏文物 95 第 01 号）制止，指令市文化局："根据《中华人民共和国文物法》的有关规定，南通博物苑内之原排练厅应予拆除。对此，我厅曾多次敦促，并转达省政府和国家文物局有关负责同志对拆除原排练厅的指示。近悉，排练厅内正在装修歌舞厅，这更构成了南通博物苑的严重威胁。请接文后立即停止装修，并尽快安排好有关拆除歌舞厅的工作。"

市公安局也曾表示：根据公安部颁发的《公共娱乐场所消防安全管理规定》第一条"公共娱乐场所不得设置在文物古建筑、博物馆、图书馆、重要和危险品仓库等建筑物内"等条文，此类歌舞厅不能验收通过。

然而，新的娱乐歌舞厅——"U$_2$ 俱乐部"不知用什么办法，打通各路关节，竟然在 5 月 31 日宣布开业。

U$_2$ 俱乐部的出现，正如 1991 年朱剑等人早已指出的是"迁就眼前利益，屈从于暂时的困难"的结果。它大大推迟了恢复南通博物苑的进程，这种无视文物保护法规、置国家三令五申不顾，置许多领导与学者中肯意见不顾的行为，理所当然地激起各界有识之士的极大义愤。

1995 年 9 月 3 日《中国文物报》为此做了报道。这件事不能不说是南通博物苑恢复过程中的一件憾事。

总观之，自 1949 年新中国建立以来，南通博物苑又经历了另一个 45 年的漫长历程。在原来南通博物苑的废墟上，一个新生的博物苑成长起来，它在力图恢复原貌的同时，为社会主义建设，为提高全民的素质做出了新的贡献。南通地区博物馆的事业也获得了很大的发展，新的技术科学博物馆，如南通纺织博物馆、南通给水技术博物馆和南通建筑博物馆相继建成，艺术类博物馆也出现多个。然而这是一个举步艰巨的过程，历史常有许多惊人的相似性，曾使南通博物苑陷入困境、以至衰落的过程，竟然又在现代某些博物馆身上再现。曾经光辉过的纺织博物馆限于经费而难以发展，甚至难以维持现状。南通给水技术博物馆，因热心创办人的离去而面临垮台的危险。南通建筑博物馆是由几名热心的离休干部苦心操劳而建成的，据说其结果也是举步艰难。想到此，真令人不寒而栗。据文化局领导同志称，出租"排练场"也是出于无奈，因为没有钱迁出张謇故居内的住户……

历史的相似性鲜明地表现在曾经导致南通博物苑衰落的因素，又重现了！看来只有化个别人与少数人的创建博物馆行为，为全民性行为，如某一行业支撑该专业博物馆有困难了，政府有关部门应予以参与管理和支持才行。博物馆的经费发生严重困难，难以使业务继续下去时，决不能只依赖"皇粮"，而要自己摸索一条生路来。我是主张走开发的道路的，结合自己的专业，走自力更生，开发求生的道路，否则只有垮台！

我深切感到南通地区的众多博物馆中，专业人员太少，研究力量太薄弱，急需改进。我是建议南通博物馆界应组织起来，通过学会或协会的力量，相互扶持，共同前进。

今天，南通博物苑面临的不仅是恢复原貌的困难，而且，一旦恢复了原貌又如何发展壮大？就目前来说，在南通博物苑恢复原貌过程中两大关键问题不解决，还只能是半恢复状态。在 90 周年苑庆到来前夕，我们重温南通市人大常委会领导朱剑、李明勋和徐虎诸同志的呼吁，并共同来奋斗实有必要，即：想问题，办事情，不能迁就眼前利益，也不能屈从于暂时的困难，而要积极进取，迎难而上，千方百计，为南通文化建设做出不懈的努力。

（原载《纪念南通博物苑建苑九十周年》单行本，内部资料，1995 年）

从麋鹿亚化石的发现到麋鹿种群的回归

——南通博物苑纪事

卜万容

麋鹿，俗称"四不像"（《辞海》解释为：角似鹿非鹿，头似马非马，身似驴非驴，蹄似牛非牛，故名"四不像"），是我国特有的珍稀动物。化石和古文献资料表明：我国的黄河中下游及以北地区、长江下游、黄海之滨曾是麋鹿大量生存过的地方。后来，随着地理气候环境的变迁和人类的滥捕滥杀，麋鹿终于在野外消失，而逐渐变成园林动物。到了清代末期，只剩下 100 多头放养在北京南海子皇家猎苑中。1900 年前后，南海子猎苑因永定河泛滥和战乱，遭到彻底破坏，麋鹿随之在中国绝迹。然而，却因曾被某些外国人偷去，从而在欧洲的一些国家得到生存和繁衍。一百多年过去了，让麋鹿回归故里，一直是中国人民的愿望。1985 年，终于有 22 头麋鹿回归故国，其中 2 头饲养在上海动物园，其余 20 头被放养在北京重建的南海子麋鹿苑里。1986 年又有 39 头从国外回归，放养在江苏大丰麋鹿自然保护区里。

1986 年回归的麋鹿，为什么选择了江苏的黄海滩涂落户定居呢？这要从南通博物苑在海安、如皋一带发现大量麋鹿亚化石，到积极倡议麋鹿回归故里说起。现在，我根据《南通博物苑大事记》和其他有关记载及自己的经历、见闻，将这一过程写出来，以资存史，并供研究者参考。

1973 年初，南通博物苑开始恢复因"文革"动乱而停止了多年的业务。内部整理工作是大量的，但没有因此忽视研究工作。根据 1972 年江苏省文博工作座谈会提出的"考古工作上，还希望注意对地理、地貌变迁的研究"的要求，我苑认为：南通地区是长江三角洲的一部分，沧海桑田的变化很大，这方面的研究也显得很有必要。于是决定印制历史地理学者陈金渊先生（南通人）于 1963 年撰写的《南通地区成陆过程的初探》文稿（此文稿是劫后幸存的藏于南通市图书馆的一册复写本），以资保存和学习、研究。

本苑穆烜、徐志楠二同志在校阅和刻印这册文稿时，对文中涉及古海陵曾大量孳生过麋鹿的内容很感兴趣，因为当时已听到在海安一带曾发现鹿角的信息。陈文中引用了宋代的《太平寰宇记》卷130"泰州下"中的一段文字："麋畎，《博物志》云海陵县多麋，千万为群，掘食草根，其处成泥，名曰'麋畎'（畎：音"软"，田的意思）。民随而种，不耕而获，其利所收百倍。"海陵县建置于西汉武帝元狩六年（前117年），属临淮郡，包括现在江苏的泰州、姜堰、海安、如皋和大丰等不少地方。《博物志》系西晋张华著。张华是个博学多才的人，喜欢收集奇闻轶事。他写"海陵县多麋"，不提其他地方，可见当时别处麋鹿已经很少。在张华眼里，海陵是麋鹿的家乡。但是，现在如何证实张华的说法是历史事实呢？

过去人们在黄河中下游及以北地区发现了许多麋鹿化石点，才得出了该地区曾是麋鹿生存过的地方的结论。在古海陵境内，是否也有麋鹿化石的存在，成为博物苑密切关注的问题。

1973年7月5日，本苑负责人穆烜和从事考古征集工作的邱丰同志，为如皋县蒲西公社十九大队第三生产队出土唐代木船，去现场调查。这天下午，他们来到县文化馆，了解木船出土情况，意外地在这里看到一具完整的动物头骨，上面长着两枝鹿角。经过询问，是1971年如皋县马塘公社出土的。事后，穆烜看到上海自然博物馆古生物学家曹克清发表于《化石》杂志的《我国的特产动物——四不像鹿》，文中写到"四不像鹿"角枝的特点："没有眉叉，主干离头部一段距离后，分前后两枝，一般前枝再分成二叉，后枝长而近于直。"对照从如皋摄回的照片，从而肯定了如皋县文化馆所藏即为麋鹿头骨。这是我苑工作人员第一次看到本地区出土的麋鹿亚化石。此后，我苑在工作中更加关注麋鹿问题，并多方打听有关麋鹿的信息。

就在这时，穆烜听他的族叔祖穆时雍老人说，老人在泰县工作的幼子、医务工作者穆纬龙，曾说到泰县发现过鹿角。经函询，穆纬龙于1973年8月25日来函，说明1968年新通扬运河工程中，曾在姜堰西发现完整的带鹿角的头骨。当时穆纬龙任工段医院院长，曾经目睹。后来，头骨送往扬州博物馆。

接着，穆烜的同学、海安县农科所高级农艺师顾伯常反映：1970年海安县章郭公社旭日大队社员在河滩边挖草泥塘时，发现两枝鹿角，一枝较为完整，被社员锯掉做图章，另一枝上段断去，但仍有叉，由县农科所罗张同志保存。于是，邱丰于1973年11月7日赶往海安，经顾伯常介绍，罗张将鹿角捐赠我苑。经鉴定，是麋鹿角。这是本苑首次征集到的麋鹿亚化石。

1973年12月12日，为探寻麋鹿亚化石，邱丰又到海安县沙岗公社新村大队进行考古调查。他在新村大队调查了二、四、八三个生产队。《调查报告》中说：沙岗为南通、盐城、扬州的交汇处，原是芦苇、杂草丛生的低洼地带，新村大队就在这洼地的中间。群众反映，1971年在四队开河时，出土了很多骨、角，还有一具完整的鹿骨架，长约5尺，出土时头朝南，头部有提水桶那么大，还有方形的大牙齿，齿面有涡旋纹，根部呈黑色。在二队、八队也发现兽骨角等。邱丰在这里还采集到有人工砍削痕迹的麋鹿骨、角。这引起了苑人的特别注意。

1974年5月，我苑举办了《出土文物展览》，其中首次展出了本地区出土的麋鹿角。说明如下："南通地区在远古时代，是长江口的海域，以后由于长江泥沙的冲积，逐渐形成陆地。据史籍记载，在汉代已有海陵县的建置，现在的泰州、海安、如皋，当时都是海陵县的一部分。据西晋张华所著《博物志》记载：海陵县多麋，千百为群，掘食草根，其处成泥，名曰麋暖。民人随此而种，不耕而获，其收百倍。这反映了汉、魏时代南通地区的面貌：当时是麋鹿成群，野草丛生，但是劳动人民已经在开发着这块肥沃的土地了。"

为了把南通地区发现麋鹿亚化石的信息传播出去，以期引起更多人的关注，穆烜撰写了《南通地区发现古代麋鹿骨骼》一文，在《化石》1975年第一期上发表。文章发表后，引起了曹克清的关注，于是本苑和曹克清有了联系。此后，曹多次来苑帮助鉴定和指导工作，使麋鹿研究有了突破。

1975年2月，本苑得知如皋建设公社出土麋鹿角和鲸肩胛骨各1件。2月25日，派邱丰、凌振荣前往采集回苑。

1975年12月底的一天下午，有几位海安青墩的村民来我苑南馆参观《历史文物陈列》。当他们看到陈列的石器（苏南出土的）时，就议论起来，说他们那里开河时也曾有这些东西发现。他们的议论，引起了在陈列室值班的姚志文、陈兰英的注意。他们向青墩观众了解情况后，立即向领导做了汇报。于是1976年1月19日，邱丰去海安青墩进行调查。在调查中，征集到一些石器和麋鹿角残段。

1976年3月，本苑又先后安排5位同志前往海安做进一步调查。穆烜、徐志楠、陈兰英于3月4日到达海安，通过顾伯常的介绍，5日来到烈士公社红卫大队（长垱头），向老中医顾泰山征集到出土的两枝较为完整的麋鹿角和一些角枝残段。这是1974年红卫大队第四生产队在开挖养鱼池时发现的。6日，他们来到沙岗公社青墩大队，这时，邱丰和姚锷也来到了青墩。五人会合后，开展了考古调查活动。在这里又搜集到一些麋鹿角和一批石器、陶器、玉器等人类活动的遗存，大部分是1973年在开挖青墩新河时出土的。

1976年3月22日，徐冬昌苑长和邱丰、姚锷再次前往海安进行调查。

1976年5月，由徐冬昌、穆烜、徐志楠、姚锷执笔的《海安县发现新石器时代遗址》在本苑编印的《南通历史文物参考资料》1976年第2号发表。文中介绍了青墩和长垱头发现麋鹿骨骼的情况。1976年9月江苏《文博通讯》第9期摘载了此文。

1977年11月19日至12月6日，邱丰、徐志楠、凌振荣、陈兰英去青墩，再次进行考古调查，又采集到不少麋鹿骨骼，并采集了木炭、树根，用于C14测定，采集了土样用于孢粉分析。

1978 年 8 月，由徐志楠执笔，撰写了《江苏省海安县青墩新石器遗址调查记》，载于《南通历史文物参考资料》1979 年第 1 号。该文披露了 C14 测定的遗址年代为距今 5000～6000 年。

北京自然博物馆古人类专家周国兴（南通人）看到《南通地区发现古代麋鹿骨骼》的报道后，十分重视。他在了解了青墩出土大量人类活动遗存时，建议我苑再写一篇报道。于是由穆烜执笔，撰写了《从麋鹿找到了一处新石器时代遗址》的报道，在《化石》1979 年第 3 期上发表。

在海安青墩发现新石器遗址的信息，引起了省文化厅和南京博物院的重视。南京博物院于 1978 和 1979 年两次到青墩进行发掘。南通博物苑派出多位同志配合发掘。发掘中，出土了大量的动物骨骼。发掘工作结束后，我苑将被弃置的动物骨骼全部收回保存。1979 年 10 月，曹克清和上海自然博物馆另一位专家黄象洪同志来苑鉴定了这批动物骨骼。他们认为有 10 多种动物，其中大部分是麋鹿的骨骼。我苑还在这些麋鹿骨骼中，发现了多件有刻划纹和锥点纹的角枝。后来，徐冬昌对这些刻、锥纹的文化涵义进行了探析。他认为：刻划纹系迄今发现的最早的易卦刻纹，锥点纹系原始美术作品。

1981 年 8 月，由本苑提供土样，由中国科学院地理研究所做出的《青墩遗址剖面孢粉分析》在《南通市科技》1981 年第 4 期发表。据分析，可以推测当时草荡很多，气候温暖而潮湿，适宜麋鹿生存。

我苑不仅在县区发现了麋鹿亚化石，在市区也有发现。1978 年本市开挖端平桥南河段人防工程，在盐仓坝挖至 4～5 米深处时，在流沙层内发现了一枚动物牙齿。青年吴建（本苑副苑长黄然之子）采集后捐赠我苑。1979 年 11 月将这枚牙齿送上海自然博物馆请曹克清鉴定。曹鉴定为麋鹿的上臼齿。该河约于宋代开挖，北接运河，东通昌四，是一条运盐河。

南通市区发现麋鹿亚化石，为人们研究古海陵麋鹿生存区域的变迁提供了实物资料。穆烜从古文献，结合考古研究成果，探索了麋鹿生存区域变迁的情况。他撰写的《从古文献探索海陵麋鹿兴亡史》（载《博物》1982 年第 1 期），举出了从西晋张华著《博物志》，到南北朝时陶弘景所记、元朝诗人留下的诗句，直至明清的地方志等文献，都有关于麋鹿的记载。分析这些记载，对照在海安、如皋、泰县出土麋鹿化石的情况，他认为：从新石器时代起，古海陵就是麋鹿之乡。当时，海陵位于长江口，是长江与黄海之间的一块平原。根据中国科学院地理研究所地貌研究室对青墩遗址土样所做的孢子花粉的分析，5000 年前，青墩生长的植物，绝大部分是水生的草本植物和蕨类植物。这说明当时青墩一带多沼泽草荡，气候温暖湿润。这样的环境，很适宜麋鹿生活。因为麋鹿喜欢生活在近水的地方，又喜欢吃草。后来，随着长江泥沙的冲积，这块江海间的平原不断地向外延伸。又由于人口的增加，社会经济的发展，海陵一带不断被开发，农田逐步扩大，草荡逐渐缩小，麋鹿的生活环境受到了干扰。这样，麋鹿逐步南迁。一些麋鹿来到位于黄海口的蓼角嘴。那里可能是麋鹿最后的安乐窝。蓼角嘴坍没，麋鹿也就绝迹。

麋鹿在这里生存的情况，作者又引用了清乾隆时南通人汪芸巢所著《州乘一览》城邑篇中的描述：蓼角嘴"地产仙草。遇晴明，渔人每见海岛中麋鹿浮水至，衔其草，缠置角上而去。"

此后，本苑居卫东同志也撰文，引用地方文献，提出清代晚期南通一带可能还有麋鹿的孑遗。

我苑对麋鹿研究的成果，为后来麋鹿回归中华大地，落户黄海之滨的江苏大丰，起了重要的作用。早在 1980 年，穆烜、徐志楠向中国自然科学博物馆协会的年会提交的《从麋和獐的命运看野生动物的保护问题》论文，就首次提出了麋鹿重返故里的设想。文章在阐述了麋鹿在本地区的生存历史、生活习性和对自然环境的要求后，提出建议："可以到南通、盐城地区沿海一带进行一次考察，并考虑在该地带现有草荡内，划一定范围，让獐在那里生存和繁殖，也可以设想将来能让麋鹿重返海陵故地。"

1984 年 1 月 28 日，由曹克清来南通地区考察。本苑徐志楠、姚锷和市地震办公室的顾斌等同志一起陪同前往。在海安青墩等处，他们重点考察了麋鹿亚化石出土的地点。曹克清说："由于南通博物苑的报道，国外专家都知道了古海陵多麋鹿的信息，引起了他们的注意。"这次曹克清还带来了美籍捷克学者、麋鹿研究专家博伊德夫人将向上海赠送麋鹿的信息。

1984 年 3 月 21 日，由曹克清建议，本苑与市园林管理处联名向市建设局、文化局呈报，要求申请在博伊德夫人赠给上海的麋鹿若干对中，划拨一、二对给本市。4 月 14 日，又联名致函上海自然博物馆，要求支持，结果未成。

1984 年 5 月 4 日，正在英国牛津大学攻读博士学位的博伊德夫人，由曹克清和孙向华（翻译）陪同，来苑参观麋鹿亚化石标本。这天下午，市地学会邀请博伊德夫人做有关学术报告。她带来的照片中，有麋鹿角上缠草的镜头，这与《州乘一览》所载麋鹿角上缠草的情况，惊人的一致。5 日，本苑董永珍陪同博伊德夫人和曹克清、孙向华一行去海安青墩和长塔头等麋鹿化石点考察。7 日，穆烜向博伊德夫人介绍了本苑对麋鹿古代在南通地区生活情况的研究成果，并向她提供了有关的古文献资料，使她对"海陵县多麋"有了进一步的了解。博伊德夫人的这次考察，对后来麋鹿从欧洲回到它的故乡起了决定性的作用。

关于这次考察活动，顾斌在 1984 年 6 月 5 日市科协的《科协活动》报上，以《英学者博伊德来通做麋鹿生态研究》为题，做了报道。文中写道："博伊德博士对近几年来在我市发现的大量麋鹿遗骨和化石及本地区麋鹿绝灭的原因进行了研究和交流……报告了她在英国时对仅存的一些麋鹿进行生态研究的成果。共同讨论了如何挽救这种濒危灭绝动物的措施，交换了创造条件让麋鹿重返家乡放养的意见。"董永珍在 1984 年 11 月 24 日，发表于《南通日报》的《四不像传奇》文中，对博伊德夫人在海安的考察也做了记述。

博伊德来中国考察麋鹿的活动和麋鹿将从欧洲回到中国，在西方一些国家产生了较大的反响。英国《每日电讯报》和瑞士《W.W.F新闻》都登出了有关消息。徐冬昌苑长将有关信息做了编译，以《麋鹿将回到中国》为题，在 1985 年 3 月 30 日出版的《科协活动》上刊出。主要内容如下：

第一个把北京南苑散养的麋鹿弄到欧洲去的人是法国神甫皮尔·阿尔曼·大卫。英国第十一代贝福特公爵赫伯兰收买了许多只，养在伦敦附近他的乌邦寺领地里。它们生育繁盛，其后代已达 600 头，成为全世界最大的一个麋鹿群。如今，各地动物园和私人收集的麋鹿，包括中国在内，都是从这里发源的。

中国人热切希望麋鹿回去，因为他们把它同熊猫、丹顶鹤等几种动物一道，看作是他们的文化、自然遗产中的宝贵部分。

适应这个意愿，乌邦寺动物园、伦敦动物学会和自然及自然资源保护国际联合会——一个受联合国和世界野生动物组织资助的官方团体，三方面共同设计一个方案，在明、后两年内，由指定的三所动物园提供 20～30 头麋鹿，用飞机空运到中国放养，建立新的种群。

牛津动物学家玛亚、博伊德为此前往中国寻找适宜的地点……麋鹿回中国，有三个可能的去处。由于中国人决定引入江苏省的某地，所以博伊德又要去中国，对选出地区冬季的栖息环境做进一步的考察。

以后，博伊德夫人再次来华，由曹克清陪同到泰州、南通等地考察，选择适宜麋鹿回归的具体地点。我苑和市地学会曾向博伊德夫人建议由本市提供放养麋鹿的地点。

1986 年 8 月 13 日，由世界野生动物基金会和国际自然与自然保护同盟提供的 39 头麋鹿（雄 13 头，雌 26 头）终于运到中国。我国政府在江苏省的黄海之滨，大丰县境划出了 117 万亩的地带，建立了世界上第一个麋鹿保护区——大丰麋鹿自然保护区。

大丰，原属古海陵的东北地区。现在这里仍地势低平坦荡，水草丰盛，具备了野生麋鹿所要求的各种生长条件。麋鹿来到大丰，就是回到了它们祖先的原栖息地。在故乡人的精心呵护下，这些旅居海外一个多世纪的麋鹿很快适应了这里的生活环境，并迅速得到发展，由 1986 年的 39 头繁衍到现在的 570 多头，总量增加 14 倍多，约占世界麋鹿总数的四分之一，到 2002 年底，可望达到 600 头，其递增率、产仔率和成活率均居世界之首。现在，保护区的科研人员，已取得了 30 多项科研成果，并建立了中国第一个麋鹿基因库，为麋鹿种群的可持续发展奠定了基础。1997 年，大丰麋鹿自然保护区被国务院批准晋升为"国家级自然保护区"。

过程写完了，可我的思绪却不能平静。从关注古籍上"海陵县多麋"的简单记载和麋鹿角的发现开始，南通博物苑的同志们从事了征集、研究、传播和建议等一系列工作，并且得到好多热心人士的支持和帮助，最终导致了麋鹿种群得以在故土重建。这充分说明了博物馆为社会和社会发展服务的途径是十分广阔的。忠诚于博物馆事业的博物馆人，和热心支持博物馆工作的朋友们，都应为自己能充当这样的社会角色而感到自豪。

（原载《博物苑》2003 年第 1 期）

参考文献

卜万容《从麋鹿亚化石的发现到麋鹿种群的回归》，《博物苑》2003 年第 1 期。

南京博物院《江苏海安青墩遗址》，《考古学报》1983 年第 2 期。

南通博物苑《江苏省海安县青墩新石器时代遗址的动物遗存》，《南通市科技》1980 年第 2 期；《地理学报》，第 39 卷，1984 年第 1 期。

徐冬昌《麋鹿将回到中国——对当时英国每日电讯和瑞士 WWF（世界野生动物基金会）新闻相关消息的编译综述》，《科协活动报》，第 60 期，1985 年 3 月 30 日。

徐冬昌《青墩出土麋鹿角上刻划纹之文化涵议探析》，《东南文化》1990 第 5 期。

徐治亚《吉家墩遗址的古植被与古气候》，《南通博物苑建苑 90 周年纪念文集》。

徐治亚《略谈吉家墩新石器时代遗址》，《东南文化》1990 年第 5 期。

耿济《青墩遗址发现的奇字及而今在〈易〉学研究上的影响》，《海安胜迹录》，作家出版社，第 40～43 页，2001 年。

曹克清、邱莲卿、陈彬、缪柏茂《中国麋鹿》，学林出版社，第 58～64 页，1990 年。

曹克清、徐志楠、王平《江苏海安发现的亚洲象化石》，《考察与研究》1990 年第 10 辑。

黄赐璇、梁玉莲《江苏青墩古人生活时期的地理环境》，《地理学报》，第 3 卷，1984 年第 1 期。

董永珍《"四不像"传奇》，《南通日报》1984 年 11 月 24 日。

董永珍《麋鹿的故乡在江苏》，《少年之声报》1985 年 1 月 14 日。

穆烜《南通地区发现古代麋鹿骨骼》，《化石》1975 年第 1 期。

穆烜《从麋鹿找到了一处新石器时代遗址》，《化石》1979 年第 3 期。

穆烜《从古代文献探索海陵麋鹿兴亡史》，《化石》1982 年第 1 期。

穆烜《被淹没了的历史》，《南通日报》，1990 年 11 月 11 日。

穆烜《麋鹿王国的沧桑》，《南通日报》，1990 年 12 月 2 日。

张謇倡办博物馆的理论和实践

黄　然　徐冬昌　穆　烜

博物馆在中国出现，是近百年间的事。在我国古代，虽然历朝都有皇家和私人收藏文物的处所，但那只能说是博物馆的萌芽。鸦片战争以后，随着帝国主义的侵入，在我国沿海地区出现了外国人办的博物馆，如1868年，法国神父韩伯禄（Heude）在上海徐家汇办了博物院；1874年，英国亚洲文会华北支会也在上海办了博物馆。中国人自己办博物馆，则始自张謇创办南通博物苑。

张謇是我国博物馆事业的创始者和热心的提倡者，也是我国最早的博物馆学研究者。他有关博物馆的论述，就我们现在所收集到的，有六篇，包括《上南皮相国请京师建设帝室博览馆议》（1905年）、《上学部请设博览馆议》（1905年），《通州博物馆敬征通属先辈诗文集书画及所藏金石古器启》（1908年）、《国家博物院、图书馆规画条议》（1913年）、《南通博物苑品目序》（1914年）和《博物苑观览简章》。此外，还有一些散见于其他论著中的片言只语，以及匾额、对联、诗词、手札等。其中前五篇均已收入张謇的文集《张季子九录》。这些文章是研究中国博物馆史和博物馆学的宝贵资料。张謇的好多主张，即使在今天看来，还是很有见地的，可以作为我们发展博物馆事业的借鉴。本文将就此作一些探讨。

一　倡办博物馆的动机

张謇为什么要办博物馆？这要从张謇所处的时代和他的政治主张来考察。

张謇生活于帝国主义不断入侵，使我国沦为半封建半殖民地的时代。面对政治腐败、经济落后、受帝国主义欺凌的现实，张謇和许多有远见的爱国者一样，在思考着如何拯救中国的问题。张謇作为一个封建社会的知识分子，曾经在1894年（甲午）考中状元。获得这个封建社会的最高学位以后，张謇本来可以在仕途上继续努力。可是他并不热衷于此，而把目光转向实业和教育，为此鼓吹、奔走，努力不懈。他认为这是救国的途径。当然，实业救国也好，教育救国也好，都不能救治"东亚病夫"的顽症，在中国不进行革命，只实行改良主义，是"此路不通"的。但在中国民族资本开始初步发展的 19 世纪末和 20 世纪初，张謇兴办工业和教育、文化事业，是带有倡导性质的，客观上起了促进资本主义发展，促进教育、文化事业发展的作用。

从 1898 年开始，张謇在南通办成了大生纱厂和其他企业，又用工业的利润办了通州师范学校，这是我国最早的一所师范学校。

当时，我国愈来愈多的人主张向西方学习，博物馆的创建也被提到议事日程上来。1895 年，上海成立强学会分会，拟定的章程中就提出了开办博物院的主张，说是"文字明，其义不能明者，非图谱不显；图谱明，其体有不能明者，非器物不显。"张謇是强学会成员，也是强学会的这个主张的积极推行者。1903 年，他去日本考察实业和教育，参观了日本的博览会和博物馆，更受到很大的启发，于是大力倡议创办博物馆。

1905 年，他两次上书建议设立合博物馆和图书馆为一体的博览馆。他写了《上南皮相国请京师建设帝室博览馆议》（以下简称《上南皮议》）和《上学部请设博览馆议》（以下简称《上学部议》），这两篇文章系统地提出了创办博物馆的设想。当时，腐败的清政府对他的倡议根本不予理睬。他在 1914 年写的《南通博物苑品目序》（以下简称《品目序》）中回忆说："始盖尝请于清学部建国立博物苑，议者格焉。"倡议无人采纳，他就亲自实践，同年，他在家乡南通——他推行地方自治的典型——着手筹建博物苑。他于南通城东南，师范学校之河西，迁移荒冢三十余座，购并地二十九家，共三十五亩地，动工兴建。第二年，建成了博物苑的中馆，以陈列"中外动植矿工之物，乡里金石，先辈文笔"。接着又兴建了南馆、北馆。这样，一个粗具规模的中国历史上第一个博物馆成立了。直到 1911 年清皇朝垮台，南通博物苑仍只是中国人自己办的唯一的博物馆。

下面，我们对张謇的办馆理论和实践，分别予以研究。

二　博物馆的作用和职能

博物馆的作用和职能是什么？为了说服当权者，张謇从中国历史典籍找出根据。他在《上南皮议》开头就说："昔者行人采书，太史掌典，司职之属，详于周官。盖不仅文字载籍皆聚于上，凡天下之鸿宝名器，悉以簿录于天府，主守于藏史也。"他更着眼于作为博物馆的特点的"公诸天下"这一点："然考周官外史之制，掌四方之志，掌三皇五帝之书，掌达书名于四方。由是推之，则虽天府之簿录，藏史之主守，必反而公诸天下也，彰彰明矣。"他引经据典，不厌其烦地说明我国自古以来，就重视文物的保存，而文物必须"公诸天下"。在封建社会，这样的立论是持之有故，名正言顺的。但这仅仅是为了取得朝廷的赞同，并不是他的主要思想。

借鉴外国的经验，才是他倡办博物馆的更重要的依据。他在《上南皮议》中说："夫近今东西各邦，其所以为政治、学术参考之大部以补助于学校者，为图书馆，为博物苑；大而都畿，小而州邑，莫不高阁广场，罗列物品，古今咸备，纵人观览。"又在《上学部议》中说："窃维东西各邦，其开化后于我国，而近今以后，政举事理，且骎骎为文明之先导矣。撢考其故，实本于教育之普及，学校之勃兴。然以少数之学校，授学有秩序，毕业有程限，其所养成之人才，岂能蔚为通儒，尊其绝学？盖有图书馆、博物苑以为学校之后盾，使承学之彦，有所参考，有所实验，得以纵合古今，搜讨而研论之耳。"他认为要办好教育，必须办博物馆。可见，他把博物馆看作为一种用实物来普及教育的手段，具有社会教育机构的性质。同时他还以为大学培养人才有一定的局限性，而图书馆、博物馆则可补其不足。这里含有通过多种渠道，不拘一格培养人才的意思。这在当时是一种很精辟的见解，对我们仍有启迪意义。

在借鉴外国经验，讨论博物馆的作用时，张謇着重于博物馆作为教育机构的作用，而对博物馆保存文物的职能未着重阐述。这是由于，他认为保存文物在我国自古即有制度，正如他在《上南皮议》中所说，我国文物"所以绵绵延延赖以不堕者，实由聚于上者，有朝廷之征求；聚于下者，有私家之搜辑"。所以在这方面，他就不再多作论述，而着重呼吁把这些文物"公诸天下"。后来，他看到帝国主义分子在中国大量掠夺文物，非常愤慨，就又提出了抢救文物，收藏于博物馆的任务。他于1913年在《国家博物院、图书馆规画条议》（以下简称《规画条议》）中说，中国文物经三千年，历十余姓而大萃于前清，"往时鼎革兵燹之余，纵播越于民间，只澜翻于中国。今则绀发碧瞳之客，蜻洲虾岛之儒，环我国门，搜求古物，我之落魄士夫醉心金帛，不惜为之耳目，稗贩驰驱。设不及时保存，护兹国粹，恐北而热河，东而辽沈，昔日分藏之物，皆将不翼而飞。"张謇把这条列于条议之首，标题为《必设之时期》。在《规画条议》的其他部分，张謇也慨叹前清内府所藏文物之"一散于庚申，再散于庚子，永沦异域，至可唏也。"他迫切要求举办博物馆以抢救文物的爱国之情，激于言表。这是张謇对博物馆的作用的一种新的认识。

从博物馆的作用与职能出发来考虑，张謇主张在全国各地都建立博物馆，而首先应从首都北京办起。他从多方面立论，企图说服朝廷，首先在北京创办"帝室博览馆"。他引用司马迁的话说："教化之行也，建首善必自京师始。"他指出京师是文物典籍集中之所在，并且特别称道康、乾两朝的成绩，从而得出结论："帝室博览馆之议虽今始建言，诚所以绍述祖训，恢张儒术也。"他又以接待外宾和文化交流的需要来考虑，认为"其来游我国者，亦必首诣京师，征其文献，归而著书，多所阐述……故建设于京师也尤宜"。还特别提出日本东京帝室博物馆为例，认为"我国今宜参用其法"。而他之所以要求在北京设立博物馆，更重要的是为了能推广于全国。他说："且京师此馆成立以后，可渐推行于各行省，而府而州而县，必将继起，庶使莘莘学子，得有所观摩研究以补益于学校。"

虽然在首都办馆之议未被采纳，但是张謇对此是一直未能忘怀的。辛亥革命以后，1913年——这时，张謇已经有了办博物馆的经验，1912年他又在南通办了图书馆——张謇又写了《规画条议》，提出了在北京举办国家博物院和图书馆的更全面的主张。

张謇所倡议的博物馆，是综合性的，分为天然（或称天产）、历史、美术三部分，也就是合自然博物馆、历史博物馆和艺术博物馆为一体。南通博物苑，就是这样的一个博物馆。这与我们现在所提出的地方综合性的或地志性的博物馆，是基本一致的。

三　博物馆的场地和人事

张謇对博物馆建设的许多具体问题，都作了考虑，在诸如场地的选择，人事的配备，建筑的设计，文物的征集，以及接待参观、保卫安全等方面，都提出了切合实际的主张。

张謇首先考虑到博物馆地点的选择。他在《上南皮议》中提出了选择场地的两个条件：一是要便于交通，二是要便于开拓，即预留发展的余地。在《规画条议》中，他更本着"为事固宜择地，为地亦宜兴事"的原则，及时地提出了利用前清宫庭建筑，以建设博物馆的具体方案。他认为原来"宫苑森严，私于皇室；今国体变更，势须开放。然而用之无法，即存之无名"。"所谓为地兴事者，非改为博物苑、图书馆不可"。他还指出，"京师阛阓，喧嚣已甚。今欲择一相宜之地，建为博物苑及图书馆，固无此巨费，亦无此善地"。利用古建筑兴办博物馆，在今天仍是切实可行的。这样，既有利于保护古建筑，又可节约土地和经费。其后故宫博物院之建立，就实现了张謇的这个主张。

张謇很注意博物馆的环境美化，他提出国家博物院宜设于北海，就考虑到了环境的适宜。在《上南皮议》中提出博物馆"隙地则栽植花木，点缀竹石，非恣游观，意取闲野"。南通博物苑的择地和布局设计，正体现了张謇的这些思想。南通博物苑位于南通城东南濠河之滨，风景优美。那里不仅陈列了文物标本，而且饲养了禽鸟，开辟了花坛、药圃，广植树木、花卉，又有假山、荷池、茅亭、水榭。几座陈列馆错落在绿树掩映之中。它是博物馆而兼为植物园，并略具园林规模，的确是很好的环境。我们还应注意到，张謇所倡议的博物馆是综合性的，就南通博物苑来看，自然部分还占了相当大的比重。对于这样的博物馆，一定的空间环境是必要的。张謇的这种设计，很值得我们借鉴。博物馆与公园宜乎合为一体。特别是自然博物馆，更应室内与室外结合，标本与活体结合，博物馆而包含植物园、动物园，并兼为公园。张謇把博物馆命名为博物苑，就有这个含意。

关于博物馆的人事选择，张謇在《规画条议》中说："经理之事，关乎学识"；而"博物陈列，我国旧无先导，即乏专才"。当时博物馆是一个新鲜事物，的确缺乏这方面的人才。因此，他主张聘请外国专家以为顾问，并且认为意大利人较为适宜。关于国内人才，他主张"不拘爵位，博选名流以任之。"并且提出，"胜斯任者，非博物好古丹青不渝之君子，又能精勤细事富有美术之兴趣者，莫克当此"。即一要有广博的科学、历史知识，二要忠诚于博物馆事业，三要办事勤恳精细，四要有艺术修养。这些，在今天仍然是博物馆工作人员必须具备的条件。张謇还为国家博物院推荐了具体的人选，开列了名单，提出"习于博物，而又曾留意于各国之院制者，无过钱恂；其能通博物者，若刘世珩、赵庆宽等；习于图画，而又不至为更鸶之膳夫者，若沈曾植、梁鼎芬、宋育仁、李瑞清、马其昶、姚永概、马汉等，或长旧学，或具新知，或本富于收藏，或覃精于鉴别。举所夙知，征其素守，选择于此，殆免失人"。这些主张和建议，都体现了为事业而爱惜人才、挑选人才、和对人才严格要求的精神。

张謇创建的南通博物苑，人事很精简。张謇自任苑总理，对苑务过问得很细致。具体负责人孙钺，是通师的学生，既懂经史，又懂自然科学，还通日文，为人忠厚老诚，办事勤恳。此外，只有会计兼庶务一人，苑丁七八人。由于博物苑早期是附属于通师的，因此有些通师的教师曾协助工作；特别是日籍理科教师木村忠治郎，出力不少。

四　文物、标本的征集

博物馆藏品的来源，张謇首先着眼于皇家，即"颁赐内府所藏，以先臣民"；然后是"谕令京内外大小臣工以及世禄之家，嗜古之士，进其所藏"；并要"内外臣工陆续采进"。对于捐献文物有重大贡献的，"当特加褒赏，以示激劝；且许分室储贮，特为表列"。他还特别提出全国的几家著名收藏家，认为他们"果能尽出所藏，粗足蔚为盛举"，"自应破格奖励，不惜爵赏"。他创办南通博物苑，则是自己带头捐献。他在征集启事中说："謇家所有，具已纳入。"

关于征集的范围，张謇提出要"纵之千载，远之异国"，"外而欧、美、澳、阿，内而荐绅父老，或购或乞，期备百一"。在时代上，从古到今；在地域上，从本地到国外，他都广事收罗。

博物苑收集的国外品物，以来自日本、朝鲜和南洋群岛的居多。他的儿子张孝若从美国带回来的林肯总统的一片床木，已在抗日战争中丢失。端方赠送的一方意大利石碑，现仍保存在苑中。

张謇特别重视地方文物的收集。在征集启事中，他开列了一大批本地的碑刻、墓志、文献的目录和书画家的名单，要求"收藏故家，出其所珍，与众共守"。他在博物苑中馆匾额的题语中说："中国金石至博，私人财力式微，搜集准的务其大者。不能及全国也，以江苏为断；不能得原物也，以拓本为断。"他广泛收集国内外品物，是为了普及科学、历史知识，能"昭然近列于耳目之前"；着重收集地方文物，则是为了"留存往迹，启发后来"，即保存地方文物，以教育后代的意思。这种立足于本地，又尽可能收集一些国内外品物的做法，有利于普及知识，是可取的。

张謇十分重视自然博物的收集。在《品目》中，自然部分的品物就占总数的百分之六十二点八。张謇认为讲授或学习博物知识，都必须有实物供参考、研究。这样才能知道名实，察识物理。他对"后世经师大儒，义析毫毛，而或不能辨黍稷"的情况深为不满。他在《品目序》中写道，"凡以为学于斯者，睹器而识其名，考文而知其物。"他为博物苑南馆写的一副对联，"设为庠序学校以教，多识鸟兽草木之名"，也反映了普及自然科学知识的主张。

南通博物苑文物、标本的收集面是相当广泛的，不但有国内外的各种动植物标本，也收集了一些化石。矿物类中很多是征自南洋劝业会的各省送展矿石。还特别注意征集乡土生长的动植物以及土壤、地质标本。张謇创办的通海垦牧公司所在地的海滨含盐砂土，大生纱厂基建钻井时所取地质标本，都收集陈列。由于在吕四海滨掘出一具鲸骨架，张謇特地盖了北馆，用以保存、陈列。

博物苑历史部，有传世品，也有出土文物。从远古的石器，一直到辛亥革命后征集的清代通州官署的关防、条记。有古代的礼器、乐器，也有民俗器物。历代兵器，从戈、矛、箭镞、铜炮、铁炮，以至近代枪械，还有"二次革命"时讨袁军进攻上海制造局所用的炮弹。南通海滨盐场的生产工具盘铁、锅鏾和清代通州衙门的狱具、刑具，与"鸿宝名器"同列于历史之部。南馆、中馆近旁陈列着各种石雕、泥塑和铜铁铸的造像，有的是张謇在各地的好友所赠送，有的取自当地的庙宇、古墓。

博物苑所植花木，多有各地名贵品种。药用植物多为本地中草药，栽培于"药用植物坛"；观赏性花卉栽培于"国秀坛"。还有"竹石陈列处"，各种名竹与奇石相间布置，普及知识与园林欣赏浑为一体。饲养动物，以鸟类为主，分别设有"水禽窠"、"鹤柴"、"鹳室"等。所有饲养、栽培的动植物，都有标志说明，并都载于《品目》。

张謇不仅收集实物，还很重视模型和复制，说是"标本雏形，东西洋学校均以为重"。他主张博物馆要设模型之部，把所有古代宫室器物，参照图籍，加以复制。制作标本模型，在当时还是一项新的工作，他要求通过实践来培养这方面的人才。他要求我国能有"仿汉之印，影宋之书，以及钩模之金石"，而且达到"存古夺真"的技术水平。在博物苑的自然之部，有一些显示物体内部构造的模型。在教育之部，收集了各种生产工具的模型，有蒸气、电气、起重、印刷等机器和各种机床、农业机械、船艇、火车等。还有埃及金字塔和比萨斜塔的模型，也是有益于教学的。

五　藏品的陈列和保管

张謇对陈列工作也作了精要的论述。他认为博物馆的陈列工作"有异于工商及他种之会场"，一定要有科学性，要"参研学理，确有规则"。当时南通博物苑没有单独的库房，而是把库房与陈列室合而为一，所有的藏品都置于陈列室中，藏品按天然、历史、美术三部分类，也按此三部陈列（这在今天看来，是不可取的）。陈列的秩序，"天然部以所产所得之方地为等差，历史、美术二部以所制造之时代为等差"。这就是说，天然物品要按地区为次序陈列，历史、美术要按时代为次序陈列，其目的是为了"觇古今之变迁，验文明之进退。秉微知巨，亦可见矣。"还说对陈列的品物要"条举件系，立表编号"，做好登记工作。

张謇对陈列室的设计，考虑得周详精细，并且特别注意文物的安全。他对处理文物的陈列与文物的安全之间的矛盾，有一段精辟的论述："顾苑馆所藏，皆可欲之物也。示人以可欲，而又必使人不见欲而乱。"这就是说，既要把文物给人们看，又要不使人们看了以后发生偷盗行为。因此，他引申出一段陈列室的设计要疏密结合的主张："谨常宜密，防变宜疏；密又宜通，疏又宜塞。外密于内，乃不诲盗而通；修序以便观游，疏其中乃可防灾。而旁塞歧门，所以便巡视。"他还提出陈列室内"宜多安窗，通光而远湿"；文物橱架"毋过高，毋过隘，取便陈列，且易拂扫"。这些，都体现了这位精明干练的事业家的务实精神。

张謇对藏品的分类，有独到的研究，一部《南通博物苑品目》就体现了他的主张。《品目》是藏品分类总目，铅印上下两册，编印于 1914 年，被邀请参与鉴定考订的，有陈师曾、诸宗元、宣子野、尤金镛和朝鲜学者金泽荣等。上册为天产部，录藏品包括动物、植物、矿物三类，共 1870 号。下册为历史、美术、教育三部，共 1103 号。其中教育之部是从历史之部划分出来的。历史部包括金、玉石、瓷陶、拓本、土木、服用、音乐、遗像、卜筮、军器、刑具、狱具等类。美术部包括书画、瓷陶、雕刻、漆塑、绣织、缂丝、编物、铁制、烙绘、铅笔画、纸墨等类。教育部包括科举、私塾、学校三类。四部合计共 2973 号。另有 1933 年编的《品目号外》（临时登记册），录藏品 632号。

张謇认为天然、历史、美术三部的划分是相对的。他说："论天演之进化，天产之中有历史；论人为之变更，美术之中亦有历史。"这说明当时张謇已经接受了天演论的思想。他不但主张对个别的天产品物循名责实，察识物理，而且要求看到品物之间的相互联系，看到个别的品物在自然史上所处的地位，从而要求天产之部的品物反映"古今之变迁"。因此，天产之部也就包含着自然史之部。《品目》处理个别品物的隶属关系，也不是绝对的。在《品目》中，历史部有瓷陶，美术部也有瓷陶。遗像、画像属于历史部，其他的画类则属于美术部。教育之部的增设，是为了师范学校教学研究的需要。这说明张謇对教育事业的重视，也说明他的分类学是从实际出发的。关于陈列品的说明，张謇认为天产部的品物要注明所产所得的地方，历史、美术两部要区分它们所制造、所产生的时代。中国独有的品物，要把古代的、现代的名称同时标示出来，与外国相同的，要把中文名称和外文名称一并写出。他提出要设"招待员"，以为导观；还考虑到博物馆要对外宾开放，因此还"必须通东西洋语言文字二三员，以便外宾来观，有可咨询"。

为了保障安全，张謇认为要有一定的制度。他提出："严管钥，禁非常，及其他种种之有妨碍者，均当专定章程期限遵守。"他还亲自制定了《博物苑观览简章》，其中特别强调，参观者必须发扬公德，爱护公物。

在张謇逝世后，1932 年南通博物苑曾发生失窃事件，随即破案，人赃俱获。事后苑主任孙钺引咎辞职。在辞呈中，孙钺回顾张謇在日的情况说："先苑总理在日，苑费充足，外有岗警，内有更夫，日夜轮守，无或稍懈。"由此可见，张謇对博物馆安全工作的重视。

为了文物安全能得到长远的可靠的保证，张謇一再强调国际保护的问题。他在征集启事中对国际公法中有关保护博物馆和文物、图书的规定大加称道，说是"美哉义也，可大可久！"又在《品目序》中提出："抑闻公法，战所在地，图书馆、博物苑之属，不得侵损，损者得索偿于其敌。"接着他又慨叹："世变未有届也，缕缕此心，贯于一草一树之微，而悠悠者世，不能无虑于数十百年之后。"张謇忧心忡忡，唯恐一旦发生战争，会使他苦心经营的博物苑被毁。

张謇的这种担心不是没有理由的。在他逝世 12 年以后，1938 年，日本侵略军占领了南通，张謇的宅院"濠南别业"成了日军的队部，紧靠宅院的博物苑沦为马厩。我国第一所博物馆遭受到严重的摧残，直到 1949 年南通解放后，才得以恢复。

张謇倡议建立博物馆，并创建南通博物苑，已有 75 年了。今天，我国博物馆事业已经有了很大的发展，但是同国外比，还处于落后的状态；就国内来看，也未能赶上四化建设形势发展的需要。我国的博物馆事业应该有较大的、较快的发展。回顾我国博物馆事业的草创期的历程，我们觉得张謇的创业精神是值得我们效法和借鉴的。

张謇作为一个资产阶级改良主义的事业家，他一方面着眼于全国，提出了一系列的建设主张，一方面立足于南通，在家乡创办了从工业、农垦到文化教育的一整套事业。他把博物馆放到教育救国的高度来认识，为之呐喊，为之提倡，为之规划。并且在他的主张无人响应之际，就在家乡亲自实践，从无到有地创办。

他在《博物苑观览简章》中说："规划之久，经营之难，致物于远方之繁费，求效于植物之纤迟，三四年来，盖已苦矣。"又在《品目序》中说，西方诸国办博物馆，是"举政府之力，倾一国之人输向营之，费恒数百千万，如是其盛也。"而他办博物苑不可能有这样的条件，但也"不夸嵩华而但为培娄，不侈沧海而但为涔沚。岁益高之而亦将有峙焉，深之而亦将有潭焉者，无自小而慑矣。以是锲而不舍者亦且十年。"这就是张謇可贵的事业心。

我们和张謇所处的历史环境不同，阶级地位不同。但是张謇这种热爱博物馆事业，努力为之鼓吹，为之规划，大处着眼，小处着手，坚持不懈，艰苦经营的精神，对于今天的博物馆工作者来说，仍然是值得学习的。我们应该整理和接受这一宗精神财富。我们要培养出一大批忠诚于博物馆事业的"丹青不渝"的博物馆工作者，以办好我们的社会主义博物馆，使之迅速赶上世界先进水平，为四个现代化的伟大事业服务。

（江苏省博物馆学会成立大会交流论文，原载《文物通讯》1980 年第 5~6 期）

多致真知瀹众愚　先从格物救凭虚

——张謇与博物馆

金　艳

在中国古代，宫廷有收藏庙堂重器、古玩文物的机构，民间也有不少古物的收藏家，但他们都是封闭式的收藏。作为集收藏、陈列、研究为一体，旨在向民众普及科学文化知识的近代博物馆，是西方资产阶级革命的产物。著名科学家培根在 16 世纪就极力提倡兴办博物馆。

1840 年，当中国的大门被"坚船利炮"撞开之后，西方文明蜂拥而至，博物馆也由西方传教士带入中国。面对外来的文化，一边是慈禧之流的昏聩庸政，一边是社会精英的疾呼呐喊。1895 年以康有为为代表的维新派在上海强学会成立的章程中把"开博物馆"列为重要项目，作为强学会成员的张謇满怀"中国之士大夫之昌言集会自此始"①的豪情参加了这次会议，维新派的主张得到光绪皇帝的支持，1898 年，光绪谕令总理衙门起草的《振兴工艺给奖章程》中，规定了奖励民办博物馆的办法。不幸，这个办法不久就与百日维新一起夭折了。之后，康有为被迫出走欧洲，他在欧期间著《意大利游记》一书，向国人介绍了许多博物馆的知识，成为我国博物馆的早期著述之一。与之可并称的是兴办博物馆逐渐成为社会精英的共识，张謇的《上学部请设博览馆议》和《上南皮相国请京师建设帝室博览馆议》就于此时应运而生，可贵的是张謇的主张更直接，但暮气垂垂的清政府已是无暇他顾。1913 年，张謇再度上书政府《国家博物院、图书馆规画条议》，请国家兴办博物馆，又遭袁世凯的抵制而石沉大海。还是张謇于 1905 年在南通创办了南通博物苑，才开创了中国自己办的第一所博物馆，率先实践了国人办博物馆的理想，历史让张謇成为中国博物馆事业的开山鼻祖。

一　回归精神家园

博物馆是干什么的？这是民智闭塞的时代许多人心中的疑惑。

在张謇的文字资料中，较早提到博物院是 1891 年，这时的他尚生活在光绪亲政恩科会试而落榜的阴影中，时值好友顾延卿在驻英使馆，他致信让其注意收集西方先进的书籍和机器，对流落外域的《永乐大典》"或易以它书，或抄其副"，他感叹到："《永乐大典》自庚申之变，没入英吉利者近千本，存其博物院中，以为武功之纪，此中国之大耻，而故籍之所关。"②这大概是张謇第一次感到博物馆的巨大作用。从中可见，张謇对英国把掠夺的中国古籍展示在博物院中以显示其战功，表示了强烈的愤慨，认为这不仅是被侵略国的耻辱，也关系到祖国珍贵古籍的流存，表现出爱国的赤诚和民族的自尊之心。直到民国政府建立，张謇仍不忘此，建议政府或"从彼借抄，或用五色影照。"③

1894 年，张謇高中恩科状元。生活在国家内忧外患的动荡年代，考中状元后的张謇，更着眼于如何增强国力和改良社会环境，他高举起"实业救国"、"教育救国"的大旗，把大部分精力用在建设大生纱厂和创办国内第一所师范学校——通州师范之上，之后，更是全心尽力于地方事业。1903 年，张謇应日本国内劝业博览会的邀请赴日考察。博览会本是资本家为宣传产品、开拓市场的需要而推出的一种形式，展览会大多陈列一些工业、科技、教育等先进产品。在日本的博览会上，张謇看到我国选送的展品中"有汉瓦当、唐经幢"，不禁发生感慨："劝业以开来，而此以彰往，若移置中国博物院差不倍耳。"④或许在强学会上张謇尚未真切意识到建博物馆的迫切，但东游之行，特别是张謇参观了附设于学校以辅助学校教育的各种博物馆及实习场地后，改变了他的认识。张謇认为博物馆至少是一个展现古代文明的场所，这个特殊的场所不仅可补充学校教育，而且可激励爱国之心。他说"国势弱则前古人与后来人并受其累，亦至言也。"⑤回国后的张謇，极力推行仿效日本立宪。次年（1904 年 12 月 9 日）即在通师西"规学校公共植物园"⑥，以作为南通师范学校教育之辅。1905 年，又写了《上学部请设博览馆议》和《上南皮相国请京师建设帝室博览馆议》，他建议国家在都城北京建设合图书馆、博物馆于一体的"帝室博览馆"。并以日本帝室博览馆为例，认为"我国今宜参用其法"。为什么一定叫"帝室"呢？因为"宣上德而扬国光也"⑦，也就是说，国家设立博物馆，这样既可以传播天子的美德，亦可光耀国家的荣誉。

博物馆为何要在首都北京办？张謇引用司马迁的话说："教化之行也，建首善必自京师始。"他说："帝王之居，辇毂之下，万国骏奔，四方繁会，将以润色鸿业，利导齐萌，其所以为天下先者，必于京师也。"张謇认为京师是文物、典籍集中之所在，并且道康、乾两朝的成绩尤值得称道，从而得出结论："帝室博览馆之议，虽今始建言，诚所以绍述祖训，恢张儒术也。"⑧

张謇认为在京师办博物馆也是为了更有利地宣扬祖国的古代文明。他说："今之世称文明最古之国，咸推我国，此亦东西各邦之公言也。"我国灿烂悠久的古代文明，是世界所公认的，因为古老国度的魅力，其"政俗之沿革、器物之制作"常吸引"魁儒硕彦，尝讨论而研求之"，鸿学博古之士的好奇，"其来游我国者，亦必首诣京师，征其文献，归而著书，多所阐述"。如果我们没有一个展示我国古代历史的场所，那些研究者"掸采或得于朝市之见闻，或本于闾巷之风说，语焉不详，疑而多缺。"这样对我们国家的形象是很不利的，如果建立一个合博物馆、图书馆于一体的帝室博览馆，特许人们参观，"则赋上都之壮丽，纪帝京之景物，更有以知我国唐虞三代以至于今，文物典章，粲然具备，斯将播为美谈，诧为希觏矣。"⑨可见，张謇心中的博物馆是与国家的形象紧密相连的，是与弘扬祖国光辉历史分不开的，也就是说，博物馆寄托的是他的一片爱国之心，是激励国人的精神家园。

张謇本想"京师此馆设立以后，可渐推行于各行省，而府而州而县"，认为"揆诸时局"，此是"诚不可缓"之事。可一片苦心，没有得到昏聩的清政府的采纳。他于农历1905年12月9日，毅然"规划博物苑"，改原先的植物园为博物苑。张謇在鼓励人们捐其所长，共建博物苑之需时说："兹一事也，留存往迹，启发后来，风义所及，盖兼有之。"⑩日后，张謇审视自己的这一行为时，回忆到："南通昔一州耳，奚足以言博物而自大？始盖尝请于学部建国立博物馆，议者格焉。"⑪这里我们可体会到先知者对兴办博物馆的执著。

建立南通博物苑虽不是张謇兴办博物馆的初衷，但改"馆"为"苑"，不仅实践了对博物馆理论认识上的飞跃，也在博物馆发展史上树立起一面旗帜。张謇对南通博物苑之建设倾注的心血，遍及寸土寸木，片砖片瓦，可谓感人至深，我们从他赋的《营博物苑诗》可体会出他的内心世界：

> 濠南苑圃郁璘彬，风物骈骈与岁新。
>
> 证史匪今三代古，尊华是主五洲宾。
>
> 能容草木差池味，亦注虫鱼磊落人。
>
> 但得诸生勤讨论，征收莫惜老夫频⑫。

这首赞美博物苑风光的诗篇中，指出了博物苑容古今中外文物的宗旨，阐明了博物苑提供多种研究的职能，最后表明了自己为了这美好事业将不惜辛苦的豪迈之情。诗中"尊华是主"既说明了博物馆收藏文物以本国为主的原则，也流露出我大中华的爱国情结，从诗中流露出的自豪和愉快，我们可感受南通到博物苑真正成为了张謇精神家园的寄托。

1913年，自认为办博物馆有了一定实践经验的张謇，再度上书政府提出《国家博物院、图书馆规画条议》⑬，他认为我国办博物馆已是"必设之时期"，张謇抚今追昔，不胜忧虑地论道：

> 中国既为世界最古之国，其声明文物彝鼎图书，三千年来朝野迁流，南北嬗易，历十余姓而大萃于前清。官禁收藏，尤极瑰玮珍奇之海会。往时鼎革兵燹之

余，纵播越于民间，只澜翻于中国。今则绀发碧瞳之客，靖洲虾岛之儒，环我国门，搜求古物；我之落魄士夫醉心金帛，不惜为之耳目，稗贩驰驱。设不及时保存，护兹国粹，恐北而热河，东而辽沈，昔日分藏文物，皆将不翼而飞。得弓既非楚人，归璧更无赵士。

张謇也慨叹前清内府所藏文物之"一散于庚申，再散于庚子，永沦异域，至可唏也。"为了促使博物馆的办成，张謇对国家博物馆拟设之场所、陈设之物品、规画之大概、经理之人才等都一一做了详尽的说明。他迫切要求举办博物馆以抢救祖国文物的爱国之情，溢于言表，既可见他对博物馆工作的真知灼见，亦可见其拳拳之心。

二　崇尚科学文明

张謇是一个从科举路上走出来的读书人，可他却思想先进、崇尚科学。他认为"文明完全是科学的结果所造成"[14]，张謇引导人民有科学知识的意识几乎是随处可见，在倡导博物馆建设和规建博物苑中，尤其体现出了注重科学文明的传播和普及的思想。

张謇认为博物馆是补充学校教育的重要场所，兴办博物馆"上可保存国学，下可以加惠士林"[15]，张謇介绍外国的经验说："夫近今东西各邦，其所以为政治、学术参考之大部以补助于学校者，为图书馆，为博物馆。大而都畿，小而州邑，莫不高阁广场，罗列物品，古今咸备，纵人观览。"[16]进而说明在我国也要普及博物馆，以使"莘莘学子，得有所观摩研究以补益于学校"[17]。他认为这样的补充是非常必要的：

> 窃维东西各邦，其开化后于我国，而近今以来，政举事理，且为文明之先导矣。掸考其故，实本于教育之普及，学校之勃兴。然以少数之学校，授学有秩序，毕业有程限，其所养成之人材，岂能蔚为通儒，尊其绝学？盖有图书馆、博物院以为学校之后盾，使承学之彦，有所参考，有所实验，得以综合古今，搜讨而研论之耳[18]。

张謇认为办好教育，必须办博物馆，学校培养人才有一定的局限性，而图书馆、博物馆则可补其不足。1908年，张謇以通州师范创办四年，而"博物馆不备，物理之学无所取证"[19]向社会公开征集藏品，体现了一种文明的时尚。

张謇还认为博物馆是一种社会教育机构，他说："自欧人导公益于文明，广知识于世界，上自皇家，下迄县郡地方学校，咸有博物馆之设。"[20]他认为西方社会文明的进步与其教育之普及是紧密相关的，博物馆即是普及社会教育的一个重要场所。这很容易让人联想到1906年，刚刚成立的美国博物馆协会，提出"博物馆应成为民众的大学"之口号[21]。张謇有关博物馆的社会教育思想和主张，无疑是走在时代先进行列中的。

张謇认为博物馆不仅在功能上以教育为名，其设置和观点上也处处要体现科学文明，他说"博览馆之建设，有异于工商业及他种之会场。非参研学理，确有规则，见者且非笑之。"[22]他主张博物馆分为天产、历史、美术三部，实际就是合自然博物馆、历史博物馆、艺术博物馆为一体的综合性博物馆。各部的藏品排列要依据一定的科学规律，"天然部以所产所得之方地为等差，历史、美术二部以所制造之时代为等差。"藏品科学有序地陈列，才可以"觇古今之变迁，验文明之进退，秉微知巨，亦可见矣。"[23]南通博物苑建立后，张謇在具体实践中又认识到藏品分类的科学性，他说："论天演之进化，天产之中有历史；论人为之变更，美术之中亦有历史。故三部虽别其大凡，仍当系以细目；目系于类，类系于门，门系于部。"[24]基于各部分类的差异，张謇认为陈列中"各部之物品，数不可强均"，于是高屋建瓴地指出"近数十年中，欧、美各国，科学日新"，作为博物馆，陈列空间上和分类上等等方面都要留有足够的空间，做好接受新知识的准备。

　　张謇认为博物馆还是一个传播科学、普及知识的场所。南通博物苑创办之初，张謇有两副博物苑联。一是"设为庠序学校以教，多识鸟兽草木之名"，此联说明了博物馆是一个认识自然的特殊场所，它不仅是一个普及教育的大课堂，人们在这还可学到许多课堂以外的知识。从张謇日记中可知他当时集得此联是非常的高兴，觉得此联恰当地表达了自己的心情。与此同时，他另作有一联"自况"："能消忙事为闲事，不薄今人爱古人"[25]。这一联可看做是张謇改"馆"为"苑"的解释，他认为博物苑普及科学，润物细无声地传播知识的同时，也要让人们体会到园林的闲逸，也就是说博物苑是兼及"博物馆"和"公园"两重功能的。

　　张謇认为爱护人类文化遗物和公共财产，也是一种文明的举动。民国建立后，对清皇宫的处置问题，张謇明确提出："如其废之，则是禾黍遗周道之悲，花草致吴宫之恨，亦非文明国之所宜有也。"[26]为了南通博物苑的保护，他在《博物苑观览简章》中对参观者做了许多规定，如不得攀折花木、摇动叠石等"沿习敝俗"之行为。这在当时的社会都是开风气之先的行为。博物苑为地方社会的进步起到了表率作用。

　　张謇认为博物馆是一个地方文明的晴雨表。一直致力于南通"地方自治"，以期能以"南通范本"向全国推广的张謇，为向日益增加的外来参观者展示成绩，博物苑就列于特别参观的景点。1922年8月，张謇又邀请中国科学社第七届年会来通开会，科学界名流如梁启超、杨杏佛、竺可桢、秉农山、丁文江、陶行知等都光临盛会，为博物苑崇尚科学树立了良好的形象。

三　创建博物馆理论

　　张謇不仅热心于兴办博物馆，而且从博物馆的作用和职能，到馆址的选择，馆舍的设计，人事的配备，文物、标本的征集和陈列，藏品的分类和保管，以及安全保卫、接待工作等，都提出了一系列的理论和办法。

（一）博物馆是收藏文物的机构。张謇认为收藏文物是博物馆的基本职能之一，他指出：

> 昔者行人采书，太史掌典，司职之属，详于《周官》。盖不仅文字载籍皆取于上，凡天下之鸿宝名器，悉以簿录于天府，主守于藏史也。然考《周官》外史之制，掌四方之志，掌三皇五帝之书，掌达书名于四方。由是推之，则虽天府之簿录，藏史之主守，必反而公诸天下也，彰彰明矣[22]。

这里，他认为我国从古以来，就有将文物、典籍集中保存的制度，为了说服当权者接受他的建议，他还不厌其烦地从"周官外史之旧章"、"孔子藏书之故训"中找出办博物馆收藏文物的理论根据和历史渊源，点明了博物馆的性质——它是收藏文物的机构。

收藏文物，个人收藏与为公而藏有什么不同呢？张謇关于物归于"公"与"私"的一段论述非常精彩，他认为"物私于一姓者，固不能百年而常存，即公于众人者，亦安保百年而不废。然断论者视私家能守之物，苟百年而已庆其长；而于公有者，则累数百年而恒恐其短。"[23]

（二）博物馆必须通过展示来实践自己的教育职能。张謇引经据典的阐述，点明了博物馆收藏文物的职能，他以孔子"适周而见老聃，亦以老聃周主之藏室"的故事作为例证，来说明文物、典籍既从天下集中到国家保存，又必须反过来为天下所用。他还援引古训来说明博物馆必须通过展示来实践自己的教育职能。张謇认为我国"其附丽于历史而可以资考证者，曰经籍，曰图绘，曰金石之属。皇古迄今，不可胜计。"[24]然而因"不能责以公诸天下也"，令天下学子"久相概惜"，而所以"顾为制大而收效寡者，则以藏庋宝于中秘，推行囿于一隅"。如果能"盖赐出内藏，诏征进献，则足以垂一代之典谟，震万方之视听。"民国政府建立后，张謇又上书政府，认为北海"宫苑森严，私于皇室，今国体变更，势须开放"，"非改为博物苑、图书馆不可。"张謇的理想，以后终于逐步实现，由北海的古物陈列所演变的故宫博物院今已近九十年了，接待了难以数计的参观者。张謇当年在北京时亦专程"观北海武英殿所陈清热河行宫金石瓷陶书画"[30]。

1918年张謇建狼山观音院，用来陈列杭州故辨利院僧静法生平所藏大士像160余尊，他不仅对这些藏品"装以绫锦，护以琉璃，极壮严坚固之经营"，还特"订保管瞻敬之规则"，其目的就是"将以延兹名迹，宣扬佛法。"[31]可见他认为博物馆的陈列作用是巨大的。

对于博物馆陈列的技术，张謇亦有论述。他认为博物陈设是一件繁琐而又有难度的事，宜聘请专家做顾问。对于陈列的说明，张謇认为天产部的品物要注明所产所得的地方，历史、美术两部要区分它们所制造、所产生的时代。中国独有的品物，要把古代的、现代的名称同时标出来；与外国相同的，要把中文名称和外文名称一并写出。

（三）博物馆必须首先重视文物标本的征集。张謇认为藏品是博物馆的基础，他曾引用日本帝室博览馆的做法："盖其国家尽出其历代内府所藏，以公于国人，并许国人出其储藏，附为陈列，诚盛举也。"[32]认为这种办法很好，可以参用其法。如果在京师办博物馆，皇室"颁赐内府所藏，以先臣民"；然后"谕令京内外大小臣工以及世禄之家，嗜古之士，进其所藏。"他认为如果能做到这样上传下效，那么"则曩所谓聚于上者，既已廓然昭示大众，则聚于下者，亦必愿出而公诸天下矣。"

张謇还提出了两项政策：一是捐献文物必须自愿，即"此事不在官方之强迫，而在众愿之赞成。应先宣布，以免吏胥借端征索。"二是要有奖励。"如价值巨万，当特别褒赏，以示激劝。且许分室储贮，特为表列，其余呈进，亦付储藏。"他认为"收藏之家，网求不易"，故应注重奖励，"若陈献既多，值价尤巨，自应破格奖励，不惜爵赏"[33]。

张謇对文物征集不仅重视，而且对国家文物分布和私人的收藏皆了然于心，他曾细数"今之最著称者，如江苏潘氏、吴氏之金，丰润端氏之石，山东杨氏之书籍，江苏盛氏之书画，均值巨金，苦费搜讨"[34]。张謇还对奉天清宫、热河及京师宫廷文物——乃至当时的收藏大家——叙述，从中，我们可体会其对征集文物的热切之心。

张謇还以博物馆能"使私家所藏，播于公众，永永宝藏，期无坠逸"来鼓励私人收藏捐赠博物馆，而他在为南通博物苑的建设中，则带头捐赠私人所藏。他在为博物苑开列征集金石古器目录时说："謇家所有，具已纳入"[35]。张謇开创了个人收藏为国家收藏之先河，对捐赠文物起了重要带头作用。

（四）重视模型和复制品。张謇主张博物馆要设模型之部，他认为我国历史久远，一些古代宫室器物、历史古迹及日用品物，或毁或自然消失，殊为可惜。如能"博征图籍，证于可信"地制成标本模型，不仅是对历史的保存，使"学者得所依归"，而且也是"历史、美术二科之实践也。"他还引用国际上博物馆的情况说："标本雏形，东西洋学校均以为重。"他要求我国能有"仿汉之印，影宋之书，以及钩模之金石"，而且要达到"存古夺真"[36]的技术水平，这些都是一个博物馆所不可缺少的。

张謇重视模型和复制品，在他创建的南通博物苑有充分的实践。在博物苑自然之部，有一些显示物体内部构造的模型；在教育之部，收集了各种生产工具的模型，有蒸气、电气、起重、印刷等机器和各种机床、农业机械、船艇、火车等，还有埃及金字塔和比萨斜塔的模型。还有许多是张謇东洋之行时为幼稚园买的"恩物"。

（五）博物馆必须设立讲解员。张謇提出博物馆要"遴派视察员、招待员（无定员），用为纠监导观之助"[37]。在讲解员的作用日益显得重要的今天，我们不难体会到，最早倡导的先知者之伟大。

（六）文物的安全保护至关重要。张謇对陈列室的设计，考虑得周详精细，并且特别注意文物的安全。他对处理文物的陈列与文物的安全之间的矛盾，有一段精辟的论述："顾苑馆所藏，皆可欲之物也。示人以可欲，而又必使人不见欲而乱。"这就是说，既要把文物给人们看，又不使人们看了以后萌发偷盗的欲望。鉴于此，张謇提出了陈列室的设计要疏密结合的主张："谨常宜密，防变宜疏；密又宜通，疏又宜塞。外密于内，乃不诲盗而通，修序以便观游；疏其中乃可防灾。而旁塞歧门，所以便巡视。"⑧他还提出陈列室内"宜多安窗，通光而远湿"；文物橱架"毋过高，毋过隘，取便陈列，且易拂扫"⑨。这些体现了这位精明干练的事业家的务实精神。

张謇认为文物保护还有一项重要的内容，就是对陈列的品物要"条举件系，立表编号"，也就是要做好藏品的登记工作。

为了保障文物藏品的安全，张謇认为要有一定的制度。他提出："严管钥，禁非常，及其他种种之有妨碍者，均当专定章程期限遵守。"他还亲自制定了《博物苑观览简章》，其中特别强调：参观者必须发扬公德，爱护公物。

在张謇逝世后，1932 年南通博物苑曾发生失窃事件，随即破案，人赃俱获。事后苑主任孙钺引咎辞职。在辞呈中，孙钺回顾张謇在时的情况说："先苑总理在日，苑费充足，外有岗警，内有更夫，日夜轮守，无或稍懈。"⑩由此可见张謇对博物馆安全工作的重视。

为了文物安全能得到长远的、可靠的保证，张謇一再强调国际保护的问题。他对国际公法中有关保护博物馆和文物的规定大加称道，多次提到公法《邦国交战例》第六百四十八条："凡敌境之教堂、医院、学宫、星台、博物馆及一切兴学行善公所皆不可扰犯"，认为此种办法"美哉义也，可大可久！"⑪他还提出："抑闻公法，战所在地，图书馆、博物苑之属，不得侵损，损者得索偿于其敌。"接着他又慨叹："世变未有届也！缕缕此心，贯于一草一树之微；而悠悠者世，不能无虑于数十百年之后！"⑫张謇忧心忡忡，惟恐一旦发生战争，会使苦心经营的博物馆被毁。

（七）博物馆的地点选择和环境美化至为关键。张謇对建筑和植树有着特别的爱好，他对建博物馆也有十分精到的论述，若在京师建，则其建筑规模一定要"闳博垲爽无论矣"⑬。张謇认为建博物馆，最为重要的是择地，"其地便于交通，便于开拓者为宜"，"为事固宜择地，为地亦宜兴事"，为事业的发展要择地，所择地也要有助于该事业的发展。对于博物馆的环境他也有精辟的论述，"隙地则栽植花木，点缀竹石；非恣游观，意取闲野。"他认为像清宫北海就不失为一个好的博物馆之地，不仅有"以楼观庄严之胜，兼水木明瑟之观"⑭，而且有或多或少的陈设、旧物，有利于博物馆对文物的需求。他甚至就北海建立国家博物院、图书馆作了详细的馆舍分布，在他对博物馆的馆舍安排中，我们可体会到一些他对博物馆的认识："琼台之阳及其左右，林阴水际，可以位天产。琼台之阴及其上方，可以位历史。海之北行宫、万佛楼、浴兰堂、治心斋，可以位美术……故以为博物院亦北海。"在南通博物苑的建设中，博物苑的择地和布局设计，也体现了张謇这种设想的精神。

（八）苑丁标准。要做好博物馆工作，必须要有能胜任博物馆工作的人才。张謇提出："胜斯任者，非博物好古、丹青不渝之君子，又能精勤细事、富有美术之兴趣者，莫克当此。"[45]这就是说，一个合格的博物馆人员，一要有广博的科学、历史知识，二要忠诚于博物馆事业，三要工作勤恳精细，四要有艺术修养。这在今天看来，这些标准仍是适用和完备的。张謇在建设南通博物苑时任用了通师学生孙钺。孙当时二十九岁，为人忠厚老成，办事勤恳，曾就读江阴的南菁书院，又在日本人办的南京东文学堂学过日文，后转学通师，至此辍学就业。他的被任用，是出于通师监理江谦和日籍教师木村忠治郎的推荐。作为南通博物苑第一任苑主任的孙钺不负重托，为南通博物苑的建设和发展立下了汗马功劳，令人们没齿难忘。

但是，张謇的博物馆理论，在他生前以至他逝世以后的半个世纪中，实际并未发生多大影响。张謇去世后直到1928年，全国博物馆也只有10所。值得欣慰的是，随着博物馆事业的发展，人们终于意识到开拓者的功绩，尤其是他创建的南通博物苑，受到了越来越多的关注。

四　人们景仰的圣地

1905年，是张謇的事业非常辉煌的时代，这一年，大生纱厂的纯利增加到75万两，竟占当时资本总额的一半以上[46]，这为张謇兴办其他的事业打下了坚实的基础。就是在这一年，身为通州师范校长的张謇"因授博物课仅恃动植矿之图画不足以引起兴味，国文历史课仅恃书籍讲解不足以征事物，图地方人民知识之增进亦必先有实观之处所，乃度地于校河之西"[47]规建博物苑，张謇把园址选定在南通城外东南濠河之滨，其东即与通师隔河相望，并侧有长堤相通。张謇手书《博物苑》石额题语中记："光绪三十一年乙巳，购并地二十九家，凡三十五亩有奇。"[48]南通博物苑是一个融天产、历史、美术于一体的综合性博物馆，包括动物园和植物园在内，自然部分占了相当大的比重，是一个既体现了学校博物馆的特征，具有西方博物馆的科学性，又符合中国的具体情况的博物馆，他是将中国传统园圃与博物馆的职能结合在一起的创举。

据《南通地方自治十九年之成绩》记载，博物苑的建设过程大体如下表（见本书第109页）。

（一）馆苑规模

中馆初名"测候所"，是三间平房，屋顶上有一露天的测候台名为观象台，设有测

时　　间	博 物 苑 事 项
1905 年冬	建围墙、表门、门房、休憩亭
1906 年	建中馆和南馆
1907 年	开始饲养动物，种植花木，堆砌假山
1908 年	建国秀亭，南馆布置陈列，中馆安置测候仪器
1909 年	中馆开始测报天气
1910 年	园林种植
1911 年	建谦亭、兽亭、鸟室，建成北馆并布置陈列
1912 年	建相禽阁、水禽栗、办公楼，并向西扩充苑地
1913 年	建鸠扈栗、藤东水榭。基本完成，对外开放
1914 年	累计用银 48,760,868 元

风力、风向、雨量等仪器。每天观测气候结果，在当地报纸上登载。后来气候设备移至新办的农业学校。张謇于 1914 年特为中馆题了匾额，他在匾额的题语中说："中国金石至博，私人财力式微，搜采准的务其大者。不能及全国也，以江苏为断；不能得原物也，以拓本为断。"⑭反映了张謇重视文物的收集及征集文物的原则。1920 年为了悬挂一幅巨大的书写的《华严经》经文（该经文用小字组成宝塔形，气势宏伟），张謇将露天的观象台改为气楼，正面有张謇手书的"华严台"匾额。

南馆初名"动矿物陈列室楼"，后称"博物馆"，是博物苑主要的陈列室，分为天然、历史、美术、教育四部。这是一座颇为别致英式二层楼房，平面呈十字形，顶部四周砌有城垛装饰，显得庄重典雅。楼上陈列历史文物，楼下陈列动、植、矿物标本。楼上北侧有一月台，上面挂了木板雕刻的张謇在建苑之初所作那副有名的对联："设为庠序学校以教，多识鸟兽草木之名。"南馆朝北大门两旁各有一座亭子，陈列古玄妙观的三清塑像。

北馆是五开间的二层楼房，主要是为陈列一具鲸骨架而建。这鲸骨架长达 12 米，是在黄海之滨发现，由张謇的通海垦牧公司赠送的。鲸骨架陈列于北馆楼下，同时还陈列了许多其他动物的骨骼标本和化石，从而形成了化石馆。楼上用特制的格屏，陈列了通、如、泰、海名家书画，东西两间可以展阅一幅清代南通画家钱恕的长达 10 米以上的山水长卷。北馆当初本为金石书画陈列，张謇为北馆作铭辞为："将究四类，其广海会。金概所藏，州厅县界。力所弗堪，举例犹派。事固无小，道奚病隘。"⑮

除以上三座主要展室外，苑内还有一些饲养动物的场所，如兽闲、鸟槛、鹤柴、鹳室、鸠扈栗、水禽栗等。此外还有蜂房。博物苑饲养的澳洲鸵鸟（学名：鸸鹋），每年春季产蛋，博物苑不仅将蛋作为纪念品出售，而且做成装饰品。

种植植物的有专门的温室花房外，室外处处是标有拉丁文和中文名称的植物，如美国山核桃、日本八重樱、意大利白花除虫菊等等名贵花木。此外还有许多独成系列的种植如：种植本地药用植物的药坛，专植春末之花的晚春塆及种植桂花、秋海棠等各种秋季盛开的草花之秋色坪。

张謇对绿化别具慧眼，颇有见解，对园林艺术也情有独钟，位于苑西边的国秀亭即为一精致的科普园林景区。国秀亭平面上是一圆形的景区域，中为珠媚园旧物美人石和其他大块的宣石，堆成假山。最外围，种植约有二十多种竹子，如淡竹、紫竹、湘妃竹、慈孝竹。其中尤以黄金间碧玉竹为罕见，竹竿一节黄、一节绿相间。另外，还设了一个"例外竹坛"，栽植天竹、文竹……凡一切名竹而实非竹的，统名为"例外竹"。这也是张謇的创见[51]。此外这里集中了来自全国各地的各种名贵花草和大型岩矿标本，其瘦、透、漏、皱的太湖石造型更是千姿百态，参观者无不在此摄影留念。

此外博物苑还有一些造型风格迥异的景观建筑，如相禽阁、迟虚亭、藤东水榭、谦亭、花竹平安馆等，每座建筑上都有张謇亲笔书写的题名和楹联，可谓是墨香浓郁、雅趣横溢。另外，苑内还有一些如荷花池、水塔、风车类的景点点缀。

博物苑建成之初主要是为通州师范的学生，后来也面对社会，尤其是张謇地方自治初成规模，被誉为"模范县"后，南通博物苑就成了这个城市文明的"圭表"，是一个最能展示城市建设的成绩、显示城市形象的高档场所。1920 年 5 月，苏社在南通开成立会，曾在博物苑集体游园。1922 年 8 月，中国科学社在南通开第七次年会，就在博物苑藤东水榭开过一次会。随着名流的往来，博物苑的影响传得更远了，1920 年德国汉堡大学教授颜复礼博士慕名来访。他说在德国就听说南通博物苑有中国古代文物。在博物馆日益提倡"以人为本"的今天，人们仍然认为南通博物苑当时的设置是理想的。

（二）业务辑要

南通博物苑的藏品，在时代上从古代石器、青铜器，一直到辛亥革命后征集的清朝通州衙门的官印和狱具、刑具（如辛亥革命后废除旧刑，所有旧刑具如剐刑用的小刀、打屁股的板子等）；类别上如历代兵器：从青铜戈、剑，直到 1913 年讨袁战争进攻上海江南制造局所用的炮弹；地域上是国内外兼具，收集的国外品物如日本、朝鲜和南洋群岛的民族文物，张孝若当专使从美国带回的林肯床上的木片，美国波士顿市长给张孝若的一把涂金粉的钥匙，端方赠送的意大利石碑等。张謇随吴长庆出使朝鲜时，朝鲜王爱张謇之才，送给他一套朝鲜品服，也陈列在南馆。

张謇十分重视博物馆的征集工作。民国元年（1912 年）张謇在北京天坛拣得二片黄绿琉璃瓦也特带回送南通博物苑收藏。苑品发展最快的是清宣统二年（1910 年），当时清廷在南京开南洋劝业会，张謇任审查长，实际上是办这个劝业会的主要人物。闭幕会，他征集或购买了大宗物品，如动物标本、矿物标本之类，充实了博物苑的内容。张謇尤其注重自然博物的收集，在《品目》中，自然部分的品物就占总数的 62.8%。张謇认为讲授或学习博物知识，都必须有实物供参考、研究。这样才能知道名实，察识物理。他对"后世经师大儒，义析毫毛，而或不能辨黍稷"[52]的情况深为不满。他在《品目序》中写道："凡以为学于斯者，睹器而识其名，考文而知其物。"这样才能学以致用。

博物苑普及科学知识的事例很多，张謇在南通博物苑建苑之初，几乎与"博物楼"同时建有"测候所"，从 1909 年开始，博物苑每天将所测天气，刊登在本地报纸上预报天气情况，不仅是气象科学的前哨，也是开中国天气预报之先河[53]。对于本地的风俗奇闻，南通博物苑也及时予以科学的解释。如南通一带有正月十五元宵节"放烧火"的风俗。这一天晚上，农村的家家户户在自家的田头上堆起杂草，点火焚烧，风吹火急，很快就连起来烧成一片，农人老老少少、男男女女，手舞足蹈地高声唱山歌。博物苑在报上发表文章，指出这是上古刀耕火种的遗俗，烟熏火烧有消灭越冬害虫的好处。1924年，南通在环城的濠河上筑了一座西被闸，将长江水引进濠河，人们在濠河中发现了"怪虫"，担心它有毒，博物苑派人取回标本进行研究，确定这种虫叫禾虫，无毒，平时蛰伏河底，水暖偶上浮，因江潮而被带入河中，所以大量出现。研究结果见报后，平息了社会上的惊恐和猜测。博物苑作为科学机构，树立了良好的社会形象。

张謇还是一个在博物苑中率先倡导语言文明的人。他曾说，教育的传播"端恃语言文字"[54]。他希望国家能尽早地统一语言，认为在普及和传播知识的博物馆，其讲解员"必得通东西洋语言文字"，才能有利于工作。

张謇对博物苑的建设，抓得十分具体。《张謇日记》中的有关记载，说明了他是常去视察博物苑工程的。据孙钺之子孙渠先生回忆，张謇写给孙钺有关苑事的手札就有上百件。现在南通博物苑收藏了一些手札原件；1910 年影印出版的《张殿撰教育手牒》中，也保存了一部分。在这些手札中，他对砌墙、筑路、搭棚、种树，都有具体布置，连用什么料、什么尺寸、什么人做，都作了交代。往往在外出途中，想到什么，就写信回来[55]。有一件手札嘱咐孙钺："急治鹤室前外篱，铁栅开门，使鹤游行，防其致病。二鹤不易得也，珍重。"[56]某年除夕前一日，他在旅途舟中写手札说："移大柏树千万勿伤根，栽时千万须人督察。请告杨、徐，为我用心。"[57]为设计陈列橱，他还亲自画了不少图样。这些，既反映了这位精明干练的事业家的实干精神，也从一个侧面说明博物苑的建造是一个精益求精的工程。

张謇在《博物苑观览简章》[58]中回顾建苑过程说："规划之久，经营之难，致物于远方之繁费，求效于植物之纤迟，三四年来，盖已苦矣。"又在《品目序》中说："……不夸嵩华而但为培塿，不侈沧海而但为涔浥。岁益高之而亦将有峙焉者，无自小而慑矣。以是锲而不舍者亦且十年。"[59]这就是张謇可贵的事业心，值得骄傲的是张謇的苦心终于得到了同业者的认可，南通博物苑被视为中国博物馆事业的发祥地，深受人们的景仰。

多致真知渝众愚，先从格物救凭虚。

字穷残契殷遗甲，骨相雄姿海大鱼。

　　这首诗是曾任博物馆副馆长的管劲丞先生所作。前两句说明要普及科学知识，先要纠正以往的凭空虚谈，即要从认识事物入手；后两句描述了当年南通博物苑的藏品。仔细品味诗句含义，不难体会出诗句非常准确地道出了张謇兴办博物苑的宗旨。

注　释

①②④⑤⑥㉕㉚　《张謇日记》，《张謇全集》第 6 卷，第 854、325、483、510、544、566、701 页。

③⑬㉔㊳㊸㊹㊺　张謇《国家博物院、图书馆规画条议》，《张謇全集》第 4 卷，第 281、280、282、280、280、280、282 页。

⑦⑧⑨⑯㉒㉗㉙㉜㉝㉞㊱㊲㊶　张謇《上南皮相国请京师建设帝室博览馆议》，《张謇全集》第 4 卷，第 273、274、274、273、275、275、273、273、273、277、277、276、276、275、275 页。

⑩⑲⑳㊲㊴㊸　张謇《通州博物馆敬征通属先辈诗文集书画及所藏金石古器启》，《张謇全集》第 4 卷，第 279、279、279、279、278 页。

⑪㊷㊾㊹　张謇《南通博物苑品目序》，《张謇全集》第 4 卷，第 283、284、283、283 页。

⑫　张謇《营博物苑》，《张謇全集》第 5 卷，第 154 页。

⑭　张孝若《南通张季直先生传记》，上海书店据中华书局 1930 年版影印，第 364 页。

⑮⑰⑱　张謇《上学部请设博览馆议》，《张謇全集》第 4 卷，第 272、275、272 页。

㉑　王宏钧主编《中国博物馆学基础》，上海古籍出版社，第 70 页。

㉝　汪林茂编著《中国走向近代化的里程碑》，重庆出版社，第 431 页："新成立的中华民国政府于 1912 年成立了中央气象台，下设 4 科，气象是其中一科，但由于当时人、财两项均无着落，气象科还只是空架子。直到 1914 年 1 月气象科才开始了气象观测，中国近代气象观测事业才迈出了第一步。"

㉞　张謇《为统一国文读音致汪伯唐函》，《张謇全集》第 4 卷，第 114 页。

㉘　张謇《南通中公园赠石题名记》，《张謇全集》第 4 卷，第 419 页。

㉛　张謇《狼山观音院尊藏大士像楼落成启事》，《张謇全集》第 4 卷，第 419 页。

㊵㊽㊾㊿㊽㊾㊼　南通博物苑编《南通博物苑文献集》（内部资料）第 77、55、56、55、48、52、36 页。

㊻　章开沅著《张謇传》，中华工商联合出版社，第 152 页。

㊼　江谦编校《南通地方自治十九年之成绩》，南通翰墨林印书局，第 177 页。

㊾　孙渠著《南通博物苑回忆录》（内部资料）。

㉟　穆烜著《张謇与中国博物馆事业的肇始》，《东南文化》，南京博物院主办，1985 年 1 期。

⑥　管劲丞著《江淮集》（内部资料）。

（原载《张謇的文化自觉》，陕西人民出版社，2003 年）

民俗学、民俗文物和民俗博物馆

穆 烜

在"百花齐放，百家争鸣"方针能够真正得到贯彻的今天，恢复和建立民俗学的问题已经提了出来。从而，收集民俗文物资料和建立民俗博物馆的问题，也应该被我们博物馆工作者认真考虑。现就此发表管见如下：

一　民俗学的历史和前途

民俗学是社会科学中一门重要学科，就国际范围说，它约有一百年的历史。在我国，它兴起于五四时期，当时是新文化运动的组成部分，由收集歌谣开始，发展到研究民间风俗习惯和信仰等。一直到 20 世纪 30 年代，我国民俗学都处于发展中；抗日战争时期，开始冷落下来。中华人民共和国成立以后，这一门以人民群众的文化为研究对象的科学，本来应该得到健康的发展，但是由于"左"倾的政治偏见，民俗学被看成是资产阶级文化，而实际被摒弃和取消了。只有民俗学的重要组成部分的民间文学被保存下来，得到发展，取得了成绩。

其实，民俗学和其他各门社会科学一样，绝不是被资产阶级所独占的。社会主义国家完全应该有自己的民俗学。我们的祖国，是一个历史悠久、人口众多、幅员辽阔的多民族国家，民俗的内容极其多彩，犹如一望无际的大地，有着富饶的资源，等待着我们去开发。在这方面，同国外比，我们已经落后了，现在应该急起直追。

当然，我们的民俗学研究，应该以马克思主义、毛泽东思想为指导。我们要坚持辩证唯物主义和历史唯物主义的观点、方法，运用马克思主义关于社会存在与社会意识、经济基础与上层建筑的学说，贯彻"百花齐放、百家争鸣"，"古为今用、推陈出新"的方针，从而建立起具有中国作风、中国气派的，社会主义的新型民俗学。

二　民俗学的定义和范围

民俗学一词是从英文翻译过来的，原意为"人民的智慧"，也解释为没有受过教育的人们的智慧。所谓没有受过教育的人们，一是处于较原始的社会发展阶段的民族，二是阶级社会中广大人民群众，主要是劳动人民。民俗学研究的对象，就是广大人民群众传统的智慧和思想意识。这种智慧和思想意识，以一定的文化形式表现出来，具有相对的稳定性和一定的变易性。这种文化来自民间，俚俗而不登大雅之堂，同旧社会统治阶级和知识分子创造的文化，有显著的不同。因此，我认为，如果把民俗解释为传统的民间文化，也许更确切和容易理解些。民俗学，就是研究传统的民间文化的科学。不能给民俗学披上神秘的外衣，也不能把它看成旁门左道。

根据以上原则，我认为民俗学的研究范围有以下几个方面。

（一）民间文艺：包括民间文学、民间美术、民间音乐、民间戏剧、民间舞蹈和曲艺等。

（二）民间娱乐：包括游戏、玩具、杂耍、赌博等。赌博是一种坏事，但其起源是出于娱乐，其中包含着人民的智慧。

（三）民间风俗：包括生产风俗、节日风俗、婚丧喜庆风俗和衣食住行等日常生活方面的风俗。

（四）民间信仰：包括宗教、迷信、忌讳、医（巫医）卜星相等。

（五）民间组织：包括家族组织、地方组织、帮会组织、经济组织、迷信组织等。

三　民俗学的任务和作用

今天开展民俗学研究，有着多方面的意义，绝不是出于少数人的兴趣爱好，更不能视为猎奇。我认为，民俗学的任务和作用是：

（一）通过调查研究，发掘、保存、接受传统民间文化中精华的、健康的、有益的成分，加以推陈出新，为今天的人民所用，以丰富民族文化的内容，丰富人民的精神生活，并可借以抵制来自资本主义世界的腐朽没落的、不健康的文化影响。要通过民俗学的研究，提倡新的风俗习惯，形成社会主义新民俗。

（二）通过调查研究，批判、清除传统民间文化中落后的、消极的、属于糟粕的成分，破除迷信，提倡无神论，提倡科学，革除不合理的旧风俗、旧习惯。只有经过研究，说清楚它们的来源演变，说清楚它们的不合理之所在，才能使人们信服，从而丢弃那些落后的东西，摆脱其影响。

（三）民俗学的研究，将使我们对我国人民群众的精神世界有全面的、深入的、历史的了解，从而更好地认识我国各族人民的民族特性。

（四）民俗学的研究成果，将提供给各友邻学科，如社会学、人类学、历史学、民族学、伦理学、考古学、宗教学和文学艺术的各部门。研究中国的哲学史、思想史、文化史，都不能离开民俗学。研究思想史，不能只研究思想家的思想，也要研究群众的思想。群众的思想在哪里？就在民俗之中。

（五）我们还应该把我国丰富多彩的民俗，看作是整个人类文明的组成部分。将我们的民俗作全面的系统的收集、整理、研究，编出大批资料和论著，将有利于在文化、科学领域提高我国的国际地位，同时也是对世界文明的贡献。我们一定要填补这门学科的空白。

四　收集民俗文物资料

我们收集民俗资料，要从三方面努力：一、收集文字资料，二、口头采访，三、收集有关实物——可称之为民俗文物。

我国传统的民俗文物资料是极其丰富的，但在旧社会，它往往不被收藏家所重视。五四以后的民俗学运动，曾注意到这个问题，广州中山大学的风俗学会曾经成立"民俗物品陈列室"，收集民俗文物资料一万多件。解放以后，收集、保存民俗文物资料的工作没有得到应有的重视，特别是在文化大革命中，这些东西很多被作为"四旧"而大批地毁灭了。那些过去曾经到处都有的东西，现在不少已成凤毛麟角，可能比商周青铜器更难找。因此，当务之急是要努力抢救。即使是那些迷信的、不健康的，也要收集保存；否则，即使要批判，也没有实物可据了。

民俗文物的范围很广泛，但也不能把过去年代的遗物都看成是民俗文物。它的范围应有一定的限制。民俗文物的特点，就在于来自民间，就在于俗。它是人民群众所制作，又为人民群众所使用或享有的。有些文物，虽出自劳动人民之手，却是按照统治阶级的意志而制作，只为统治阶级所享用的，就不属民俗文物。

在博物馆保存的出土文物和传世文物中，有些就是民俗文物。古代的民俗文物能保存到现在，一般是会被重视的。但清代以来的，就往往容易被忽视。因此我们收集民俗文物，应以明清以来，到解放以前为重点。

现在，我就初步想到的，列举一些应该收集的民俗文物资料的项目如下：

1．有关民俗的书刊、手稿、抄本、照片、碑刻及其拓片；2．民间文学、戏剧、曲艺等方面的集子、唱本、脚本；3．民间美术品，包括年画、门画、神马和其他木刻版画及其画版、影像和其他肖像画、剪纸、刻纸、刺绣等；4．民间雕刻；5．民间玩具；6．戏剧服装道具和木偶；7．民间文娱用品；8．民间乐器；9．民间家具、餐具、炊具、民用瓷器和其他生活用具；10．各种服装和民间饰物；11．各种人力的交通工具；12．宗教迷信书籍、宗教法器、迷信文书、符契、迷信活动用具和泥塑、木雕、纸绘的神像；13．有关民间组织的书籍、文件；14．有关风俗的各种实物。

五　建立民俗博物馆

　　地方综合性博物馆或地志性博物馆，应该收集、保存和陈列民俗文物。我国地方志中就有"风俗志"。博物馆的陈列展览不能只反映阶级斗争、生产斗争和科学实验三大革命运动，也应该反映作为社会意识形态的民俗，不能只重视原来属于剥削阶级所有的"精品"，也应重视民间的"俗品"。除了综合性博物馆应收藏民俗文物外，还应建立专门的民俗博物馆。外国有民俗博物馆，而我国没有。今年 1 月，中国民间文艺研究会上海分会举办《民间美术珍藏品欣赏》，引起了中外人士的很大兴趣。有的外宾说："你们有这么多珍宝，这使我们欧洲人有机会开了眼界，我们到这儿参观与到你们故宫参观不一样。这是民间的。"还说："欧洲各国都有自己的民间博物馆，你们可以在这展览会的基础上搞博物馆。"像我们这样大的国家，应该有较多的民俗博物馆。比方说，一个大区建一个，并不为多。我们江苏省如果在苏州建一个民俗博物馆，将使这个美丽的旅游城市更为生色。我们现在的博物馆很单调，有特色的专业馆太少了。民俗博物馆的建设，将有助于改变这一状况。民俗博物馆也不必都是全面的，也可办某一个方面的博物馆。例如，办一个服装博物馆，就一定很有特色。现在办馆不能一下子搞多大，可以从无到有，从小到大，逐步建设，逐步发展，边建设，边展出。随着国家四化建设事业的发展和财政经济情况的好转，博物馆事业也必将随之发展起来。我们应该有这样的信心和决心。

　　（江苏省博物馆学会成立大会交流论文，曾载《文物通讯》1980 年第 6 期）

浅谈亟待加强的博物馆立法工作

赵明远

一　加强博物馆立法工作的必要性

目前，国家立法的重点放在了经济立法上，文化立法相对滞后。在博物馆立法上，还没有一部《中华人民共和国博物馆法》。指导、规范博物馆工作的法律文件，如《省、市、自治区博物馆工作条例》、《博物馆安全工作规定》、《博物馆藏品管理办法》、《文物藏品定级标准》等均属于行政规章，其法律效力是有限的。所以，及时制定一部调整、规范博物馆内部及外部关系的法律，是非常必要的。博物馆事业发展过程中不断出现的新情况、新矛盾、新问题，也亟待完备的法律来规范。

首先，博物馆还没有法律意义上的定义：其法律地位还没有确立，其职能、权利、义务也不明确。对博物馆的设立标准和程序也缺乏严格规定，博物馆各项工作范围、场所、设备标准、人员条件、素质也还没有全面的规定。这样，博物馆一方面可能不认真履行其社会职能、义务，变成白拿工资的"养老院"，甚至出现不具备条件、不履行社会功能的"挂牌馆"；另一方面，博物馆的正当权益得不到很好的保障，一些政府对博物馆的关心支持不够，使一些馆仅能靠"人头费"来维持"吃饭财政"，甚至连"吃饭财政"也不能维持。

其次，现有的博物馆法规，基本上属于行政规章及其他规范性文件，其权威性、系统性不够，法律效力有限。如前列举的几种行政规章，是由文化部、国家文物局制定或与其他行政部门联合制定的，法律地位较低。而目前全国近两千家博物馆中，约三分之一是非文化系统的政府部门、军队、企业、事业、团体、个人或外资兴办的博物馆，文化部及下属机构颁行的法律文件对这些博物馆的约束力是很弱的。

第三，在管理体制上，博物馆作为独立的法人单位，所应拥有的自主权没有明确规定，博物馆的权益不同程度地受到上级行政管理部门的侵犯。如国家财政对博物馆的经费支持往往通过行政主管部门拨给，主管部门对经费的使用进行过度干涉，甚至挪用、拖欠。主管部门对博物馆的房屋、设备等资产也可以调用、处置，对博物馆兴办的"三产"收入，也要规定"提成"。博物馆领导由上级任命，普通员工的安排、调动，主管部门也要干预。上级主管部门对博物馆权益的侵占和瞎指挥，扼杀了博物馆自我发展的能力，挫伤了广大员工的积极性、创造力，也滋长了不正之风的蔓延。

第四，在我国从计划经济向市场经济的转轨过程中，博物馆也不可避免地将进入市场。对其为社会提供的精神产品如何实现商品化，如何开展"三产"、经营创收以补充经费之不足，还没有明确法律规定。许多博物馆在政府投入减少的情况下不得不放弃业务活动，把主要精力放在创收上以维持生计。许多博物馆将业务场地、业务经费用于设立商业、娱乐设施，严重地背离了自身性质、职责。对这些情况也还没有相应法律条文来约束、规范。

目前，我国的博物馆事业仍处于不断发展之中，加强博物馆立法，确立博物馆的法律地位，建立博物馆的法律保障和制约体系，将博物馆事业纳入法制轨道，这是文化体制改革、转变政府职能的迫切要求，更是博物馆事业健康发展的迫切要求。

自 1845 年英国制定了世界上第一部博物馆法以来，世界上许多国家都有博物馆法。战后日本于 1951 年就颁布了《博物馆法》，以后又进行了修订、完善，由于其法制健全、及时，使日本的博物馆事业顺利发展，并处于亚洲领先地位。我们认为在即将到来的新世纪初期完成制定、颁布实施我国第一部《博物馆法》，并逐步建立起完备的博物馆法律体系是十分必要的。

二　博物馆立法在理论上和实践上的准备

制定《博物馆法》是博物馆事业发展的重大步骤，也是一项极其严肃的工作，需要进行大量的调查研究、理论探讨和舆论呼吁，在《博物馆法》出台以前，博物馆界应做好理论上、实践上的准备。

首先，应认真贯彻执行现有的各项博物馆法令规章以及其他法律文件中有关博物馆的条文规定，杜绝有法不依、执法不严现象。这不仅是各博物馆及整个事业正常运作所必需，而且是检验各项规章、条文科学性、适应性所必需，通过守法、执法的具体实践，可以为博物馆法及相关法规的建立提供依据。

其次，在国内博物馆事业发展较好的地区，应制定地方性法规、规章，指导本地区的工作。北京市在这方面已作了可贵的实践。北京市政府于 1994 年 12 月 16 日颁布实施了《北京市博物馆登记暂行办法》，在宏观上对各博物馆的藏品、展览、科研、社教等项工作进行协调、管理和规范。1995 年 12 月根据这项办法，首批 55 座博物馆已通过审核，登记颁证。另一些地区，如江苏省，制定了评选优秀博物馆的具体标准，从博物馆工作的各个方面，提出了量化的指标。我们认为在此基础上可制定一个合格馆的标准，加以实施。

　　第三，应注意了解、介绍、考察和研究博物馆事业发达国家的博物馆法律和博物馆法制管理模式，从中吸取有益的经验，为我国的立法工作提供借鉴。在这一点上，我们的学会、报刊已做了一些工作，但还很不够，管理机构、学术组织应加强这方面的组织和引导。

　　第四，文化部、国家文物局等领导机构和博物馆应学会加强立法研究，提出立法方案，做好立法前的准备工作。应大力宣传博物馆立法的必要性和紧迫性，也要呼吁全国文博界人大代表为此多做努力，将《博物馆法》尽早列入人大立法议程。目前，可建议国务院在人大制定出《博物馆法》以前，迅速颁行一项管理各类博物馆的全国性行政法规，对当前的事业发展进行指导规范和保护。

三　有关配套法律的建设

　　除了积极准备制定《博物馆法》以外，还应逐步健全配套的法律体系。目前急需订立一些国家扶持和引导社会支持博物馆事业的法律条文。例如，国家税制和税法中应规定对博物馆进行减免税收的优待措施。这一点可借鉴国外的经验。如日本税制上关于博物馆的优待减免有 14 个税种的 24 项特殊措施。这几年，虽然国家财政部、国家税务总局先后出台了一些对宣传文化单位实行财税优惠的政策，但因其中对所享受优惠的范围有严格界定，博物馆及其经营产业可以得到的优惠很有限。应加强研究和实践，对这些政策加以完善，增强其可操作性。

　　又如，国家应制定引导社会赞助博物馆的办法，在政策上、法律上给予鼓励。私人和企业赞助博物馆在西方国家是很普遍的。如美国艺术博物馆每年活动经费的三分之一是社会赞助。国家对这种赞助行为不但要在精神上、舆论上加以提倡、表彰和鼓励，而且还要有相应的政策法规给予扶持和保护。一些国家在法律上规定了对赞助者给予减免税收、政府贷款优惠等待遇，尽量使赞助者得到与其贡献相当的利益，这就大大地促进和保护了赞助者的积极性。近些年来，国内企业、团体、个人对文化事业的赞助已很普遍，各种文艺演出、比赛评奖、节目播出都会有赞助，而对博物馆业务的赞助则不多见。1995 年底，杭州钢铁集团公司出资 120 万元，将流失于香港市场的越王"者旨於赐"剑购回，捐献浙江博物馆，此为全国企业巨资赞助博物馆之一例。文化部目前正在起草的《社会赞助文化事业的管理办法》及进行可行性研究论证的《文化投资法》，应制定出能吸引社会赞助博物馆事业的优惠办法，在政策、法律上保护、引导、鼓励这种赞助行为，为博物馆事业的发展创造更多的有利条件。

（原载《文博青年论丛》第 2 辑，1997 年）

略论中小型博物馆的人才需求

钱　红

　　如果说博物馆是一个城市文明的说明书，能直观地反映出城市的文化内涵以及成长过程，那么一支具有高尚的政治思想品德、良好的职业道德和熟练的专业技能、结构合理、层次分明的高水平博物馆人才队伍则是一个城市文化形象的代言人。

　　就全国各地中小型博物馆的人才状况而言，人才的缺乏，人才知识结构、年龄结构、性别结构的不合理，则是当前困扰博物馆向前发展的最大问题。

　　新时期博物馆职能的变化，对博物馆人才也有了不同以往的要求。以往，特别是在计划经济时期，博物馆工作人员只需要守着一个摊子，一个陈列展览可以多年不变，保证文物不丢失就可以了，所以在这种情况下，它对人才的要求也就不是很高。而现在社会发展了，人们追求精神生活的丰富，博物馆作为对大众传播知识、宣传科学的精神文明窗口，它所承担的职责和发挥的效应是复合的、多元的，这样就对博物馆的作用、职能提出了更高、更新的要求。博物馆需要有不断变化、创新的展览来满足人们日益增长的文化需要，需要有反映不同方面内容的展览来满足不同层次观众的需求。在这样的社会要求下，博物馆就更需要多层面的人才。作为一个博物馆应该拥有一批自己的硕士、博士，一批相关专业的学者、博物馆理论学者、文物鉴定家、文物修复专家等，这样才能使博物馆的社会教育作用发挥到最大限度。

　　我国博物馆众多，然而大型博物馆与中、小型博物馆对人才层次的需要也是不一样的。大博物馆藏品多，部门分工细，技术力量强，工作范围、课题的研究相对比较专一精细，工作岗位也相对比较固定；而中、小型博物馆藏品的质和量都相对较薄弱，技术力量的岗位变化性较大。因此，大型博物馆需要专业性强的研究人才——专才，而中、小型博物馆则更需要一专多能、一专多通的通才，即复合型人才。

　　博物馆要发展就必须拥有适合本馆各项工作开展的人才队伍。那么，中、小型博物馆应当配备哪些方面的人才才能使它趋于合理和利于发展呢？我认为应有以下几个方面的人才：

（一）能宏观把握博物馆发展的领导人才

博物馆作为城市文明、历史的展览地，要准确、生动地展现历史文明，更重要的是要抓住自身的特色，找准立足点规划、发展，这就必须有一些精通文博专业知识，对博物馆的性质、任务有超凡认识，同时又对其他专业知识有着较深了解的，具有宏观思维的，善于管理，能制定和协调本馆发展、规划战略的领导人才。这种人才具有超前的、独特的思维，是现代博物馆事业发展的必须力量。

（二）专家型研究人才

研究人才主要是指学术带头人。没有科学研究博物馆就没有生命力，博物馆学术水平的高低直接影响到一个博物馆的地位及声誉，学术带头人在博物馆工作中的作用就不言而喻了。我们需要具有精深的历史、考古、艺术及自然科学技术等方面知识的科研带头人，他们能够率领一批工作人员开展各项科研工作，把握研究工作的战略，全面组织、制定实施科研和实际工作计划。他们是博物馆工作的中坚力量和坚实基础。

（三）行政管理人才

这种人才是兼行政、业务于一身，熟悉博物馆工作规律，对业务工作的特性、流程等能够了解，尤其是行政管理、协调能力很强的复合型人才。这些人才应有良好的政治素质，对博物馆工作深刻了解，热爱文博事业，同时受过现代化管理训练，能将工作具体落到实处，协助领导完成各项工作。管理人才在文博单位起上传下达的作用，是博物馆各项工作完成的基本保证。

（四）技术人才

博物馆在具有了一定的学术带头人的同时，还更需要一批熟悉专业知识而且动手能力很强的专业技术人员。他们有着良好的业务技能，能够在学术带头人的组织下有效地完成各项业务工作；他们拥有较高的技术素质，能够将研究的成果具体地反映到工作上。其中包括陈列设计、展览制作、文物及标本的保管以及自然标本的制作、园林艺术等方面的技术人才。

（五）经营博物馆人才

博物馆要发展，还更需要有人花心思去经营，去搞活。这种人才必须了解市场不同时期的各种不同热点，必须了解人民对博物馆的需求。社会需要博物馆办什么展览，博物馆办什么展览会得到市民的欢迎，怎样将我们办的展览推销出去吸引观众等等，这些都需要经营博物馆的人才。他们是博物馆运转的润滑剂，是博物馆发展及良性循环的根本保证。

作为博物馆人才在具备了较强的业务素质的同时，更主要的是必须具备较高的道德水准，只有对博物馆事业充满感情、有高度责任心、工作勤勤恳恳、甘于奉献、办事认真、为人敦实、德技双馨的人，方能成为博物馆人才。

当今社会发展迅速，涌现出的人才类别很多，而真正适应博物馆工作的并不多。经我们挑选的大学本科生、研究生，他们具有强烈的社会责任感和使命感，可塑性强，但大多不愿意到博物馆这个"清水衙门"来工作。造成这种现象的原因有很多，有机制和体制上的原因，同时不可否认的是我们现有的人才观也是造成这种局面的重要因素之一。

英国经济学家哈里森说："人力资源是国民财富的最终基础。资本和资源是被动的生产因素，人是积累资本开发自然资源，建立社会、经济和政治并推动国家向前发展的主动力量。"随着经济全球化的进一步发展，人才的竞争日趋激烈。对一个单位来说，能否吸引人才、留住人才，将直接关系到其生存和发展。博物馆的发展需要人才，而作为中、小型博物馆对人才的吸引力又不是很强，在这样的情况下，就更需要根据自身发展的目标，有目的地用好人才，培养人才，吸引人才。我感到：

（一）要留得住现有人才

专业技术人员工作多年，总有一定的专长和积累，如果单位对他们漠不关心，很容易引起人才的流失。人才是一个单位最宝贵的资源，如果他们能得到信赖，受到尊重，能够参与相关的决策，他们会在实践中发挥最大的才能和潜力，并且会因受到鼓励而不断成长。博物馆要营造有利于人才成长的环境，努力形成人才与单位发展相互促进的良性循环，使现有的人才留得住，用到位。要用事业来留人、用感情来留人，更需要用待遇来留人。特别是博物馆要对人才的实际困难给予切实的帮助，使其感到大家庭的温暖。人才能激活一个单位，领导对单位人才的关心同样能激活人才的创造力。要开展丰富多彩的娱乐活动，使全体人员融入集体之中，满足其归属的需要。要建立人与人相互尊重、相互帮助的组织文化。建立一种多样化的、易于运用的渠道，使博物馆工作人员有机会表达他们对某些事情的看法和关注，并使他们能够很方便地得到对其所关心的问题的解答。人非草木，孰能无情？只有这样，博物馆才能留住所需要的人才。

（二）合理使用人才，使人尽其才

中小型博物馆必须根据自身状况，用好已有的人才。在工作中学习中创造良好的竞争机制，让人才能够脱颖而出，实现自身的价值。

人的能力有大小，同时也各有不同的能力。作为一个博物馆在用人时要充分考虑个人特点，扬长避短，用其所长。"适才即用"是应遵循的基本准则，应根据不同的岗位来"量人上岗"。要充分发挥人才自身的优势，做个人能干的、愿干的、最能调动积极性的工作。要考虑人才的专长和兴趣，做两个匹配：一是能力和工作的匹配，二是性格及素质和工作的匹配。人才之间存在着结构性的差异，就像能当好劳动模范的，未必能当好负责人。在工作中工作岗位的确定不能一成不变，要使每个岗位目标明确，富有挑战性，为人才提供内部职务轮换、职务晋升的机会，创造条件，为人才提供多岗位锻炼的机遇。

（三）培养人才，提高人才队伍素质

能力，是人的综合素质在现实行动中表现出的实际本领和能量。提高博物馆工作人员素质的实质是提升他们的能力，包括对他们能力的培育和对能力充分发挥所赖以进行的环境的创造。向博物馆工作人员提供教育和培训机会，借此挖掘人才的潜力，提高人才实现目标的能力，为其承担更大的责任、从事更富有挑战性的工作以及提升到更重要的岗位创造条件。中小型博物馆可以就目前单位内人员队伍状况，对每位专业技术人员的培养目标和方向进行粗略的估计，并根据单位发展的需要和人才成长的需要加强人才培养，以提高人才的知识、理论水平，不断提高单位人才队伍的素质。一般在人才培养上可采用的方法有：①鼓励、激发专业技术人员自身充电，增强自身素质；②单位根据需要将专业技术人员送出去培训，提高专业技术人员的业务素质，充实人才队伍；③加强人才的实践锻炼，让各层次的人才在具体工作实践中不断磨练，积累丰富的实际工作经验；④定期组织交流活动，让人才在相互交流和启发中取长补短，积累工作经验，提高工作水平。

（四）吸引人才

中小型博物馆要吸引高层次人才是比较困难的，但也可以利用自身的优势，向人才宣传我们可以提供展示他们才能的舞台，实现在大博物馆不太可能体现出来的人才的自我价值。要吸引人才还不仅需要优化人文软环境，同时必须配备相应的物质条件，以满足人才的需求和最大限度地解除他们的后顾之忧。用好了现有人才，培养出了优秀人才，这样就能形成博物馆的人才聚集优势，以此吸引人才，创造出良好的业绩。

当前，有的企业流行的借鸡生蛋的用人方法，在中、小型博物馆同样也可以适用。当我们研究某些课题缺乏人才时，可以聘请高校、研究所等单位的专业教授，用他们的知识为我们服务，互利共赢。同样也可以为某个课题、博物馆计算机应用软件的开发、特殊陈列的形式设计和制作等等，外请教授、专家，请他们研究、开发、制作，成果归单位。当然，这种做法的一次性投入会很大，但省却了较多的遗留问题。

博物馆的发展需要人才，我们只有更好地用好人才、培养好人才，才能吸引到更多的人才，才能使博物馆事业得到较大较快发展，才能使博物馆在社会发展中发挥更大的作用。

（原载《博物苑》2003 年第 2 期）

中小型博物馆如何面对市场经济的浪潮

徐　宁

随着全球化以及市场经济发展速度的加快，博物馆所面临的挑战、竞争也越来越多。在这样的大环境中，采取什么样的对策、做出什么样改变，将直接关系到博物馆的未来发展。笔者认为博物馆为了自身更好地发展、实现为社会和社会发展服务的职能，应当做好以下的一些工作。

一　自身定位

对于博物馆来说，明确的定位是日后开展各项工作的大前提。定位不准、概念不明确、自身作用模糊不清，最终会束缚博物馆的手脚，使得事业规模逐渐萎缩。

一般来讲，我国的博物馆划分为综合类、纪念类和专门性三类。《中国大百科全书·博物馆》中认为，根据中国的实际情况，划分为历史类、艺术类、科学与技术类、综合类最为合适[①]。现如今随着观念和科技的发展，国内外又出现了生态博物馆、社区博物馆、数字化博物馆等一些新的概念和新的分类方法。

地市级的博物馆一般可以建成综合性的，包括历史、自然科学等门类，这样可以兼顾到整个城市发展的方方面面：在传播、展示人类文明的同时，可以将自然、科学一并融入在内，帮助观众树立保护环境、维持生态平衡的理念，同时古诗词、古字画与自然景观相结合，就又是另一番风味。这种综合性的优势不是一般的专门类博物馆所具备的。

一些专门类的博物馆如民俗类、艺术类等可以考虑向当今世界博物馆界的新思潮——生态博物馆、社区博物馆等类型转变。这一类博物馆在一些少数民族聚居地、城市老街区具有很大的存在价值和现实意义。当今社会城市化进程加快，人们在搬进现代而舒适的高楼大厦的同时失去了寄托自己精神情感、见证自己成长历史的那种熟悉的环境。而这类新兴的博物馆所发挥的重要作用与传统博物馆及文物保护机构最大的不同，就在于它以人为本的理念。处理好人与人、人与物的关系，尽量避免人与物、物与物、物与自然关系的割裂，是这类博物馆的精神所在。它所追求的是，使自己成为所在社区人民永远的精神家园②。

博物馆是服务于社会的，是为社会和社会发展服务的。不管博物馆如何定位，都要解决好与公众之间的关系。是否能融进当地的社会（社区）生活，对一个博物馆来说，不仅仅是一个关乎"人气"的问题，更是其开放观念的体现。它能使一个博物馆始终以一种开放的眼光、开放的胸怀来发挥、并随时调整自己的工作职能，更好地为社区大众服务。因此，无论如何都不能离开实际、脱离社会生活、抛弃公众。否则，只能是"曲高和寡"、"孤掌难鸣"。

二　日常工作

博物馆的日常工作有很多，包括藏品的征集、收藏、保管，日常事务的管理，专门期刊杂志的出版，对外的交流，陈列的设计，布展等等。在现今，博物馆应当注意以下一些问题：

（一）资金的来源

资金对博物馆的生存发展起着重要的作用。没钱就无法购买文物来充实馆藏，没钱就无法改进陈旧的陈列展览去吸引观众，没钱就无法开展社会活动以实现社会教育的功能。而现在中国的博物馆普遍面临着资金不足的问题。博物馆又是"不以赢利为目的"的实体，那么怎样才能很好地解决资金来源的问题呢？

目前专业博物馆的资金来源主要还是依靠国家财政拨款。而中小型博物馆在这当中只能分到很少的一杯羹，一般仅能维持日常办公开支，甚至连举办陈列展览的每天电力、水、人工的耗费都不够。随着市场经济体制改革的不断深入和完善，博物馆应当改变原来单一依赖政府拨款的生存模式。市场机制虽然砸掉了铁饭碗，但是却带来了灵活机动。博物馆可以根据自身状况及所在城市的经济发展情形来制定一套筹集资金的方案。一般说来，主要方式有：与一些大的企业单位（中国移动、电信等）合作，争取他们的赞助；注重优秀的展览和文化产业所带来的经济效益；与旅游管理部门合作共同开发新的旅游景点，吸引来自四面八方的游客；鼓励社会名流和个人捐赠；依靠社会闲散资金，集资共建，再按照一定的股份分成。

（二）信息化建设

计算机的普及，网络技术的发展，为我们开辟了一条通向数字化世界的道路，数字化博物馆日益受到人们的关注。

数字化博物馆建设则完全是利用计算机和网络技术而存在的博物馆。数字化博物馆是实体博物馆在网络上的代言人，是与任何一家实体博物馆毫无关系的博物馆。它可以没有固定的专有建筑、人员和实体藏品，但具备了博物馆的其他一些特征，如有一定数量的藏品（尽管不一定是实际的实体藏品）、有展出等。

无论如何，这是博物馆的发展方向之一，它突破了空间和时间的限制，在更大的范围内服务于社会，但它并不能代替实体博物馆的存在。实体博物馆的信息化建设最终将打破博物馆之间的壁垒，实现文物资源的全人类共享。

中小型地方博物馆不仅要吸引当地的观众，还要扩大自己的影响，与博物馆界的同行互通有无，共同探讨、研究。只有通过数字化博物馆才能很好地实现这一目标。在科技日益发达的今天，一个博物馆的现代化是这个博物馆观念现代化、思想现代化和科学技术现代化的综合体现。因此，互联网的出现，不容博物馆错失这样一个宣传自己、提高知名度的机会。信息化的建设是大势所趋。

（三）人才队伍的建设

博物馆人才素质的高低将直接影响到博物馆的学术、科研水平，将直接决定它是否能够紧紧跟随时代前进的步伐，归根结底，关系到博物馆的生存发展、兴衰存亡。博物馆日常工作如藏品的研究、管理，陈列的内容、艺术设计，信息化建设等都需要高素质的专业人才。博物馆工作的专业性、思想性、学术性都是很强的，需要具备一定专业知识的人员才能够胜任。要使博物馆能够长久地发展下去除了要有一定的馆藏之外，最重要的就是人才。如何培养人才、吸引人才、留住人才，让人尽其能、物尽其用，使各个年龄层的专业技术人员迅速地成长起来，避免出现青黄不接的尴尬局面，是博物馆应当优先考虑的问题。

考虑到博物馆工作的日益复杂，其工作人员应当不再仅仅局限于单纯的历史、文物专家，还应当包括专业计算机人员、从事艺术设计的人员和市场营销人员等。为了鼓励工作人员爱岗敬业、安心工作、为博物馆做出更大的贡献，相关的激励、竞争机制和政策就应当健全。这样便会在全体工作者中形成力争上游、群策群力的局面，博物馆的事业又何愁不会一日千里？

（四）改进陈列展览

陈列是博物馆实现其社会功能的主要方式，是博物馆特有的语言③。然而目前博物馆的陈列形式呆板、陈旧，甚至存在哗众取宠、竞相攀比的浮躁之风。中小型博物馆的资金、藏品都是有限的，不可能像一些大的博物馆一样花大气力、大价钱来布展，应当走有自己特色的道路，更多的考虑与当地资源相结合，开创出一条"小巧、新奇"的陈列路子。随着科学技术的进一步发展，陈列的形式也变得多种多样，这些使得观众参观时不再局限于文字、图片、标本、模型等。场景的复原、互动式的展出、多媒体演示技术等都可以运用到陈列当中，增加陈列展览的效果，提高观众尤其是学生观众的参观兴趣。

博物馆还要学会把握时机。例如，抓住文博行业以及全社会的重要热点事物或者特别的纪念日，如每年5月18日的国际博物馆日、"反腐倡廉"、纪念某位先贤、伟人等。这方面的成功例子有很多。如政治性极强的"红岩魂"大型流动展览送到北京亮相时，吸引了首都各大媒体频频光顾、报道，社会各界人士都蜂拥而至。这在当时是顺理成章的事情。因为那时正值中共中央全会专门研究、部署加强社会主义精神文明建设，大力弘扬爱国主义精神的时期④。

三　与媒体、社会的交流合作

这是一个竞争与机遇并存的时代，无论是谁都要学会在适当的时机、利用适当的方法来展示自己、推销自己、宣传自己，而社会和媒体正好为我们创造了这样一个机会：

（一）利用媒体提高知名度

这是一个传媒的时代，媒体对于博物馆越来越显示出它的重要性。博物馆合理地利用传媒工具，已经成为最大限度地同公众沟通、实现自身价值的最主要手段。在报纸、杂志、电视、电台、互联网中的新闻报道远比做广告的费用低、效果好，正可谓事半功倍。所以，如何利用好媒体以提高自身的知名度，对于市场经济条件下的博物馆来说是十分重要的。首先，应当培养与各个报社、电台、电视台的"感情"，多方面地与记者联络，每当自己搞活动的同时，就可以通过这些记者、媒体为自己造势。在这个广告盛行的时代，相对而言，老百姓还是比较相信新闻的。此外，博物馆自身也可以通过一些活动，像南通的啬园（南郊公园）那样，主动将活动的内容、照片发给媒体，或者与一些报社一起合办类似于作文比赛的征文活动、摄影作品展览等。通过这些活动的举办，在各个年龄层的观众中留下深刻的印象。久而久之，人们只要一提到某某活动、某某展览就会自然而然地想到某博物馆。这时，我们利用传媒开拓市场、争取观众、树立形象的目的就已经达到了，开展各种活动也就自然方便多了，观众也自然会把博物馆作为娱乐、消遣的好去处。

（二）利用好民间收藏

中国自古以来民间收藏的风气就很盛行。到了现代，随着经济的发展，民间收藏文物的新军正在崛起。他们在文物拍卖会上，已经能够花大价钱购买珍品；他们还把自己收藏的国家级文物拿出来拍卖，被博物馆所收藏。这些民间收藏者还纷纷成立收藏协会，交流心得，展示藏品，钻研知识。如果没有他们的收藏，更多的文物精品将流失境外，或被毁弃于无知者之手。同时，民间也不乏收藏奇珍异石的人士，他们有的想通过博物馆举办自己的专题展览，有的想把历年所藏捐赠给博物馆等等，所有这些都为博物馆丰富馆藏提供了一些潜在的机会。有人把国家收藏称作"主力军"，把民间收藏比作

"民兵"，这个比喻还是比较贴切的。各个省、市都应当有几座规模、影响较大的博物馆，这些博物馆就像是天空中的"星座"。而地方性的中小型博物馆则可以通过多种渠道利用民间文物收藏——这一吸纳文物的"海绵体"，来增加自己的馆藏、促进文物研究水平、充实陈列展览的内容，从而使自己成为环绕星座周围的"满天繁星"[⑤]。

（三）利用自身优势传播科学、文化知识

博物馆具备学校等教育场所所不具备的多种优势，如藏品资源丰富，拥有较大面积的展厅，拥有专门从事科研工作的专业人员等。所以，博物馆教育是社会大教育的重要组成部分，而配合学校教育又是这个组成部分中的一个重要方面。在中国人创办的第一座博物馆——南通博物苑里还挂有"设为庠序学校以教，多识鸟兽草木之名"的对联。由此可见，我国博物馆事业从一开始就较明确地认识和摆正了博物馆与学校教育间的关系。

如今博物馆通过开展兴趣小组、科普夏令营、校外辅导班，开设讲座，举办巡回展览等活动，在社会教育方面发挥着自己独有的作用。2003 年，南通博物苑自然部利用自身优势，取得为南通中学建立生物基地、实验室的资格。通过与社会各界的联系，不但扩大了业务上的交流，而且还将博物馆的教育切切实实地融入到了学校教育之中。通过实践，我们可以看到这些不仅是学校教育的补充，也是博物馆教育工作的深化。举办兴趣小组，与学校合作、交流，是一种行之有效的形式。这种形式在取得更多的社会效益方面，已显示出它的积极意义。

博物馆的繁多门类，正为我们开辟了可以驰骋的广阔天地。除去自然这个类别，其他许多学科也能够举办这样的兴趣小组，像历史知识、文物知识、地方史、天文知识、民俗等等。只要与博物馆自身的特性有关，在条件许可的前提下，我们何不利用这一形式多开展些工作？因为，这也是拓宽博物馆教育职能的一种途径。

此外，博物馆还可以与兄弟单位、部门合作，共同举办展览，实现资源共享，最大限度地将各自的优势结合在一起。如可以与环保部门一起开展环境保护的宣传，与地震局一起开展有关地震、地球内部构造的科普展览，与城市建设局、规划局等单位一起进行古迹保护等工作。诸如此类，在物质文明与精神文明建设的深化过程中，博物馆的工作者要有敏锐的目光、超前的意识去及时地抓住稍纵即逝的机遇。

（四）相关旅游、文化产业的开发

现在的博物馆一般都很注重文化产业的开发，旅游纪念品的设计。一些大型的博物馆如南京博物院、上海博物馆等都规划出一定的场所，配备一定的专业人员从事开发文化产业的工作，开展以文物复制、仿制为主的相关文化产业项目。博物馆在从事藏品的研究、保护和传播展示的同时，都可以开发、销售有特色的文化商品和提供群众需要的各种文化服务活动。这些文化活动的劳动耗费可以采取价格补偿，利用市场机制将其生产的文化产品和服务，依照商品交换的原则，获得经济效益，索取投资的经济回报。文化商品作为历史文化信息的载体，它可以进入流通领域，通过交换伴随着人们走出馆门，走出国门，走进人们的日常生活和工作中，使文化传播活动在馆外继续延伸，使传播者的范围不断扩大⑥。例如，一只印有博物馆名称字样的塑料袋。千万不要小看这只塑料袋，它没多少重量、没多大价钱，但是它所发挥的作用却是无法替代的。当观众在博物馆参观结束后，购买了纪念品，用这只塑料袋装起来，一方面，它满足了消费者证实自己到此一游的心理；另一方面，它由消费者带回家中，一路上帮博物馆作了一番免费的宣传。而博物馆本身为此却没有花费多少钱，却在不知不觉中给自己做了一回广告，何乐而不为呢？现今，开发文化产业已经成为博物馆传播历史文化的新途径，成为博物馆的经济增长点，并且促进了当地的旅游文化的发展，增加了旅游购物的收益，增加了当地旅游的新亮点，提高了博物馆的知名度。

（五）博物馆之友和志愿工作者

博物馆是公益性的社会文化教育机构，在服务社会的同时也需要社会公众的支持才能办好。而且，作为一般的中小型博物馆来说，普遍面临着资金短缺的问题，不可能无限地招聘工作人员。因此依靠公众是目前最有效的方式。通过博物馆的志愿者，博物馆可以在有限的资金、有限的工作人员的前提下更好地开展日常工作。因此，如何根据博物馆自身的特点，学习国外经验，广泛开展博物馆之友、博物馆会员和志愿人员的活动，是有效途径。但是，不论是博物馆之友还是博物馆会员，都是根植于博物馆所在国家的社会经济条件和传统风俗习惯之上。如果忽略了这些，则有可能陷入盲目引进而导致失败的境地⑦。就我国目前而言，博物馆的志愿工作人员一般来自于在校大学生和退休的老年人，也有一部分来自于博物馆的爱好者。能否扩大博物馆志愿者的队伍、范围，建立一套适用于自身的志愿者制度，是博物馆领导和有关工作人员应当要考虑的问题。

注　释

① 王宏钧《中国博物馆学基础》，上海古籍出版社，2001年。

② 黄春雨《生态博物馆——中国现实与历史的需要》，《全球化下的中国博物馆》，文物出版社，2002年。

③ 王宏钧《中国博物馆学基础》，上海古籍出版社，2001年。

④ 丁福利《博物馆宣教活动组织原则探析》，《中国博物馆》2003年第3期。

⑤ 张德勤《民间文物收藏势不可挡》，《东南文化》2002年第12期。

⑥ 李林娜《博物馆文化产业发展的意义与原则》，《中国博物馆》2003年第3期。

⑦ 王宏钧《中国博物馆学基础》，上海古籍出版社，2001年。

关于博物馆产业开发的一点思考

陈银龙

江泽民同志在党的十六大报告中指出，发展文化产业是市场经济条件下繁荣社会主义文化、满足人民群众精神文化需求的重要途径。这一提法，比《中共中央关于"十五"规划的建议》中关于要"完善文化产业政策，加强文化市场建设和管理，推进有关文化产业发展"的说法，又进了一大步，说明发展文化产业已引起党中央的高度重视，文化产业将成为我国下一阶段国民经济和社会发展战略的重要组成部分。它标志着文化产业——这个发端于美国、兴盛于欧洲、挟新经济之势于世界的朝阳产业——正在中国迅速崛起。

关于文化产业的概念，近年来各种媒体上论述很多。在20世纪最后两年，随着全国文化产业研究高潮的出现，其概念逐渐清晰。人们普遍认为，文化产业是从事文化产品的生产、提供文化服务的各种经营性社会行业。联合国教科文组织对文化产业的定义是：文化产业就是按照工业标准，生产、再生产、储存以及分配文化产品和服务的一系列活动。

根据《2001~2002年中国文化产业蓝皮书总报告》中的分析，把文化娱乐业、新闻出版、广播影视、音像、网络及计算机服务、旅游、教育等看作文化产业的主体或核心行业；把传统的文学、戏剧、音乐、美术、摄影、舞蹈、电影电视创作甚至工业与建筑设计，以及艺术博览场、图书馆等看作文化产业正在争夺的前沿；把广告业和咨询业等看作是它成功开拓的边疆。笔者认为，以上所说的三个方面，均和博物馆的工作有密切的联系。因此，博物馆在产业开发上的潜在作用不可低估。

以笔者所见，博物馆可在以下方面大做文化产业的文章。

一 文博鉴赏项目

博物馆作为"立体的教科书"、"艺术的殿堂"、"知识的海洋"、"科学的长城"、"终身教育的课堂"、"激发思维和创造才能的场所"等，是人们十分向往的地方。美国一位自幼双目失明的社会活动家海伦·凯勒曾经说过，假如给他三天光明，其中一天就是参观博物馆。因此，博物馆要充分利用自身的优势，在文博鉴赏上开发产业内容。

一是可以定期不定期地举办文博鉴赏讲座，每次讲座结合实物集中讲解某一门类或某一专题，适当收取一些听讲费用，必定会有不少爱好者前来观赏听讲。最近，南通博物苑组织有关专家到南通师范学院为在校学生鉴赏书画艺术和陶瓷工艺，就深受听讲者的欢迎。这样的鉴赏讲座还可以办成系列讲座，让听讲者有一个从浅入深、从单面到全面的了解。

二是可以选择一些馆藏文物印成复制品进行出售。这些复制品既有实物图样，又有鉴赏文字，成为人们喜爱的通俗读物。笔者与到南通博物苑参观的一些同志交谈，许多参观者都希望能够买到有关文物的复制品。

三是可以和高校、中小学联系，组织大中小学生进博物馆参观，博物馆定期地更换展出内容，使这些学生进了博物馆，就有一种流连忘返的感觉，感到博物馆是他们的第二课堂。博物馆在售票上给予优惠，让参观的学生能承受得起。这主要是为了增加参观学生的数量。长期下来，会有可观的产业收入的。

二　文化休闲项目

现在，我国城乡居民收入稳步增长，人民生活总体上达到小康水平，人们的文化消费在整个消费中的比重将不断上升，满足人们多样化的物质文化需求，为博物馆开发文化休闲项目带来了机遇。博物馆正可以根据这一发展趋势积极开发文化休闲项目，以吸引人气，增加创收。笔者认为，可以将一些闲置的房舍腾出来，开办音乐书吧、音乐茶座，还可以利用博物馆的空地举办文艺演出、知识竞赛及艺术品位较高的各种展览等。如南通博物苑近几年来，在国庆节、春节等节日期间，组织过各种文艺演出和展览，吸引了众多的观赏者，取得了较好的社会效益和经济效益。

三　文博传播项目

这里说的文博传播指的是到文化景点、文博场馆等的旅游、讲解和文博旅游纪念品的开发销售。多年来，博物馆举办的各种展览，培养、锻炼了一支讲解员队伍，他们既积累了丰富的文博知识，又有很好的口才，普通话说得也比较标准。这样一支队伍，无疑是博物馆产业开发的重要力量。有的同志提出，博物馆可以组建文博传播有限责任公司，参与其他旅游公司的竞争，笔者认为是具有创新意识的点子。博物馆组建的文博传播公司，一方面可以积极组织旅游团队，到博物馆等文博场馆和当地的旅游景点参观旅游，一方面还可以开发有特色的旅游纪念品，供旅游者选购。这个项目，只要精心策划，定能成为博物馆产业开发的新亮点，成为传播博物馆文化的重要组成部分。

四　少儿科普项目

博物馆应该把向少年儿童传播科普知识作为工作的重点之一，作为产业开发的一个领域。针对多数家长都希望自己的子女能多掌握科普知识，博物馆可以利用节假日和晚上的时间开办少儿科普培训班。这个培训班要办得生动活泼，集知识性、趣味性、娱乐性于一体。培训班除了结合实物讲解一些科普知识外，还可以将一些文物器具藏于沙土中，让小学员去淘宝。组织小学员撰写科普文章，进行演讲比赛和文物知识抢答等，对获奖者和答对者进行适当的物质奖励，甚至可以组织获奖者出外旅游，费用均在收取的培训费中列支。活动中还可借鉴肯德基的经营理念，每隔一段时间就有一种新花样吸引消费者。这些活动，只要组织得好，家长是乐意花钱送孩子来培训的。

五　园艺欣赏项目

有些博物馆单位还有园林部分，这就为搞园艺欣赏项目提供了便利。随着居民生活水平的提高，人们特别注重环境美和居家美。因此，博物馆的园林部分可以开发花卉盆景项目，与各宾馆、饭店、学校、商场、居家等联系，定期上门送盆花和盆景，收取合理的费用。每年还可以举办花展和盆景艺术展。据了解，南通啬园一年的养花利润就有75万元之多。博物馆应该抓住这一市场的巨大潜力，精心开发这一项目。

六　展厅租赁项目

随着党和政府对博物馆工作的重视，许多博物馆都建起了新馆，展厅面积大大增加，博物馆有条件腾出一些展厅租赁给有关单位和个人，让他们办展览。这样既可以丰富博物馆的展览内容，又可以增加其产业创收，这应该是两全其美之事。对此，党和政府也是大力支持的。江泽民同志在党的十六大报告中就明确指出，国家支持和保障文化公益事业，并鼓励它们增强自身发展活力。《北京市博物馆条例》也明确规定，博物馆可以依法开展符合本馆特点的经营活动。作为博物馆的工作人员，要积极向外寻找合作伙伴，让每一个展厅都能充分发挥其效能，做到展厅不空，展览不断。

以上所提的内容，仅仅属于一般性的项目。除此之外，各馆可以根据自己的特点，开发一些更具特色的项目，努力把博物馆的产业做强做大。

　　笔者认为，在博物馆产业开发的操作上，还应该做到三个要，即要观念更新，要机制创新，要政策扶持。

　　一要观念更新。首先是确立市场观念，消除文化产业是文化的副业的想法。党的十六大报告把文化产业和文化事业并列，是理论上的一大创新，各级人员应该充分认识发展文化产业的重要意义，把思想统一到十六大文件上来。其次要打破"大锅饭"的分配观念，树立"多劳多得、少劳少得、不劳不得"的观念，激活人员潜在能力。再次是确立"围绕业务搞创收，在创收中拓展业务"的观念，保证文化事业和文化产业同步发展，相辅相成，相得益彰。

　　二要机制创新。在产业开发时，可以组建产业开发有限责任公司，可以请有关单位和个人参股，可以和有关人员以租赁关系洽谈产业项目，也可以由部门或个人承包某个产业开发的项目等。总之，以市场化运作的机制来操作项目开发，以契约形式确定产业内容及实施办法，实行目标责任管理。

　　三要政策扶持。一是国家和政府制定的文化经济政策要落实到位。单位为了调动产业开发人员的积极性，也要制订相应的优惠政策，鼓励开发人员多动脑筋，多想办法，让其在工作中摸索规律，从而逐步把产业开发做好做大。二是积极培养和引进经营管理人才。多年来，一些博物馆单位培养引进具有研究才能的人才较多，忽视了培养和引进具有经营管理才能的人员，使得这些单位的产业开发工作起色不大。这一问题应该引起主管部门领导和博物馆领导的高度重视，采取切实有效的措施，迅速加以解决，以保证产业开发工作能顺利正常地开展。三是帮助解决资金不足的困难。一般的博物馆单位，由于产业开发比较滞后，预算外资金很少，财政拨款仅能维持人员工资和事业支出。因此在产业开发之初，政府主管部门应该帮助博物馆积极拓宽融资渠道，解决产业开发的资金问题。有同志提出，运用投资控股、金融信贷、资本融资等手段，建立多渠道投资文化产业的机制和有效筹资机制，形成一个综合性的投融资格局。此举无疑是筹措产业开发资金的有效办法，各馆可以请求政府主管部门帮助，积极组织实施，以求产业开发资金到位。

　　当然，在产业开发的实施过程中，还会碰到许多困难，但是，只要解放思想，实事求是，与时俱进，文化产业的春天必将早日到来。

　　　　　　　　　　　　　　　　　　　（原载《博物苑》2003 年第 1 期）

论张謇设苑为教育的思想

凌振荣

张謇是中国博物馆事业的开拓者，是中国最早的博物馆学研究者和奠基人。他创办了中国最早的博物馆——南通博物苑。"他认为要办好教育，必须办好博物馆，把办博物馆提到教育救国的高度来认识，为之呐喊，为之提倡，为之规划，为之实践。"[①]本文拟对张謇设苑为教育的思想，以及他创办南通博物苑的实践作一剖析，使我们对张謇设苑为教育的思想有所了解，从而更好地建设有中国特色的社会主义博物馆。

一 张謇设苑为教育的实践

在南通博物苑创办之前，张謇曾向清朝政府上书，建议首先在北京建立博物馆，然后向各省、府、州、县推广，进而在全国各地建立。然而，腐败的清政府没有理睬他的建议，于是，他就在自己的家乡南通亲自实践，创办了南通博物苑，从而开创了国人自办博物馆的先河。张謇的博物馆学理论，在办苑实践中得到了充分地体现，尤其是他设苑为教育的思想，我们更是处处感受到。

首先，在选址上，他将博物苑确定在交通便利的南通师范学校校河之西，便于南通师范学校的学生利用博物馆。"清光绪乙巳，以师范教授博物之须有所证也，始营于校河之西。"[②]清朝末年，在全国性的破寺庙、建学校的高潮中，张謇将临近南通旧城东南三面环水的千佛寺改为师范学校，从而揭开了南通兴办近代教育的新篇章。建于1902年的南通师范是中国最早的师范学校。1904年，张謇在校河之西设立了植物园，1905年在植物园的基础上又建立了博物苑。博物苑和师范学校之间的河就是原护城河，有桥连接两岸。

从交通上来讲，博物苑和师范学校处在南通城南新开的一条马路的东端。这条横贯东西的马路由博物苑路、模范路和桃坞路三条路组成，是当年南通最繁华的道路。沿路还建有图书馆、通师一附、翰墨林印书局，有斐馆、淮海实业银行、五公园、俱乐部、通崇海泰总商会、更俗剧场及一些工商业老店铺。博物苑虽在这条马路东端，但距城中心不远，便于游客参观。

第二，在隶属关系上，南通博物苑初期由南通师范学校管理，这便于更好地为学生服务，同时也有利于博物苑的管理建设。"博物苑一开始附属于通州师范，即从1904年至1911年，苑校合而为一；开办博物苑的经费，由通州师范统一筹划。"③南通博物苑从建苑之初，就同南通师范有着密切的关系，第一任苑主任孙钺，就是从该校优秀学生中挑选的。苑中陈列的自然标本，是在南通师范聘请的日籍教师指导下制成的。因此，在博物苑初期的建设上，也倾注了南通师范领导和师生的心血，可以说南通博物苑也是我国最早的学校博物馆。

第三，从性质上来看，博物苑是一座综合性博物馆。它是集植物园、动物园、历史文物和自然标本为一体的地方综合性博物馆，这类博物馆可以满足学校多学科的实物教育。经过10年的惨淡经营，到1914年南通博物苑已初具规模。根据当时编印的《南通博物苑品目》，我们可以了解当时南通博物苑藏品的情况。该品目分上、下二册，上册为天产部，下册为历史、美术、教育部，四部合共2973号④。

从以上品目可以看出，南通博物苑即使是初创时期，其藏品也是比较丰富的。

第四，博物苑的环境，也体现了设苑为教育的思想。博物苑的园林设施、山水和花木，对于博物馆建筑和文物来讲是环境：这种环境，有利于参观者消除疲劳，也有利于文物的保护。对于欣赏景观、爱好大自然的人来讲，它又成了观览的主要对象。人们漫步在林阴小道上，可以感受这里的鸟语花香和秀丽景色，发现中西文化在这里碰撞，领略这座园林式博物馆的艺术魅力。一句话人们在游玩中可以获得知识和美的享受。

从张謇创办南通博物苑的实践中，我们可以看到，他是紧紧围绕着"教育"二字做文章：苑址临近师范学校，便于学生利用；建苑初附属师范学校，有利于为学校服务和博物苑的建设；苑的性质定位于综合博物馆，可以多层面地为教育服务；展示方式的多样性和科学性，有利于观众接受多方面知识教育；优美的环境，使人们可以在轻松的氛围中获得知识。

二　张謇设苑为教育思想的形成

清朝末年，一大批具有爱国主义思想的士大夫在不断寻求救国的道路。1895年11月上海强学会成立。它以办报、译书、开图书馆、博物馆，研究中国自强为宗旨。它的章程认为，"文字明，其义不能明者，非图谱不显。图谱明，其体有不能明者，非器物不显"⑤。还主张，"凡古今中外，兵农工商各种新器，如新式铁舰、轮车、水雷、火器及各种电学、化学、光学、重学、天学、地学、物学、医学诸图器，各种矿质及动植物，皆为备购，博览兼收，以为益智集思之助"⑥。张謇是上海强学会会员，对这些为建立中国博物馆作舆论准备的主张，他是衷心拥护并为之实践的。可以说，这一时期是张謇设苑为教育思想的萌芽期。

1903年张謇东渡日本，作了为期70天的考察。张謇东渡日本考察，对其实业和教育的发展，起了很好的借鉴作用，因而收获是很大的。1905年张謇在南通植物园基础上建了博物苑，该苑是"搜集中外动植矿工之物，乡里金石，先辈文笔"⑦，又是集动物园和植物园为"苑"的综合性博物馆。我们阅读张謇的《东游日记》，便可以探明他这种创办博物苑的思想渊源。从张謇东渡日本考察，到博物苑创办前，是其设苑为教育思想的成长期。

1905年，张謇先后两次上书清朝政府，建议在北京建立博物馆，"且京师此馆成立以后，可渐推行于各行省，而府而州而县必相继起。"⑧为使朝廷采纳其建议，他不厌其烦地阐述办馆理由："其所以为政治、学术参考之大部以补助于学校者，为图书馆，为博物苑。"⑨"庶使莘莘学子，得有所观摩研究以辅益于学校。"⑩他认为博物馆，可以补学校之不足，辅助学校教育，为学生研究服务。他在《上学部请设博览馆议》中指出，"然以少数之学校，授学有秩序，毕业有程限，其所养成之人才，岂能蔚为通儒，尊其绝学？盖有图书馆、博物院以为学校之后盾，使承学有彦，有所参考、有所实验，得以综合古今，搜讨而研论之耳。"⑪从张謇两次向清政府呈文建议办博物馆，到1905年底在其家乡创建了南通博物苑，是张謇设苑为教育思想的形成期。

清王朝灭亡后，张謇关心国家创办博物馆的热情未减。民国二年（1913年）他又呈文《国家博物院、图书馆规画条议》于民国政府，建议国家创办博物馆。到了1914年南通博物苑已初具规模，张謇设苑为教育的思想也更为完善。在《南通博物苑品目序》和《博物苑观览简章》两文中，他的思想有了新的发展。"博物苑之设，为本校师范生备物理上之实验，为地方人民广农业上之知识。"⑫可以看出，张謇设立博物苑，既是为南通师范的学生"察识物理"，同时，也是为启迪民智，普及科学知识，为社会教育服务。这种设苑为教育的思想，已从为学校教育扩展为社会教育。这一时期，是张謇设苑为教育思想的完善期。

当然，张謇强调或突出博物馆的教育功能，绝不是不要文物的收藏和研究，实际上他对这两项工作也是十分重视的。他亲自为南通博物苑制订了文物征集工作的方针："中国金石至博，私人财力式微，搜采准的务其大者。不能及全国也，以江苏为断；不能得原物也，以拓本为断。"⑬并将其镌刻在中馆的匾额上。这是一个实事求是而又脚踏实地、量力而行而又尽力而为的文物征集工作方针。他还拟订了文物征集启事《通州博物馆敬征通属先辈诗文集书画及所藏金石古器启》，并带头将自己收藏的文物捐赠给博物苑，开私人收藏丰富国家馆藏的先河，使苑藏品迅速增加。他还亲自征集文物，将自己在北京游览天坛拾到的两件明代瓦当送到博物苑珍藏。1910年张謇在南京开办的南洋劝业会任审查长，该会闭幕后张謇曾"征集或购买了大宗展品，如动物标本、矿物标本之类"⑭，以及露香园的《昼锦堂记》字绣长屏十二幅。由于张謇的关心和努力，大大丰富了苑藏，创苑初期的近十年内，各类藏品近三千号。

至于博物馆的研究工作，我们从张謇有关博物馆学的文章，以及《南通博物苑品目》（即藏品总账）中文物标本的定名、分类等项工作，就可知张謇对此项工作的重视和努力也是卓有成效的。

三　张謇设苑为教育思想的特点

张謇设苑为教育的思想，不仅有显著的时代特征，而且有鲜明的个性特点。

（一）张謇设苑为教育思想的开拓性。为了实现其实业救国、教育救国的思想，他具有强烈的进取精神和开拓意识。南通博物苑仅是张謇创办的众多事业中的一项，但此事足以说明张謇的开拓精神。

1. 张謇是中国博物馆事业的开拓者，是中国近代最早的博物馆学理论的研究者和奠基人。他的《上南皮相国请京师建设帝室博览馆议》、《上学部请设博览馆议》、《国家博物院、图书馆规画条议》、《通州博物馆敬征通属先辈诗文集书画及所藏金石古器启》、《南通博物苑品目序》等，是我国近代最早的博物馆学理论。他"对博物馆的性质、任务、职能、作用，以及机构设置和规章制度等，都有一系列的论述，初步形成了博物馆的理论研究体系，为中国博物馆学的发展打下了基础。"⑮ "张謇先生对兴办博物馆的很多精辟论点，对博物馆学的理论研究，在当时起了很大的现实作用，在现在仍然有重大的指导意义。"⑯

2. 张謇是最早的博物馆的创办者。如上所述，早在1895年上海强学会成立，就把办博物馆作为启迪民智、富民强国的措施之一。然而，对博物馆有深入的研究并付诸实践也并非易事。令人敬佩的是，他不仅认识到创办博物馆的重要性和可能性，而且为之呐喊、为之规划。当张謇提议在京创办博物馆的建议被清政府束之高阁后，他就在自己的家乡南通，利用个人的财力，于1905年购并29家共35亩土地，迁荒冢千余座，兴建了南通博物苑。其实，当时全国懂得博物馆重要性并欲办馆的也绝非只有张謇一人，然而，将其付诸实践并且获得成功的是张謇。这是因为他走了一条符合客观实际的发展地方事业的道路，"甲午后，乃有以实业与教育迭相为用之思。"⑰ "然则图存救亡，舍教育无由，而非广兴实业，何以取资以为挹注。"⑱因此，张謇首先是兴办实业，在发展实业的同时也不断发展教育。这是中国人自办的第一座博物馆为何诞生在南通，并且能够兴办成功的原因。对于张謇创办南通博物苑的伟大意义，吕济民先生曾作了高度评价："中国当时博物馆的兴起和能够如此蓬勃发展，同张謇先生的开创和热心提倡密切相关，是他的伟大创举和伟大实践，把中国博物馆事业从一开始就推上了一个高峰。"[19]

1895 年他在唐家闸创办大生纱厂，不久，即利用办厂带来的厚利，创办了中国最早的师范学校——南通师范学校，张謇在扩展企业的同时，也不断地发展教育，以后又陆续兴办了幼稚园、小学、中学、中专、大学等。除南通师范学校和博物苑外，在全国首创的还有：南通纺织专门学校、南通盲哑学校、中国最早的农业气象台——军山气象台等。这些机构的诞生，充分说明了张謇的敢为天下先的思想。

（二）张謇设苑为教育思想的科学性。主要体现在：

1. 观众定位的准确性。张謇将南通师范学校的学生作为主要服务对象，不仅可以丰富他们的知识，而且这些学生毕业后当了教师，能以更丰富的知识传授给学生，从而引导更多的学生前来参观学习，充分利用博物馆的资源。因此，在当时来说，师范学生利用博物馆所起的作用，是其他任何人所不能相比的。

2. 展示内容的全面性。南通博物苑的展品是丰富的，有历史、美术、动物、植物和矿物等，当年的博物苑没有设立库房，因此，所有收集到的文物、标本全部展出，真正做到了"高阁广场，罗列物品，古今咸备，纵人观览"[20]。南馆、中馆和北馆三座主要建筑内都陈列了文物和标本，甚至有的亭子中也陈列了标本；一些大型的文物或置于亭中，或分列于展馆周围，同馆外的植物相得益彰。

3. 展示方法的科学性。在展示方法上，做到多样性和科学性相结合，充分发挥展陈艺术，来吸引观众。①文物陈列和自然陈列并重；②室内陈列和室外陈列相结合；③死体标本和活体动物相补充。在文物标本和植物的展示上，采取了同类物品相对集中的办法，使观众在参观时便于比较和鉴赏。如国秀坛中堆筑了假山，而在其四周则分隔栽种了 20 多种名竹，坛中还放置了各地的名石和栽种了名花。位于坛中南部的茅亭中则陈列了化石、矿物标本。国秀坛实际上成为一个竹石专题陈列处。位于西馆西侧的秋色坪，植桂花以及秋季盛开的草花。国秀坛和秋色坪的近旁处，有风车和水塔，这既是一道风景，也反映了二者之间的相互联系。苑内展示的各种物品均有说明牌，尤其是名贵花木，用中文、英文和拉丁文三种文字来说明，方便了游客的观览。

（三）张謇设苑为教育思想的包容性。

海纳百川有容乃大。张謇设苑为教育思想的包容性，体现在如下几个方面：

1. 学习和吸收西方先进的文化。张謇认为，西方许多国家原本落后于我国，然而到了近代，却政举事理，并率先成为近代文明的国家，其原因，"实本于教育之普及，学校之勃兴。"[21]

从张謇日记可以看出，他在日本考察期间，参观水族馆和植物园各二次，参观公园和博物馆各一次。显然，张謇创建的植物园和博物馆，是参观日本时所得到的启示。

2. 向日本国的人民学习先进的技术。张謇创办的南通师范学校，曾聘任一些日籍教师和国内的知名学者前来任教。据博物苑第一任苑主任孙钺的儿子孙渠回忆："我父亲到博物苑工作是由两个人推荐的，一是通师监理江易园先生，二是在通师教理科（所谓理科，当时指包括各种自然科学的基本知识）的日籍教师木村先生。""木村先生教动植物学，我父亲很喜欢听他的课。他在课外教给我父亲做植物、昆虫标本和动物剥制标本的技术。"㉓孙钺所做的标本不仅丰富了苑藏，而且还送到巴拿马万国博览会和南洋劝业会上展出，并获得南洋劝业会一等金奖和巴拿马万国博览会的奖状。所以，我国最早的博物馆也凝结着中日两国人民的情谊，也是张謇学习西方文化走向世界的产物。

四　结束语

张謇所处的时代，是清王朝逐步走向衰落和帝国主义加紧侵略中国、阶级矛盾和民族矛盾极其尖锐的时代。当时的政府腐败，经济凋敝，经费拮据，危机四伏。在这样的时代背景和社会环境下，要能成就事业是极为不易的。然而，张謇却高举爱国主义的大旗，以一个开拓者的姿态，走上了实业救国、教育救国的道路。创办博物馆本是维新人士的主张，然而，将其付诸实践并获得成功的第一人却是张謇。由于他奉行的是"以实业与教育迭相为用"的"父教育、母实业"的思想，所以，当他在京师设立博物馆的建议未被清朝廷采纳时，就能利用自己的财力，在家乡创办南通博物苑。张謇设苑为教育的思想，是他教育救国思想的组成部分，是其爱国主义思想在文化教育上的体现。他的开拓意识和科学精神是永远值得我们学习的。

（原载《东南文化》2004 年第 4 期）

注 释

①⑮⑯⑲　吕济民《张謇开创博物馆理论与实践的重大意义》，《中国博物馆》1993 年第 3 期。

②⑧⑨⑩⑪⑳㉑　曹从坡、杨桐主编《张謇全集》第 4 卷，第 283、274、273、275、272、273、272 页，江苏古籍出版社，1994 年。

③⑭㉓　孙渠《南通博物苑回忆录》，《东南文化》1985 年第 1 辑，第 97、95、96 页。

④⑦⑫⑬　南通博物苑《南通博物苑文献集》，第 40、55、36、56 页，1985 年。

⑤⑥　中国史学会《戊戌变法（四）》，第 391 页。

⑰⑱　曹从坡、杨桐《张謇全集》第六卷，第 480、515 页，江苏古籍出版社，1994 年。

㉒　张謇《东游日记》，第 5、16、48、52 页，南通博物苑，1996 年。

由"走近昆虫"巡展谈博物馆走进社区

陆 琴

前不久，我们举办了《走近昆虫》的巡回展览，将展览送进了南通市区 10 多所学校及社区文化站等单位。这一活动受到广大师生、家长和社会的一致好评。在目前大多数博物馆普遍比较冷清的状况下，我们举办的展览为什么受欢迎呢？总结起来，我觉得有以下几个方面值得探讨。

首先是展览的内容。博物馆要实现其教育功能，主要是通过举办各种主题鲜明的展览来完成。如果博物馆只顾一年完成几个展览，而忽视了"以人为本"的原则，也很难体现其教育功能。也就是说，博物馆要办的展览，必须适应观众的需求；而要适应观众的需求，先期的社会调查尤其重要。根据这一思路，我们与教育部门联系，走访了多所学校，并与老师、学生及相关人员进行了多方面的座谈。通过座谈，我们了解到：小朋友们对自然界的生物很好奇，一般同学都对昆虫感兴趣。有些成年人认为虫子不过是好玩而已，而老师们反映，他们在讲授相关课程时，苦于找不到相关的标本、图片之类以配合教学，让学生能有一个直观的了解。这样，我们决定以中小学生为主要观众对象搞一个昆虫知识的展览，内容以趣味性、美观性为前提，系统介绍昆虫家族、昆虫的历史、昆虫与人类息息相关的客观性，介绍昆虫与现代科技的关系。为了激发人们对昆虫世界的兴趣，我们还准备一个栏目专门介绍从南通走出去的昆虫科学家，让人们了解研究昆虫也是一门很严肃的科学，以激励人们关注昆虫学这一生物学的重要分支课题。为了能尽可能地缩小展览与观众的距离，我们将展览名定为《走近昆虫》，让人们在名称上就能感到自己与昆虫并不遥远。正是有了这些前期的社会调查工作，这次展览的选题才有明确的针对性，才受到了广大师生和家长的欢迎。

其次是展览的形式。博物馆的阵地展览，固然有它场地好、设施全等优势，容易办出规模和气势。作为基本陈列，这是必需的。但它在组织观众方面却往往显得被动。如果观众不上门，再好的展览也难发挥其效应。反之，流动展出就能弥补这方面的缺憾。我们在调查中了解到，学校一般很不方便带学生出校门。一是现在的交通安全原因，学校不愿轻易带学生出门；二是限于学校的课程安排，学校一般以课时为单位，如带学生出校，至少要半天的时间，就必然要有调课之类的麻烦；三是经费问题，带学生出门，必定需要交通费、门票费等等，给学校增添收学生"额外费用"的压力。鉴于这些问题，学校老师们提出"能否将展览带到学校来"的要求。调查中我们还了解到：大多数观众对标本感兴趣，有趣味性、参与性的内容是展览的亮点。这样我们决定将展览内容制作成展板，再配以适量的标本，送展上门服务。从社会表示出的欢迎，我们深感这种形式的可取，因为流动展览灵活机动，适应性强，可以把展线伸向社区的各个角落。这次《走近昆虫》采取以展板结合标本巡回展出的方式，有明确针对性地把展览送到社区和学校之举，不仅使博物馆赢得了更多的观众，还使博物馆的展线得到大范围的延伸。

有了合理的内容和形式，优质的服务就显得更为重要。事实证明，服务质量的优劣在很大程度上决定着展出的效果。优质服务，其实就是"以人为本"理念的具体落实。这个服务最明显地体现在为观众提供热情的讲解上。

一个生动有趣的讲解往往起到事半功倍的效果，例如：当讲到害虫时，我们介绍蚕豆象的危害，及其造成的经济损失，同时也介绍它是由日寇带来的军马饲料中夹带过来的，以至于现在全国各地只要有蚕豆的地方就有蚕豆象的危害。在这过程当中，既作了科普宣传，又进行了爱国主义教育。再如，在讲到昆虫在仿生学中的作用时，介绍二战时期，苏联为了保卫克林姆林宫，生物学家通过对蝴蝶的观察，设计出迷彩，将主要建筑用迷彩打扮起来，使敌人找不到目标，保护了这一古老城市。可以明显地感到，观众对这种讲解表现出的浓厚兴趣。

我们发现，有讲解的情况下，一个学生要看 20～30 分钟，讲解员讲到哪，观众跟到哪；反之，看完展览只用 5 分钟左右的时间。由此可见讲解的必要。生动活泼有趣的讲解，既让同学们知道科学就在身边，环保就在身边，也使我们在工作过程中能力得到提高，业务水平有所增长。这其实是一举两得的事。

还有就是资金问题。博物馆的生存与事业的长足发展，必须有强大经济实力作为保障和后盾。而根据现阶段我国的国情，国家财政不可能以更多的投入来确保和大力发展博物馆事业，资金缺乏严重制约着博物馆事业的发展。一方面是事业资金严重短缺，另一方面是日益增长的社会文化需求。为了缓解这一矛盾，在争取国家财政支持的同时，只有发动社会各方面力量，广开渠道，多方募集资金来发展博物馆事业。我们在这一方面作了大胆的尝试。我们把前期社会调查中得到的展览受欢迎的情景和一个企业进行了洽谈，对方看到这么大的一个观众群非常感兴趣，愿意资助这个展览，只要求展板上标明企业资助的字样。与企业进行联合，利用企业资金走联合举办展览之路，既解决了我们举办《走近昆虫》展的经费问题，使得展览如期举行，又取得了良好的社会效益和一定的经济效益。与此同时，企业利用博物馆这一潜在的信息集散地和广告市场，也提高了自身的文化品位和知名度。

　　这种文化与企业的有机结合，除为商家提供了无限商机，也为博物馆事业的发展开辟了新路。这是因为在观众接受素质教育的同时，也让观众充分了解博物馆是进行素质教育的"第二课堂"，使他们成为博物馆的潜在观众。

　　展出期间，我们还对参观的师生、家长进行了抽样调查，积极捕捉信息。除去了解观众对本展览的反映，还就更广的内容和形式，以及人们的关注热点进行了调查。这些调查非常重要，它能使我们认清自己的社会角色，使以后工作的目标更为明确，也更能树立自身工作的信心。

　　举办这次巡回展览既为我们科普工作提供了经验，也了解到社区尤其是学校在素质教育上对博物馆的需求，为今后的展览计划积累了一些经验，同时也宣传了我们的博物馆，让社区民众成为博物馆观众变得可能。此外，这种巡回展览还锻炼了职工多方面的能力。从社区的联系到展板的搬运、场地的选择、布展、拆展等等，巡展人员既受到各种劳动的锻炼，也锻炼了解决各种问题的协调能力，这种全方位的锻炼，将使今后的工作受益良多。

　　总之，作为博物馆阵地展览的补充，选择合适内容、采用机动灵活的展览方式，不失为一条行之有效的路子。它既解决了博物馆发展空间问题，也为社区与博物馆之间架起了一道桥梁，让更多的人充分认识博物馆是社会教育的一个重要组成部分，有助于学校素质教育与博物馆教育的一体化。我们觉得，这一形式对博物馆自身发展也具有重要意义，因为社区中青少年学生是博物馆最主要和最基本的观众群体，适应了这一大群体的需要，博物馆的社会地位也就变得坚实牢固了。

（原载《博物苑》2002 年第 1 期）

历史教学中博物馆的作用

陈金屏

博物馆具有的实物性、直观性、广博性特点，正好契合了历史教学的科学性、过去性、具体性、连续性等特征。北京市"历史学习研究与教学对策"课题组的调查结果表明，学生更喜欢活动性较强、参与程度较高的教学方式，对于八种教学方式的选择，"配合教学到博物馆或遗址考察"列首位，占 69.4%。本文拟就博物馆在中学历史教学中的应用价值作些探讨。

一　博物馆教育及活动可激发学生学习历史的兴趣

兴趣是一种对智力活动有重要影响的非智力因素，是人力求认识、探究某种事物或从事某种活动的心理倾向。对于青少年学生来说，兴趣则是引导他们自觉学习的动力。博物馆教育融科学性、知识性、趣味性于一体，藉此可激发学生对历史知识的爱好。

历史是发生在过去的事情，不能再现和重演，但博物馆的实物史料让学生跨越了时空的限制，为他们间接观察、再造想像创造了条件。如文物陈列中常出现的钵、鬲、簋、卣、瓿、觚等等不再是书本上晦涩难认的文字，而是一件件淳朴天真的远古陶器、纹饰瑰丽的青铜器；历史事件不只是时间、地点、人物的罗列，它们往往由一件或一组实物来反映；历史人物的遗物也许会告诉他们一则则动人的历史故事；古代的科技仪器令他们惊奇、震撼；精美的工艺美术品使他们赞叹不已。博物馆的文物藏品比之任何文字资料和图片更能满足学生好奇的天性，更能促进他们的思维发展。对于具备一定历史知识的同学而言，参观陈列展览已不止于对文物的欣赏，他们由此会触发思想的火花，当一个个的"为什么"在脑中显现的时候，学生们原始的好奇心逐渐转化为个体内在的求知欲。

根据学生的心理特点，还可充分运用兴趣的迁移来激发求知欲。所谓学习兴趣迁移，是指把对其他活动的兴趣迁移到学习上来。如组织学生参加历史、文博知识竞赛，开展文物集藏、欣赏等活动，举办考古、访古夏令营，让学生在新颖活泼的学习形式中开阔视野、拓展思路，并形成对历史学科的浓厚兴趣与爱好。

二　博物馆的文物藏品是补充、完善历史课堂教学的丰富素材

直观教学是课堂教学中必须遵循的一条重要原则。对于青少年学生来说，他们知识信息储存微薄，理解能力有限，不能很快认识事物内部的本质联系和接受抽象知识，必须依据直观形象的支持来逐步获得知识。直观教学则适应了学生思维从具体到抽象，从感性到理性的发展规律。博物馆的特征就是能够提供那些当时当地博物馆以外稀有或完全没有的物品，从直接感性上来认识的条件。

在课堂教学中讲述原始人群至氏族公社这一历史阶段时，其中有较多是教师难以处理、学生难以掌握的重点、难点知识。博物馆对这一时期的表现则有其独到之处，即以大量的实物藏品运用复原、景观的表现形式再现历史情景。如果学生来到北京周口店猿人展览馆、西安半坡遗址博物馆、河姆渡遗址博物馆、广西柳州白莲洞洞穴博物馆，这里的复原陈列再现了原始人类生存、生产的环境；基本陈列则系统地表现了原始社会从人类出现到氏族社会的产生、发展、繁荣和解体的历史进程。通过考察实地，进行"情境教学"，学生们将获得更为形象生动、具体全面的知识。针对类似的问题，我们还可邀请专业人士为学生们讲授一些文博、考古的基础知识，来帮助学生理解、吸收重点、难点知识。

教材因篇幅所限，只能高度概括、疏于描写，因而在课堂教学中利用博物馆藏品以增强讲学效果是非常必要的。如中国现代史中讲到"大跃进"运动，对于学生来说是难以想像与置信的。在南通博物苑收藏有一件原南通县骑岸镇新华人民公社于1958年12月编绘的《骑岸诗画选》，其序言写到："在一天等于一个世纪的时代里，人们以冲天的干劲，大闹土地革命，创造出亘古未有的奇迹……"诗内容如"骑岸稻秸比天高，粒粒稻子胜珠宝，王母一见好惊奇，偷粒稻子当活宝"，"稀奇稀奇真稀奇，社里产的大母鸡，生的蛋蛋大无比，急得地球直叹气"等等。这一首首犹如神话般的打油诗正是当时浮夸风气的真实写照，若以此补充课堂教学，那会事半功倍。

三　博物馆的文物藏品有助于学生立体地审视历史，全面地掌握历史知识

历史学科属于综合性学科，它的内部包含着政治、经济、文化、思想、科技等专题

史，如何让学生深入把握历史知识内容之间的隐性联系，正确认识历史事件本质及其发展规律显得尤为重要。

博物馆的文物藏品具有历史、科学、艺术价值，是体现社会物质文明、精神文明发展的见证物，它们蕴涵着大量、丰富的知识信息。如扬州博物馆藏有一面当地出土的唐代八角菱花铜镜，主题纹饰表现的是唐人在进行马球比赛的情景，它为我国体育史研究提供了实物史料，也为学生了解唐人的生活提供了想像的真实素材。不仅于此，它还包含着多方面的知识信息，学生可通过教师或讲解人员的引导，结合实物融会贯通地掌握课本上的知识：此镜做工精巧别致，藏于地下千年，而出土时包浆色泽光亮如新，体现了唐代高超的制镜技术，说明当时金属铸造技术有了显著的进步，由此可联想到唐代手工业发展的知识要点；如此珍贵精美的铜镜出土于扬州并不偶然，当时扬州是以为皇室供奉铜镜而闻名的铸镜中心，与此相关联，学生还了解到，扬州地处要冲，商业发达，经济、文化非常繁荣，是唐朝重要的城市之一。铜镜上的打马球运动源于波斯，传入中国后，至唐代成为朝野青睐的体育项目，当时的艺人亦以此为艺术创作的题材，说明外来文化已融入唐人的生活，体现了唐人以海纳百川的气魄兼收并蓄外来文化的优秀传统，以此可引导学生全面地认识唐朝中外经济文化交流的问题，即唐朝以其强盛的国力、繁荣的经济文化对周边国家的发展产生了重大的影响，同时，与其他国家的交往亦拓展了唐人的视野，丰富了唐人的生活，外来的经济文化对唐朝的进一步繁荣发展也起到了促进作用。

博物馆的每一类藏品均具有自身发展的历史一贯性，但又无不积淀了社会与时代的内涵。如积淀了中国传统文化的中国绘画，其画理无不以儒、道、佛之风作为深厚的哲学基础，其笔墨情趣的追求、诗书画印的融合亦透现着人格精神与时代精神。被冠以"山川之精英，人文之精美"的玉器，自新石器时代绵延七千年，已深深地融合在中国传统文化与礼俗中，不同时期的作品亦打上与之对应的政治的、宗教的、道德的、价值的烙印；在历史长河中遗存最多，与人们日常生活休戚相关的各类古钱币，它们直接参与了中国几千年的社会经济活动，政权更迭、国力强弱、经济盛衰在它的形制风格、铸造工艺、材质重量等方面都有最直接的反映；如此还有青铜、陶瓷、织绣、法书碑帖、石雕篆刻等等。每件文物都可从几个不同侧面来反馈历史信息，而每一类文物亦蕴藏着多条与之相关的专题历史发展的线索，通过对它们的学习与分析，将有助于学生从多方面立体地审视历史，并在多学科知识的相互作用、相互渗透中掌握较全面的历史知识。

四　博物馆是培养、发展学生历史思维能力和创造思维能力的知识源泉

所谓"历史思维能力"，就是运用辩证唯物主义和历史唯物主义的基本观点，分析

历史、总结历史，并能以史鉴今，思考和解决社会现实问题的能力。"创造思维能力"则是一种良好的思维品质特征，它的活动方式不仅善于求同，更善于求异，它能使人不仅掌握新知识新概念，更能运用它们去改造旧知识旧概念。因而，学生智能的培养成为历史教育改革中最重要的命题，这点在近年来的历史高考命题中也有所体现：如一些材料分析题，它需要考生全方位、多角度、立体式地审视历史和客观地评价历史。但课堂教学的局限性、教材的相对稳定性，往往使学生的思维束缚于某些思维定势或教材的单一导向，得出与正确答案逆反的判断。因而，我们在教学中除了加强基础，发掘内涵外，更可引导学生从博物馆中汲取知识和智慧，拓宽知识外延，运用文物考古、藏品研究的新成果、新知识，来观察、思考、解析问题。

如谈到"为什么在古代长期居于世界领先地位的科学技术，到了近代却远远落后于西方列强"这个问题，故宫博物院珍藏的 2000 多件至今尚未面世的清宫西洋科技仪器也许能为学生拓展思路。这些仪器涉及天文、地理、物理、机械钟表、医学等六大门类，有些是直接从国外传入，有些是外国传教士在中国制作，有些是清宫造办处自制。它们的出现，一方面是处于西学东渐的历史背景之下，另一方面也是适应了清廷在政治、外交、国防方面的现实需要。但这些科技仪器有的只在有限的范围内作一些实验，有的在完成了现实使命后即束之高阁，最终都作为宫廷礼器列入《皇朝礼器图式》、《大清会典》，成为一种文化或等级的象征。从这一史实中，学生可感受到我国古代科技发展中所受的封建观念的束缚和封建统治者的压制，对于上述问题也就会有正确的认识。对于"为什么四大发明在中国本土未被合理利用，未能像传入欧洲那样取得巨大的革命性的作用"、"为什么中国古代先进科技未能充分发挥其推动社会进步的作用"这类问题，学生就不会束缚于对我国古代科技单纯的自豪式的思维模式，而会从社会环境的角度作深刻的反思。通过类似具有典型意义的思辨训练，学生将"个"的知识综合、概括成带有普遍性、规律性的"类"的知识，再以此迁移到个案的分析、解决中。在不断的分析和综合中，学生的思维能力将得到锻炼与发展。

（原载《济宁师范专科学校学报》2002 年第 6 期）

多举办富有特色的陈列展览
充分发挥博物馆的社会教育作用

徐 晖

近几年来，国内博物馆事业发展很快，从中央到省、市、县的各类博物馆中，有一大批都相继举办了许多各具特色的陈列展览，大力传播历史和科学文化知识，起了显著的社会教育作用，为提高全民族科学文化水平，为我国社会主义物质文明和精神文明建设做出了贡献。同时要看到，目前无论从纵向和横向比较，仍有少数馆显得因循守旧。其陈列展览单调、平淡，群众参观一遍就对之淡漠。封闭、保守观念阻碍着他们发挥应有的社会效益。

不可否认，某些博物馆的比较完整而又系统的历史陈列是不能少的。这在一些比较大型的博物馆，如国家级的中国历史博物馆、中国革命博物馆、中国人民革命军事博物馆和相当数量具备条件的省级博物馆及少数中等城市博物馆，都有必要这样做。一些专业性博物馆，如自贡盐业历史博物馆、苏州戏曲博物馆等，也因其条件相当亦可如此。他们以中国历史、中国革命斗争史或科技、艺术发展史为主线，用大量的历史文物、图表、绘画和模型，依托大型的展厅或较多的展室，系统地、大规模地展现各历史时期的发展变化和革命斗争的种种情况，向人民群众进行辩证唯物主义和历史唯物主义、爱国主义、共产主义和革命英雄主义教育，是深受欢迎的。即使是这一类博物馆，值此改革年代，也没有局限于旧有的陈列展览模式，多数也在不断地充实、调整其基本陈列，使之继续独具特色的同时，还积极主动地从事于创新的尝试和探索，在向着举办较多的专题性、多样化的陈列展览方向发展。如中国革命博物馆近几年除举办"中共党史陈列"外，还陆续举办了"旧民主主义革命史陈列"、"三中全会以来的伟大成就展览"、"纪念抗日战争和世界反法西斯战争胜利四十周年"、"李大钊诞辰九十周年纪念展览"、"祖国在我心中——云南、广西边防部队英模事迹展览"等；陕西省博物馆仅1986年一年时间，除其基本陈列外，又举办了"陕西民间工艺棉絮画'百虎图'展览"、"明清书法、碑帖、拓片展览"等9个专题性临时展览。吸引了大批观众、游客和专家、学者，前往参观、学习和研究。相反，有的省级博物馆至今基本上还是多年来旧有的系统化的历史陈列，从内容到形式几乎无大的改动，因此虽有宽大堂皇的展厅，也不吸引人，日常观览者寥寥无几。

至于中小城市的和中小型的博物馆，我觉得一般不宜举办完整而又系统的历史陈列，不适合将此种陈列作为自己的基本陈列；而宜将基本陈列举办得富有当地特色，并在此基础上多举办一些专题性的灵活多样的陈列。因为，他们一般都不具备相应的举办完整而又系统的历史陈列的条件。首先，馆藏文物有限。其次，可供展览的空间有限。

不过，说中小城市的和中小型的博物馆一般不宜那样做，也非绝对不可。像苏州博物馆就举办了比较完整而又系统的"苏州历史陈列"。该馆自远古时代苏州地貌的形成，苏州原始人群的遗踪，至春秋吴国在苏州地域的崛起，秦末项羽起义于吴中（苏州吴县），以迄两汉六朝苏州开始繁荣，隋唐五代苏州商市之发达，宋元时期苏州成为繁荣的平江府，明清苏州经济文化的再显繁荣等。整个陈列详实、丰满，文物实物与图文资料并茂，将苏州历史演变生动而又具体地展示了出来。大量的展品表明，该馆收藏的历代文物确实比较丰富；而沿历史长河作的多层次多侧面的展出，又表明该馆确有较多的展室可供使用，否则是难能举办的。更可贵的是，整个历史陈列具有浓郁的乡土气息，它突出的是苏州当地的历史变化，而不是在一个中等城市搞全国范围从古到今的历史陈列。这是一般中小城市的和中小型的博物馆比之不及的。就是这样，该馆也还在基本陈列的基础上举办了其他专题性的临时展览。笔者去年5月就看见举办了"太平天国苏福省文物史料陈列"和陆仰非、沈雪生、徐汉章等六人的联合画展。

一般说来，中小城市的和中小型的博物馆普遍具有使其基本陈列富有当地特色的种种优越条件，而且一般都具备举办一些专题性的灵活多样的临时展览的可能性。其一，馆藏文物常可提供。其基本陈列若是以突出当地特色为主，若是进一步举办某些专题性的藏品展览，他们一般都不乏藏品，足可围绕基本陈列和各类专题将多方面的文物展出，多侧面地揭示基本陈列和各类专题的主题思想，使陈列展览的宣传教育思想得以充分发挥。其二，不易受到展室的限制。由于陈列展览地方特色浓厚，并且专题化、小型化了，规模都不很大，因而所占的空间都较小。这是许多中小城市的和中小型的博物馆都能办到的。其三，也满足了人民群众的日益增长的文化需要。目前国内外旅游者，对博物馆的兴趣方兴未艾。他们到各地，特别是到各开放城市后，许多人很快就有参观当地博物馆的要求，无不向往能看一些地方特色显著的展览。那种空泛、单一、古板、陈旧的陈列并不受青睐。

正因为这样，近几年随着党的改革、开放、搞活方针的实行，各地中小型的博物馆，突破陈旧的展出模式，在展示一定的富有当地特色的基本陈列的前提下，争相向专题性的灵活多样的方向发展。其中，在祖国西南部的四川大学博物馆（前华西大学博物

馆）是很有起色的。该馆 1984 年拆除旧有的陈列，在原有的展览陈列阵地，分别举办
了"民俗文物陈列"、"民族文物陈列"、"藏族艺术陈列"、"古代书画陈列"、"石刻艺术
陈列"等多专题的小型陈列。加上他们同省、市旅游部门挂钩，并通过报刊和电台、电
视台等扩大宣传，因此格外具有吸引力。笔者去年 4 月去该馆时，曾亲见斯里兰卡、日
本等国的一批批游客也纷纷前往参观。

　　从当前看，因循守旧、保守观念确需更新，富有特色的基本陈列和专题性灵活多样
的临时展览势在必行，其特点和长处日趋明显地展示在人们面前。除前已述及的富有特
色的基本陈列和专题陈列展览的内容都很丰富和充实外，就是陈列设计的形式，通常也
显得更加新颖、活泼，更引人注目，陈列设计师的匠心较能充分发挥，其艺术构思即使
在比较有限的空间，也可得到实施，因而可使许多专题陈列别具一格，令观众耳目一
新。四川大学博物馆的民俗文物陈列，不过一二百平方米，属于小型展览，但观众进室
后却很难一览无余，走进展厅，首先映入眼帘的竟是一个古色古香、斑斓夺目的四川四
合院建筑。这不仅使民俗生活的气氛骤增，而且促使人们跨进门后迫不及待地环顾四合
院周围的民俗物品陈列，并催人由西转北向东，渴望能尽快绕进四合院一饱眼福。进院
所见又果然不同凡响，东西两侧分别出现的是民间皮影戏及围绕茶座观看的实况造型，
和清末民初精巧玲珑的花轿陈列等，莫不雅趣横生，赏心悦目。这样创新的陈列怎能不
招引群众前往一观！

　　此外，专题性小型的陈列展览更新起来快，所以在展览一段时间后，当观众兴趣发
生变化和需要作专题更新时，拆除和更新都比较容易和迅速，可以在短时间内以少量的
经费、物资和人力除旧布新。由此显示了特有的机动灵活性。这也是它日趋受到国内博
物馆界重视的一个原因。

　　更为深远的意义是：专题性的小型多样的陈列展览举办得越多，就越能够促进专题
性的文物、资料的搜集工作和科学研究工作的开展；促进陈列设计因专题展览的不断更
新而随之更新和创新；对外的群众组织工作和宣传教育工作也将随之而更加活跃；讲解
工作也将有更多的机会开展等等。因此，从总体上说，专题性的小型展览将大大促进博
物馆各方面人才的锻炼成长，也必将使博物馆专业技术水平进一步提高。

（原载《博物馆研究》1989 年第 1 期）

论南通博物苑的保护和建设

许振国

一 中国第一座博物馆

博物馆的产生和发展，是和社会发展的需要以及教育、科学、文化的进步密切相联的。

我国是一个历史悠久的文明古国，保存有极其丰富的珍贵的文化遗产。我们的祖先，就注意珍藏文物。在安阳殷墟，发现了殷人收藏典册的府库。《史记》也有关于孔子"故所居堂弟子内，后世因庙藏孔子衣冠琴车书"的记载。进入封建社会，历朝的宫室、祖庙和府库里，地下陵墓里，都藏有许多奇珍异宝。各地的仕宦豪绅也好藏古玩。经过收藏家和鉴赏家的搜集、研究，我国传世和出土的文物，为博物馆的诞生，奠定了物质基础。

到了19世纪90年代以后，封建清王朝更趋没落、腐败，帝国主义列强加紧了对我国的侵略掠夺，民族危机日益加重。而帝国主义的侵略和封建主义的压迫，又严重阻碍中国资本主义的发展。在这种情况下，一些资产阶级改良派人物，从救亡图存和发展资本主义的要求出发，提出学习西方、实行"新政"的主张，并成为一股新的社会思潮。作为民族资产阶级上层的代表人物、著名的资产阶级改良派张謇，则身体力行，热衷于办实业和文化教育事业。

张謇是清末甲午科状元。面对列强宰割瓜分、民族危机日益严重的局势，不再安于翰林院修撰的官职，提出了"欲国之强，当先教育"，"欲兴教育，先兴实业"。张謇历尽艰辛，先后在家乡南通创办了大生纱厂、通海垦牧公司、资生铁冶厂、广生油厂、大达外江轮步公司等20多个企业。他用企业的盈利，开办纺织、医学、农业、师范等专门学校，培养人才。1903年，张謇东渡日本，实地考察了实业和教育，仔细参观和研究了博览馆，决心"参用其法"。1905年，他在《上南皮相国请京师建设帝室博览馆议》和《上学部请设博览馆议》中，建议清政府建立博览馆，并主张"京师此馆成立以后，可渐推行于各行省，而府而州而县必相继起。庶使莘莘学子，得有所观摩研究以辅益于学校"。对博物馆文物标本的搜集、保管、陈列等方面，张謇都有具体的见解和设计。

由于张謇这些建议都被清政府束之高阁，于是他便把创建博物馆事业的理论和规划，首先在南通实施，创建了中国第一座博物馆——南通博物苑。1905年开始建设，1906年建中馆、南馆，1911年建北馆，1912年建办公楼。1914年建濠南别业。在这期间，他还着力于征集文物，种植花木，饲养动物，堆砌假山和布置陈列。文物标本分为自然、历史、美术三个部分。

南通博物苑的建立，在中国博物馆发展史上具有开拓性的意义。筹建伊始，张謇就吸收了外国办博物馆的先进经验，以比较科学的办馆理论作指导，并注意在实践中不断完善，使南通博物苑从一开始就具有较强的生命力，虽然经过80多年的离合演变，几经创伤，但终于保存了下来。1956年，文化部副部长郑振铎在全国博物馆工作会议上指出："中国博物馆事业的历史并不太久，第一个公共博物馆，除了帝国主义者们在沿海地区所办的几个之外，要算是张謇他们办的南通博物苑了。"今天我国博物馆发展到五百多所，已成为我国教育、科学、文化事业的重要组成部分，人们对中国博物馆事业的奠基者——张謇倡办的南通博物苑也就格外珍视。1982年，南通博物苑被江苏省政府定为省级文物保护单位；1988年，被国务院公布为全国重点文物保护单位。

二　博物苑的恢复和保护

和任何事物的发展过程一样，南通博物苑也走过一条坎坷曲折的路。张謇从他对博物馆的认识和办馆思想出发，一开始就把南通博物苑办成了综合性的博物馆，融自然科学、社会科学于一体。这对封建士大夫出身的张謇来说，不论是认识论还是方法论，都是非同小可的进步。

南通博物苑初建时，占地"三十五亩有奇"，在选址和布局上，张謇是经过一番周密考虑的。苑址选在南通师范的西边，隔河相望，且位于东南濠河之畔，"便于交通，便于开拓"。博物苑中馆、南馆、北馆用于陈列历史文物和自然标本，在各馆之间，栽种花木，点缀竹石，并建亭阁水榭和小型动物园。南通博物苑是集自然博物馆、历史博物馆、艺术博物馆之大成的、汇园林和教科文于一体的园林化的综合性博物苑。

1950年，博物苑在得到修建的同时，被分解成两个单位：南通博物馆和人民公园。苑内园林部分归人民公园。1984年，博物苑的名称得到恢复，但"分裂割据"的状况至今仍未妥善解决。

该怎样保护好全国重点文物保护单位南通博物苑呢？文物保护法规定，文物保护单位"必须遵守不改变文物原状的原则"。博物苑既受国家重点保护，更应该遵循这条原则。为此，我们认为：

（一）博物苑应该切实地得到恢复，公园归还博物苑，园林管理机构迁至新建的文峰公园。这样，博物苑内园林的设施和功能，不但不会消失，而会在更好的层次上增加它的文化教育内涵，满足人们精神生活的需要。恢复博物苑，不仅为了解决南通市的一个局部问题，而且涉及如何体现和执行受法律保护的全国重点文物保护单位的保护问题。因此希望有关主管部门果断地做出决策，采取切实有效的措施，恢复博物苑的历史风貌。

（二）整理、研究、保护博物苑早期的文物标本、文献资料，保护好苑内建筑物。文物、标本是博物馆开展工作的基础。张謇对文物的分类和保管深有研究。1914 年，博物苑编印、张謇作序的《南通博物苑品目》，是一部藏品分类总目，计收文物二千九百余件。经过长期的战祸动乱，《品目》记载的文物已散失不少，对尚存留的早期文物标本，应加以整理、研究，妥善保管，单独造册。博物苑 1908 年印发的征集启事，1912 年制订的《博物苑观览简章》和 1914 年编印的《南通博物苑品目》，都是珍贵的文献资料，同样要妥善保存。博物苑的早期建筑，也要维护原貌，防止损坏。

（三）树立全国重点文物保护单位标志牌。标牌说明内容应包括保护级别、保护单位名称、公布机关、公布日期以及设立机关。字体一律用仿宋字体（单位名称可用楷书或隶书）。标志牌要坚固耐久，美观醒目。

（四）划定博物苑的保护范围及其周围的建设控制地带。根据实际需要，保护范围应北起濠南路，南至启秀路，东起濠河，西至濠南别业；建设控制地带，应包括邻近的图书馆、卫校。如在这个地带内修建新建筑，应以不破坏博物苑的环境风貌为原则。

（五）建立博物苑保护工作的记录档案。档案中应有博物苑的历史及现状的资料和重要的保护措施，既要有文字资料，又要有测绘照片资料。记录资料应准确、完整、科学。

（六）明确博物苑的保护责任人。全国重点文物保护单位，国务院委托当地人民政府负责保护，因此，从文物行政主管部门到博物苑都要有专人负责保护，定期检查、落实保护措施。

（七）切实加强以防火、防盗为重点的安全防范工作。根据《博物馆安全管理规定》，应按工作人员 10％的比例配备专职保卫人员，日夜值班，要健全保卫制度。报警、消防设备要定期检查，保证完好无缺。每个工作人员都要树立"保护第一，安全第一"的思想。负责安全工作的领导要勤于检查督促。

（八）举办苑史陈列，作为全苑基本陈列之一。张謇创办博物苑的理论与实践，博物苑的创建与发展，都可以在苑史上得到反映，这对探讨中国博物馆事业的发生与发展，对扩大社会宣传，使广大群众了解和关心博物苑，进而主动保护博物苑，都有积极的意义。

三　博物苑的建设与发展

20世纪80年代以来，我国的博物馆事业，随着改革和开放的步伐，跨入了一个新的历史时期。博物馆在物质文明和精神文明建设中的地位受到重视，在教育、科学、文化、旅游中的作用得到发挥。对作为中国第一座博物馆的南通博物苑，我们不能光是夸耀它过去的历史，而是要考虑它的建设和发展，研究如何才能适应时代的要求，更好地发挥社会效益和经济效益。

南通博物苑有自己的优势。它是中国第一个博物馆，全国重点文物保护单位。它有张謇创办近代博物馆的理论、实践和创业精神，有令人羡慕的园林化的环境以及一定数量的文物标本，有较完整的规章制度，还有甘愿为博物苑贡献才华的专业人员。

毋庸讳言，南通博物苑也存在不少亟待解决的问题（当然，造成问题的原因是多方面的，这不属于本文论述的范围），主要表现在管理体制和工作效益上。另外，恢复博物苑还没有真正实现。

博物苑的建设与发展，必须从它的性质和任务出发，发扬自身的优势，改革旧的管理体制，提高工作效益，争取有一个大的发展。

博物馆是"文物和标本的收藏机构，宣传教育机构和科学研究机构，是我国社会主义科学文化事业的重要组成部分"。"博物馆通过搜集收藏文物、标本，进行科学研究，举办陈列展览，传播历史和科学文化知识。"博物馆的性能，决定了它的建设和发展的方向。

（一）必须改革旧的管理体制，建立新的科学的管理体制。旧体制是一种僵化的模式，单纯用行政方式进行管理，忽视了科学文化事业单位建设发展的内部规律和活力机制，分配方式仍然是大锅饭、铁饭碗，干好干坏一个样，人的积极性得不到发挥。文化体制的改革，落后于教育、科学等部门，更落后于经济部门。时至今日，已到了非改不可的地步了。

要建立新的科学的管理体制，当然要通过实践才能逐步取得经验，但目前可先借鉴其他部门成功的改革经验，如更新观念，减政放权，优化组合，实行聘任，合理竞争，优胜劣汰，以及承包责任制等等。

（二）要努力提高工作效益，包括社会效益和经济效益。工作效益的高低是衡量博物馆水平的主要标志之一。要提高博物苑工作的社会效益和经济效益，我认为必须从下面四个方面着手：

1．提高人员素质，配备必要的高、中、初级专业技术人员。博物苑专业人员，从整体上看显得不足，文化素养和专业水平也不够，因此，要下大力气抓业务人员的队伍建设。对专业人员，一要引进，二要培养。为了保证人员素质，要明确规定今后增加业务人员，必须从大学毕业生中挑选。对社会上确有才能，又适合做博物馆工作的需经过考核、试用和招聘。

2．合理设置苑内机构。机构设置既要体现科学分工又要相互协作。恢复博物苑后，可按学科一体化设历史部（含征集、保管、陈列、群工）、园艺经营部（含园林设施、商业服务）。行政工作归办公室，管辖人、财、物、安全等项工作。

3．面向科研、面向教育。科技和教育是经济发展、社会进步的决定性因素，也是现代化建设的支柱。博物馆具备科研和教育的功能，应该通过陈列、讲座、学术交流等各种活动为科研服务，为教育服务。也可以直接和科研单位、学校挂钩，开展科研和教学工作。

4．开展多种活动，提高博物苑的利用率。博物苑的工作，既要符合科学文化工作的规律，又要不违背价值规律。要在提高对藏品的研究、保护水平、举办高质量的陈列展览的前提下，通过开展多种活动，提高博物苑的利用率。这样既能发挥社会作用，又能增加经济收入。

（三）统筹规划，稳步前进。博物苑要尽快新建一座现代化的文物库房。现在库房为砖木结构，已有近 80 年的历史，陈旧破损，加上紧靠马路，很不安全。新库房选址要以不影响整体布局和有利于防火、防震、防盗、防潮为原则。新库房建成后，现库房可辟为陈列室。

博物苑濠南别业的环境风貌，因乱拆乱建遭到严重破坏，根据保护要求，应拆除破坏环境的后建房舍，整修具有历史价值的原有建筑，恢复园林设施，经过整修后的濠南别业要对外开放。

博物苑各陈列馆要把具有传统文化特色、地方特色的陈列内容和现代化审美意识结合起来；园林化设施和自然生态保护结合起来，吸引更多的观众参观游览。

开辟电教厅。利用现代化的电教手段，如电影、电视录像等，传授文物、标本和其他科普知识，并可作为讲座、学术交流的活动场所。

博物苑的建设和发展，是在保护工作的前提下进行的，同时又可以促进保护工作。博物苑在原有基础上进一步发展，是建苑 80 多年来的必然趋势，也是社会主义物质文明和精神文明建设的需要。我们应该以巨大的热情和创造精神，努力奋斗，使南通博物苑走在全国博物馆事业发展的前列。

（此文为江苏省博物馆学会 1989 年学术讨论会论文）

园林化建设是文博事业发展的新亮点

周克强

南通博物苑建于 1905 年，是由中国近代实业家张謇先生创办的全国第一所博物馆。之后，全国各地纷纷创建起反映当地历史、文化底蕴的各种博物馆，如历史博物馆、书画博物馆、陶瓷博物馆等，都是以实物的形式反映当地文化历史和发展历程，具有明显的社会教育作用。但是，博物馆是一个相对严肃的知识场所，并不是所有的人都能心无芥蒂地进出。另外，博物馆的展品大都是静态的，容易使人感到疲倦。在这种情况下，博物馆周围的园林景观布置，就会产生很好的调节作用，增强吸引人、感化人的好效果。

当年，张謇先生创办南通博物苑是作为南通师范的植物园部分，目的是作为辅助学校教育的场所，让学生在这里能看到许多动物、植物，以弥补书本知识的不足。他在园中种植了许多不同科属的植物，很多是从全国各地引进的稀有品种，如琼花、黄金碧玉竹、美国山核桃等等。此外，还在苑内养殖了许多珍禽鸟兽，久而久之，形成了一个独特的园林景观。解放后，在政府的关怀和指导下，博物苑的园林部分拓展为功能齐全、风景优美的公园即人民公园。1999 年底，为了适应改革开放的需要，为了扩大南通知名度，人民公园并入博物苑。博物苑有了绿地，使沉默了多年的园林化博物馆的风格，得以重新融合发展。对于一个客流量不大的中小型博物馆，本地市民重复参观博物馆的比率有限，而游览公园则不同，因此二者的合并，互为刺激了双方的发展，博物苑因园林起到了吸引观众和留住观众的作用，园林因博物苑的陈列而提高了文化品位。但各有侧重。园林是以景点布置、美化环境为主，而博物馆以展厅陈列为主，各具特色，相互补充，相得益彰。

博物馆主要景点是博物馆的建筑，不同时代有不同的建筑风格。好的博物馆已成为一个城市文化的象征。我国的博物馆建筑，从一开始便踏进了园林化建筑的行列，这是张謇先生百年前创办的博物馆，百年后依然辉煌的原因。

园林建筑式的博物馆的园林，一般都以开阔的草坪、灌木以及四季草花为主。当人们在参观陈列时，面对大段的讲解和价值连城的古董，耳朵要听，眼睛要看，时间长了，心情紧张，视力疲劳。而此时，只需透过落地花窗看一眼，或步入庭院走一走，满眼的绿色，鸟语花香，立时，心旷神怡，得以放松心情。再次步入展厅，备感精神。这样劳逸结合的参观方式，自然会让人们对展厅的内容记忆犹新，印象深刻。可见，园林景观不仅为博物馆留住了观众，而且园林景观的创意还使展厅的展示效果得到了升华。

在园林式的博物馆建设中，园林的创意要求很高。景点创作更是园林绿化的关键。一个个赏心悦目的景点，一丛丛盛开的鲜花，以及山与水的完美结合，如诗如画的美境，充满了温馨、快意。园林化建设如能再突出各个景点的主题，如分别以一些地方历史名人，南通如张謇、白雅雨、邹韬奋等，建塑像、立碑文，加上图片展示，每个亭台楼阁、小桥都有优雅的名号，与展厅融为一体，一定别有雅趣。在城市绿化日益发展的今天，博物苑的园林建设应有其独特的品位，方能吸引观众。因此，全面地、更新更高地发展园林化文博，使一件件价值连城的珍贵展品赋予新的生命，吸引越来越多的市民来博物苑参观，就成为一个新的亮点。

园林化的建设既关乎文博事业的发展，又牵着人类文明的进步，折射出文化旅游城市的新水平，理应成为文博事业发展的新亮点。

（原载《博物苑》2002 年第 1 期）

抚今追昔探求真知　与时俱进走向未来

——南通博物苑苑刊创刊随想

周德芝

一

创办于 1905 年的南通博物苑，是中国最早的博物馆。博物苑近百年的曲折历程，是中国博物馆事业的一个缩影。博物苑有过创业的辉煌，而在抗日战争、解放战争时期，也曾遭受过严重毁坏。解放后，人民政府和历任博物苑领导为博物苑的恢复和建设，文物的保护、征集和研究以及自然标本的制作做出了巨大的努力，有效地保护了主要文物建筑、苑藏品和部分园林景观。世纪之交，特别是进入新世纪以来，南通市委、市人大、市政府、市政协、市宣传和文化主管部门领导，认真实践"三个代表"的重要思想，致力于区域经济和社会的发展，着力打造博物馆文化品牌所表现的认识和决心，所出台的决策和举措，令博物苑人感奋不已。

继 1999 年底原人民公园成建制并入博物苑之后，2001 年 6 月开始实施的濠南路改造工程，推进了苑保护利用规划的实施进程，打开了博物苑的门面，绽放出初始的美丽。同年 10 月，通过逐级上报，张謇墓园作为南通博物苑的归入项目，被国务院公布为第五批全国重点文物保护单位，增强了苑园的复合效应。今年初，市政府决定建设南通博物苑新世纪陈列馆，并列入建设江苏文化大省重点项目上报国家计委和国家精神文明委；4 月，国家文物局直接函复南通博物苑，批准并决定支持百年苑庆筹备工作计划；6 月，市规划部门决定将南通图书馆、原市卫生学校所在地划为博物苑规划预留地，显著扩大了南通博物苑的发展范围和空间；为改善博物苑的收藏和展示条件，满足人民群众日益增长的文化需求，适应文化大市建设的需要，市委、市政府决定建设南通博物苑新展馆。现在，反映南通人民继承和发展博物馆事业的标志性建筑——南通博物苑新展馆及总体规划，在前期工作的基础上，正由国家顶级规划大师、两院院士、清华大学吴良镛教授亲自主持设计。环境整治工作扎实推进，一批文物建筑和园林设施景观得到进一步的修缮和利用，张謇故居濠南别业的室内恢复基本完成，修缮一新、设施配套的北馆成为靓丽的展览阵地和展示窗口。

二

为了以事业建设的新成就，迎接党的十六大的召开，迎接 2005 年中国博物馆事业的百年庆典和南通博物苑百年苑庆的到来，博物苑的同志按照国家和省市文化、文物主管部门的要求，顺应文化事业单位改革的形势，坚持思想和观念的更新，促进环境和硬件的出新，实现体制和机制的创新；坚持规划、建设、管理并重，队伍建设、业务建设和环境建设同步推进。今年上半年，在实行苑中层干部竞聘上岗、人员配置双向选择的同时，建立了苑学术研究委员会并富有成效地开展了工作。经过较长时间的认真酝酿和积极筹备，苑刊《博物苑》和赵鹏同志的苑史新作《漫步博物苑》赶在建国五十三周年前夕出版，是苑业务建设又一个新的成果。

然而不能不看到，南通博物苑的理论研究和对外宣传工作仍是一个薄弱环节。除了业内人士外，社会上还不太了解南通博物苑，南通博物苑的同志对外部也了解不够。这就需要扩大宣传，宣传则需要手段、需要载体。不仅要有图文并茂、赏心悦目的简介和画册，还要有一定理论深度、有分量和有影响的刊物和专著，更要努力拿出具有自身特点和特色、富有真知和灼见的科研成果。应该说，创办《博物苑》这本刊物的基本动因和要点有三：1. 旨在交流。特别是在信息社会和知识经济时代里，博物馆要真正传递好历史文化信息，苑内苑外、业内业外，博物馆与社区建设、与全球化之间知识的、信息的、工作的交流概莫能外。2. 重在发掘。文博界对文博工作有第三国土之说，"地有尽而水有终，而文物资源的开掘利用是无穷无尽的。"通过这本刊物，进一步发挥好苑藏保护、社会教育、学术研究和产业开发的功能。3. 贵在坚持。万事开头难，坚持下去更难。办好一本刊物，需要一定的人力、物力、财力。相信在各级领导、各界人士，同行同仁和广大读者的关爱下，通过博物苑同志的不懈努力，这本刊物一定会"才、材、财三源茂盛"，始终保持较强的知识性、较大的信息量和较广的读者群，与时俱进、持续发展。

三

国家文物局张柏副局长最近视察了南通博物苑。他在对博物苑工作给予肯定和鼓励的同时，强调了搞好博物苑规划建设和学术研究的重要性，强调了南通博物苑在国内外文博史上的地位。他指出："南通博物苑是有资格研究、讨论和交流博物馆文化和博物馆学的问题的。"黄振平同志在苑刊发刊词中讲到:"推进近现代文博研究,我们有责任一起担负起这个使命"。博物苑的同志确实要审时度势、鼓劲加压,不断缩小认识上和工作上的差距。在走向未来的日子里,着力把南通博物苑的历史地位优势、人文景观优势和藏品实物优势,不断转化为现实的事业优势和产业优势。进一步树立以人为本的经营理念,在不断提高苑内建筑、设施和设备水平的同时,努力提高经营管理水平、展览展示水平,并为提高广大文博爱好者、广大读者的文物鉴赏水平、接受爱国主义教育竭诚服务。让更多的人爱上博物苑、走进博物苑、了解宣传博物苑、众手建设博物苑。这也是我们推出苑刊、苑史的出发点和归宿。

恳请领导、同仁、读者不吝赐教!

（原载《博物苑》2002 年第 1 期）

关于自然资源陈列的思考

穆　烜　徐冬昌

自然资源陈列，早在 50 年代，曾是文化部规定的地方博物馆的三大陈列内容之一，但后来没有得到应有的发展。现在，我国进入扩大对外开放，加快经济发展的新时代，举办自然资源陈列这一课题，应该引起重视了。1983 年，我们提出了在南通博物苑设置自然资源陈列馆的主张，当时得到南通市党政领导的赞同和支持。但是由于市政府决定划拨归为博物苑使用的房舍没有落实，因此虽经多年努力，这项计划至今尚未实现。现在，把我们在这方面的设想发表，以就教于博物馆界的同志，共同商讨。

一　为经济建设服务的陈列

自然资源指土地、水、生物、矿藏、海洋等自然物，是人类从事生产的布局场所和原料来源，是人类生存和发展的首要条件。随着科学技术的发展和社会生产力的提高，人类开发和利用自然资源的广度和深度在不断增加，合理消费和切实保护自然资源的问题也越来越突出。一个国家或地区，所拥有的自然资源和对自然资源的开发、利用及保护，在相当程度上决定着一个国家或地区经济发展的规模、结构、水平及其前景。

党的十四大提出：要充分发挥各地优势，加快地区经济的发展，各地要促进资源的开发和利用。十四大报告把这作为关系全局的十项主要任务之一。发展地方经济，除了可以利用国外资源，当然主要是利用国内资源，特别是本地资源。

为了让本地的干部、群众认识自己拥有的资源，并有效地开发、利用和保护之，就必须大力传播这方面的知识。而地方博物馆举办本地自然资源陈列，让人们受到形象的、直观的教育，无疑是一个好办法。这也是博物馆按其自身职能，直接为经济建设服务的一条好途径。

二　陈列的结构内容和形式

自然资源陈列不同于自然历史陈列。自然历史陈列通过自然物的发展史，让观众知道自然是怎样存在着的。而自然资源陈列则不仅要让观众认识自然物，还要让观众懂得怎样利用自然物，使之为人类的生存发展服务。自然资源陈列在时间上，应以当代为主，兼顾古往；在地域上，应以本地区为主。至于引进的生物资源，已在本地生根繁殖的，应视同本地资源。

我们考虑，就南通博物苑来说，今后将举办的自然资源陈列，可分以下三部分：

第一部分：南通市（包括所属县、市）的自然环境，即地理、地貌、地质和气候等基本情况。

第二部分：南通市的自然资源及其开发利用。分为土地、水、生物、矿藏、海洋五个方面，下面再分若干层次或项目：

1．土地资源：内容包括土壤分类、土壤改良、土地的合理利用、土地复垦、围垦造田等。

2．水资源：主要指淡水。内容包括水资源的分类、水资源的质量、水资源的供需、水资源的保护等。

3．生物资源：这方面的类目最多，总的分植物和动物两大类。无论是植物和动物，在陈列中都不以其自身的科学分类来划分单元，而是以资源的效用和相关产业为基准来划分单元。大体可分十类：1．粮油作物；2．纺织原料；3．蔬菜（含瓜、豆）；4．林木（含竹林、果树）；5．中药材；6．花卉；7．其他经济作物；8．畜牧饲养；9．水产（主要指淡水中的）；10．野生动物。

4．矿藏资源。南通地处长江中下游苏北平原，矿藏不足。可通过征集和接受捐赠等方法解决。

5．海洋资源：包括海洋中的生物，海水制盐，海底矿藏，沿海滩涂开发等。

此外，还有三种特殊的资源：1．再生资源，即能回收利用的废旧物资；2．农村新能源，如太阳能、沼气等；3．旅游资源，主要指自然景观。

第三部分：自然资源的保护，包括环境保护在内。要揭示浪费土地、浪费矿产、滥捕野生动物、污染大气和水源等危险倾向，介绍有效地保护资源、保护环境的办法。

陈列要着重展示有关的信息，展示新品种、新科技、新效用。

陈列以实物标本为主，适当使用照片、图表、模型、文字说明和声光显示设备，力求做到直观、形象，富有知识性、现实性和欣赏性，并置备仪器、工具等设施，用于观众的学习和实验。还要发挥南通博物苑早期的特色，采取活生物和死标本并举，室内与室外相结合的办法。室内有标本，室外有一些种植的植物和饲养的动物。太阳能和沼气等新能源设备可室外装置，并可用于照明、蒸煮，让观众亲眼看到。滩涂模型可在室外布置，以增加园林趣味。

南通博物苑的自然资源陈列馆建成以后，现有的"自然标本陈列"仍将保留，二者相辅相成。"自然标本陈列"按自然物的科学分类布置，且不受地域限制。

三　陈列的多种功能和作用

自然资源陈列具有多种功能，可以发挥多方面的作用。

（一）它是对本地人民进行乡土教育和爱国主义教育的阵地，可以培养人们热爱家乡和祖国的感情，激励人们建设家乡和祖国的雄心壮志。对于学校教育来说，是很好的第二课堂。

（二）它是普及科技知识的机构，可以帮助人民察识物理，认识自然，增加保护自然、改造自然的信心和才能，从而有利于协调人与自然的关系，有利于人们在改造、利用自然中寻找脱贫致富的途径。

（三）它是传播和交流科技信息、商品生产信息的媒介，可以促进农、林、牧、渔业和乡镇工业等商品生产的发展，促进地区开发和国内外贸易的发展。

（四）它是对外开放的一个窗口，通过这个窗口，向中外投资者和客商介绍本地的资源情况，帮助客人较快地了解本地。接待客人，可先请他们参观博物馆的自然资源陈列。同时，也是中外旅游者的一个饶有兴趣的参观点。

（五）对于博物馆本身来说，自然资源陈列除了能实现博物馆的存在价值，服务于经济建设这个中心以外，通过提供咨询、信息，宣传商品，甚至参与资源的开发利用，还可以为本馆有效地获取经济收入。

自然资源陈列涉及许多学科和生产领域，这就要求不仅在博物馆内部要有懂行的精兵强将，还必须在馆外联系一大批专家，共同来办好陈列，开展业务。只要善于工作，就可以取得各有关政府部门、科研团体和企事业单位的合作、支持，并引起地方领导的重视，从而把陈列办好。

（原载《中国博物馆》1993 年第 2 期）

青墩出土麋鹿角上刻划纹
之文化涵义探析

徐冬昌

在江苏省南通市海安县青墩遗址出土的遗物中，有大量的麋鹿骨骼和骨角器（包括已被加工的半成品）。它们的经济意义不言自明，笔者还注意到，麋鹿角不仅被用来制作生产工具，少数角上的刻划纹和锥点纹，还体现了先民们的观念形态和精神文化。1980年，《考古学报》第4期发表了张政烺先生的《试释周初青铜器铭文中的易卦》一文，张先生在该文的"补记"中，曾特别提到青墩出土的骨角柶和鹿角枝上有易卦刻纹。其原文如下：

> 1979年江苏海安县青墩遗址发掘，出土骨角柶和鹿角枝上有易卦刻文8个，例如三五三三六四（艮下、乾上，遁）六二三五三一（兑下、震上，归妹）。其所使用的数目字有二、三、四，为前举32条考古材料所无。说明它的原始性。这是长江下游新石器时代文化，无论其绝对年代早晚如何，在易卦发展史上应属早期形式，可以据以探寻易卦起源地点问题。

张先生提到的这两件文物，均非南通博物苑所藏；但南通博物苑也曾在青墩遗址中采集到刻划纹和锥点纹麋鹿角枝。现将有关资料和初步看法，略陈于下，供学术界人士研究。

一、刻划纹角枝：最大长度13.5厘米，角面较光滑；无小瘤突分布，但有沟垄痕迹。角质石化程度不深，表面有剥裂现象。有6组刻划纹，分为两行排列在主干近节部处，或横刻，或竖刻，或倾斜，似在避免与别组的线条混杂，起了既分隔又关联的作用。右排两组都是4条线。左上方是一组4重八字纹，共8条线，看来它就是八的数码。自此以下，为3道、4道和2道线（图1）。

通观这六组刻划纹，都是记数符号，一组表示一个数，分别表示二、三、四、八等数，有偶数，有奇数。"龟为卜，筮为筮"（《礼记·曲礼》）。卜视象，筮视数。推测这些记数符号，当为易卦刻纹。奇数相当于《周易》卦爻中的阳爻，偶数相当于阴爻。

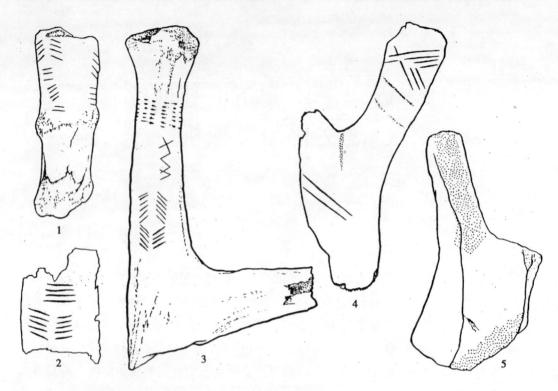

刻划纹和锥点纹麋鹿角枝

图 1～4. 刻划纹　图 5. 锥点纹

　　《连山》、《归藏》、《周易》称为"三易"，前两"易"已亡佚，如今只剩《周易》了。这里的易卦刻纹和《周易》中的卦画，又有明显的不同，即使和周初铜器铭文中的易卦刻纹相比，在记数方法和所用之数上也有区别：（1）前者系用数码即线条数目表示数。10 以内，有多少根线条，表示多少个数。后者系以数字表示。十数以内，只用一个数字就可以了。数码记数法看来比较原始，例如：刻划纹角枝上的八数，以 4 重八字纹计 8 条线来表示。到了周初，省去了 3 重八字纹，仅取 1 重，遂成铜器铭文中的"八"字。至于《周易》的卦象是以"——"阴"——"阳爻来表现的。（2）《周易》筮法中取六、八、九、七 4 个数决定阴阳爻。周初用一、五、六、七、八。而在这里使用了二、三、四等数，为周初铜器易卦刻纹所无，应是易卦的早期形式。（3）《周易》和周初的卦爻，由下而上，纵向排列。《周易》单卦一卦三爻，重卦一卦六爻，这里虽有 6 组线纹，但其排列方法和次序，因角枝破损，尚需研究。所以现在还难以断定其卦名。

　　二、刻划纹角枝：角枝的残段纵剖为二，取用其半，呈半圆筒形，剖面整齐，可见它是特意制作的。上下两端严重残损，仅剩两组刻划纹：一组 4 条线，应为四；一组为

5重八字纹，计有10条线，应是十数。这比前一只角枝多出了一个数码——十。但这是残片，不能成卦（图2）。

《周易》以由一到十之数象征天地阴阳的自然现象。《易传》云："天一地二，天三地四，天五地六，天七地八，天九地十（下略）。"其中，天地之数各五。天地、奇偶和阴阳实质相同，都是对立统一的意思。天数即奇数，属阳；地数即偶数，属阴。又，人数认识数从少到多，总有一个过程。先民们曾以一手五指乃至双手十指计数，认为数至十已满，称为小盈；至万为最大，称为大盈。"万物"的万表示最多的意思。万数太大，故占筮取用十数。所以，这里出现了十的数码是不足为怪的。

以上两个角枝上已有二、三、四、八、十5个数；张政烺先生论文"补记"中所举两例，另有一、五、六3个数，总共8个数。另外，南京博物院也藏有青墩出土的刻纹鹿角两支。实物我虽没有见过。但从其青墩发掘报告（《考古学报》1983年第2期）中看到描述：一支"表面刻有11组平行细划纹，每组三、五、六、九划不等"，这里就有了9数；另一支"刻划有五组平行线纹，每组四至五划，每两组平行线之间刻有两组顶端相对的复道人字纹，每组也由四至五划组成"，其中的复道人字纹，可能就是本文所说的四重和五重八字纹，分别表示八和十数。

综合三方面的资料，与《易传》所说占筮所用的10个数，只差1个七数了。看来古青墩人占筮时，未必不用七数。这是因为含十在内的天地、奇偶之数是均等、对称的。角枝上既有偶数八，便会有奇数七，只是我们还未发现实物罢了。看来古青墩人是用一至十数占筮的。至于占筮的方法，也许可以参考司马光的《潜灵》。《潜灵》所用之数也是一至十，其著策是七十五而虚其五，实用七十策而揲之以十，所谓揲之以十就是十根十根地数的意思。有人提出《潜灵》是否就是《归藏》，尚待考查。

总之，以上两段鹿角的刻纹，不是别的，确实是古代筮法"数卜法"的卦画。"数卜法"源远流长。我国西南民族中还保存着类似古代筮法的"数卜法"。四川凉山彝族有一种名叫"雷夫孜"的占卜法就是一例，其法最关键之处是与数分不开，同时与数的奇偶及其排列组合方式分不开。"雷夫孜"与《周易》中所反映的筮法对照，反证《周易》也明显地属于"数卜法"（详见《新华文摘》1983年7月号《周易研究近况》）和古青墩人的"数卜法"基本相同，不过，"雷夫孜"占卜只有奇偶数的概念，似尚未形成卦画，而青墩出土的刻纹鹿角，则已形成了卦画。

三、刻划纹角枝：最大长度27厘米，为麋鹿左角之分枝交汇处。刻划纹分三层见于前枝干部之外侧。上层有疏疏朗朗的六七层锥点似的短平线环绕一周；其下方是七条斜线组成的表意图像：先是两线交叉，接着是依次向左右方斜出的五条折线。下层是多重菱形体。但每边的线条数不均，分别为六、五、六、四4道（图3），不知何以如此？是无心的刻划，还是有意的设计？

如果把这三层图像作为一个统一体来观察，似表现出青墩的先民们"仰以观于天文，俯以察于地理"，即对大自然的认识和崇拜。上层可以是太空、云气、繁星或者银河，其下方可能是天空中闪烁的星座，或是族徽。下层表示大地，菱形的四边形象征四季或四方等等。这是他们观察大自然、认识大自然的反映。

四、刻划纹角枝残段：角端，扁平，分叉为锐角形；枝端均残破，左枝尤甚。右枝上留有1道和2道相交的斜线，右方大夹角内藏着双重的八字文，形成尖角形的图案。角面左方中间有长长的两道刻线。其寓意和用途不明。中部分叉处和右枝上共有3条浅槽，料是系绳缚物的所在，俱非记数符号。整体看来，疑为角叉，或是某种实用的工具（图4）。

此外，在苑藏另两支角叉的不同部位，都有这种浅槽。一支在梢干的中部；一支是海安县烈士乡出土的，两分枝上各有相向的粗粗的三个凹槽，顶部和右分枝的外侧还有细密如毛的错痕（度其用意，谅是为防滑脱），这两支角叉上的凹槽，似均用于绑缚把柄，以便操作，也不是记数符号。所在部位不同，说明了它们的制作者是能够原料的形态，随意决定浅槽位置的。

五、锥点纹角枝：最大长度17.2厘米，为叉形角器的残片。形体扁平宽大，呈锐角钩状，有烧磨加工痕迹，有两组锥点图案，呈现于上下端，下端边沿的一个，以双联的回字纹为主体，下方破损，只能看到半个回字纹，上方空隙处，镶以四个下弯的双道圆弧，各似新月形（图5）。整个构图颇有规律。做工比较细致，显示了制作者的工艺才能。按回字，篆文作回旋形，表示阴阳激荡之意。这个图案的立意，除了装饰性外，或许就在于此。

角枝的另一端，有密集的锥点，围成一头尖一头圆的长条，纵贯于分枝之中，外廓如倒"且"字。内部的锥点，大都外大内小，外密内疏，隐约联成几个椭圆圈。查"且"字乃男性生殖器的象形，兼有祖先崇拜的意味，也许可以说明彼时的青墩，业已进入父系氏族社会。

青墩出土的鹿角枝上的刻划纹、锥点纹，在某种程度上反映了古青墩人的观念形态和精神文化。青墩遗址文化层据我苑和南京博物苑五件古木、木炭标本C^{14}测定，距今5000年以上直至5900年左右。青墩遗址居长江下游的苏北平原，从那里出土的遗物上，居然出现了早期形式的易卦。这件事殊令人瞩目，也很需要进行探讨。但是，由于受资料限制，难以开展比较研究。本文对于鹿角枝上刻划纹、锥点纹的初步看法，难免不当或者错误，热忱希望学术界同志们批评指正。

（绘图：徐志楠）

（此文在1990年6月"中国滨海地区古代文化学术讨论会"
上交流，后载《东南文化》1990年第5期）

南通博物苑有世界上最古的铁炮吗

穆 烜

1974 年 4 月 25 日，著名的英国科学家李约瑟博士在香港中文大学发表了题为《古代中国科学对世界的影响》的讲演。香港《大公报》在同年 5 月 29 日刊登了这篇讲演后，《参考消息》于 6 月 10 日、11 日摘要转载。讲演的"关于三大发明"这部分，谈到金属炮管起源于中国时，有这样一段话：

> 此处尚有一个有趣的小迹象显示出它是始于中国的，因为现存最古老的铜炮及铁炮都是中国制造的，在江苏省长江北岸的南通博物馆就存有一些，时代大约远溯至十四世纪中叶，或是 1367，或是 1361。这比西方有日子可稽考的都早了一段时间；金属炮管之始于中国又得一个证据。

我国历史最早的博物馆，收藏着世界上最古的铁炮：这消息不能不引起人们很大的兴趣。好多人向我苑打听，希望看到这稀世珍宝。

其实，早在李约瑟博士发表这篇讲演之前二十年，就有人这样说过了。1953 年，中国科学院出版的《科学通报》十二月号，发表了中央民族学院研究部冯家升先生的论文，题为《驳斥欧美资产阶级学者的"火药是欧洲人所发明"的谬论》，其中有这样的两段论述：

> 书本上的证据且不提，试看南通博物馆藏的 1356 和 1357 年张士诚的长形大炮，太原博物馆藏的 1377 年洪武冲天炮，北京历史博物馆藏的洪武"金炮"，燕京大学藏的洪武竹节手铳，北京博物馆又藏一种 1426 年宣德铜炮。这些都是十六世纪以前欧洲人还没来，而我们祖先已经能制造这样优良的火器了。

> 中国古代火器存于今者甚多，择其最古者如下，1、1356（南通博物馆），2、1357（南通博物馆）……8、1379（北京历史博物馆）。

冯先生在这里明确地指出：南通博物馆所存的两尊炮，是最古的。另外，冯先生在 1954 年华东人民出版社出版的《火药的发明和西传》这本书中，具体地说明这两尊炮，一尊上铸"周三年造，重五百斤，"另一尊上铸"周四年六月日造，重三百五十斤。"冯先生又说："周是张士诚的国号，周三年是公元 1356 年（元顺帝至正十六年），周四年是公元 1357 年（元顺帝至正十七年）。"这样说来，这两尊炮乃是张士诚的遗物，与李约瑟博士所说应该是一回事。这本书还附印了两尊炮的照片，上面确有如上的纪年铭文。至于李约瑟博士把炮的年代说成是 1361 年和 1367 年，那显然是他搞错了。

在 1914 年编印的《南通博物苑品目》中，也查到了著录。"品目""元炮"项下，有如下说明：

> 铭周四年六月铸。按元顺帝至正十三年张士诚僭号周，十六年据通州，即周四年也。

张士诚曾长期占据南通，从 1353 年起义的当年开始，一直到 1367 年垮台，长达 14 年之久，有他的铁炮留在南通，当然并不奇怪。至于《品目》为什么只著录"周四年"一尊，那很可能因为"周三年"的是 1914 年《品目》编印以后才进苑的。

但接着来了一个问题：原来被称为张士诚遗物的这样的铁炮，在别的地方也有。50 年代初，苏南区文物管理委员会布置在苏州拙政园的陈列品中，就有这样的炮。我苑保存着的一份当年拙政园的导游说明，在《园内文物》栏内，记载有"张士诚周三年造铁炮"一尊。而现在南京博物院，还收藏着"周二年二月造"的铁炮。这一来，被认为世界上最古的铁炮，就绝非南通博物苑所独有了。

但是，问题到此还没有结束：对这种炮是不是张士诚的，也有人提出了疑问。1955 年，《文物参考资料》第七期发表了马非百的《谈周炮的年代问题》一文。马先生不仅在苏州拙政园看到了那尊周炮，还在当时设于苏州的江苏省博物馆的库房里看到了几尊，从周一年到周四年都有。后来他更在长沙看到了周炮一大堆，其中还有一尊周五年的，都是在长沙的一个水塘中出土的。而湖南省文管会的同志，却说这是吴三桂的遗物。这样，问题就显得更加扑朔迷离了。

马先生说，他为此询问了冯家升先生。冯先生告诉他，张士诚之说主要根据，是支伟成编的《吴王张士诚载记》。这部书是 1932 年泰东书局出版的，我们看到的是上海市图书馆藏本。该书卷首就有铁炮照片一帧（即冯著《火药的发明和西传》中所用的），题为"周三年四年铸炮照影"，下注"在南通博物院"。照片下还有说明：

> 咸丰时，金陵校场掘得铁炮数百，自百余斤至五百斤大小不等，识周某年月铸，亦张士诚遗物。见南汇张文虎《舒艺室賸稿》。

这一本书我们也在上海市图书馆看到，在其中的《舒艺室诗存二》，有《周炮》一诗，前有小序：

> 金陵校场掘得铁炮数百，表列海口。炮自百余斤至五百斤，大小不等，识周某年月铸，必张士诚物。案金陵非士诚地，又士诚僭号后，即伪改元天祐，兹何以但著国号？然可无论也。

看来，周炮是张士诚遗物一说的文献依据，除了《南通博物苑品目》，就是张文虎这段诗序了。

值得注意的是：在诗序中，张文虎本人也对此炮是否为张士诚遗物提出了疑问。他认为南京并非张士诚的地盘，而且张士诚的年号是天祐，炮上为何只有国号？但张文虎毕竟是在作诗，不是在作历史考证，因此他最后说："然可无论也。"

马非百先生研究之后，得出了结论，认为这炮并非张士诚遗物，理由是：第一，张士诚根本就没有周纪元。第二，遍览张士诚记载及有关书籍，皆未发现张士诚铸造铁炮的事。那么，这周炮究竟是谁的呢？马先生认为"长沙文管会的断定是正确的，是吴三桂的。"

马先生还考证出吴三桂在起兵后与称帝前曾用周纪元。而周炮的纪年序列，也和《清史稿·吴三桂传》所载完全相合。与周炮同时在长沙出土的其他带铭文的铁炮，多为崇祯至顺治年间所造，与周炮不仅年代相近，而且"这些铁炮形式也和周炮几乎完全相同"，"这都充分说明周炮是吴三桂所铸而不是张士诚时之物"。这样，周炮年代，就推迟了300多年，当然不可能是最古的铁炮了。

马先生又提出反问："吴三桂据有湖南，他的炮留在长沙是可以理解的，金陵非吴三桂势力所及，怎么能在那里发现他的炮呢？"马先生的解释是："吴三桂失败了，一部分被他自己部队埋在长沙，一部分被清军收缴带到金陵，战争结束后把它埋在校场里，这是很自然的。"

看来，马非百先生的论断是有充分理由的。自从他发表这篇文章以来，已经30年过去，自今尚未看到有不同意见的文章发表。

现在再回过头来研究，这种炮又怎么会到了南通的呢？对此，我们可在张文虎的诗序中得到消息：原来在"金陵校场掘得"的"铁炮数百"，以后就"表列海口"，也就是把这些炮分发给各个海口，以为边防武器。作为江海边防要地的南通，也分得一些周炮，当然是很可能的。

这炮又怎么由南通博物苑入藏？《南通博物苑品目》注明是："陈葆初赠"。陈葆初是南通的士绅，解放后已以汉奸罪判处死刑，他的老家在南通江边的芦泾港。他所赠炮，可能即是曾置于芦泾港，用于江防的。但此炮会不会直接来自南京呢？我们为此于1974年特地访问了当时已93岁的孙支厦老先生。孙老是博物苑第一任主任孙钺之弟，是张謇培养的南通最早的土木建筑技术人员，曾为博物苑收集文物。他说不记得有从南京取回铁炮的事，却说芦泾港都天庙前有一尊铁炮，曾运送博物苑。但他不知道这是否为周炮，也不知道这是否与陈葆初有关。不过《品目》著录的铁炮，只有这"周四年"的一尊是陈葆初所赠，那么它来自芦泾港，也是很可能的，

我们又访问了南通市政协委员孙渠先生，他是孙钺之子，熟悉博物苑的历史情况。他说当年博物苑南馆外曾陈列铁炮多尊，具体情况和来源却不知道。但他提供了一个很

重要的情况，即是：昔日南通东、西、南三城门上（南通没有北门），都曾有周炮。看来，南通博物苑除了陈葆初所赠的一尊铁炮，又有从城门上移去的一尊或几尊。《吴王张士诚载记》能有博物苑所藏两尊周炮的照片，也就可以由此得到解释了。不过苑内却并无此项照片留存，更不知摄自何年，只能推断，是摄于 1914 年（《品目》出版）至 1932 年（《载记》出版）之间。

南通博物苑经过抗日战争时期日本侵略军的占领，文物大部分已经散失。在南馆四周露天陈列的大型文物，也所剩无几。现存的苑藏铁炮（大部分是解放后搜集的），没有一尊是以周纪年的。只有一尊，与照片上的"周四年"炮大小形制基本相同，并具有共同特性，即两耳均已断缺。称了一下，重 403 市斤，这与旧秤 350 斤，也基本相符，但铭文已经锈蚀剥落，难以辨认，因此不能肯定。

写到这里，我们可以说：南通博物苑没有世界上最古的铁炮。

至于世界上最古的铜炮和铁炮究竟在哪里？当然还是在中国。我对此没有研究，仅据手头资料，便知首都博物馆藏元至顺三年（1332 年）的铜炮，应该是世界上最早的了，它的制造年代比张士诚起义的年代还要早 21 年。因此，李约瑟博士所作的论断还是正确的；至于因所据中国文献资料本身之不准确而产生一点小小的误差，也是难免的。李约瑟博士是研究中国科技史的权威。他对中国和中国古代文明的热爱和推崇，使我们十分感佩。但我们也更应实事求是。我们南通博物苑如果真有这个"世界之最"，当然非常光荣；如果没有，就应该老老实实地说明：没有。

（原载《东南文化》1988 年第 1 期）

南通出土的制盐工具——盘铁

洪善庆

70 年代以来，南通地区先后出土了古代制盐工具盘铁近 10 余块，这些盘铁系用生铁铸成三角形或多边形的厚铁板，厚度一般 10 厘米左右，约重四五百斤，每块一般有一个或多个突出的小耳，小耳中往往铸有一个凹下去的圆孔，出土时一般锈蚀严重。

清代嘉庆年间的《两淮盐法志》和《如皋县志》均记载和描述了盘铁的形状、大小以及用盘铁制作食盐的过程。凡煮盐锅古称之为"牢盆"，其盆周阔数丈，径亦丈许，用三至五块有一定形状的铁板拼接起来，组成一盘，用铁钉拴合，其底平如盂，周围以草、石灰封盘角，其中缝处一经卤汁结塞，永无隙漏，在耳下用铁桩支担，其下列灶燃薪，多者十二三眼，少者七八眼，共煎此盆。

据记载在制盐的过程中，首先为制卤，以雨晴为度，亭地（按嘉庆《两淮盐法志》卷一引进技术"地"作"池"）干爽，先用人牛牵挽刺刀取土经宿，铺草籍地，复牵爬车聚所刺土于草上成溜，大者高二尺，方一丈以上，锹作卤井于溜侧。多以妇人小丁（作"子"）执芦箕，名之为"黄头"饮水灌溉，盖从其轻便，食顷，则卤流入井。其次言试卤，试卤浓、淡、厚、薄，其方法为："取石莲十枚，当其厚薄，全浮者全收盐，半浮者半收盐，三莲以下浮者，则卤未好，须另刺开而别娶之溜，卤可用者，始贮于卤，载入灶屋，取采芦柴之物，起火煮卤，使其盘铁发热、发红，然后注入海盐卤，凡煎卤未立即凝结，将皂角椎碎，和粟米、糠二味，在卤沸之时投入其中搅和，盐即顷刻结成。"一昼夜可产盐千余斤。由于盘铁厚大，难以发热，因此每举火一次，常常连续生产半个月之多。官府规定用盘铁煎盐制度，以之强制盐民集中生产，从唐、宋到明代，一直沿用，盘铁由国家统一铸造，这样的大型生产工具，私人铸造很困难，这样就限制了私盐的产生。官府还规定每副盘铁的产盐量，借以保证国课收入。

明代中期以后，由于商品经济的大力发展，官府对盐民实行盐课折银，即由征收实物改为征收货币。两淮盐区，是在万历四十五年（1617 年）实行盐课折银的。从此官府只要有税可征，就不在生产上对盐民进行强制的监督，煎盐工具，也不再由官府统一铸造发放了，与此同时，商业资本趁机渗进盐业生产。商人不仅向盐民贷款和收购，还提供制盐工具，由于盘铁铸造困难，成本很大，故而盐商都改铸锅镦（敞口铁锅），供盐民使用，盘铁就逐渐被淘汰了。南通博物苑早期在如东县北坎盐场采集了两件盐镦，现收藏在苑，嘉庆《两淮盐法志》有这样一段文字说明了生产关系方面的这一变化"自万历四十年，盐引改征价，盐不复入官仓，皆商自行买盐"。于是官铸盘铁、锅镦之制遂止，盘铁工大费重，无力添设，唯锅镦则众商自出资本鼓铸，先必须请于官，然后造作，以应灶用。

南通地区历年出土的盘铁大都距海十余公里至几十公里不等，均为宋～明时期遗物。南通地区位于长江三角洲，是冲积平原，随着长江每年带来的泥沙堆积，地理位置、环境发生了变化，陆地不断的向东、向南延伸，故盐业生产一步步向东发展。从盘铁出土的情况也可证实这种变化，盘铁出土距海远的时代早，距海近的时代迟一些。如，1990 年 7 月南通市石港镇出土了两块盘铁，是在距地面 1.2～1.5 米的地层中发现的，其中较大的一块呈三角形，通长 212 厘米，最宽 132 厘米，厚 9 厘米，在盘铁近处同时出土了一些宋元时期陶瓷器残片，和一些具有时代特征的砖瓦，所以这块盘铁其使用时间的下限，最迟不会晚于元代。如 1976 年 3 月，博物苑在南通市金西公社购得一块盘铁，从伴存物分析，它的使用下限为明代。

南通各地区盘铁的出土，对研究本地区古代的盐业史、地理环境的变迁和海岸线的发展演变等历史变化，提供了宝贵的实物资料。

南通出土的宋代铁钱熔块

徐志楠

埋藏在南通地下的铁钱块，已经被发现的，要算 1989 年 3 月在市区世明巷南端出土的最大了。

在此前，地方史料上就有"铁钱桥"、"铁钱石"的记载。如：清代道光年间南通人徐缙等编的《崇川咫闻录》所记：

> 铁钱桥，在三门巷南，大片石有圆黑纹，点缀如钱，动之则惹火灾。明顾镇之有好古癖，移至家，是年果被回禄；仍还原所，驾小沟上，以通徒行。缙按：父老相传，此石张士诚铸钱所用，非木非石，上有钱纹无数，历历分明，其实是生铁块耳。

此处所指的"三门巷"，据《秋香园随笔》所记："桥在西门外山门巷南。"

民国三年《南通博物苑品目》"历史部·玉石类"中登记了一件文物，定名为"宋铁钱石"。

解放初，博物苑（当时称馆）又征得两块。副馆长管劲丞先生对苑藏的三块"铁钱石"作了如下的记载：

> 博物苑旧藏铁钱石，印有钱形残文有政和、大观、崇宁等字，坚黑似石，而实铁质。市历史文物研究小组，近又征集得两块。西门外世灯庵僧赠，形质略同，而稍小，钱文清楚，亦有……又，得自东门外严香谷家，又略小，形质异上二者，分明多数铁钱胶合串结集牢确等。块聚乃与石似。

> 博物苑目，旧铁钱桥在城西南小沟上，沟久湮废。苑于清光绪末取桥石来，地在世灯庵巷南。世灯庵僧所赠，当属其残。

1987 年，苑长徐冬昌对苑藏"铁钱石"作了研究，3 月 15 日在《南通日报》上发表了《铁钱石和宋代铁钱》一文，认为南通地方历史上从来没有设过铸钱机构"监"，因此，否定了这是宋代官方在南通铸钱的遗物。

1989 年在市区世明巷南端出土铁钱块，与前人所述和博物苑旧藏"铁钱石"的出土地，实属一处。但前者色泽偏灰黑、质坚、渣少，可能属于熔结块的上层，也许还掺有夹锡钱在内。这次出土者色泽锈褐，质较酥松，显然是熔块的中、下层物，可能因长期在沟河旁，受水浸渍而锈蚀较为严重的缘故。据取样的理化试验结果：含 Fe_2O_3（可能有部分 FeO 及 Fe_3O_4）85%，当为铁化合物。

1989 年 3 月 24 日上午，市一中初一（四）班学生、历史兴趣小组成员王勇，在木行桥北首（他家住附近）市房屋开发公司花园角基建工地上，发现在因浇底脚挖出的黄土堆里，有密密麻麻、层层叠叠的锈铁钱，上面有"大观通宝"字样，清晰可见，就捡了一块带到校里，给同班同学顾灵看。顾灵喜爱收藏钱币，在博物苑南馆曾看到过"铁钱石"。下午又约了沈雷和李伟同学，把样品带到博物苑。苑征集部洪善庆得知消息后，立即与他们去现场察看。随后，博物苑人员多次对现场进行了考察。出土地现为世明巷（原称世灯庵巷）南端的花园角第 4 幢楼所在。暴露出的铁钱块，距地表约 50 厘米，其体积约长 10 米，阔 5 米，厚 1.2 米。这是一堆大面积胶结的古代铁钱，自上而下，都与炭渣、碎砖（多在下层）凝结为一体，无疑是火的作用而成（铁的熔点为 1536℃，锡为 232℃）。大部已在基建工程中被分解破碎。整个熔块见有重重叠叠的铁钱，钱直径约 3~4 厘米。少数可见字迹，字面径 2.8 厘米；纹与通常所见不同，为阴纹反体，方孔多凸出（但未有钱范痕迹发现）。这可能是先被熔化的铁液，注入后投入的钱块，在尚未全部液化时，冷却而成。钱文都集中在：崇宁、大观、政和三个年代，与地方史料所载相符（另有个别的"圣宋元宝"及铜钱）。这一发现，上报给市文管会，通过与工地联系，将已挖出的碎块，于 3 月 31 日运到博物苑，经过磅，合重 5065 公斤。4 月12 日又将挖出的三大块运回苑内，估计约 5000 公斤。这样，现藏博物苑的铁钱熔块，总共有 10 吨以上。由于不能影响工程的进行，估计还有约 3~5 吨的铁钱熔块，仍埋在土中。由此可知，1989 年 3 月，在南通市区花园角被发现的宋代铁钱熔块堆，估计达15 吨左右。

1989 年 5 月 12 日《中国文物报》发表了朱淦同志所写《南通出土大量北宋铁钱石》一文，否定了此钱块是"窖藏"或"官铸"的遗物，并提出了"私铸"的疑点。

同年 5 月 28 日《南通日报》登载了秋翁先生的"铁钱桥与铁钱石"一文，除传说内容外，还提出了北宋张荣据通时"铸钱流通"的可能性。该报同期还发表了市少年宫红领巾记者袁芳、赵云对发现者的采访通讯。

被埋在地下的宋代铁钱，国内屡有发现。清乾隆时著名古钱收藏家翁树培曾有记录：

> 乾隆间，沧州掘出破碎铁钱，堆垛成块，文为崇宁、大观，而政和居多，皆当五者。（《古钱大辞典》）

近年来，在江苏高邮、陕西、四川、甘肃等地，也相继出土了宋代铁钱，多属窖藏物。出土之数量，据 1990 年第 4 期《中国钱币》所载阎福善的《陕西北宋铁钱》一文中说："近年来，见诸报道的约有两万公斤。"可知在全国范围几无一处有超越南通1989 年发现的宋代铁钱之多，更未见有熔块的报道。南通发现的铁钱熔块，既非官铸，亦非窖藏，也不可能是私铸；钱纹均为阴文反体，钱文年号又相对集中……如此种种，关注者在思索中，无不产生疑点。

为此，笔者曾在 1989 年 11 月 26 日《南通日报》上，以《"铁钱石"之谜》为题，介绍了自己的一点想法，认为在研究其成因的同时，还可以从币制变更方面，来考虑宋代铁钱的兴废；对"铁钱石"这一名称，笔者认为宜改为"铁钱熔块"（该篇中的"重和通宝"，应为隶体旋读"圣宋元宝"）。

圣宋元宝铁钱，铸于建中靖国元年，它和崇宁、大观、政和等铁钱，都是宋徽宗执政时，十七年中相继铸成的钱币。《泉宝所见录》说：赵佶"不善治国，而善制钱"；蔡京任相期间，曾铸造了各式钱币，包括铁钱和夹锡钱在内。钱币既杂又乱，蔡京又屡起屡罢，而铸币和罢币也时起时伏，从而造成"民既销钱盗铸"，"官又毁钱更铸"（《钱略》）的混乱局面。铁钱与夹锡钱在这风波中，也有其兴废沧桑。南通在宋代虽未设铸钱监，但当时禁令波及，闻风而动，在政和后的一段时期里，这些铁钱被集中销毁，就很有可能了。

（原载《南通今古》1991 年第 2 期）

浅谈苑藏压胜钱

葛　莉

　　压胜钱，古时系指一些形状类似钱币的吉利或避邪物品。它来源于古代方士的一种巫术——厌胜法，当时人们认为运用厌胜法就可以制服他们想要制服的人和物，所以，通常把"厌胜法"称作"压胜法"。压胜钱实际上就是据厌胜法的本义，人们为避邪祈福而制造的一种饰物，仅供人们佩带赏玩，在市场上不作流通货币。

　　压胜钱自汉以来即有铸造，主要用于赠赏、压邪、镇库、开炉、铸钱或其他重大事件的纪念活动，后在民间广为流传，故民间俗称为"花钱"、"玩钱"。压胜钱种类繁多，一般有赐钱、古语钱、庙宇钱、撒帐钱、生肖钱、图案钱、符咒钱、洗心钱、洗儿钱、春钱、五毒祛邪钱、打马格钱等。

　　压胜钱一般都铸有吉语，用于喜庆祈福的压胜钱其正面有"千秋万岁"、"天下太平"、"龙凤呈祥"等口语，背面亦有龙、凤、双鱼、如意等图案；用于压邪禳灾的压胜钱，其正面通常镑铸有"祛邪除凶"、"五毒祛邪"等篆书文字，背面则常有龙、凤、龟、麟、双鱼、宝剑、八卦、北斗七星图案等；生肖钱正面是十二生肖动物图案，或配有十二地支文字，背面为八卦、星官、吉语等；八卦钱正面为八卦符，背面多为咒语，主要用于镇宅院、保平安、祛病邪、巫术占卜等；马格钱，亦称"马钱"、"打马格钱"，钱上或铸有马形马名，或铸有骑马将军及将军之名等。如魏将吴起、飞黄、赤鬼等；仿流通的钱币，其正面有"大泉五宝"、"永通万国"、"五行大布"等字样，背面亦有十二生肖、龟、蛇、剑等图案。

　　南通博物苑收藏有压胜钱100余枚，其质地多为铜，形制以方孔圆形为主，造型精致美观。现就介绍以下三种压胜钱：十二生肖钱、降魔钱、五毒祛邪钱。这三种压胜钱直径分别为3.1厘米、2.8厘米、3厘米，方孔圆形，质地为铜。

　　十二生肖钱，钱面是十二种动物，分配十二支：子鼠、丑牛、寅虎、卯兔、辰龙、巳蛇、午马、未羊、申猴、酉鸡、戌犬、亥猪，谓之十二属。文字有"长命富贵"、"天下太平"，图形有八卦、本命星官、天师驱鬼、降龙伏虎、龟鹤齐寿、加官进禄等，种类繁多。

降魔钱，这是道家驱魔伏邪之法物。钱面有玄天真武大帝像，上北斗、下龟蛇；背或有灵符神咒，或真武灵应、玄武大帝、降魔伏邪等道家神符名。道教降魔钱始于宋，盛于元，而传世品以明清铸品最多。

驱邪降福钱，其正面是"驱邪降福"四字和降魔道士，背面则攒有蝎子、蜈蚣、蛇、蜂等毒虫，端午节时人们把"驱邪降福"钱给孩子们佩带、玩赏，以求祛邪禳灾，保佑孩子们健康成长。

压胜钱的钱文和图案表述的内容极为广泛，反映了历代人民为祈求美好生活和幸福的思想、感情、愿望；反映了各历史时期的民情、民俗和人民的崇拜、信仰。从某种意义上说，它属于最早的纪念币，现在出的生肖、人像、长城、亚运等图案的钱币或许就是压胜钱的承袭。

千峰翠色缀一壶

——越窑青瓷皮囊壶刍议

张炽康

在我国古代漫长的陶瓷史上，曾经出现过一些具有鲜明民族特色和时代特征的瓷器品种，越窑青瓷皮囊壶就是其中之一。由于到目前为止，被发现的这种器物仍是凤毛麟角，这种以陶瓷技术仿制皮囊壶而产生的制品，还没有得到充分的认识和研究。本文试以南通博物苑收藏的一件越窑青瓷皮囊壶为主，对此作一初步的探讨。

一　苑藏越窑青瓷皮囊壶的特征

在南通博物苑诸多藏品中，有一件极为鲜见的唐代越窑青瓷皮囊壶，这件皮囊壶器身较矮，上安横梁，通高 20.4 厘米，腹侧宽 15.3 厘米，左右两侧和腹部各有一条凸起线，显然是模仿皮革缝合的形状；管状流，在横梁相对于管状流的另一侧翘起一羽状尾，尾下有一直径为 0.9 厘米的小孔；横梁下端与壶体的连接处，做成相对的龙首形，在二龙首相对的中心部位堆塑起一个近似菱形的小平台，其上和横梁上端都有一小巧的珠状凸起，并在提梁和壶身多处适当的位置压印了圆珠纹，可能是模仿真正皮囊壶上的装饰或配件；壶为圈足，底径 9 厘米，足墙较高，其内侧微外撇，底面施满釉，略有缩釉，中心微凸，足端露胎处靠内侧边沿隐约可见支烧痕，胎质致密，呈浅灰色，器身通体施淡青绿色釉，釉色均匀，光泽柔和滋润，整个器形浑圆饱满，具有浓郁的民族风格和明显的唐代器物的特征。

这件越窑青瓷皮囊壶出土于 1973 年，当时在南通电影院前人防工地被施工的民兵挖了出来，出土点距地表 2~3 米深，除少量零星瓷片外未有其他伴出物。史载该地在元代曾为万户府，明、清两代为守御千户所、参将府、总镇府等。由于此壶的发现是处于那个特殊的年代，因而未能进行科学的发掘研究，所幸的是竟丝毫无损。

二　越窑青瓷皮囊壶的历史渊源

　　皮囊壶是具有鲜明的民族特色的日常用器，主要为适应马上生活而制作，由于其造型别致，在我国唐代便已有金属、陶瓷的仿制品出现，当时的工匠以其他质料模仿皮革缝制的囊壶，能够做到非但在造型上酷似，而且连皮革的缝合线、皮条、皮扣等都能模仿得惟妙惟肖，使之在保持实用性能的同时，又成为独具特色的工艺制品。

　　根据现有的资料，唐代越窑青瓷所仿制的皮囊壶，已发现有两种类型，1985年河南三门峡张弘庆墓曾出土过一件越窑青瓷仿制的皮囊式壶，其"器体上扁下圆，口部椭圆呈盅形，上置伞状盖，细颈，弧肩起凸棱，肩部有两对穿钮，鼓腹平底，底周有矮圈足。通体饰淡青色釉，釉色莹润匀净。……这件瓷壶造型典雅，风格别致，是唐代前期越窑产品中的特殊器型之一"①。从造型看，这是一种模仿来自西亚地区商旅队伍所携带的皮囊壶的形式，其原型为当年丝绸古道上常见的小型贮水皮囊，具有明显的异域风格。

　　另一种是常见于我国北方游牧民族使用的皮囊式壶，至辽代发展为成系列的鸡冠壶，亦被称为马镫壶。《中国陶瓷史》对此类壶式作了较为详尽的叙述，其大体可分为五种类型，即扁身单孔式、扁身双孔式、扁身环梁式、圆身环梁式、矮身横梁式。其中矮身横梁式"壶作圆体矮身，平底，上有管口和横曲提梁。器身有皮条缝合装饰，……这种壶与陕西西安唐墓出土的白釉皮囊壶和西安市南郊何家村唐代窖藏中所发现的舞马衔杯纹仿皮囊银壶比较近似，可知此种器式渊源较早"②。南通博物苑所藏越窑青瓷皮囊壶基本属于这种类型。

　　值得玩味的是，上述两件越窑青瓷皮囊壶，虽然风格各异，造型不同，出现的时代也略有先后，但在制作工艺，尤其是器足、釉色等方面却极为雷同，又有异曲同工之妙，恰似越窑青瓷中一脉相承的"姐妹壶"。

　　唐代是我国封建社会的鼎盛时期，唐王朝以其博大的胸襟融合了中外多民族的灿烂文化。作为唐代瓷器"南青北白"格局中青瓷的代表，位于江南地区钱江流域的越窑烧制出不同类型、风格迥异的青瓷仿皮囊壶，充分反映了当时各民族间的经济和文化交流。

三　苑藏越窑青瓷皮囊壶的工艺特色

　　南通博物苑所藏的这件皮囊壶作为越窑青瓷中这一壶式的孤品，在目前所见有关越窑窑址的发掘报告中还没有发现关于此类器物的记录，这说明皮囊壶作为一种引进的新的器形，在唐代的越窑青瓷中还是一个珍稀的品种，从其制作工艺和装饰手法来看，可以说它已经游离于普通的实用器具，而是作为一种艺术品出现的。

一般来说，唐代越窑青瓷追求"类玉"的效果，主要以釉色取胜而较少使用其他装饰手法，从这件皮囊壶莹润匀净的釉色和简洁明了的外形可明显地看出这一特点。制瓷工匠们在吸收皮囊造型特征的同时，还注意运用制瓷工艺的特点，使两者有机地结合起来，从而达到一个非常完美的境界。特别是在提梁与壶体的连接处，工匠们运用陶瓷工艺中捏塑、堆贴的手法，做成两个相对的龙头形，使这件貌似平常的皮囊壶的艺术形象得到了升华。此龙头装饰原先被认为是马头，仔细观察确与马头相像，经过考证，我认为还是应作龙头为妥。理由有二：一、从其与提梁结合的形式而言，应该是龙身的造型更为合理，尤其在二龙首相对的中心，制瓷工匠恰到好处地堆塑了一个小小的珠状凸起，巧妙地形成了"二龙抢珠"的传统样式；二、从北方红山文化遗址出土的"三星他拉龙形玉"可见到这类龙的祖型。关于"三星他拉龙形玉"究竟是龙还是马，一度亦曾有过议论。《周礼·夏官》中有"马八尺以上为龙"之说，马作为北方游牧民族的图腾之一，与龙有机地结合为一体，成为一种神圣的崇拜物，"所以如果我们不从龙的本体起源论出发，只是以龙的家族扩大化即从龙的支系衍生论出发，也可以称这个马形玉为'三星他拉碧玉马龙'，以示其与龙相关"③。事实上"三星他拉碧玉龙"还是得到大多数学者的认可。基于同样的道理，在这件皮囊壶的提梁上出现的动物头型，虽然具有马的特征，而把它视作龙，亦是顺理成章的。聪明智慧的唐代越窑制瓷工匠以其敏锐的洞察力，准确地捕捉到了这一细节，成功地加以运用，从而成为皮囊壶上的一个高度概括、极为典型的鲜明印记，进一步印证了这一器物的造型是来源于北方的游牧民族。试想如果在此处塑造两个我们汉族地区常见的传统样式的龙头，那将会成为怎样一个不伦不类的东西。由此我们不得不由衷地赞叹唐代越窑制瓷工匠的这一点睛之笔。

我们再从这件皮囊壶的造型来分析，它明显地保留了汉民族陶瓷文化的色彩，短而直的流、玉环形的底足以及浑圆饱满的器形，与唐代瓷器的造型特征相吻合，至于相对于管状流的羽状尾，似应为时代更早的鸡头壶的孑遗，它使壶的外观给人以均衡、对称和平稳的感觉。尾部下面的圆形小孔，其作用估计是为了在灌注液体时便于排出壶内的空气，或使出水更为流畅。器表的装饰恰到好处地运用了捏塑、堆贴、压印等手法，再加上光洁柔润的釉色，简洁而不失精巧，使整个器形显得雍容大度却干净利落，结构上也十分科学合理，不失为越窑青瓷中的精品。

四 越窑青瓷皮囊壶与"秘色瓷"

对"秘色瓷"的探讨和研究，曾经是陶瓷史上的一个热点，陕西扶风法门寺地宫出土的秘色瓷器，使人们揭去了多年来蒙在"秘色瓷"上的神秘面纱，终于认识了"秘色瓷"的真正面目。"'秘色瓷'从广义上讲，就是指越窑青瓷；从狭义上讲，应当是从越窑青瓷中拣选出来的精品"，"法门寺发现的越窑青瓷与文献记载相印证完全证明了秘色瓷为唐五代时越州窑烧造的贡瓷"④。《中国陶瓷史》对秘色瓷的特征曾概括描述为"质地细腻，原料处理精细，多数呈浅灰或灰色。胎壁较薄，表面光滑。器型规整，口沿细薄，转折处分界显明，给人以轻巧之感，成型操作十分严格。胎外通体施釉，薄而均匀，……胎釉结合紧密"⑤。从南通博物苑收藏的这件越窑青瓷皮囊壶来看，其胎质致密，造型规整，流口、圈足棱角分明，显然在制坯成型后经过了精细的修坯工序，流和提梁与壶体的衔接十分自然流畅，青翠的釉色光洁柔和，连流的内壁也施以匀净的青釉，所有这些再加上它独特的风格和巧妙的装饰，无不充分凝聚了唐代越窑制瓷工匠的聪明才智，体现了当时越窑青瓷的较高水平。这件越窑青瓷皮囊壶的出土地点在历史上曾数次作为古通州军事衙署的所在地，由此推断它不会是普通人家的日常用器，我们把它归入"秘色瓷"的范畴应是当之无愧的。

五　结　论

纵观整个瓷器仿皮囊壶的演变，经历了一个漫长的发展过程。起先是由中原及南方陶瓷工艺发达地区吸收引进北方游牧民族皮囊的形式，作为瓷器中的一个新的品种而出现（这时南方瓷窑烧制的皮囊壶数量极少，只是供少数达官显贵享用的珍品），继而，随着制瓷技术的流传和推广，以及北方游牧民族生活趋于安定，制瓷工艺逐步发达，又在北方特别是在辽的统治地区普及为日常用器，最终成为辽瓷中具有鲜明民族特色的代表作品。正如人们所总结的，"日用品的艺术化，艺术品的实用化，是鸡冠壶发展流传中始终遵循的方向，它的出现本身就具有极大的观赏价值"⑥。

从各方面分析，南通博物苑收藏的这件皮囊壶属于越窑青瓷中引进皮囊壶的早期类型的制品，其制作时间当在盛唐到晚唐这一时期，从它的造型中出现圈形底来看，定为晚唐似更为恰当。因此，我们可以说，这件越窑青瓷皮囊壶亦是以后大量出现的鸡冠壶的先驱之一。

建城于五代的南通当时尚不繁华，亦非重镇，这件珍贵的瓷器在何时又通过什么渠道流落到南通，已难以考证。尽管如此，作为目前越窑青瓷中的唯一孤品，这件皮囊壶从出土之时就受到人们的珍视，历经国内古陶瓷专家的鉴赏，获得极高的评价。在1994年国家文物局组织的对馆藏一级品的鉴定中，被正式定为一级品中的"国宝"，列为江苏省24件国宝之一。

注　释

① 许天申《试论河南出土的越窑瓷器》,《江西文物》1991 年第 4 期《中国古代青瓷研究专辑》,第 4 页。

② 中国硅酸盐学会《中国陶瓷史》, 第 320 页, 文物出版社, 1982 年。

③ 王大有《龙凤文化源流》, 第 118 页。

④ 李辉柄《略谈法门寺出土的越窑青瓷》,《文物》1988 年第 10 期。

⑤ 中国硅酸盐学会《中国陶瓷史》, 第 196 页, 文物出版社, 1982 年。

⑥ 齐东方《白瓷刻花鸡冠壶》,《中华文物鉴赏》, 第 159 页。

灶丁煎盐的执照

姚 锷

南通是苏北沿江的重要城市，东临黄海，历来就有鱼盐之利。远在唐代，南通就叫盐亭场。到了北宋太宗太平兴国年间，在通州（南通古称通州）设立盐监，下辖西亭、永兴、吕四、石港、利和、金沙、余庆等七个盐场，当时年产海盐四十八万九千余石，有盐官专门执掌盐务。当时通州盐业之盛，已具相当规模。但从历史上遗留下来的有关这方面的文物却很少。最近南通博物苑清理出一件清代有关盐业的珍贵文物——"场牌"，这是当时灶丁起火的执照（按当时规定，灶丁如停煎，则需将执照缴销）。

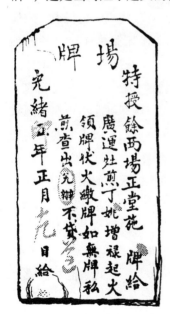

煎盐执照（右，背面 摹本）

"场牌"系木质，高15.6、宽8.4、厚0.7厘米。上方左右两角截去，呈梯形，各长2.5厘米。正面上方为"场牌"二字，下边文为："特授余西场正堂施牌给广运灶煎丁姚增禄。起火领牌，伏火缴牌。如无牌私煎，查出究办不贷！光绪五年正月十九日给"。在"施""丁"两字下之顿点为朱笔，"究办"二字用朱笔圈过，在"不贷"下面有一朱笔的"遵"字，最后的"十九"二字亦系朱笔。另外在光绪五年的"五"字上复有朱笔的一个"印"字。背面"正堂"二字，堂字下面有一朱笔所押之"行"字。这件文物对我们研究南通地方盐业生产提供了参考例证。

两本罕见的算盘

董永珍

算盘，是一种计算数目的工具。由筹算演变而来。其长方形，周为木框，内贯直柱，俗称"档"，一般为九档、十一档至十五档，档上有一根横梁，梁上钻孔，镶小棍儿十余根，每根上穿一串珠子，叫算盘子儿，也叫算盘珠。算盘珠多为木制，扁圆形，中间有孔。常见的是两颗在横梁上，每颗代表数字为五；五颗在横梁下，每颗代表数字为一。运算时定位后，按规定的方法拨动算盘子儿，可以做加、减、乘、除等算法。算盘装置的算珠多少，取决于乘除运算记数的需要。

那么，算盘起源于何时？何人发明的呢？迄今众说纷纭：有汉代说、唐代说、宋代说、元末明初说等等，意见颇不统一。据考证，在我国北宋名画家张择端所画的卷轴《清明上河图》的左端，赵太丞药店的柜台上，画有算盘的图形。我国考古工作者1921年在河北省巨鹿县故城，发掘出北宋大观二年（1108年）因黄河改道淹没在地下的一颗木制算盘珠，现存于北京中国历史博物馆。因此，目前认为，珠算可能出现在我国宋代以前，至少已有千年历史了。在明代，珠算界人才辈出，珠算得到了极大的发展，是我国珠算的全盛时期。它还跨洋过海分别传入了日本、朝鲜、越南、泰国等地，近代在美洲也流行。它不是哪一位科学家的发明，而是我国历代人民集体智慧的结晶。

南通博物苑收藏的两本清代算盘。其一，长80厘米、宽20.2厘米、厚2.5厘米，为四十九档，每档七个算盘珠，梁上二珠，梁下五珠。算盘的边框及横梁上刻有挺秀的楷书字样，下边框刻有一列合体单位（如图）。其二，长45厘米、宽24.5厘米、厚2.5厘米，为二十五档。每档九个算盘珠，梁上四珠、梁下五珠，算盘的边框和横梁上也有文字，两本算盘的字体相同。

两本算盘质地为木，均有底板，榫卯结构，无钉，起固定作用。铜质档杆为贯串，圆状算盘珠。档次为单数，中间一档为中心，两旁起对称的双数。每隔一档相差十倍。横梁上的文字，以中间"壹"为基础，以"壹"往右为小数法，往左为大数法。"周复"后转入上边框数目字，下边框的数目字为虚的，左边与右边框的文字，注明了它们的进位关系。

我国传统的算盘档的横梁上是二珠，横梁下是五珠，是因为当时权衡重量采用十六

（四十九档算盘下边框的单位文字图）

四十九档算盘下边框的单位（从右往左排序）

进制，逢十六进一，上二珠表示十，下珠表示五，又因为当时乘法采用"留头乘"。"留头乘"，亦称"穿心乘"，它是筹算及珠算中乘数在三位以上时的一种乘法。上一珠不够用，必须要上二珠才够用，到目前，一些老财会人员受了长期的习惯影响，仍喜爱使用上二下五珠的算盘，所以市场上依然有上二珠下五珠的算盘出售。

笔者曾见过上五珠下五珠的算盘。为什么横梁上要用五个珠呢？有两方面的原因：一，当时惯用"留头乘"的乘法；二，暂时不进位，拨上珠代进位，可以缩短运算的时间。上五珠下五珠是三十进一，也无不可，但也可以作为一珠代表一，为幼儿教具逢十进一所用。

算盘梁上的三、四、五珠，都是从前至后乘，当时来说属于先进之方法，它有两大优点：第一，顺手，不要进位；第二，计算时速度快。

南通博物苑收藏的两本算盘是罕见的，四边框刻的这么多的文字，据说，在全国都未见过。是故引起了国内外珠算界的专家们和有识之士的极大兴趣，日本的有关专家曾数度专程来我苑鉴赏这两本算盘。据评价，不但为稀有之物，而且对研究传统的数学有着极重要的价值与意义，我苑已将其列为上等级的珍贵文物。

现在，我们有了超大型的、能进行百万次运算的计算机，但我们不能忘记过去，不能忘记中国曾经有过的古老文明。从结绳记事，到珠算计数，到电脑运算，从原始计数走向现代电算，揭示出人类在计数、计算从必然走向自由的历程。算盘构造简单，使用灵便，造价低廉，它不仅是计算工具，而且还可以启发智力，有装饰、招财吉祥物的用途，更具有独特的教育职能，所以，现在仍盛行不衰。它是东方文明的一朵奇葩。

（原载《南通博物苑建苑九十周年纪念文集》，南通博物苑编印，1995 年）

嵌银丝透雕八仙紫檀笔筒赏析

陈　玲

　　明朝晚期由于政权不稳，文人厌恶政治，逃避现实，大兴奢侈糜烂之风，一味追求生活中的美器，使得作为案头文具最具装饰性的笔筒，异军突起。据《广志绎》载："如斋头清玩、几案床榻，近以紫檀、花梨为尚，……雕镂亦皆商周秦汉之式，海内僻远皆效尤之，此亦嘉、隆、万三朝为盛。至于寸竹片石，摩弄成物，动辄千文百缗。"这一时期，文人自制成癖，竹木笔筒大兴，各流派争雄斗艳，木制笔筒式样层出不穷，许多精美绝伦的笔筒，"几成妖物"，令人叹为观止。

　　南通博物苑收藏的明末嵌银丝透雕八仙紫檀笔筒，口径13厘米，高17.8厘米，呈圆筒形，口底相若，以名贵的紫檀木雕琢而成，材质厚薄适中，筒体包浆完整，紫黑透亮；器身纹饰布局繁密，构图严谨，工艺精湛，可谓这一时期的经典之作。该器器口切面和器体口沿分别用银丝嵌一圈"回"纹和变形卷草纹为饰，图案清晰，干净利落；筒身以明嘉靖以后社会上广为流行的八仙人物作主题纹饰，配以茂密的松柏、嶙峋的山石和小桥流水，画面十分生动。八仙慈眉善目，须发飘逸，身着宽衣长袖，各执宝物，或闲谈、或观景、或修炼、或吹笛欢舞，情趣不一，清静逍遥，其乐陶陶，表现出八仙畅游山野、陶然世外的超逸欢愉的情景。筒身下方用深浮雕手法，雕三条首尾相接的龙，器底承以三足，器底面浅刻竹纹图案。拼接底座，使器身与器物底座有浑然一体之感，制作者巧妙地将底座外壁制成凸出的圆弧，并满饰图案以遮瑕疵，同时，又借以增加器物的稳重感。

　　此笔筒不仅画面设计精巧，其刀法工艺亦十分娴熟。人物、衬景刻画精细，形神毕具，作者运用线刻和浅浮雕等技法，化坚硬为柔软，以刀代笔，在折笔中参以直笔，在阔笔中辅以细笔，或疏或密，或长或短，或深或浅，飘洒自如，勾勒出人物面部、身体及衣纹，线条挺括流畅，刀法简练而传神。而人物衬景，则采用深刻和透雕刀法，勾勒烘染，细腻逼真地再现纤细如毫、层次分明、重重叠叠的松针，尤其山石、松柏、云雾以镂空挑出，更显山石、松柏的深远，功力深厚，刀法雄劲老辣。整幅画面，在气脉贯联方面表现出了作者精练与娴熟的艺术功底，极具浓厚的绘画意味。这种雕刻与绘画相结合的技艺，是明代末期木雕笔筒的突出特点。

　　这件嵌银丝透雕八仙紫檀笔筒无款识，或许是文人闲暇时的作品。从其构图和工艺判断，此物非庸工所能，制作者在赋予笔筒艺术价值的同时，亦表明了一种生存格调的追求。

中国最早的博物馆参观券

——南通博物苑观览证

胡小甜

　　创建于清光绪三十一年（1905 年）的南通博物苑是我国的第一座公共博物馆。南通博物苑创建之初关系是隶属于通州师范学校的，并没有对社会公众开放，它的观众源主要是师范学校的学生，所以开始时也没有使用参观券。

　　南通博物苑的建设颇具特色，它是一座融中国传统园囿艺术与西方建筑风格于一体的景点，除了建有中馆、南馆、北馆等用来陈列的展览室外，创办者还别出心裁地在景点中建有一些亭台、假山、水池等园林建筑设施，配以室外陈列。同时，苑内广植名贵花木，饲养少量动物，成为一座"园馆一体"的综合性博物馆。这些特点必然引来许多人的向往。同时，博物馆作为社会发展的一个新鲜事物，它的产生必然引起了许多人的关注，南通博物苑也不例外。开办之后，来博物苑参观的人越来越多，观众也不仅仅局限于师范的学生，而涌入了许多社会上的群众。因为观众的多而杂，就难免发生一些不讲社会公德的事件，博物苑也出现了暂停开放的状况。但是不对外开放也不是长远之计，为了让博物苑的管理更趋正常化、规范化，创办人张謇就想到制订一些制度来规范和约束参观者。1913 年，他委托当时的苑主任孙钺起草了《南通博物苑观览简章》，并对外公布。在《简章》的前面，张謇还加上了一段引言，阐述了他制订《简章》的缘由，把不守社会公德的行为，提高到关乎国家形象的高度来认识，深刻地阐明了他兴办教育的深刻用意。引言内容如下：

　　　　博物苑之设，为本校师范生备物理上之实验，为地方人民广农业上之知识。规划之久，经营之难，致物于远方之繁费，求效于植物之纤迟，三四年来，盖已苦矣。本拟俟物品陈列完备，详订管理规则。而本校及各校生及外人来苑观览者，沿习敝俗，鲜明公德。有随意攀折花木者，有摇动叠石者，有坐剥亭柱者，有行走不循正路践伤花草者，有踏墙攀窗者，有率引无意识之男女成群闯入者、不受园丁请问姓名来历者，甚有殴扑请问之园丁者。种种无礼，令人叹恨。外来无意识人犹可恕，以未受教育也；他校学生犹可恕，以不甚关切也；本校学生则身受本校之教育，应知此苑附属本校，有共同爱惜之心，不意现状亦不免如此。此由鄙人不常莅校，又德薄能鲜，不能感人纳于轨范，实深愧歉。然若姑息为容，不复裁之以义，则放任为教，鄙人益无以对我诸生。用是先行订立观览简章，付苑事务所实行。闻之西人游日本公园者，见禁止攀折花木之令，嗤为日本一般人民公德太薄，泰西不如此。今以本苑现状观之，乃更下于日本甚矣，可愧也。愧状既现矣，犹之疾也，与其讳之，永无廖日，无宁药石焉，或者疾有已时乎？

《南通博物苑观览简章》除阐述了创办者的一些思想外，还对一些不讲公德的不文明行为予以限制，并作出处罚规定。

在制订《南通博物苑观览简章》的同时，张謇还制作了观览证牌，配合《简章》的实施。

观览证分公证牌和特证牌两种。公证牌除本校存用20枚之外，其他各校及有关机构也均有分赠，根据不同单位而定数量，数量有多有少，在4～12枚不等；而特证牌则是各处均存1枚。观览证均用白铁皮制作，裁成长方形，正面墨书"博物苑观览证"，背面写有各持有处的名称。公、特两牌的主要区别在于公证牌以白漆为地，特证牌则施以黄漆。

来苑参观时，除了南通师范的理科教员带学生来上实习课外，一般观众都必须领取公证牌，并由持特证牌者带领，交苑方验明后方可入门。参观完毕后再将公证牌返还领取处。因此，这两种观览牌可以反复使用，这与后来的一券一次制不同。

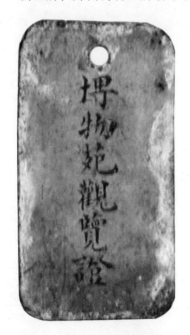

博物苑观览证

20世纪初，南通在张謇先生的经营下，企业、文化、教育、社会公益等各个方面迅猛发展。到1920年，南通各业更是显现出前所未有的兴旺之势，外来游客也随之剧增。为了适应形势，由南通实业总稽核所和中等以上各学校联合，特地印制了南通博物苑参观券，以供参观者领取参观。此时南通博物苑，早已脱离了通州师范学校，而成为独立单位，原有的博物苑观览证也随之废除。

由于博物苑观览证制作甚少，保存下来的更少，至今已极为罕见，南通博物苑也仅收藏一枚。这是1985年初，南通市开展文物普查，一位名叫孙刚的先生，将自己家中珍藏多年的一枚博物苑观览证捐赠给了南通博物苑，这才让大家亲眼目睹了此物的真实模样。

这是一枚公证牌，它长6.5厘米，宽3.5厘米，偏上端的地方钻了一个直径为 0.4 厘米圆孔，可以系线用以悬挂。牌子正反两面都涂有白漆，但是因为时间已久，色泽已暗淡，白色已微微泛黄，并稍有剥落。但是两面墨书仍然清晰可认，正面的"博物苑观览证"，背面的"国文专修科"，是博物苑首任主任孙钺亲笔所书。这是一枚发给国文专科专用的公证牌。这里的国文专修科是张謇聘请著名学者屠寄开设的，当初附设于通州师范校内，是为培养文秘人员而特设的。

　　曾有人认为，北京古物陈列所于 1919 年 10 月 10 日发行的参观券是我国博物馆最早的参观券。相比起来，南通博物苑观览证比上面提到的参观券还要早 6 年。作为中国博物馆参观券的创始品，它尤其值得珍视。

（原载《中国文物报》1997 年 8 月 10 日）

冷山禅师及其语录

陆　琴

　　南通博物苑旧藏有一批《冷山商禅师语录》残书版，这批书版计存 33 片，每片长约 20.8 厘米，宽 30.2 厘米，厚 1.5 厘米，两面雕刻，各刻两页。每页版框纵 20.5 厘米，横 14 厘米，10 行，满行 20 字，字体为宋体。版心上端刻"支那撰述"四字，此"支那"即古代印度等国对中国的称谓。用在这儿，显然是从印度佛教的角度，讲此书是中国人的著述。版心中部刻书名"冷山商禅师语录"及卷次、页码。

　　尽管书版遭受虫蛀，并且还有多处残断，但字口却很新，说明它并没有经过多次刷印。在卷末的一版上还刻有经幢状的牌记，可惜早被人为地铲平，仔细辨认残留痕迹，知牌记内曾刻字三行，从右至左分别为"天宁嗣法门人行贞供赀敬刻"、"时"、"康熙四十年紫琅丈室识"。从卷内"住维扬通州东山弥陀禅院"、"住维扬通州狼山广教禅寺"等记载看，这位冷山禅师于清代康熙初年在通州寺庙里传法。通州即今南通市，当时是扬州府下属的一个散州。

　　令人遗憾的是，清代各种《通州志》，甚至着重记述狼山史事的乾隆《五山全志》，都没有冷山及其著作的任何记载。有关冷山的史料，我们只找到清光绪二十六年（1900 年）通州人达李撰写的《狼山广教寺中兴第十一世冷山禅师塔记》，以及民国十八年（1929 年）狼山广教寺编印《僧伽应化录》时所附《狼山高僧传》中的一篇传文。这两篇文章对冷山的记载大同小异，互有详略，推想都是根据狼山寺僧保存的有关冷山的材料而写成的，只是经历时代翻覆，那些材料已无从寻觅了。所幸借助两篇文章，尚能勾勒出冷山的生平大概。

　　冷山名德商，字起予，明崇祯六年（1633 年）生于通州一个王姓人家。父母的持斋奉佛，使他在幼时就深受影响。稍稍长大后，在私塾读书之余，他更嗜好佛教经论，并时有出家之想。清顺治八年（1651 年），浙江天目山禅师古平灏和尚来通，驻锡于东山弥陀禅院，冷山执意拜于门下，并于两年后在常熟三峰寺接受了具足戒。由于初入禅门，禅机不契，他奉师命四出问道，其间曾参谒过唯岑净嶽、启明鉴和三宜明盂等一时名僧，可终于未能解悟而返。直到顺治十三年（1656 年）因在浙江径山谒拜师祖梦庵律禅师，偶涉前疑，忽有所会而初领禅悦。顺治十七年（1660年），他在杭州玛瑙寺于剔灯芯时而得彻悟，并于次年得古平师所授大法，成为曹洞宗第三十一代传人。康熙六年（1667年），他被延请主持通州新建的紫薇禅院，四年后移主东山禅院，又四年后因狼山总兵诺迈等人的邀请，入主狼山紫琅禅院。这个紫琅禅院，是诺迈对原广教寺大规模修建后新的命名。康熙三十六年（1697年）春，冷山为镶蓝旗一位李大施主的丧事而离开狼山北上，本年秋圆寂于京城观音禅院。遗体火化后，灵骨被护送回通，三年后安葬于狼山之麓。

冷山的传法弟子，据记载只有湛庵、濂宗和奕绍三位。其实，至少还有一位被遗漏，即出赀刊印语录的那位行贞。事实上，在书版上还能看到"嗣法门人行濂、行贞等录"的字句，说明他更参与了冷山语录的编辑。另一位行濂，或即传记里提及的濂宗。

依照两篇传记文讲，冷山为狼山的第十三世禅师，这一世系想来有所据，只是我们尚不知是自谁数起。狼山禅院在宋代先后有智幻和慧温知名于世，此后则衰落无闻，所以到了冷山时被视为"中兴"。只是这个中兴的局面并没有维持多久，冷山的徒子徒孙们就闹了内讧，最终将寺庙分成七房，人事经费各各独立。想来，那位行贞被遗漏，甚至在书版上被铲名，就是这次分裂的后果。冷山语录一书刻成而未能流布，致使地方志书从无著录，当亦与此事有关。

因为我们尚未访到这部《冷山商禅师语录》的成书，所以给书版的整理带来了困难，一方面是书版残失太多，许多版次不连贯；另一方面是书版本身的问题，如版心卷次与正文所标不符等，更何况卷次、页码还有一些已残损不清。在这种状况下，我们按其内容重新作了编排，删去了一些不能反映文意的残存文字，将其余文字改分为上下两卷。上卷分别为住紫薇禅院、东山和狼山三处的开示法语，以及诗文杂著。"杂著"这个名称是原书就有的，内容为禅语以外的诗文作品。下卷则是对禅门公案的参解或示要，形式有征古、代古、别古、颂古等。这些参解对禅理契入到什么程度，有无独特的见识，我们限于悟性和水平，尚不敢妄加断言。却是上卷的史料价值，比较容易感觉到。

上卷紫薇禅院等三处道场的语录，有助于我们了解当时寺庙及禅僧状况。如其中频频出现的新塑佛像开光示语，以及重修宝塔完工谢语，正反映出当时通州一带佛教的骤然兴盛。再如僧人们的"普请"，让我们看到他们尚保持着百丈怀海"一日不作一日不食"的家风，与后来的七房僧众坐享香资和租田收入，有着根本的不同。

另外，冷山的一些法语，通常也是抓住眼前的事物来开示人，不劳远借，这就无意中为后人保留下那些事物，如有一则法语云：

> 龙王桥一味放行，盐仓坝尽情把住。且道任家港渡人船，凭个什么道理，便尔收放自由？

　　此中的"龙王桥"、"盐仓坝"和"任家港",至今还作为地名存在,所以这段话对追寻地名来源就有着特殊的意义。

　　至于诗文杂著中保存的史料则尤多,此处仅举一例,即一题为《康熙壬寅,崇川、海邑诸禅刹悉作兵营,僧尽散居民间,因陈十颂,以纪一时》的组诗。崇川为通州的别称,海邑则指海门县,而壬寅乃是康熙元年(1662年),其时冷山正为古平师的丧葬事留滞于通。此诗是通海一带寺庙所遭变故的实录,而这一变故,正是清廷为防郑成功等兵事而推行的"迁界"之策的直接苦果。对于此事,地方志或避而不提,或语焉不详,因此,冷山的秉笔直书则尤其显得珍贵。

　　　　　　　　　　　　　　　　　　(原载《博物苑》2002 年第 1 期)

顾国宝用石套印

赵　鹏

1983年，季修甫先生向博物苑捐赠了一件明代末年通州人顾国宝用的石套印。据季先生讲，此为解放初偶然在南通市肆上得到的，值得庆幸的是在"文革"抄家时，它侥幸地逃过了劫难。

套印，顾名思义，它是由两方以上大小不同的印套合而成的组合印章。汉代有一种子母印，应是印的早期形态，只是那时每方印章只用一个印面，最多套在里面的小印也只用两个印面。不过，独体的多面印却在战国时就已出现，而且到魏晋时期很为盛行。把单面套印和多面独印结合起来是明清以后的事，而且其质地不仅有铜，也有印石。由于古代的印章多施用于泥封的钤盖，多面印能够充分地利用印体，同时又不妨碍使用。但明清以后改用印泥的钤盖，多面印在实用时容易致使印油污手，不便使用，故往往仅被作为一种文玩。

顾国宝用的这一套印，由青田石制成，因为内心部分已缺失，原来是几套印已不得而知，但从现存看，最起码它有三套。现存的是最外和中间的两套，每套均有五个印面，而另一面则向内掏空，以容纳小一号的印章。

外面的一印4.5厘米见方，五个印面分别刻的"世德作乘"、"顾国宝印"、"别号廓庵"、"壬戌进士"、"给谏之章"；中间一印3.5厘米见方，分别是："顾氏元善"、

"国宝之印"、"壬戌进士"、"廓阖居士"、"古黄门氏"。印文内容反映着顾氏的身份，"壬戌进士"指他于天启二年壬戌（1622年）考中进士；"给谏"是"给事中"的别称，顾国宝曾任吏科给事中之职；"世德作乘"的"乘"字作记载解，此印的意思是说顾家世代以崇德来辉映史乘；据《顾氏宗谱》，顾国宝一宗为南朝梁陈时期的大学者顾野王的后代，顾野王入陈，官至黄门侍郎，故印章"古黄门氏"，意谓自己乃顾野王之后。

顾国宝在通州应算是一位颇有名气的人物，清代的几部《通州志》都有他的小传。他的祖父顾养谦曾经做过蓟辽总督等官，死后还被追封为兵部尚书，可顾国宝却不愿照例接收政府的封荫，坐享其成地享受特权，而是通过自己的努力，考中进士，走上仕途。此事也能让我们看到他的志向。《康熙通州志》的小传说："顾国宝，字元善，大司马养谦之孙，比部郎懋贤之子也。志不就荫，力学甚勤，第壬戌进士。初任平湖令，调嘉兴，有廉能声。行取给事中，先后丁内外艰九年，始补吏科，主考浙江，称得人。通故滨江海，监察使者不时时至，里民疲于供应，而吏胥更夤缘为奸。宝倡为纲差法，民困稍苏。其后卒于官，里民为立祠以祀。"顾国宝的专祠就附设于州城隍庙旁。这么一位有功于乡里的人物，能于近四百年后仍有他使用的实物留存，这一套印就已足以珍视；更何况，这套印章还是中国篆刻史上不可多得的明代的实物例证。此印章刻制的具体时间虽已不可考，但肯定是在顾国宝任职吏科给事中之后，而从印文未出现此后的官衔推想，印章刻制当是崇祯初几年的事。

中国的篆刻，自明代文彭、何震身体力行地倡导和影响，掀起文人治印的热潮，导致了各种流派的兴起，到明代末年，已呈现出"名流竞起，各植藩围"之势。此时的印章早已从"实用艺术"走向"欣赏艺术"，已从书画的"附庸"转而成为一门独立的艺术。然而，这一时期虽有一些印谱的留存，但印章实物却存世甚稀。顾国宝用的这一套印的作者是谁，我们还得等待将来的考证，不过这对印章的宝贵价值并没有过多的妨碍。因为通过这一实物，我们能清楚地了解作者如何在运刀，如何在着力。而这一点，又正是任何一部印谱都无从反映的。

作为多面的套印，作者在镌印时，似乎曾考虑到印面风格的变化。尽管这套印从整体看，仍不脱明末流行的整饬平滑的风格，但细看每一方印，作者却尽量避免着与他印的雷同。白文印中，"顾国宝印"仿用汉印平实一路风格，笔画匀称，方中带圆，显得典雅端庄；而"别号廓庵"一印，字形采取圆势，笔画虽较粗重，但不觉臃肿；至于"顾氏元善"一印，则以瘦劲的笔画来表达文字的力度，只是左右字与字间的留红太多，微觉涣散。"廓阁居士"是一方朱白相间印，作者将笔画多的"廓阁"两字处理成白文，另两字则刻成朱文，大概是想借此来达到一种平衡的效果，而事实上却做成左右的轻重对比。这种对比与朱文印"国宝之印"有异曲同工之效。只是"国宝之印"笔画太粗，宜乎给人有笨拙之感。朱文印中以"给谏之章"最为出色，其用笔方直劲挺，且略有粗细变化，使人感到此中的隽利明洁；微嫌不足的是"给"字"口"右上一竖忽折而向内，本意或是以此补其空缺，但终究有乖六书，实不足取。大"壬戌进士"和"世德作乘"笔画虽有粗细的微异，但都是以圆转之笔来表现印章的灵动，只是处理得都没有到位，因而字字呆板；尤其是后一印，"世"字采用古体，已是牵强，"乘"字更是不合六书的杜撰，难免要被人齿冷。"乘"字有人误读为"士"，其实这里是"禾"字与"北"字的拼合，篆书"乘"并不是这样写的。另外两方朱文印"壬戌进士"和"古黄门氏"，一字形外张，一字形内敛，都采用那时认为的"古文奇字"，其造成的效果均一无可取。这也反映着流派印初起阶段，印人们无所拘束、多方摸索状况。

最近偶尔读到南通顾庸斋的诗词，知道这一套印在季先生于市肆购到之前，还曾被近代南通人徐贯恂收藏过。顾庸斋是顾国宝的后裔，他那首诗的题目为《先十世祖给谏公有六面镌字印石，大小各一，流落乡间，为澹庐寓目，购藏其家，承钤一纸相赠，笔画如新，赋两截志感》，诗是两首七言绝句。

其一：

先公通籍蟠螭印，更递藏珍遇鉴家。

毁椟幸非龟玉比，芝泥钤出识清华。

其二：

选事当推城北公，知音隽赏似焦桐。

食吾旧德承名氏，永宝深惭缵绪功。

同时作的词，词牌为《玉连环》，并有小题说："澹庐得余十世祖给谏公六面篆刻石章二方，印笺相遗，昨曾感赋两绝，意犹未尽，爰再倚声，志慨靡已。"所谓"意犹未尽"，想是看到自家祖先的遗物藏于他人，心中感慨莫名，故最后有此"还合浦珠还"之语。全词如下：

金龟左顾凝注，漫矜异数。素缣抑埴字朴制篆书交互。永宝列参彝鼎，有人珍护合浦珠还，笑倩天公分付。

顾庸斋诗词中的"澹庐"，就是徐贯恂的号。徐家在近代南通号称首富，而其人又好诗文书画，广交名流，风雅自任，故收藏也富有。顾氏诗词作于1934年，可惜隔不两年徐贯恂就病逝于上海，家中的藏品最终荡然一空。顾国宝用的套印，想亦是徐氏去世后流入市肆的。

（原载《博物苑》2004 年第 2 期）

郑板桥、丁有煜铭文砚

葛云莉

在南通博物苑《南通历史文物陈列》中，有一件引人注目的展品，它就是刻有郑板桥、丁有煜两人铭文的一方松鹿纹砚台。

这是一方自然形状的石砚，砚的最长为 40 厘米，最宽 32 厘米。石色青黑，并布有闪闪发光的小云母点。民间把这种石材称为澄泥，其实它与陶制的澄泥完全是两回事。砚面中部为砚池，上方雕刻了一株苍松，砚池下方则镌刻有双鹿。按松喻长寿，鹿指仕进，都是民间常见的吉祥图形。此砚因材取形，镌刻粗犷，颇为古朴可喜。

在砚背中心部位经打磨平滑后，刻有郑板桥的行书砚铭：

> 南唐宝石，为我良田。缜密以栗，清润而坚。麇丸起雾，麦光浮烟。万言日试，倚马待焉。降尔遐福，受禄于天。如山之寿，于万斯年。

落款为"板桥郑燮志"。在砚背的左侧粗糙的石面上，还刻有落款为"双薇园主人记"的行书铭文：

> 茂如松，福禄无不宜。惟质清而且腴，信一丸之堪宝。

"双薇园主人"即是丁有煜的别号。丁有煜（1682～1764 年），字丽中，江苏海门人。因擅长画竹，而竹不离"个"字，故自号"个道人"。他少年时代曾学举子业，中秀才后便摒弃，转而致力于诗、古文辞和书画、篆刻，且能自成一家，尤以诗词和水墨画声名最著。他的著作《双薇园集》、《续集》和《与秋集》等都在清代文字狱中被列为禁书，故世间罕见。

清代康熙中期到乾隆年间，在扬州地区活跃着一批文人画家，如金农、黄慎、郑板桥、李复堂、李方膺、汪士慎、高翔、罗聘等等。他们愤恨官场的腐败，同情民间的疾苦，多借画作来抒发自己内心的郁懑。在表现形式上，他们追求个性的发挥，不拘一格，狂放怪异，注重水墨写意，讲究传神。因此，他们的作品都具有较深刻的思想、鲜明的个性和耐人寻味的笔墨情趣。这批画家在中国绘画史上统称为"扬州八怪"。

丁有煜与"八怪"生活在同一个时代，且绘画风格相近，只是长期隐逸乡里，加之后来遭文字狱之禁，因而作品流传不广，声名隐晦。然而在当时，他却与"扬州八怪"

丁有煜印蜕

郑板桥砚铭拓片

中的李方膺、李复堂、黄慎、郑板桥、罗聘等都有交往，并深受他们的尊重。他们之间或为诗画之友，或为道义之交，常为画坛传颂。

对于郑板桥，知道的人很多，不用详细介绍。据近人考证，他曾两次来过南通，一次为雍正五年丁未（1727年），另一次为乾隆二十五年庚辰（1760年）。郑板桥在后一次来通期间，与之相交最为密切的，就是比他年长十一岁的丁有煜。虽说这段交往的文字记载所见甚少，但我们仍能从传世的几件文物藏品中窥见一二。

如南通博物苑珍藏的黄慎作《丁有煜像》长卷上，就有郑板桥所作的题跋一篇："郝香山，晴江李公之侍人也，宝其主之笔墨如拱璧，而索题跋于板桥老人；孙柳门，个道人侍人也，宝其主之笔墨与香山等，而又摹道人之照而秘藏之，以为千秋供奉，其义更深远矣。因题二十八字：'嗟予不是康成裔，羡此真成颖士家，放眼乾坤臣主义，青衣往往胜乌纱。'"这一题跋就有着"乾隆庚辰夏五"明确的年款。

藏于南京博物院的高凤翰《香流幽谷图》上，也有郑板桥的一段题记，记录着他此次来通时的一段佳话："燮自兴化来通州谒个老人，即窃取其墨梅四幅，皆藏弄，不轻出者，老人笑而不责也。老人最重西园高先生笔墨，无以慰其意，遂令奴子往返千里，取高公赭墨菊花以献。"从这则"窃梅献菊"的故事中，我们不仅看到了郑板桥对丁有煜画艺的推崇，更表明了他和丁有煜的相知和友谊。

此外，反映丁郑交往的传世实物还有数件，如南通孙氏藏丁有煜的《墨竹册》，页首就有郑板桥的"以书为画"四个潇洒俊逸的大字。而《扬州八怪书法印章作品选》中，还收录有丁有煜为郑板桥刻的两方印章。其一方为朱文的"海阔天空"；另一方为白文的"修竹吾庐"。后一方印侧有郑板桥所注的边款"南通州丁丽中，号个道人刻"。另外本文介绍的松鹿砚，则又是一件反映他们友谊的实物了。

从两则砚铭的部位看，我们认为郑板桥题在前，而丁作在后。这既是看到郑题于打磨光滑的砚背中心部，还因铭辞中流露着的是自用的语气，并不似为人而题之语。至于丁有煜题于未经打磨的边侧，则显是好题的部位已被用上，只好如此。再就丁有煜的铭辞看，"一丸堪宝"应指自己所宝；而首两句则写砚面镌刻，丁有煜早就没有了仕进之心，对于鹿喻指的"禄"自然不感兴趣，故在铭文中说成"福禄无不宜"，用福来代替禄。这也表明丁有煜本意并不喜欢这种松鹿题材，但一旦得此后，又觉得值得宝藏，这才题铭的。根据此砚透露的信息，结合丁郑两人的交往，我们推测此砚本为郑板桥自用，是他来南通时馈赠给丁有煜的。

1917 年 10 月 15 日《通海新报》上刊有"逸儿投稿"的一则《笔记》："余家藏古砚一方，色青而质细，纵一尺六寸，横一尺（从营造尺），成斜方形。正面镌苍松一株，枝干横披，古味盎然。下部镌麋鹿两只，徘徊于小草中，别有逸趣。背面有板桥老人题字……左侧有双薇园主题字……先严在日，辄令余焚香洗之，尝曰此传家至宝也。今对此砚，回忆手泽，怆然不知涕之何从，因援笔志之。"这则记载告诉我们，这方松鹿砚早就在南通民间被收藏着，或许就是从丁氏后代那里流散出来的。

（原载《博物苑》2002 年第 1 期）

南通博物苑藏宋元时期的石雕卧狮

徐治亚

1983年1月25日，在南通市区，原五福寺院内，文峰塔西南方向，约18米处，出土了一对古代石雕卧狮。这对石狮是在市文联基建工程中发现的，发掘工作是由文化局组织考古专业人员进行的。除了清理出一对石狮，还出土了一些共存的残石刻和陶、瓷碎片。

石狮作卧式，卧伏在长方形托板上，大小相等，为牝牡一对。长100、宽42厘米，通高72厘米。在背部中间凿有长20、宽12、深2厘米的凹槽，又在凹槽中心部分下凿上圆下方深10厘米的榫口，同时在后背部分半环榫口雕饰莲瓣纹。石狮身披障泥，上铺圆形坐垫，抬首相顾，面颊较长，眉骨前凸，双目下凹，炯炯有神。颈部鬣毛下披，约略上卷成螺旋纹乳状凸起。项束革带，向后延伸，上系铃铛等饰物。其牡者按球，牝者抚一小狮，姿态生动，作嬉戏状，蕴藏着无限生机，具有强烈的写实作风。在障泥和坐垫上阴刻游枝蔓草，回形纹等花纹，刻工精细，刀法挺劲，而石狮的整个艺术造型，则给人以古朴、雄浑之感，是一组具有相当艺术水平的石雕工艺品。

有关这一组石雕作品的创作年代和用途需要做一些说明。这对石狮出土于近代扰土坑中，其背部凹槽和榫口为油灰填塞，并在油灰上覆盖着明代板瓦，曾修理成没有缺损的狮背。这一做法表明，在其入土之前，已改变了当初的用途。由此可见，石狮的制作年代，从共存关系中已不可找到实物旁证。究竟制作于何时，只能从它本身所具有的标志着时代特征的种种因素中来寻求答案。为了便于分析比较，这里先就石狮的用途作一说明。石雕卧狮，往往是一种具有实用价值的工艺作品。例如，河北宣化辽壁画墓中出土的卧狮，背部有三角槽，是用来支撑棺木四角的[①]；山西永乐宫无极门门枕石前部亦雕有卧狮，是一种门枕石的装饰雕刻[②]。这类作品，虽然也有显示威仪的作用，但它们的用途显然不同于放置在陵墓、门庭前的纯粹表现威仪的蹲狮或立狮等装饰性的石雕作品。南通市区文峰塔附近出土的这对卧狮，虽已离开它当初放置的地方，但从其背部相应的凹槽、榫口以及类似柱础的装饰花纹等制作格局中，对它的用途尚可做出合理的推断。我们认为，凹槽是搁门限用的，榫口是安立门柱的，而莲瓣纹雕饰，则是象征门柱础的装修花纹。因此，这对石狮，应该是门枕石的一种类型。我们常见的明、清时期的门枕石，前面做成圆的，后面做成方的，俗称抱鼓石。但早一些的门枕石的式样就不尽相同。如元至元三十年（1294年）建成的永乐宫无极门的门枕石后面虽然也是方的，但前面则雕一卧狮，这就同我们这次要说明的门枕石的式样有着共同之处。从类型学分析，永乐宫无极门门枕石式样，应该是从卧狮形门枕石发展到抱鼓形门枕石的过渡形式。因而，这种卧狮形门枕石的式样，较之永乐宫无极门门枕石的式样，出现的时间可能要早一些。现再参照雕刻工艺和造型手法，河南巩县宋陵保存了大量北宋圆雕石刻，其中有不少石狮造型[3]，在这些石狮中，虽然不见卧式者，但其雕刻技法和局部造型，同这对门枕石雕狮也有某些相似之处。因此，我们初步认为，这对门枕石狮雕，当系宋、元之际的石雕作品。

　　古代的门枕石狮雕，在南通市尚属首次发现，在我省现存文物中也较罕见，这一发现为我们研究宋元之际的建筑石材工艺和石雕艺术提供了新资料。

注　释

① 河北省文物管理处、河北省博物馆《河北宣化辽壁画墓发掘简报》，《文物》1975年第7期。
② 杜仙洲《永乐宫的建筑》，《文物》1963年第8期。
③ 郭湖生等《河南巩县宋陵调查》，《考古》1964年第11期。

（原载《文博通讯》1983年第5期）

张柔武、张绪武捐赠书画介绍

罗锦松

1953 年 9 月，张柔武、张绪武两先生向南通博物苑捐赠了一批书画作品，其中中堂 48 件共 48 幅，立轴 54 件共 54 幅，屏条 9 件共 54 幅，横披 4 件共 4 幅，对联 10 件共 20 幅，拓本 1 件 1 幅，绣品立轴 1 件 1 幅。计 127 件共 181 幅。

这批书画大多是张謇先生的个人收藏，其中有一部分当时曾交付博物苑收藏。张謇先生在光绪三十四年（1908 年）的《通州博物馆敬征通属先辈诗文集书画及所藏金石古器启》中提到："其于我通属也，历史部拟求官府寺庙唐、宋、元、明之碑，旧家金石车服之器；美术部拟求老师先生经史词章之集，方技书画之遗。謇家所有，具已纳入。"从张謇先生在书画上的一些题跋可证实这一点。

这 127 件书画中有 36 件系南通地方书画家的作品。除 4 件阙名外，其余为全国及外地地方名家的作品。从时代来看，主要是明、清及近现代。它所涉及的书画流派也较多。经国家文物鉴定委员会中国古代书画鉴定组刘九庵、谢稚柳、史树青等有关专家鉴定，推荐"入目"（选入《中国古代书画目录》）的有 12 件，其中李方膺的《松风图》和刘世儒的《万斛清香图》被认定为国家一级文物。

南通地方书画的作品中，李方膺的书画有 4 件。张氏捐赠作品《松风图》轴作于乾隆十年（1745 年），纸本，整幅笔墨苍秀，令人有读画如听松风之感，形象生动。1982 年鉴定时定为一级品。1986 年 9 月被中国古代书画鉴定组推荐"入目"。张氏捐赠的另一幅《松枝图》轴，老干新枝，欹侧盘曲，笔酣墨畅，遒劲苍秀。画面题诗："尺寸枝头着墨浓，全身不见白云封。画家何苦劳心力，指点工人涧底松。"这幅画作于乾隆六年，反映了李方膺那傲骨清豪的广阔胸襟和倔强不屈的人格。

清代，"四王"山水被视为画坛正宗，而南通的"钱家"山水独树一帜。以钱球、钱莹、钱恕为代表的钱家山水，苍润古朴，学宋人而不落其窠臼，自成一格。钱球，字石亭，原住如皋，后举家迁南通；其弟钱莹，字石侨；钱球之子钱恕，字心斋。他们兄弟叔侄三人是乾隆嘉庆年间南通山水画的代表人物。张氏捐赠书画中三人的作品共 10 幅。钱球的《雪山行旅图》、钱莹的《墨笔听泉图》及钱恕的《柴门相送图》都被推荐

"入目"。钱氏作品所表现的长松巨木，回溪断崖，岩岫峰峦，都细腻真实地表现大自然的微妙变化，接轸宋代山水画。

《海曲拾遗》中记载有一位善画山水、无师自学的"五山画社"成员张经，这批捐赠书画中有他一幅人物立轴，其笔力所到，皆曲尽其妙。他的儿子张雨森，字作霖，号苍野，乾隆时为画院祗候。张雨森山水学乃父，虽画名在父上，但功力并未超过其父。他屡得乾隆嘉赏，常用"御赐书画禅"一印。这批捐赠书画中有他一幅《山水》中堂，峰峦布置有致，层次分明，意境雅近。另一幅被推荐"入目"的是《雪梅山禽图》，落款"苍野张雨"（张雨森初名雨）。此图纸本设色，画峭壁上一株寒梅盘曲而下，雪压梅枝，劲健挺拔。崖下峻石上一环颈雉，羽毛光润，线条细致，形象准确。其花鸟画功力可见一斑。这批书画中有一幅闵世昌的《山水》也被推荐"入目"。闵世昌，字凤见，号竹堂、山外山樵。他是张雨森的女婿。这幅《山水》与张雨森山水风格相近，极具功力。

江鼎的《兰竹》立轴是由《兰》、《竹》两张册页裱成，这位道光年间的南通籍画家，善画山水。从这两幅画来看，兰花、翠竹均用水墨写意，酣畅淋漓，挥洒自如，不拘绳墨。但造形极为准确，兰叶翻转潇洒有致，竹竿枝叶逼真生动，令人顿有潇湘情韵之感，可谓神在法外。画上押有"紫琅江鼎"、"崇川人"等印。这两张册页虽非寻丈巨轴，然小中见大，给人的艺术享受是隽永的。1986年鉴定时老专家们看后连声称好，这位地方小名家的作品被一致举荐"入目"。

南通乾隆嘉庆年间有一位画荷花的高手——李敩谟。李敩谟，字思耕，号研云、息耘。他善花卉翎毛，尤工荷花，时人称他"李荷花"。他曾在一幅荷花上自题："世人称我李荷花，绘事名传未足夸。总为廉溪因有癖，挥毫尚忆水之涯。"日本人也爱他的荷花，并曾出版他的画，将"敩谟"误称"教谟"。而《中国美术家人名大辞典》则误为"敬谟"。这里的这幅荷花（如图）当是李氏得意之笔，设色雅妍，茎与叶相交处叶面自然露白，形成别具一格的碎叶荷花。张謇先生在画旁有一行长题："州志敩谟工画，神韵俨然。性好洁，寓居萧寺，清苦如梵行僧。息耘，其晚年之字，日本人重其画，著录误敩为教，生平画荷花为多。啬翁题赠博物馆。"

这批书画中，南通地方名家的作品还有不少。包壮行的《墨梅》通景屏由八个屏条组成，画五棵老梅纵横盘错，气势恢弘，但笔笔交代清楚，自然生动。张謇先生在长题中提及这位崇祯癸未进士的作品"顾乡里之间，流传极少，似此巨幅，尤为仅见"。顾骢的《墨竹》，用笔泼辣挺劲，布局疏密相间，笔法谨严，如灯取影，极见功夫。画旁有张謇先生的题字："州志骢专写竹石。尝之吴，见郊外人家有竹，作图赠之。主人请设色，酬以金，骢裂其幅而去。啬翁识。"雍正乾隆年间谢谷（字石农）的画有两幅，其一是《墨菊》立轴，水墨淋漓，笔简意浓，有徐青藤笔意；另一幅《玉兰牡丹》则用

李敷谟设色荷花图

枯笔，别具风格。乾隆嘉庆年间的曹星谷（字御香，号竹人）的《墨梅》立轴，画老梅一株，疏花点点，笔法老到。画上题诗一首，诗意隽永，落款"八十老人曹星谷"。画史载他诗、书、画俱佳，这幅画可算是代表之作。南通历史上除张謇外的另一个状元是乾隆年间的胡长龄（字西庚），这位才誉卓绝、在任严正的状元，累官礼部尚书，可惜英年早逝。这幅行书中堂，润丽姿媚，行气间隔疏朗停匀，风格秀逸，绝非常人能企及。

光绪年间至民国初年，在金沙从事美术教学的张綦（字馨谷，号卉畦），善画翎毛、花卉，尤善画菊。这里的四张牡丹册页是他的写生作品，是专门画给张謇的，绢本，分别画白、红、黄、紫四个品种，兼工带写，明丽活泼。

在捐赠书画中，另一件被定为国家一级文物的明代刘世儒的《万斛清香图》，这一巨幅墨梅中堂为国内仅见。刘世儒，字继相，号雪湖，绍兴人。他从小废寝忘食学画梅，负笈买履，走名山幽谷，遍访梅花之奇，尽得梅花情态。明代王思任说他"行年九十，画梅八十年"，绝非虚言。明嘉靖三十四年著成《雪湖梅谱》。这幅墨梅的形态是刘雪湖最爱画的倒垂梅，繁枝瘦俏，花蕊冷艳，万斛清香。

明末张翀的《钟馗移居图》是专家们一致称好并推荐"入目"的一幅绢本画。张翀，字子羽，号图南，江宁人。此图画的是一牛拉木车行进在山道上，钟馗安坐车上，车后跟三小鬼。钟馗的悠闲之态，负重的牛回首张望的神态，以及三小鬼动态的刻画，都栩栩如生。笔墨豪迈，著色古雅。

清初南京人周琼（字昆来）的《飞锡图》也是一幅"入目"的人物画，画上一老道静立，仰目注视飞来的天杖，笑容可掬。人物形象奇古，衣纹线条沉着劲练，勾勒精细，色调清雅。周玙是清初的一位以画墨龙著称、风格独特的画家，这批书画中就有他的一张《墨龙》立轴。

扬州八怪之一的李鱓，字宗场，号复堂，又号懊道人。这批书画中的墨笔《五松图》被推荐"入目"，这幅大中堂画的是泰山的"五大夫松"。作者通过笔墨的浓淡来体现五松枝干相交的层次。放笔写意，不拘法度，于挥洒脱落中见规矩，不拘形似中得天趣。

此外，还有清梁巘的行书中堂，骨肉停匀，润泽可爱；太平天国画家陈崇光的《秋山逸兴图》，明末凌必正的《东篱秋艳图》，清代何绍基的篆书屏条，清代张之溶的《羲之爱鹅图》，清代顾见龙的《春溪放棹图》，丹徒派潘思牧的《乔岳长松图》，清代周镐的《松阁观瀑图》，清代"画中十哲"之一陈嘉乐的《独占先春图》，清代于敏中的行楷书轴等等，都是极为难得的艺术珍品。

张謇先生创办南通博物苑时曾殷切希望："一州之积，祈冀爱惋而珍存。"日军占领期间，南通博物苑惨遭破坏，部分文物转移至乡村，张柔武、张绪武捐赠书画中有部分还曾埋入地下保存。这批历尽沧桑的艺术品，今天能庋藏于中国第一个博物馆，并向人们展示，不知凝聚了多少人的心血。张謇先生及其后人对南通文化事业的贡献，永远值得学习。

（原载《南通今古》1994 年第 8 期）

梅兰芳赠张謇观音图

瞿　溢

梅兰芳绘观音像

在纪念梅兰芳百年诞辰时，中央电视台播出的资料片中，展示了一幅精美的工笔国画作品，这就是梅兰芳先生画赠张謇先生的《设色观音图》（现存南通博物苑），它反映了梅、张之间不同寻常的情谊。画中观音，头戴披风，颈垂丝带；双目俯视，脲容端庄；右手提襟，衣角飘曳；左手持瓶，瓶插翠柳；赤裸玉足，站于莲瓣；顶风逆浪，横泛沧海。

梅兰芳比张謇小40余岁，两人是忘年交。梅对张的宏大业绩极为尊崇，而张对梅的高超演艺也深为赏识。1919年11月，张聘请梅来通，同欧阳予倩在更俗剧场（今更俗剧院）同台演出京剧，使南北两派的这两位名角声誉大振。为纪念两位大师的联袂演出，也为了促进两派京剧艺术的进一步交流，张謇特在剧场门厅楼上设有"梅欧阁"，并仿翁同龢字体，亲书这三个大字，还为此阁撰写一联："南派北派汇通处，宛陵庐陵今古人。"张謇将两位大师，与籍贯分别为宛陵、庐陵的宋代文学家梅尧臣、欧阳修以及两人的友谊并列，可见张对他们的器重。

1922年，张謇七十大寿，梅兰芳精心绘制了这幅五彩观音图，赠给张謇表示祝寿。画上的题款是"啬翁先生七十寿，壬戌五月廿五日梅兰芳敬写"，且下盖两方篆文私章。

张謇收到观音图后非常高兴，在图幅上方以工整小楷作跋并题偈。跋语云："浣华近年殚精艺术，尤致力于书画。其于前人用笔设色，颇有领悟。此帧为余生日所赠，态庄严而不纤，意旷达而弥敛，可谓佳作。佳则当公诸人、献诸佛，因以奉存南山观音院绘绣楼上，系诗当偈。"接着是38句五言长偈，论述了佛教之色与空的关系，赞美了梅兰芳擅长色艺的才华，赞美图中以观音乘莲泛海表现色空关系的高妙。梅之画、款与张之跋、偈，珠联璧合，相得益彰，充分反映了梅、张之间友谊的诚挚与深厚。

钱派丹青一箕裘

——记清代山水画家钱恕

徐志楠

钱恕，字达中，号心斋。清代乾隆二十五年（1760 年）生，卒年未详。南通州人。其画擅长山水，技承家业，与父球，从父莹，史称"山水错综唐宋，合南北宗，自成一家"。南通人称钱氏三人为"通州三钱"或简称"三钱"，称其画为"钱家山水"、"钱派丹青"。

"钱家山水"用笔凝练，多以短披麻混小斧劈，层层厚，综合运用；画面结构深稳，繁复古朴，有子久雄伟、叔明苍茫之气势，并具有"钱派丹青"鲜明的个性。到了钱恕，竭力追求融诗书画为一体的艺术效果，较之前辈更有出蓝之誉，郡人李琪赞扬他"可谓艺苑之箕裘，清门之弁冕矣"。心斋每画成，多题咏寄兴，其书仿怀素，善以闲章补述心意，所选闲文，诸如："画癖"、"画獃子"、"江左布衣"、"落拓书生"、"写心"、"乘兴"、"平生一片心"、"人与梅花一样清"、"平生所好尽在其中"等等。

钱恕曾循《佩文斋书画谱》等，并其父、叔父论述，及通地先辈张经、笠岩（可能是吴攸）、李山等遗法，于嘉庆十五年（1810 年）编成《钱氏画谱参解》一部，册首题名为《趋庭画解》，又题作《集虚山房随笔》。《光绪通州志》著录有"《心斋画谱》，通州钱恕编"，并附刊李琪为此画谱所作的序文。据李琪在序中说，通州钱氏以绘画世其家，代有令名，此编乃钱恕根据父亲之遗命，以《芥子园画谱》等为底本，加以分析解释，积数年功夫而编成者。看来《心斋画谱》也是此《钱氏画谱参解》的一个别名。此谱图文详尽，可惜未见梓行，世人少知之，仅有原墨迹稿本，存于世。

20 世纪 20 年代，南通社会贤达费范九公有诗题此画谱云："淮南画学衍三钱，美比瑶琨二百年。张郑风流无著述，独留谱解证心传。"诗中的张指张经、张雨森、张尚，郑指郑松、郑蕙，均系清代南通山水画名手。这是说通州张、郑、钱都以画世家，但有论著者只钱氏一家。

钱恕在清朝经历了三个帝王执政时期，一辈子无学历，无职称，无官衔，更无财富。据《崇川咫闻录》载："钱恕字达中，号心斋，性介，不随时尚。画承其父石亭翁法，错综唐宋，合南北宗，自成一家。书仿怀素，每画成，辄题咏寄兴。笃友爱，贫，藉笔墨给家食。出游江浙间，贵游赞美，心斋倨坐，谓五百年后自有知音，以故益困。居城东，竹篱乌几，有迂瓒之风。石亭翁尝著画谱，心斋广之，法称大备。设梓行，当不使芥子园、十竹斋专誉于前也。"心斋至耄耋后，人虽消歇，而名却美传于中华画坛。其传世画作，一直受到收藏界的青睐，有些已成了国家文物单位的藏品。

费公于1931年在苏州，听到庐山西寺的了然上人讲了这样一则故事：

> 清嘉庆时，州人钱恕居山中数年，时揽峰峦泉树之胜，作庐山图成册。朝夕阴晴，凝神入物，山灵万态，融赴笔端。画竟，寺主叹绝，以为得匡庐面目之真。足冠自来之图山事者，凡以钱五百缗易之归寺，不可；既请如其册为副留之，又不可。其意盖谓艺之特出者，不可使宇内有匹。主默然，恕即夕遗行李挟册潜归。上人言时，深感匡庐不易绘，略则失之犷，详则失之琐，颇以未一见恕册为阙。

由此可知恕之画名，早已在庐山间有所传闻。

上所说的庐山图，应即是传世的《匡庐纪游图册》。但据《匡庐纪游图册》上有道光九年钱恕作的自跋，其中讲他："既未能棕鞋篛笠策杖而游览天下之名山大泽，又不挂帆江上如吴道贤三纪匡庐之游，徒闭户斋居，手执一卷，啸咏终日，复为何哉？日者，绛府真人就黑甜中呼余而觉曰：'渠以脚底之匡庐为游尔，何不以腕中之匡庐为游乎？'余乃跃然而起曰：'有是哉！山之高，水之长，予心之故物也，何不藉此作卧游哉？'"可知图册乃据武进人吴阐思（道贤）的《匡庐纪游》而画成，钱恕可能并没有亲历过庐山。

此册共六十四帧，为恕精心之作。民国年间曾藏于徐氏梅花山馆。山馆系社会名士徐鋆的书室，位于南通城内寺街，与李方膺作画处——梅花楼毗邻。

徐氏为此画册题有诗云：

> 谁解山游当画读，谁识匡庐真面目。
>
> 神乎七十心斋翁，万壑千岩归尺幅。
>
> 缒幽凿险黎二樵，铸北镕南王石谷；
>
> 乌几无尘五月秋，扑人墨雨如飞瀑。

钱恕在南通画坛上的特殊贡献，除上述编著了一部《钱氏画谱》和精绘一册《匡庐纪游图册》外，值得一提的还有两件十米长卷：

清同治年间进士，四川云阳书画双绝老人彭聚星，在京做官时，曾以银二千两购得《春山雪晴图》长卷，其纵35厘米，横达1070厘米，水墨纸本，为钱恕绘，泰州朱鹤年补画，是在嘉庆十九年（1814年）冬钱恕画室集虚山房所合作。朱鹤年与朱昂之、朱本均以山水画闻名，时称三朱。多年来这长卷一直秘藏于民间，三峡工程启动后被云阳县一位有识之士发现，予以保藏。另一卷《江山雪景图》，是钱恕于嘉庆二十年（1815年）春正月所绘，纵35.2厘米，横1057厘米，浅绛纸本，南通博物苑初建时贵池刘聚卿将此赠之，苑总理张謇视为珍宝，特精制托板，陈列于苑之北馆，现藏南通博物苑。此姐妹卷，描绘了一群乘骡行商，经过万重雪山，过大江，入沼泽平原的旅途景象。旅商负重累累，长途跋涉，画面人物，缩颈弓腰，寥寥数笔，表现出寒气逼人的神态。沿途群山峻岭，江上渔舟客船，帆樯林立，山村水市，丛林茅舍，统统陷入一片皑皑雪堆之中。全卷构思，摆脱了一些山水卷轴描写殿堂仙山、游乐逸士的老套，其故事情节始终贯穿在劳苦群众为了生活而勤忙的情景中，令品赏者陶醉其中。

有关钱恕的生卒年，《中国历代书画篆刻家字号索引》载为"乾隆时人"，有些文献则简为"清"。笔者仅据恕翁画自识年款，略知一二。他在所绘《匡庐纪游图册》上自跋为"七十心斋子钱恕走笔于集虚山房，时在道光九年春三月中浣"，又在《西风万壑图轴》上留款称："七十心斋子钱恕，时在己丑冬十月"。另在"庚寅"年作的《深山对梅图》及《五松图》中，分别题有"七一心斋子"和"心斋钱恕时年七一"的款识。这个"庚寅"当为道光十年，即1830年。后两款也是笔者现知钱恕画作最晚的纪年款。由此可推出，钱恕的生年是乾隆二十五年庚辰，即1760年，卒年未详。《中国美术家人名辞典》著录南京博物院藏钱恕《马头云起图》，鉴定为"作于1766年左右"，显然有误。

在钱派丹青发展的道路上，钱恕作出了不懈的努力，用以寻求有所变革，但由于其本源于古人古法，拘泥于笔墨师承，故难脱"正统"窠臼。客观上，自雍正、乾隆年开始，通州以丁有煜和李方膺为代表的一支新兴力量，以革新的姿态，冲破了通州画坛弥漫一时的复古风气，这使钱家画的发展，受到了很大的限制。到了20世纪下来，后继人更是寥寥无几。张謇于民国十四年（1925年）题钱恕《松月图》云："此钱心斋所作松月图，距今一百十一年，画之年直己亥，前于吾父之生三年，对画如对父执。今县中能为此画者，阒寂久矣。吴君巽沂以赠，有感而记之。"张謇的感慨，正说明了其时钱家画风的响绝。

钱恕有一帧小像存世，上有（1817年）秋钱恕在"洞庭山中元戎帐下"自题，据题，此画像者为"洞庭山人。"案书画家辞典载，洞庭山人为吴县人徐坚的号，此公一丹青篆刻，能诗，与袁枚、毕沅为友。毕沅为乾隆间进士，官至湖广总督。钱恕所谓"元戎帐下"或许即指毕沅的军幕。然而辞典载徐坚的卒年为公元1798年，竟与钱恕自题时差82年，显然有问题。此中缘故，尚待进一步考证。

（原载《博物苑》2003年第2期）

苑藏刺绣精品《麻姑献寿图》赏析

张 蕾

在工艺美术的百花园里，刺绣艺术是夺目的奇葩。

这种来自民间的艺术，起源于"家习为用"的女红劳动，绣女们出于对美的向往，将自己的智慧和情愫融入五彩的丝线，通过不同的针法，创造出这一独特的艺术品种，实为中华民族之瑰宝。那或华丽典雅，或稚拙可爱的纹彩花色，不仅成为陈设艺术品，也为服饰、枕衾、帘幔之类纺织品锦上添花。刺绣以其鲜明的装饰性和实用性，而深受人们的青睐。千百年来，以一代又一代刺绣艺人承前启后创新拓展，明清时期已步入成熟。我苑珍藏的国家一级文物《麻姑献寿图》就是清中期的刺绣精品之一。

麻姑是一个近乎家喻户晓、妇孺皆知的神话人物。早在魏晋南北朝时期，道教典籍中就摘录了麻姑的事迹，"麻姑献寿"的神奇传说更在社会上广为流传。传说农历三月初三，是昆仑山西王母的寿辰，该日西王母设蟠桃会宴请众仙，麻姑就身穿绚丽衣裳，光彩夺目，手托蟠桃，以灵芝酿酒献给王母娘娘。故旧时多以"麻姑献寿"为题材来为妇女祝寿，"麻姑献寿"被应用在刺绣、绘画、雕刻、织锦等工艺创作上，以寄托人们对于祈福、消灾、延年益寿的美好愿望。《麻姑献寿图》正是这种题材的刺绣作品。

《麻姑献寿图》纵131.4厘米、横69.5厘米，底料为深蓝色绸缎，麻姑身穿朱红色广袖衫、灰蓝色围裙、白色衬裙，披蓝色飘带，身背花篮，身后紧随一只梅花鹿。端庄秀美，面目慈祥，略显夸张的耳朵符合人们传说中神仙的形象。作品主题鲜明，装饰感强。

《麻姑献寿图》针法丰富，所用针法有十多种。表现手法真切自然，装饰感强。麻姑的广袖衫、衬裙都采用直丝路平套针法绣制，使大面积的衣裙平贴严谨。广袖衫压蓝白团花，袖边为深蓝边花纹，不仅丰富了衣衫的纹饰，且颜色协调、柔和。衣裙上的线条及袖口滚边按纹理要求分别采用了齐针、条纹针法绣制，线条走向平齐灵活、均匀。蓝灰围裙上图案精致，繁而不乱，每个纹饰造型准确到位。针法上采用了压花，立体感强。衬裙上的网格针大小一致，做工一丝不苟，使衬裙透气、灵活不呆板。网格针是用相等的三角形相拼而形成美丽的图案。围裙上的玉佩造型简练，针法缜密。让人情不自禁地联想到玉佩的圆润与光泽。装饰带随意飘动，增加了画面的动感。

麻姑面部与略显夸张的双手同时采用肉色花线平套，表面粗细一致，丝理统一。眉、眼及嘴唇在绣制上分别采用了齐针绣，线条排列疏密得当整齐，拉线轻重一致。眼珠的用针上选用易转折丝理、绣曲线合适的滚针层层加绣，亲切自然，传神而不夸张。精细之处显示了绣工坚实的基本功底。头发用双股线捻成线钉绣，一条蓝色发带与发饰上的牡丹花点缀在单调的发饰上，淳朴简洁。

麻姑肩扛锄头，身背花篮生动有趣。锄头采用平套、齐针、嵌边，花篮采用钉线绣，篮脚采用网绣。造型准确，具有仿真效果。花篮上的牡丹花与桃花采用平套，色彩上主要采用平铺色块来区别颜色深浅与正反花叶，用空出水路来表现花卉的层次与立体感。梅花鹿半身藏于麻姑身后，露出头、颈、前腿以及背部。梅花鹿的眼神与头微侧的麻姑像相呼应。鹿的眼珠也采用了滚针。鹿角、头、身躯、腿部采用了擞和针、散套针，并嵌有梅花纹。擞和针一般用来表现树干、石头等粗糙之物。在这幅作品中绣工与散套针合用，按鹿纹的肌理来表现鹿毛的质感，丝路灵活，毛感逼真，鹿毛柔软，挺而不硬。鹿腹部散套丝针并用绣制，用深浅相近的色线根据毛发丝理略交叉来表现腹部毛茸茸的质感。鹿角、鹿头、鹿腹部边缘用齐针嵌边，整齐装饰。

这些针法的巧妙运用使作品精细、逼真，更接近清中后期的苏绣精品风格。相比较麻姑的衣衫略显厚重，不及清中后期苏绣飘逸，苏绣在绣制衣裙时会按衣裙飘动的走向绣制。用线上会再细些，包括面部、手及飘带等。在花卉颜色的处理上，清中后期苏绣精品会采用颜色渐变来区分明暗层次，产生绘画中的晕染艺术效果。用色块来表现花卉颜色，一般都用在实用品中。但这并不妨碍它的艺术与欣赏价值，在当时，这幅作品是无可挑剔的，无论是制作艺术的表达形式，还是细微部分的精致，都能与清中后期的苏绣精品相媲美。从这幅作品分析，它更具备清中期的刺绣精品特色，工整、细致、针法灵活、装饰感强，故定为清中期的代表作。它为我们研究清代不同时期的针法运用提供了珍贵的资料。

很可惜，这么一幅保存完好、制作精良的艺术作品却无款。它是我苑 70 年代从剔除品中整理出来的，这后面有无什么故事也无从而知。据张柔武先生回忆，濠南别业张謇的吴夫人房间中曾挂有一幅《麻姑献寿图》，不知是否就是这一幅。

（原载《博物苑》2002 年第 1 期）

南通彩锦绣

徐 强

一 彩锦绣的形成

彩锦绣，其名取之于它的两种主要针法："点彩"、"纳锦"，也有的地方将"点彩"称之为"戳纱"，将"纳锦"称之为"纳绣"、"数锦"、"铺绒"等。古人历来分别将这两种针法用以绣制衣裙边饰、扇套、香囊、围兜、挂件等实用品；它是以绢、纱为地，按纱眼网格施针，组成有规律又有变化的图案纹样，制作方便，装饰性强，是我国民间流传极广的工艺品。陕西省历史博物馆珍藏的六国宫殿出土的秦代"纳绣几何残片"证实，早在 2200 年前这种针法就已相当成熟。1972 年，湖南长沙马王堆一号墓出土的西汉"铺绒绣锦"以烟色绢为地，用朱砂、黑、烟三色线绣成，平针满绣，针脚整齐，绒线排列均匀，不需作地……（见《长沙马王堆一号汉墓》上集 62 页，文物出版社，1973 年），表明绣锦技艺在当时的精湛水平，尤其值得一提的是故宫博物院收藏的一幅戳纱手卷——宋"天鹿锦"。从手卷上乾隆四十四年秋（1799 年）"再提天鹿锦"中云："……此（指天鹿锦）则画卷前所置，用以瞫首似抑屈，爰命裱成画卷式，昔实宾而今乃主……"所以看出为原来作手卷锦标，由于"古香"、"精采焕发"，后人觉得用来作手卷装饰"似有抑屈"。于是，清乾隆时候重新装裱，独成手卷，流传后世（引文均见于 1958 年第 9 期《文物参考资料》中陈娟娟《记"天鹿锦"》文）。南通博物苑收藏的清代末年的"点彩"绣《桃源图》是根据陶渊明的《桃花源记》绣制而成的长卷，精工细作，"屋舍俨然，有良田美池桑竹之属。阡陌交通，鸡犬相闻。其中往来种作，男女衣著悉如外人"、"黄发垂髫，并怡然自乐"，将诗意表达得淋漓尽致，且色彩文雅古朴，人物仅四、五公分高，但造型生动，五官采用平绣铺垫的手法，绣制准确，立体感强，远山近水层次丰富，房屋篱笆、室内摆设均一丝不苟，实是难得的"点彩"精品。这些除了说明"点彩"、"纳绣"历史悠久，流传极广和技艺越来越精湛外，更使大家认识到"点彩"、"纳绣"不是只能作为附属的装饰手段，而是可以作为独立的欣赏品，以上是彩锦绣形成的历史依据。

在南通民间流传很广，内容极为丰富，具有独特风格的刺绣技艺之一，就是将"点彩"、"纳绣"有机地结合在同一图案中，它色彩鲜艳，装饰性强，乡土气息浓，但多年来一直局限于实用品装饰。在对"点彩"、"纳绣"这两种针法有了新的认识后，60年代初，刺绣艺人对这种传统的工艺进行了大胆的尝试，绣制了名为《蕉香季节》的作品，送北京展出后引起了强烈的反响，这给了艺人们极大的鼓舞，他们总结经验，辛勤探索，刻苦钻研，对"点彩"、"纳绣"这两种针法的结合，对刺绣和绘画的结合进行了反复深入的研究，终于形成了南通彩锦绣的独特风格，其作品远看，造型优美，意境深邃感人，工艺性强；近看，色彩强烈明快，纹样丰富多彩，花中有花。它以强烈的民族特色，浓郁的装饰趣味，独特的地方风格冲击着人们的视觉，吸引着人们，并正式定名为"彩锦绣"。

二 彩锦绣的艺术特色

当南通"彩锦绣"以崭新的面貌出现时，引起了工艺行家的广泛兴趣并赋予热切的希望，因为它极明显的区别于其他刺绣，有强烈的装饰效果，整幅绣品光彩夺目；仔细揣摩，花中有花，即所谓"远看颜色近看花"。形成这些的原因有三：首先在于针法，作为彩锦绣的基本针法之一——纳锦组织了变化无穷的富有浓郁的中国艺术风味的图案之花，给绣品增加独到的魅力。运用图案的基本形及图案的组织法则，准确严格的施针。由于按格施针，因而不论绣成什么图案，仔细看来都是带角的，方中有圆，圆中寓方。由于按格施针，就不能像平绣那样层层铺垫，细细刻画，却能绣出平绣极难处理的整齐、有规律、带有金石趣味的图案纹样。另外，纳锦纹样的丰富多变，运用上的灵活自由，也是平绣望尘莫及的，这是纳锦得天独厚的条件，也就是形成彩锦绣独特风格的首要因素。

其二是画稿，南通彩锦绣的画稿形成，一反其他刺绣画稿走中国画或油画的路子，而是采用装饰绘画。在这个实践过程中，设计人员走了较长和曲折的道路，尝试了油画、版画、国画、水粉画、照片甚至剪纸等几乎全部美术种类，肯定、否定、否定、肯定，认识到"彩锦绣"的精髓就是丰富的针法纹样，是中国传统图案纹样，画稿的形式应服从这个内容的需要。认识到彩锦绣不善于表现中国画的水墨味，而装饰绘画大凡采用单线平涂、夸张变形等手法，追求整体的美和画的意境，不拘于局部的真实。装饰画稿的简洁、洗练、优美、抒情、浪漫，可以使丰富多彩的纳锦纹样充分的发挥。经过多次的试绣、摸索和探讨，认为装饰绘画的画稿是适用于彩锦绣的。而绣制又是再创作的过程。概括地说，彩锦绣的整个创作过程应是"由繁到简"（从素材到绣稿），即将妨碍纳锦针法发挥的因素统统去掉，将能够发挥针法的因素保留下来，加以强调；再"由简到繁"（绣稿到彩锦绣），即恰当的运用各种针法纹样丰富画面的再创作过程，画绣互取所长，完美而统一。南通彩锦绣的画稿还一反过去强调移植第一流画稿（指名家的作品），而是大胆采用设计人员自己创作的画稿。名家的画稿固然好，但不一定完全适合彩锦绣这种工艺，在绣制中往往起束缚作用，使艺人不能充分运用针法纹样。而自己的画稿尽管水平还不高，形象、色彩、构思、构图还不十分美、巧，但是，由于设计人员熟悉彩锦绣工艺的特点，知道彩锦绣的针法纹样的运用，了解彩锦绣针法纹样的表现力，设计出来的绣稿就能充分发挥彩锦绣工艺的特长，而且，设计人员不需要考虑具体的、局部的装饰，这些留待刺绣艺人自己自由的组织图案，运用图案的大与小、虚与实、繁与简、工整与活泼等对比关系，自由的运用针法纹样，进行再创作，这是彩锦绣较之平绣工艺性强的重要因素。已故中央工艺美术学院院长庞薰琹教授在看过彩锦绣画稿后曾经讲过："就这些画稿来讲不是什么高水平的装饰画，但是，经过绣制后一定是一幅高水平的彩锦绣。"也就是这个道理。

其三，彩锦绣继承了露香园顾绣的用材新奇和沈寿刺绣的"虚实结合，以虚代实"等传统手法。明代露香园顾绣素有"用材新奇"之说，南京博物院所藏顾绣观音像中的"蒲团"，就是真草横列，据传其花鸟走兽中，不仅用头发，更有用鸡毛、薄金等，足见顾绣不为成法所缚，随意取材入绣。沈寿刺绣大胆运用"虚实结合，以虚代实"的手法，南京博物院所藏《罗汉图》中有的罗汉穿的袈裟，只绣勾线，大量空白；南通博物苑所藏沈寿的《蛤蜊图》中的蛤蜊壳，寥寥数针，将蛤蜊壳的结构描绘得准确丰满，不但增强了艺术效果，而且节省工时。总之，取名家之长，不拘成法，形式活泼，变化多样；此外，还广泛吸取了平绣、绒线绣、乱针绣以及日本针法之长，不惜用衬垫、网等各种手段和使用绣线以外的适当材料加强其装饰效果。

三　彩锦绣的针法、纹样及技艺的运用

彩锦绣的针法主要有以下两种：

（一）点彩　使用倒回针将线斜绕于经纬的交叉点的用针方法叫点彩。点彩分为实点、虚点、间点三种，绣制方法一样，主要是用线、布局上的区别。下面分别作一介绍。

1. 实点：用线粗、将格填满，不露的称之为实点。这种方法效果细腻、平整、饱满，一般用来表现人物的面部、头发及肌肉部分，也可以用来绣制道具、花纹装饰等，总的来说用于精细部分为宜。

2. 虚点：用线细，露出底料的称之为虚点。其效果透明、和谐，给人以似有似无、轻若薄纱的感觉。经常用以背景和透视较远的人物、道具，增加层次。

3. 间点：间点有两种，一是有规律的间隔，排列如同纳鞋底的花纹。二是根据图案的需要，逐渐的多间或少间隔，间隔越大的地方空的点越多，此种方法用在由实到虚而颜色需要由深到浅、冷暖交替或多种颜色混合的地方，运用妥帖，效果极好，绣制人物面部时多用此法。

（二）纳锦　纳锦是依据底料上经、纬组成的方格，运用几何图案的变化原理，由方、菱、圆及线条等基本形组合而成的图案纹样。纳锦纹样变化多端，任人作为，可以组成二方连续、四方连续、单独纹样、适合纹样、填充纹样、角隅纹样以及字样等，既变化又统一，既严谨又活络，节奏感强，富有韵律。纳锦是依几何格子绣制的，在绣制一种纹样时，必须准确的根据既定的眼数绣制，不能有一丝一格的差错，否则一错皆错，纹样就无法组成。

1. 纳锦的绣制方法：纳锦的绣制方法主要有四种，一种是以起落针之间的空格水路来构成纹样。例：图1。

一种是吸取了编织的方法，针与针的排列区别于上一种，不是向旁边排列，而是向前或向后直线延伸，在组成图案的每个小纹样的边缘与经线或纬线编穿若干针，以编结的线条来构成图案。例：图2。

另一种是利用排针的不同方向有竖向横向或斜向的结合来组成纹样，相互之间没有空格和水路。例：图3。

第四种是"纳锦"中称之为"笆斗针"的绣制方法，此种方法区别于以上三种方法的所在有二，一是它每针的格数一定要是单数，至少三格，而且格数相同。二是第二针必须从第一针中间一格向上（下）绣制，第三针再从第二针的中间一格向上（下）绣制，依次重复动作即成。例：图4。

图1　　　　　　图2　　　　　　图3　　　　　　图4

2. 纳锦的基本纹样：纳锦的基本纹样可以归纳为三角形、方形、菱形、圆形、线五个方面（当然这些三角、方、菱、圆、线都基本上是感觉上的）。纳锦图案均是由这五种最基本的纹样，经过并列、交叉、递进、填心等艺术手法组合而成的。

（1）三角形：三角形在图案中是最基本型，在"纳锦"中也同样是最基本型。绣制方法，以第一针的一边为基线，以后各针，均以增加一格（数格）的格数依次递增即成。排针最小基数是1、2、3。例：图5。其他各种三角形在这个基础上均依次减少或顺向延长上格（数格），即可绣成。例：图6。

（2）方形：指正方形，其中包括端端正正排列在画面中的正方形（□），以及斜置于画面的正方形（◇）。

（□）长方形：排列的针数和每针的格数相等。例如：每针三格，排列上就必须是三针。例：图7。

（◇）正方形：排针的最小基数是1、3、5、3、1即第一针为一格（从某一眼插上，从第三眼插下去为一格），第二针以第一针为中心，向上向下各延伸一格为五格，第四针则在第三针的基础上上下各缩减一格为三格；第五针仍上下再各缩减一格为一格即成方块。例：图8。这是最小基数，可以任意扩大，但无论怎样扩大，排列的针数一定相同于跨度最大的一针的格数。

（3）菱形：菱形有两种基本表现方法。例：图9，图10。

图5　　　　图6　　　　图7　　图8　　　图9　　　图10

图11和正方形的绣制方法一样，只是施针跨格不同，施针排列的最小基数1、5、9、5、1。

图12最小基数为1、2、3、2、1。第一针为一格，第二针以第一针的下边为基线向前延伸一格为二格，第三针仍在基线上向上延伸二格为三格，第四针则以第三针的上边为基线下边缩减一格为二格，第五针同样以第三针上边的基线再缩减一格为一格即成。图13同样，仅是竖置还是横置的区别。

（4）圆：圆的最小基数是2、4、4、2。例：图14。第一针为二格，二、三两针并排在第一针的基础上上下各延伸一格为四格，第四针则上下各缩减一格为二格。

（5）线：在经、纬线上绣横线或竖线是不成问题的，但是绣成斜线就有严格的规则，以每针一格为例，只能绣成45°角的线条。例：图15。每针二格每次递增一格绣成的线条依然成45°角。例：图16。每次递增两格绣出的线条相当于30°角或60°角。例：图17，18。如若每针所跨格数过多，绣出的斜线条感觉上就不大像斜线了。

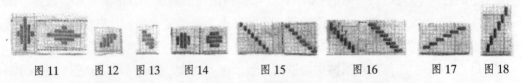

图11　　图12　图13　图14　　　图15　　　　图16　　　图17　图18

3.纳锦纹样的组织排列：纳锦纹样千变万化，但它们的组织法则与图案一样，运用均衡、连续、重叠、对比等法则。在纳锦时，我们把这些法则根据纳锦的规律大概归纳为四种，叫做并列、交替、递进、填心。

（1）并列：每组小纹样均匀的排列在同一条直线上，以第一批为基准，逐排平行类推。例：图19。

（2）交替：第一批纹样的排列是在同一直线上，第二批纹样必须和第一批交替排列，逐批类推，使花纹反复，重叠相互信赖组成图案。例：图20。

（3）递进：每组小纹样的排列是逐个向上或向下推移。例：图21。

（4）填心：当主要纹样组成图案后，再将其空白处服从于主要纹样的纹样填满，不露底，达到既统一又变化的效果。例：图22。

　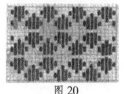　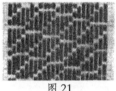　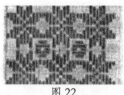

图19　　　　　　图20　　　　　　　图21　　　　　　　图22

纳锦就是以这些不同的基本形和不同的组织排列，绣出的多种不同形式的锦纹。现略举几例：

适合纹样　例：图23-1，图23-2。

二方连续纹样　例：图24-1，图24-2。

四方连续纹样　例：图25。

图24-1

图23-1　　　　　图23-2　　　　　图24-2　　　　　图25

4.纳锦纹样的运用：一幅好的彩锦绣，主要有两个因素，除了画稿的因素外，就是必须使纳锦针法得到充分的但又是恰到好处的发挥。如果说彩锦绣好似一望无际的草原，将草原上一切障碍物清除，任骏马奔驰，使你的骑术得以充分的发挥，那么在创作画稿时，就应该尽量的将妨碍纳锦针法发挥的因素统统去掉。概括起来讲，一幅好的彩锦绣，经过了由繁到简（从生活到绣稿），由简到繁（从绣稿到彩锦绣）的创作过程。因此，如何恰当的运用各种纹样，使它适合内容的需要，对内容起到更积极的作用，这是纳锦的一个重要关键。通过多年的实践、摸索，我们认为在设计图案纹样中应该注意几点：

（1）对比与调和：与图案创作一样，在绣制纳锦纹样时，必须掌握好对比与调和的关系，如形象的大与小、工整与活泼、繁与简以及虚与实等。注意在变化中求统一，假若过分强调了调和，又容易产生"生硬"和"啰嗦"（花哨），若过分强调了对比，又容易产生"呆板"和"贫乏"。

大与小：纹样大，整体感强。但比较单调，纹样小，显得碎。适当的安排好大与小的对比，不但可以解决整体与局部的关系，还可以丰富和表现远近层次。例：图26－1，图26－2。

直与曲：一般的讲，直显得庄重、严肃，给人以静的感觉，而曲则为活泼、轻松，有动感。处理好严肃与活泼、静与动的对比关系，使它们互为补托，求得统一，可以增强动感、质感。例：图27。

图26－1

图26－2

图27

繁与简：复杂的纹样比较精细、丰富，但到处搞成这样，就得其反，显得啰嗦累赘，简单的纹样比较洗练简洁，但是都简单，又会给人以贫乏和空洞无物之感。要繁中求简，简中求繁，给人以雪里送炭之意、锦上添花之感。

虚与实：纳锦是用虚来突出实，以实来体现虚，既可使纹样处理得显露突出，又可使纹样显得隐隐约约，虚实处理得当，图案的节奏感强，主要纹样突出，层次增加。这种关系的体现，主要信赖于用线的粗细（例：图28－1）和使用隐针法（将线绣在底料背面的针法，暴露的底料经纬线使色浅的色度给人以降低的感觉）（例：图28－2）。

丝路（即用针的排列）：纳锦用针排列有横丝路（例：图29）、竖丝路（例：图30）、斜丝路（例：图31）。由于丝路的不同，产生了不同的光泽效果，横丝路比竖丝路亮，斜丝路则比横、竖丝路来得显露，而且表现力较前两种丝路强。在同一纹样里，

图28－1

图28－2

图29

图30

图31

运用这三种不同的丝路，则应根据纹样的要求灵活掌握（前面各条举例中，已经有所表现，不再举例）。

绣制纳锦时，除了注意纹样之间的对比与调和关系外，还应注意纹样与画面形象的谐调、对比，既可方中求圆，又能圆中寓方，当然可以圆中求圆，方中有方，这都没有一定的规定，应根据不同的对象运用。

（2）源于生活，高于生活：纳锦时，要力求使图案纹样的语言大众化，主题为群众所熟悉，善于运用图案的添加、减少等表现手法，从生活和大自然中广泛的收集素材，努力加强自然形象中需要强调和造意的某一部分特征，大胆减弱妨碍纳锦造意的某些可省略的部分，变化成能充分发挥纳锦特长的纹样，使纳锦更富有生活气息，既是生活的表现，又不是生活的复制品。例：斗笠（图32）。

图32

（3）特定纹样的选用：我们的祖国是一个多民族的国家，各民族有各自的特点，经济文化、地理环境、风俗习惯、怒恶喜好均不同，在纳锦时，必须对这些认真地加以考虑，尤其是绣制少数民族的服装及装饰时，尽量参考民族的图案装饰，从中吸取具有民族特点，又符合纳锦规律的纹样，使纳锦对象更富有民族特点，乡土气息更浓。在绣制传统题材和民间题材的作品时，可根据画面需要，安排些人民群众熟悉的、喜闻乐见的传统纹样，借以表现劳动人民对生活寄予的美好愿望，如：万字八结、寿、喜、吉庆等。

（三）彩锦绣的晕色：

1.拼色：根据画面的要求，用不同色相的线或不同色级的线拼起来，寄于一针之中。如果是同一色相由深到浅时，起初深色线的成分就多点。不同色相也是如此，根据冷暖不同，适当增加或减少拼线中的冷暖线的成分。

2.散点间隔：各种色级或色相的晕色时，切不可绣死、绣实。在绣制开始就要有意识的适当的留些空当，待绣第二、第三、第……种色线时逐渐填满，这样晕色的效果就自然、柔和、浑然一体，不会起块起节。

（四）姐妹刺绣中的针法在彩锦绣中的运用：

彩锦绣和其他工艺美术品一样，应当努力做到内容形式的统一，形式为内容服务。在创作中调动一切可能的手段为其服务，使之更加完整、美丽，因此，适当的运用其他姐妹刺绣中的针法来丰富彩锦绣中的图案，这些针法运用得当，能够取得比其在原刺绣中更为醒目、更为华丽的效果。

1.平金：

云：装饰画中的云多用线，平金针法用在彩锦绣上绣出来的云，金碧辉煌，既保持了图案中云的线条美，又因为它是依据彩锦绣底纱的经纬线格绣成的。所以，比较其他刺绣显得更加平整、规则、图案化。例：图 33。

　　花边装饰：彩锦绣中的服装图案绣好后，再用平金适当钉上金、银线，显得尤其富丽、更加装饰。

　　2. 订线：订线是广绣中的一种传统针法，将订线方法在彩锦绣中适当的大面积或局部运用，增加了层次，丰富了画面，质感特强。例：图 34。

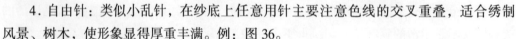

图 33

　　3. 网绣：运用网绣针法，根据图案的变化，将网绣针法的纹样合理安排，其效果使形象更为逼真，趣味更浓。例：图 35。

　　4. 自由针：类似小乱针，在纱底上任意用针主要注意色线的交叉重叠，适合绣制风景、树木，使形象显得厚重丰满。例：图 36。

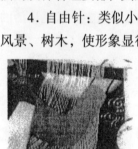

图 34　　　　　　　　　　图 35　　　　　　　　　　图 36

　　以上是彩锦绣的针法、纹样及技艺的运用，仅是总结了彩锦绣的一般规律，最基本的情况。刺绣艺术大师沈寿在她的传世之作《雪宧绣谱》的《绣要》一节中，专门谈到了"妙用"，她借用刺绣中线色的运用规律，辩证的阐述了艺术创作中的客观规律和美学法则。她说，在刺绣创作中既要注意"有定"、"有常"，遵循一定的规律，又要做到"无定"、"无常"，在创作中要"以新意运旧法"，达到出神入化的妙境，这些创作思想和美学原理，都是我们在彩锦绣的创作中值得借鉴的。

　　　　　　　　　　　　　　　　　　（原载《博物苑》2003 年第 1 期）

清代市井生活的写照

——介绍南通博物苑藏《三十六行风俗画》

黄　然

　　风俗画是以社会生活风习为题材的人物画，我国汉代就已经有了这种绘画。汉代帛画、画像砖（及木版画）都有风俗的内容，唐宋卷轴如《货郎图》、《清明上河图》，明代的《皇都积胜图卷》，清代的《康熙南巡图》、《姑苏繁华图》等，都是风俗画。风俗是一种社会生活的反映。从风俗画中可以看出社会的面貌，可以了解各地区、各时代、各阶层人的生活，及主人的地位、职业、服饰、建筑，交通、贸易等等情况，它是社会生活的一面镜子。鲁迅先生曾劝青年画家多画风俗画，多表现地方色彩。鲁迅认为风俗画可以"开拓眼界，增加知识"，而且还具有学术上的意义，"借此就知道各处的人情风俗和物产"，可以为民俗学的研究提供形象的资料。

　　南通博物苑藏《三十六行风俗画》是清代南通市井生活的写照。画为纸本设色，纵79厘米，横129厘米，无款，相传为清代嘉庆至道光年间通州平潮人马曜（字霁亭）所作（如图）。

　　展开卷轴，我们且作画中之游。货郎担的摇鼓声，传到附近的一户人家。贴着"积德前程远"门对的大门开了，一位妇女站在门口望着，也许她要买点什么。尾边做猴儿戏的息下担，卖艺的人坐着抽旱烟，猴子也坐着，花狗伏着翘起尾巴。一位做官的骑着马，头戴插着花翎的顶子。卖水烟的匆匆走去。修秤的放下担子，箴匠也正把担子息下，一位补锅的挑着风箱担慢步走着。"当——当——"，传来小铜锣的声音，原来是一位瞎子拿着竹竿在小心翼翼地从旁走过去。

　　再往右走，阵阵锣声传入人们的耳朵。唱道情的、提着鸟笼、打卦的举着"马前神卦"的幡子、一位老人搀着小孩，他们在看什么？杂技表演在吸引着他们。只见一个女子伸展着双臂站在钢丝绳索上，还是一双伶仃的小脚呢！下面，老人赤膊敲锣，招徕看客。旁边是刀枪长矛，一套武术道具。一位卖土玩具的，只管向前走去。迎面是一群人，跟随一个被押解的犯人。犯人的手被绳捆着，差役牵着绳。一个人在旁像是在喝

三十六行风俗画（瞿溢复制）

道，后面两个妇女在议论。卖膏药的也跟在后面。一位手提方篮的年轻姑娘，被一个人调戏着……

　　画的最右边是一座宽敞的房屋，飞檐翘角，雕梁画栋，磨砖照壁。门口照壁下，有人在剃头，有人在修脚。屋里挂着祖宗像。一位老者正在向一位青年讲经传道，青年脱下帽，恭敬地听着。屋边是一株苍松，枝干虬曲，叶色青翠。透过树隙，看到河边停着一只船。船民坐在船头吃饭，河中是一群鸭子在游，原来这是放鸭船。一只航船撑过去了，船头放着包袱、雨伞，乘客在舱里休息。

　　过河去又是一番景象。几幢屋子，有平房，有楼房。一间屋里有人在展纸作画。另一间屋里两人在下棋，楼上的人在弹琴。这一组画的是琴棋书画，描写了知识分子的爱好。门口空场上有几只鹅，还有两只鸡在相斗……

　　往左是一座古老的石拱桥，桥塍一间屋里一人在读书，河边，老渔翁拉起了网，拿着兜去兜鱼。过得桥去，只见一个人举起土枪在瞄准对岸树上的鸟儿。牧童牵着河中的水牛。一位樵夫背着柴向街上走去。这一组描写的是渔樵耕读。

　　再往左就进入闹市了。卖鸡的、磨铜镜的、卖丝线的，熙熙攘攘。独轮车载着乘客发出吱轧吱轧的声响推过去。前面是两人抬的大轿。街边，皮匠在修鞋，一位顾客坐在小凳上，脱下一只鞋送上去补。店门前，卖艺的姑娘，手拿长鼓，在翩翩起舞，老者蹲在地上也在不停地敲鼓，姑娘的脚随着鼓声跳着唱着。这是清代民间的舞蹈。一位舞蹈工作者看到这个镜头，认为这是研究清代民间舞蹈的可贵的形象资料。游方僧挑着行装头不侧地径直走去。

这一带是商业中心，有出售"各种名花"的花木商店，有典当。中医诊所里，老医生正在为女病人搭脉，屋里挂着"专治内外大小方脉"的牌子。这大小方脉是古代医学上的名称。根据《内经》，医凡一十三科，第一曰大方脉，二曰小方脉。大方脉是杂医科，小方脉是小儿科。诊所隔壁是一片商店，一边贴着"本栈自运大小公膏"，一边贴着"大有字号洋货发客"。从这里我们看到帝国主义已经入侵了，毒害人民的鸦片（公膏）和帝国主义的商品（洋货）正向我国倾销。一位顾客还是身背大刀的武士呢！

左隔壁是客栈，一盏写着"寓"、"安"字的灯笼放在柜台上。另一边有"银钱交柜"的牌子。这客栈叫"福全"。再往左是一堵墙，上写着"第一名池"，门口有"小沧浪"的招牌，一根木柱上挂着一盏灯笼，上有"香水"二字，这自然是浴室了。后面是香店和糟坊（酒店）。几位顾客往酒店里去。店里的招牌上写着"本铺自造崇川第一名酒"。南通古称崇川。那么这市井也就是古崇川的地方风光了。

其实，从画面分析，这幅画并不是写的南通某处的实景，而是将三十六行作了概括和组合，安排在一个虚构的地理环境中。它所描写的各行各业的情景是真实的。从这幅画卷上，我们看到清代的修理、服务业，以走街串巷为主，如补锅、修桶、修秤、蹦鞋、磨镜等等，都是挑担流动的。清代的交通工具也只有舟、车、轿、马。车子还是独轮车。称为"东洋车"的人力车，那时还没有。清代社会的封建落后，也可见一斑，如三教九流、医卜星相，以迷信为职业的很多。而街头的杂技、猴儿戏、民间舞蹈，则是最大众化的民间文娱活动了。服装反映了人的职业和身份。画上的劳动者都是穿的短袄，士大夫、官员是长衫或加上马褂。除了和尚，男人都拖着长辫子，前面的头发剃得精光，所以那时称为剃头。这些都反映了清代社会经济和社会生活的风俗民情。

从民俗学角度看，商店的招牌喜欢用"第一"，或自称有"名"，为"第一名酒"、"第一名池"、"名香"、"名花"，还标榜"自运"、"自造"等，这是商品经济的自由竞争的反映，以"第一"、"有名"来招徕顾客。用吉祥的字做店名也是我国的传统，为"大有""福全"，客栈喜欢用"安"字，为"寓安"。

《三十六行风俗画》人物众多，共有 77 人，各就其业，神态各异，栩栩如生。整个构图疏密有致，布局得当，作者是有一定的概括能力的。《三十六行风俗画》是幅有一定的艺术价值和学术价值的作品，为我们研究清代市井生活行业特点以及民情风俗，提供了宝贵的资料。

1960 年我国文化、外贸部门在规定文物出口鉴定参考标准中，写明：一切肖像、影像、风俗画、战功图、纪事图、行乐图等，凡是 1949 年以前的作品一律不准出口。这是从政策上规定了对风俗画一类的绘画加以保护，具有重要的政治意义。

我以为各地博物馆不仅要征集、收藏历代名家的绘画作品，还要十分注意征集、收藏民间艺术家的风俗画一类的作品，并且可以通过举办风俗画展览，以期引起更多的人关心和研究，提倡创作现代的新风俗画。

(原载《文博通讯》1983 年第 1 期)

领异标新的南通更俗剧场

赵 翀

在南通博物苑收藏的文献资料中，有两张珍贵的扇形平面图，那是早年南通更俗剧场观众座位分布图。从图面上看，剧场平面呈扇形，观众的座位约有 1200 个，分设于楼上和楼下。楼下最前为特别正厅，其有座位 162 个；特别正厅的后面和两边分别为头等正厅和二等正厅；在楼下的最后面两边还有三等厅，这里是给车夫坐看的地方。楼上的建筑格局与楼下相同，不同的是楼上全为包厢。第一排为月楼，有座位 37 个；第二、三排为特别包厢，有座位 96 个；再往后两排是头等包厢；头等厢后面则是二等包厢；楼上东西两端靠近舞台的地方各有一间花楼。

观众座位分布得非常合理，不难看出当年设计人员颇费了一番心血。翻开历史的卷宗，当年的更俗剧场确实非同一般，可谓是领异标新，集当时艺坛之盛。

张謇于 1916 年开始酝酿创办一所新型的戏剧学校，并打算建一座新剧场。正当他求贤若渴的时候，有人向他推荐了当时在南方戏剧界颇负盛名的欧阳予倩。在 1919 年 5～6 月间，著名的戏剧家欧阳予倩应张謇之邀来南通，创办了我国第一所培养戏曲演员的现代戏剧学校——南通伶工学社。在筹办学社的同时，加速筹建位于桃坞路西端的更俗剧场。欧阳予倩 7 月间，偕薛秉初等人赴日本，考察了日本帝国剧场等地，并访问了东京的舞台专家。他参考了日本、北京、上海等地各大剧场的特点，与孙支夏（我国最早的建筑设计师之一）合作规划剧场的建造事项。张謇交孙支夏画图设计，请欧阳予倩审定，由上海邬松记承办建造。1919 年夏开工兴建，夜以继日，挑灯施工，于同年 11 月 1 日（重阳节）全部落成。工程耗资达四万余元。

更俗剧场的半月拱式大门迎马路朝南，进入大门后有一大块停车场。其北有三个高大的半月拱式门组成第二道门，中间一个门上面有张謇手书的"更俗剧场"四字砖刻。第二道门里有门厅通剧场，门厅楼上有办事室。后来为纪念梅、欧两位大师在南通合作演出，将其中间的一间定名为"梅欧阁"。张謇亲书匾额，并作对联："南派北派会通处，宛陵庐陵今古人"。

剧场中观众的坐椅由上海求新铁厂承办。坐椅是藤面翻椅，椅底有两根弧形铅丝，可夹放呢帽和草帽。在座位前面一律安装有条形瓷面桌子，用来摆放茶壶，坐椅、桌子之间的距离很宽敞，观众看戏很是舒服。

剧场的舞台很大，可以使用像汽车之类的大型道具。台下空洞，内置大砂缸十余只，有增加回音、扩大声音的效用。欧阳予倩在他所著的《自我演戏以来》中是这样写的："更俗剧场新建筑落成了，舞台的图样本是我审定的……落成之后觉得很拢音，在楼上、楼下最后一排都听得很清楚，而且比上海的大舞台、第一台、天蟾之类的舞台都适用……"舞台上有三道天桥，用以布置场景，并设有三个比较大的幕道。舞台的两边有两个小门通场内，台旁有东西耳楼。台前有三十二只脚灯和天桥下的电灯作为台上的照明。后台很大，空气光线充足，可容纳数十个演员同时化妆，准备上戏。就连上海新舞台的夏月珊都说"像这样的设备在全国可以算首屈一指了"。上海新舞台是中国近代第一个具有新式设备的剧场，也是从事戏曲改良的演出团体。夏月珊是其董事之一，其兄夏月润曾任上海伶界联合会会长多年，所以夏月珊对更俗剧场的评价是具有权威性的。由此足见，当年的更俗剧场无论是建筑设计，还是演出条件，在国内都是数一数二的。

剧场落成之后，实行由欧阳予倩亲自拟定的规约。新的规约摒弃了旧社会戏台的很多陋俗，甚至将旧时戏班的"十大班规"也排除在外。并要求观众必须按此规约文明看戏，就连张謇先生本人看戏也是凭票入场、对号入座。当年，梅兰芳先生来通演戏之前，剧场也与其约法三章，以维护剧场的改革之举。梅先生在《回忆南通》一文中对更俗剧场是这样描写的："这剧场是新式的建筑，台上两旁有场面楼，台下座位宽敞，一切装置和管理上，都能保持着整洁严肃的作风，场上不准站一个闲人，做到了净化舞台的效果。有几位穿红坎肩制服的服务员，站在两廊，随时负责场内的清洁。如果看到有观众吐瓜子壳、果皮等物，他们立刻拿着扫帚，走过去扫除干净。并不用硬性的规定来限制一般有害公共卫生的看客们的举动，让你自己体会出这种不合理的行为，是应该加以改革的。"可见，当时剧场的环境十分整洁有序，难怪欧阳予倩在其文章中无不得意地写道"那时剧场秩序之好，恐怕在中国没有第二家"。

先进的设计，良好的演出环境，加之张謇和梅、欧二人的社会影响，吸引了一大批名角来通演出。欧阳予倩在文中写道："南通自从更俗剧场开幕后，所有国内的好角色可以说都去过，梅兰芳、余叔岩、王凤卿、杨小楼、郝寿臣、罗小宝、王蕙芳、程艳秋（后更名程砚秋）、王长林等等都到过。剧场还没有竣工，张季直已经有信约梅兰芳。以后，北京的角色都陆续在更俗剧场登台了，真可谓极一时之盛。"

更俗剧场在解放后改名为人民剧场。它作为南通市的文化演出中心，为丰富全市人民的精神文化生活做出了突出贡献。南通人民对其怀有深厚的感情。到了 60 年代，剧场抽掉了内部楼厅原有的支柱，改为现代电影院中的开放式座位。后因年久失修、消防、安全等方面存在诸多隐患，于1996年被拆除。

如今，一座投资5000万元的更俗剧院已然矗立在桃坞路口，这座可容纳1200人的新型剧院将为丰富全市人民的文化生活和加强南通市的社会主义精神文明建设做出新的贡献。新剧场的诞生也将告慰那些曾经为剧场的建设和改革呕心沥血的先驱们。

（原载《博物苑》2002年第1期）

五十三年前的一张书目

李坤馥

在南通博物馆珍藏的革命文物中，有一张1927年南通师范学生进步组织"革命青年社"遗留下来的马列主义书目。这是市纺工局工程师葛祖慰同志前年修缮房屋时，在窗户的过墙板上发现的。除这份书目外，还有《达四日记》（达四是丁瓒的别名）和马列主义学习笔记一册。这份马列主义书目是夹在丁瓒的笔记中的。葛祖慰同志把这3件珍贵的革命文物送到南通博物馆收藏。

今年6月，刘瑞龙同志来南通调查了解棉区情况，一天上午到博物馆参观，对这张书目进行了鉴定，他说：这是南通师范"革命青年社"的一份书目。他和顾民元、丁瓒、马尔聪等都是"革命青年社"成员。当年他们读的革命书籍，有不少是萧楚女同志从上海寄来的，这说明萧楚女同志关怀南通青年，做了许多革命的启蒙工作。当时这些书绝大多数是不公开的。刘瑞龙同志还说，这份书目是他写的，那时他才17岁。这次刘瑞龙同志还应博物馆之请书写了后记。后记进一步说明这是"革命青年社"的存书及借阅登记目录。书目中的"楚"字表明是萧楚女同志寄来的。借阅者中"明"是指顾民元同志，"马"指马尔聪同志，"璟"指王子璟同志，"瑞"指刘瑞龙同志，张其清、严福生均为"革命青年社"社员。以上各人先后加入中国共产党。

（原载《南通日报》1980年10月21日）

附：

关于"达四日记"的发现

1978年南通纺织工业局工程师葛祖慰先生家修缮房屋时，从窗户上的过墙板上发现了"达四日记"（达四是丁瓒别名）和"学习马列的笔记"各一本。葛祖慰将这些革命文物送交曹从坡（曾任南通市副市长等职，与丁瓒同志熟悉），曹从坡同志将这些文物交给我转交博物馆珍藏。我在翻阅学习笔记时，发现其中夹了一份书目，1927年的革命文物，十分珍贵。1980年，农业部副部长刘瑞龙来苏北南通、盐城视察棉田基地，我请刘老对这份书目进行鉴定，刘老一见这份书目十分高兴，当即对我说："这是1927年通师学生进步组织'革命青年社'的一份借书存书目录，当时我们看的书是很多的，也说明了恽代英、萧楚女关心南通青年做了许多工作。这些书绝大多数是不公开的。"刘瑞龙同志还高兴的告诉我这张书目是他写的，当时他17岁。我立即请刘老题写书目后记，刘瑞龙同志欣然命笔，在一张十行书上写了如下的后记：

> 这是一九二七年六七月间南通师范学生进步组织革命青年社的借书存书目录。书目中的"楚"字表明是萧楚女寄来的，借阅中"民"是顾民元同志，"璟"指王子璟同志，"马"指马尔聪同志，丁达四即丁瓒同志，张其清、严福生均系革命青年社成员。上述各人都先后加入中国共产党。
>
> 书目是刘瑞龙写的，存放在葛松亭先生家。
>
> 刘瑞龙
> 一九八〇年六月二十一日于南通博物馆

这是刘瑞龙同志题写的第一张书后记，我曾写了一篇《五十年前的一张马列书目》送南通报发表，不料因为葛松亭先生的右派帽子还没有摘，不予发表。刘瑞龙同志得悉后当即来信收回了这份交代清楚的"书目后记"。没奈何我又写信向刘瑞龙同志要回这份书目后记，为此我作了检讨向刘老告罪。后来刘瑞龙写了两份"书目后记"请黄一良同志带给我，一份给南通博物馆，另一份赠我留作纪念，这就是现在的"书目后记"。

关于葛松亭先生：葛先生南通人，参加辛亥革命、武昌起义，曾经任学生军第二团团长。政治上失意后回南通经商，后在陈葆初办的《通海新报》任经理、主笔，葛松亭与陈葆初交情甚厚。陈葆初因汉奸罪被镇压，葛为他说话，因之被划为右派，已故多年后落实政策。恽代英同志牺牲后，葛松亭先生不避风险将恽代英夫人沈葆英同志接来南通，并设法安排沈葆英同志当小学教师，直至抗战爆发才由党派人接走。

李坤馥 1982 年写于南通博物馆

一颗划破夜空的星星

——记版画家徐惊百

邱　丰

我于 1937 年开始自学木刻，得到徐惊百同志的帮助后，才有快速的提高。

惊百同志多才多艺，在入大学前，1931 年就刻了一幅"自画像"，颇得神采，入学后经名师教导，水彩、版画在同辈中皆名列前茅。1927 年鲁迅先生倡导新兴木刻，启迪了当时在艺术道路上彷徨的青年，他也积极响应，为新兴木刻运动推波助澜。1935 年在南方木刻运动中心的广州，举办了"第一回全国木刻巡回展"。展览会的发起者讨论决定，以后每年举办一次。1936 年 5 月，李桦、野夫等联合筹备"第二回全国木刻巡回展"，事先与各地木刻工作者取得密切联系，展品于 5 月底集中广州，然后按全国划分成的几个展区，在杭州、宁波、绍兴、嘉兴、溪口、上海、南通、开封、太原、汉口、南宁、桂林、梧州等地流动展出，最后还回到广州。李桦同志曾告诉我，第三回巡回展原定于 1937 年 4 月截稿，预备扩大展区，流动到济南、天津、北京等城市，后因七七事变，仅在武汉展出后便停展，最后作品由江丰带往延安。

1936 年"第二回全国木刻巡回展"江苏方面的联络人就是徐惊百，各地的参展作品都寄到中央大学教育学院艺术系，由他集中寄往广州。他在这方面作了很多的努力，是江苏现代版画的拓荒者和先驱。从南通博物苑所藏他留下的一张发黄发脆的纸上，可见他为这次版画展在南通等地展出的苦心筹划。纸上散落地写有："与民教馆接洽"，此条下又有"①审查②布置③地点④扬、镇展出介绍"；还拟办"理论座谈"，"印入场券（200 张）"（下有画好的格式），"地点：益群社"。时间：8 月 18—19 日"下午 7 时半"。写在入场券旁的"献词、国粹 China、国防美术、木刻的技巧、本刻的内容、筹备的经过、打倒偶像崇拜"，似乎是座谈的内容提纲。两次座谈会的内容都向《五山日报》和《新南通日报》发稿，拟扩大两报的副刊版面成为专号，并增加印数，同时还向其他报刊发出新闻。并有："拟新闻"、"画报眉"、"晚上写稿"、"编稿"、"写稿"，《现代》、《生路》，这大概是除写稿、画报眉外还想另写稿向外地发。另有"写信给李桦、野夫、徐镇……"等简短的记事，虽不详尽，亦可见其筹备周详，规模可观。巡回展在南通城展出后，又移到唐家闸和如皋城展出，参观者耳目一新，展出获得成功，新兴木刻在南通地区也撒下了种子。

那时南通及周围地区刻木刻的人很少，只有我和禾子（季穆如）、西峰（夏理亚）、半辰（余呈）几人。我的作品在报刊上发表较多，如《补穷妇》、《卖大饼》、《人力车夫》、《除夕》等。1944年，南通县中与高级商业专修班聘我任美术和广告学教师，惊百与我商量扩大木刻队伍，借此机会，在教学中，我介绍了新兴木刻，并在商业专修班把对艺术有兴趣的学生组成"啄木鸟木刻小组"，后称"商专木刻小组"。这是南通地区第一个木刻组织。该小组成员的作品《街头》、《鲁迅像》、《骷髅》等正好在该校地下党创办的16开本油印刊物《芒种》上发表，文图并茂，青年学生很爱看。因他们抑制不住内心的抗日热情，情不自禁地唱起抗战歌曲，引起敌伪注意，几遭逮捕，至1945年成员星散。

可惜的是惊百的遗物只有最后三年的日记及一些水彩和版画。版画中：（一）《愤怒的人群》，工人们高举旗帜和拳头，高呼口号，向剥削者和不平等的旧社会冲击，争取自由和生存权利。（二）《为争取自由而斗争》，争取自由的兄弟被关押着，他们要拉开铁窗冲出牢笼，铁窗外是一片黑压压的人群，举旗疾呼声援，牢内的禁子已吓得张口结舌，牢外的警卫也显得无能，他们的呼声已震得房屋和大地发抖。（三）《家》，是一位失去家园从沦陷区逃亡的妇女带着两个瘦弱的孩子，他俩饥肠辘辘在哭泣，母亲凭着一把破旧的胡琴卖唱求乞，其实是在凄怆地倾诉国破家亡的悲愤，有一群人在听她哭诉。他的作品主题突出、态度鲜明、构图简洁，加以黑白处理适当，对比强烈。如（一）、（二）幅都略去背景，图中人群集中而有变化，利用大块的黑面使人感到有气势有力量，能压倒一切。（三）图中背景零落，衬出悲凉的气氛，衬出这位卖唱求乞的妇女和孩子，听众只用影子来表现，使人感到人数很多，而这一块黑色与背景的一块黑色使画面产生平衡。在静中突出了妇女悲歌的动态，用刀流畅自如，以刀代笔，圆口刀和三棱刀巧妙地配合使用，恰到好处，刀味极浓。这些都是刻在废旧的油毡地上的，他曾说这东西价廉易找，穷大学生也买得起，而且效果也不错，他很喜欢。他的版画现存的还有《车厢内》（1934年至1937年）、《自刻像》（1931年作），现都收藏在南通博物苑。

徐惊百离开人世已有半个世纪了，但人们怀念他。1985年李桦老人来南通，我送给他一张惊百的照片，李老凝视良久，感叹这位富有才华的版画家过早地离开了我们。他为国为民不辞辛劳，为江苏现代版画事业的开拓和发展做出了贡献，他短暂的一生是在如漫漫长夜的旧社会度过的，但他创造出了不平凡的光辉业绩，正如一颗划破夜空的星星。

（原载《惊百文存》，2002年）

春泥社和《春泥》合订本

任苏文

在南通博物苑收藏的革命文物藏品中，有一件非常珍贵的《春泥》副刊合订本，这件文物是春泥社的成员徐静渔先生珍藏了 52 年后捐赠给我苑的。合订本长 26.4 厘米，宽 16 厘米，它收集了 1934 年 1 月～1935 年 6 月间的《春泥》副刊，共 95 期，从第 4 期到第 98 期，缺第 1～3 期。它是从《如皋导报》上裁剪下来装订而成。

《春泥》是进步文艺团体——春泥社在《如皋导报》上开辟的文艺副刊，主要创办人有如皋县中学生马光曾与同学俞铭璜、社会青年祝见山、梁明晖，这群爱好文艺的进步青年借"落红不是无情物，化作春泥更护花"取名为《春泥》，象征着希望与生长之意。每期只有四开八分之一篇幅，仅能容纳一千字左右。它的内容以宣传抗日救亡为主，提倡大众文学，大多以小品文、评论、杂文、诗歌等形式出现，初期刊出的作品主要是反映现实生活，揭露旧社会的黑暗，控诉旧制度的丑恶，追求光明，为苦难的民众呐喊。如采薛（蔡暹）的《打丝线的老人》、徐希祖的《捕鱼人》、郭果尔的《家书》、何晴波的《我不像》、徐静渔的《清道夫》、许家屯的《推独轮车的》等诗歌，虽然在艺术表现上还较肤浅，但它的内容与当时人民的苦难息息相关，都以锐利而辛辣的笔调，从不同的角度，写出了劳动人民的苦难遭遇，喊出了被压迫者的呼声，有力地控诉了人剥削人的罪恶制度，因而深受广大进步青年的欢迎，还引起了南通、启东、海门、东台、泰兴、盐城和镇江等地文艺青年的注意，在知识青年中有着广泛的读者，吸引了一大批作者。如时在上海沪江附中读书的管惟霖，如皋地区的蔡迪、蔡暹兄弟，栟茶青年诗人何晴波、徐静渔，通医的黄土罕，如皋平民工厂纸工许元文和如皋西典当铺店员潘世如等等。

1935 年夏，《春泥》同人正式结集组成"春泥社"，俞铭璜、祝见山被推选为正副社长，叶胥朝被尊为大哥哥，实际是社顾问。春泥社最初的社员有：俞铭璜、吴安顺、叶胥朝、梁明晖、徐静屯、何晴波、蔡迪、蔡暹、祝见山等。这些青年对现实不满，爱好新文艺，思想进步，他们中间有的是小学教师，有的是失学青年，有的是中学生。他们爱国图强的热情很高。为了揭露日本帝国主义侵略中国的罪行，以文学形式来唤起民众起来抗日。春泥杜是在国民党反动派统治的白色恐怖时期，党的地下组织在通如地区遭到严重破坏，尚未重新恢复的情况下成立的进步组织，春泥社同仁的活动在民族危机日深的环境下，宣传抗日和民主起了重要的作用。

顾问叶胥朝曾长期以国民党员的合法身份，在如皋县国民党内部从事党的秘密活动，掩护党的工作。1935年初，叶胥朝在如皋县国民党机关报《皋报》社工作。在叶胥朝等同志的支持下，春泥社有效地开展了一系列活动。为了避免国民党特务的注意，春泥社不公开在青年中吸收社员，而是根据每个人的爱好，通过研究新文艺，提倡大众文艺为名，把南通、如皋、东台地区一批思相进步、要求革命的青年团结组织起来，开展抗日救亡活动。社址设在如皋国民党政府机关报《皋报》社内，巧妙地利用"合法"阵地开展活动。

1935年秋，春泥社又在《皋报》上开辟了大型文艺副刊《谷雨》，由吴安顺、许家屯任主编。《谷雨》的篇幅比《春泥》增加了一倍，可以容纳千字以上的短篇小说和特写，发表了一批揭霹国民党反动势力反共、反人民罪行的作品，描写了劳动人民的苦难遭遇，鞭挞了人剥削人的罪恶制度。

叶胥朝还利用《皋报》社，创办了春泥图书室，成立了社会科学研究小组。春泥社的成员、通过各种渠道，购买了《资本论》第一卷、《政治经济学批判》以及上海出版的各种进步文艺书刊，有鲁迅的杂文、茅盾的《子夜》、丁玲的《水》，还有外国文艺作品《马克思传》、《毁灭》、《震撼世界的十日》等。春泥社的成员以研究新文艺与业务学习的形式，互相传阅，学习马克思主义理论，不断提的思想理论水平。一二·九运动爆发后，俞铭璜、吴功铭等在南通联络了全市各校学生，举行了一二·二三南通学生运动。春泥社成员利用有利的政治形势，一面积极给当时在南通的几家救亡刊物撰稿，宣传抗日；一面积极参加抗日爱国戏剧活动，同南通学院、女师和通中的进步青年一起，先后演出了《回春之雷雨》、《自由魂》等进步话剧。

1936年，潘也如、俞铭璜在春泥社内成立了革命秘密小组，并以苏北救国会的名义，出版了油印刊物——《救亡通讯》发至苏北各地。他们还到工厂、农村和学校进行秘密活动，组织青年学生举行示威游行，开展"停止内战，团结抗日"的宣传。

抗日战争爆发后，春泥社的大部分成员冲破敌人的封锁，离开家乡，走上革命的道路，在党的领导下，南征北战，经受了革命斗争的锻炼，成为我党的坚强干部。还有一部分留在南通，参加了家乡的抗日活动。如叶胥朝同志先后担任了如皋县县长、华中九专署副专员兼民政处长、两淮市市长、苏北区党委统一战线工作部副部长等职务。

春泥社从1935年初酝酿建立，到1937年抗日战争爆发，前后存在近三年的时间。我苑收藏的这本《春泥》合订本是目前保存下来的唯一的较完整的原件，笔者将《春泥》上的作者——录下，发现只有极少的篇名是真实姓名：如《七夕》的作者蔡迪、

《关于"托尔斯泰"》的作者徐静渔、《挑水夫》作者何晴波、《八哥哥》作者许元文等。而大多数的署名都是笔名，如：冰朵、奈儿、于仰寺、采薜、慕克拉、萃仓、白也稻、冬信、樱贪、芦吹、冯雪琼等等几十个，这些作者的真实姓名都有待进一步地考证，或请相关人员回忆。从这本合订本的文章中，我们可以看到春泥社的青年用文艺为武器与敌人开展斗争，在民族危亡的关键时刻，他们在群众中开展抗日救亡活动，用文艺唤起民众觉醒的可贵精神，反映了那个时代青年的理想和追求，是一件很有历史价值的革命文物。

　　春泥社就像它的名字那样，犹如一块孕育革命种子的肥沃土壤，这些种子植根于这块土壤中，在阶级斗争和民族斗争的风雨中茁壮成长。

（原载《博物苑》2004 年第 2 期）

珍贵的苑藏《太平洋周刊》残页

崔蓓蓓

最近，笔者在整理图书资料时，发现 4 张（共 8 页）画报残页。粗略翻阅，发现这几张画报上的内容都是张謇所办企事业情况的介绍，历史照片内容丰富、图片清晰，当为十分珍贵的史料。根据所附的《南通博物馆新收文物资料记录卡》上的记载，这是我苑李坤馥同志 1964 年向当时市农杂公司夏冬同志征集的，名称栏登记为：南通实业画报剪裁。说明栏登记为：教育、垦牧、大生一、三副等厂报道。在记录卡的空白处注明这些画报是"《太平洋周刊》上的"。从翔实的入藏登记内容看得出，征集者也是郑重其事，唯恐其不能得到良好的保存。笔者怀着敬畏之心，仔细研读，感觉这些史料比较翔实地反映了抗战之后张謇所办企事业的现状，是张謇研究资料的一个重要补充，有些历史照片也是首次面世，因而显得弥足珍贵。为使这些难得的史料公之于世，笔者将其一一整理录下，以与读者共享。

画页有实业、教育、公益、垦牧几个大标题，垦牧一栏的叙述文字部分残缺。以下内容按此顺序依次罗列。

（一）实　业

一、大生一厂

设于南通北十五里之唐家闸。清光绪二十四年兴工建筑，次年四月开车。面积占地四百五十三亩。抗战期前有纱锭九万二千五百枚，布机六百台；现开纱锭七万三千枚，布机四百台。职员有一百五十四人，男女工五千八百人。

（中）全厂鸟瞰。图形自右角至左角：

（一）大生码头远望该厂大门。矗立门前钟楼，按时敲鸣，全镇人民均以此计时。

（二）大生收花处。门联："魏文布衣俗，王逸赋机才"。为张退庵先生手迹。

（三）办公处庭景。

（四）大生一厂工场。

（五）修理科内部。

（六）女工宿舍大门。此宿舍建于该厂之最后庭院中，卧室中被帐齐全，并有公共洒衣处，洗衣处。住舍女工伙食由厂代办，另有饭厅。管舍女职员为大夏大学毕业生。

（七）女工福利社。此社设于宿舍之内，分作业室休息室图书室及合作社等，社中备有化装品及毛巾袜子等发售，价格与上海相仿。

（八）理发所。

（九）职工俱乐部走廊。内有弹子房，图书室，平剧室，休息室等。

（十）私立唐闸工人子弟小学。该厂工人子弟入校读书免费。

二、大生副厂

设于南通南门。民十兴建。民十三落成，出租于永丰公司。民十五收回自办。面积占地，一百二十五亩。纺机一万九千五百零八锭，内细纱机占五十六台，现全部开车。自动布机三百十三台。每月产量：纱约一千四百件，布约一万匹。男女工有一千人。图自右至左：工厂管理员写字间。女工入场一瞥。织布工场。此场之旁为纺纱工场。角上（右）厂长王元章（左）工程师保永炎。

三、大生三厂

设于海门。民五筹备，民八开车。抗战前有纱锭三万七千九百枚；布机五百九十四台。现开纱锭三万五千枚，布机二百五十台。全年产量，纱二万余件，布四万余匹。全年需要棉花约十万担。全厂职员约七十余人，有男女工二千余人。图自右至左：该厂门景。工人子弟学校。大生组织的实业警察，分驻各厂保卫。右角为厂长袁仲齐

四、广生榨油厂

创于清光绪二十八年。建于唐家闸。现在并未营业仅代大生纱厂榨制棉仁饼，充作燃料。有职员十六人，男女工一百二十八人。机件全备，有大储油池两只，每只能储油一千六百余担。

五、复新面粉公司

创于清宣统二年。厂建于唐家闸。设备有六五零匹马达一座。磨粉机二十二部，筛粉机三十二部，搬运机二十部，打包机十部，净麦机十五部。现因原料缺乏，尚未开车。

（二）教　育

一、通州师范

创立于清光绪二十九年，吾国有师范学校名称自此校始。此校面积占地四千余亩，建有楼房平屋廊庑约四百间，不幸于抗战期间，全部遭敌人摧毁。胜利后张敬

礼氏以该校为其父叔所创立，且为中国师范学校第一校，在中国教育史上有辉煌之记录，而历年培养师资甚众，校友遍及全国，当此全国普及教育声中，端赖师资之时，此校恢复，不容稍缓，乃尽全力以赴，拨款两千亿元，就原址重新建造，全部校舍，均建楼房，现正大兴土木，不久可以完工。该校因无课室，现有学生仅数千人。暂借附小课室上课。校名牌亦悬在附小门前。师范有附小亦自此校始。附小创于清光绪三十二年，处与师范同一处所，民八附小建新校舍，即今之校舍，乃与师范分开。现有小学生八百名。基本教育极为完备。学生中并有保甲长自治组织，行动敏捷，步骤一致，一切团体化。六七岁学童，能做甲长，指挥一甲小学生，遵守秩序，甚为难得。而幼稚园小学生均受有此种训练，教育伟大，与此可见。通州博得模范令誉由来，由此小学可推及之。（图上）通州师范及附小门景。右角为通州师范校长于敬之。于氏服务该校四十余年，一生尽力于师范教育，现每日在工场监造新校舍。（右）通州师范附小小学生集于操场上游戏。（下三图）师范新校舍建造情形及堆积入山之建筑材料。

二、女子师范

创于清光绪三十二年。初称通州公立女学校，次年改今名。先由张南通兄弟出资购买城北柳家巷陈姓旧宅修葺为校舍，继于清光绪三十三年购顾氏珠媚园旧址建筑校舍，历三年落成，费银三万二千余元。民九又购城南断家坝地基建筑新校舍，即今之校舍，民十落成，费银七万数千元。原有校舍改为附属小学校舍其间陆续增建教室宿舍，花费甚巨。抗战期间，师生辗转流迁，弦歌未曾中断。胜利后收回校舍，破坏甚重，择要先行修复。修理费用，由张敬礼氏组设之南通张季直先生手创教养事业复兴委员会拨助二亿元。统计全校学生有七百九十八人。教职员五十七人。

（前残。——笔者注）部拟准以南通学院名义立案，南通学院之名自此始。该院农科分农艺系、畜牧兽医系、农艺化学系、农业经济系。纺织科分纺织工程、染化工程两系。医科现未分系。共有学生七百八十七名，计农科三二二名，纺科三七六名，医科八九名。教职员有一百三十七人。历届毕业生计农科六五七人，纺科七二二人，医科四〇一人，共有一千七百八十人。设备方面，现有图书五万余册。杂志近百种。有化学，物理，生物，动植物及解剖各实验室。各种仪器，于站时损失及重，正逐步添置。该学院杂费收入，仅及支出三分之一，不敷之数由校董会筹补。该学院舍，现除附属医院四层楼洋房一座平房四列外，东南西北四院共有楼房三百六十间，平房一百九十间。尚有图书馆，医科第二院，唐家闸纺织科教室等为公教机关借用。另有农场，家畜场，养鱼池，农产加工场。纺织实业工厂，漂染整理工厂，机件因年久失修，正在整理。又该院在射阳河滨海地区有基产地十二万亩，已开发三分之一，将来拟充作大农场之用。

（三）公　益

一、慈善事业总管理处

该处主席董事张敬礼。驻处董事吴阶。有职员七人勤务二人。经常管理养老院，育婴堂，残废院及盲哑学校一切事物。处产有民田苗田约四百亩，房屋两所，基金一亿元。民国三十三年各堂院校经费困难，势将难继，张敬礼氏于是年七月间慨以私产洋房一宅（即现在四区专员公署）出售，得米一千五百石助入各堂院校维持食用，得未中缀。该处办公室设于养老院内。该处尚有管理之贫民工场一所，不幸遭日寇焚毁，全部房屋器具，尽付一炬，损失颇大。

二、养老院

现有老人七十四名，男占四十四，女占三十；年龄最大者八十七，最小者六十一；六十一岁至七十一岁者三十六人；七十一岁至八十者三十人，八十一岁至八十七者八人。其中，韩国籍八十岁老妇一人，安徽籍老妇一人，余为江苏省籍。南通籍占最多数。供养膳食中午是饭，早晚餐是粥，初一十五吃荤，每人吃肉二两，平常则青菜豆腐。全年经费支出约五千余万元。有田产民田，苗田，灶田等四千一百八十余亩，房屋四所，基地八方。因四乡不靖，收入照原额尚不足三四成。图（右）该院大门及庭院，（左）收容老人。

三、育婴堂

创于清光绪三十年间，堂建于南通唐家闸，面积占地二十四亩，房屋雄伟，为我国最大之育婴堂。惜在抗战时被毁。堂中婴儿乃迁入养老院，以至于今。现堂中收育婴儿一百八十名，男三十七，女一百四十三，一二岁占多数。另有一胎三孩（二男一女）不计算在内。雇有内堂乳母养母二十人，外堂乳母一百十八人。管理员男二人女五人，工役五人。经费年需一亿七千四百八十六元。有田产民田、沙田、垦田等一万三千四百余亩。地基五方。为补助乳妇乳量不足，另有惠婴牧场，养荷兰牛八只，雄一雌七，每日产乳八十磅；用管理员一人，工役四名。年支经费约二千八百万。图（上）育婴堂大门及乳母与婴儿。（下）一胎三孩王一品（男），二品（女），三品（男）。

四、残废院

院建于狼山北麓，有屋五十八间。收容残废者五十七人。有田产四百六十余亩。全年经费支出三千九百万。有管理员二人，工役四人。上图由狼山俯视之残废院。

五、盲哑学校

盲哑学校附设于残废院内。男女生兼收。现有教职员三人，女盲生三名，男哑生十九名。历届毕业生介绍至文化机关服务，均能称职。经费年需约一千八百余万，有田产一百亩。

此外，另有一残页上无大标题，除介绍了几位人物外，分别以"南通事业表现"和"南通事业展望"两个小标题作了介绍，亦原文录下：

南通事业表现

纺织学院，农学院，医学院三院并私立南通学院，此三院现均称科。纺织学院毕业生，散布全国各纺织厂中，充任技术人员。抗战胜利后，中纺公司接受敌人纱厂，所延揽的技术人员，百分之五十以上都是南通纺织学院出身。医学院历届毕业生多数供职军界，抗战期中，为国颇多贡献。南通各种实业工厂，通人直接间接依为生活有数十万人。垦区人民，大都能自耕自食。劫后之南通，一切能较他县安定，仍能维持相当的繁荣，实为啬庵先生退庵先生数十年前熟虑周思所创各项事业收获的果实。南通如此，其他遭劫的县份则不竟然。假使每一省有数县如南通，国家早步入建设大道了。高瞻远瞩的卓见表现在此；伟大的思想在此也表现出来。

南通事业展望

南通各种事业，现在都由啬庵先生之侄退庵先生之公子敬礼继承主持。他很能守前人之遗规，具有前人的伟大的思想，远大的眼光，雄壮的魄力，极大的抱负，现正计划将前人遗留下来的事业，更具体的发展。

通州师范校舍，在抗战期间被毁，今张氏拨款二十亿元，重新建筑，不久可全部完成，校舍较前愈益宏伟，在此全国高唱普及教育声如云中之时，国人应仿效之。大生纱厂在战前共有纱锭十四万余枚，胜利后已恢复到十二万强，预备逐步扩充到五十万纱锭。

南通土布，闻名全国，产销最旺时期，年约九百万匹，近年产量不足二百万匹。南通土布机估计约一万五千台，每台每日约出三十码布。现在因外销不旺，织户获利甚微，且织户多系农民，影响农村经济非浅。大生主持人鉴于此，寻觅改善农村经济之道，以本身岗位作出发点，拟设立南通土布辅导处，彻底改良农村出产品土布。会请专家深入农村调查研究生产能力，经济状况。择定宋梅乡为实验区。对织户予以技术指导，目的将织成土布的品质。长度，分量，门面，颜色等合乎标准。有了标准，……

博物苑的百年鹤缘

沈 倩

创建于 20 世纪初的南通博物苑，作为国人自办的第一所综合性博物馆，标志着中国博物馆事业的开端。其创始人张謇先生本着"设为庠序学校以教，多识鸟兽草木之名"的办苑初衷，在苑内"高阁广场，罗列物品"、"隙地则栽植花木，点缀竹石"。同时，在苑内设立动物园，广泛饲养动物。其间最先入住博物苑的一对丹顶鹤，却演绎出一幕百年的鹤缘情结。

如今，许多早年光顾过博物苑的老年人，回忆起博物苑的往事，都要说起当年那里饲养的丹顶鹤，其情形总是令那些老人记忆犹新。陈曙亭先生是近现代南通的一位远近闻名的书画家，1959 年仲秋，他重游博物苑（此时的博物苑的园林已改设为人民公园），面对园内已不复存在的丹顶鹤，感慨万千，于是在其画作《双鹤图》中，描绘起早年博物苑饲鹤之情景，抒发对鹤的情怀：

> 南通人民公园即张啬公昔日所创之博物苑。曾庋亭豢双鹤，偶闻清唳，声如裂帛，雪羽朱顶，高步昂视，能起人林壑之思。坡翁《放鹤亭记》文如行云流水，鹤朝放而夕归，余每怪鹤之驯而叹文之奇。物之与文固不必拘于言说，则视听可无所囿。予之画欲略其形而全其神，旨犹是也。

据博物苑的早期文献记载，苑中最先饲养的动物，就是一对丹顶鹤，而这对丹顶鹤还有一段曲折的故事。

原来，这对丹顶鹤产于朝鲜，最初被相国翁同龢得到，养在京城的私邸。那时的朝鲜是大清王朝的属国，丹顶鹤想来也属于进贡的礼品。1894 年，即中日甲午战争之年，这对鹤忽然走失，翁同龢亲书招贴悬金寻访，谁知人们看重翁氏书法，招贴旋贴旋被揭去，弄得都门轰动。当时流传的一首讽刺诗就是为此而作，诗云："军书旁午正彷徨，唯有中堂访鹤忙。从此熙朝添故事，风流犹胜半闲堂。"

四年后，翁同龢因支持维新运动而被革职回原籍，鹤便留赠给刘聚卿（世珩）。这位刘聚卿是鼎鼎大名的收藏家，与张謇早年就是朋友，正当张謇创办博物苑，为藏品四处寻求时，他给予了张謇莫大的支持，这对丹顶鹤也随之来到了博物苑。

　　张謇得鹤后，非常珍爱，不仅因为二鹤本身美观，更是寄托了他与恩师翁同龢的一段深情。因此，张謇先生写信给博物苑主任孙钺，特别叮嘱："急治鹤室前外篱，铁栅开门，使鹤游行，防其致病。二鹤不易得也，珍重！"

　　博物苑最初的鹤室建在花竹平安馆旁。由于花竹平安馆是为徐夫人而建，但未建成而夫人去世，所以张謇每来馆，看到双鹤的翩翩舞姿，总不禁触景生情，勾起内心的惆怅。或许是为了避开，这对鹤被移至苑内水禽池旁，专门设立鹤柴，沿东南角围墙，用竹篱隔为一条天井，内通室内以蔽风雨。

　　鹤柴建造于1910年，由于饲养经验的不足，鹤迁入不到1年就死去1只。鹤死时，张謇正在外地，闻知消息后随即返回，只见另一只鹤孤独地面临清池，不鸣也不食。张謇曾不无伤感地写下《吊鹤》长诗，诗中追述了此鹤的来历及他对鹤的特殊感情。不料想这只孤独鹤没过多久也死去了，这两只鹤嗣后均由孙钺做成了标本。

　　孙钺字子铁，生于1876年（清光绪二年）。当年就读于通州师范学校之时，正值张謇先生开始筹办博物苑，急需办事之人，经当时师范学校的监理江谦和日籍教师木村忠治郎的共同推荐，他来到博物苑工作。由于他的忠诚笃实和虚心好学而深受张謇的信任，入苑之初就被任命为苑经理，后又改称为苑主任，成为博物苑的第一任主任。作为一位创业时期的主任，其工作实在是包罗万象，事必躬亲，标本制作更是必备之课，自然也成了博物苑制作标本的第一人。起初博物苑的鸟类标本是由南通师范的日籍生物教师木村忠治郎代为制作，并由他传授给孙钺。由于孙钺虚心和刻苦，很快掌握了标本制作的技能，后来博物苑的动物死了，均由孙钺亲自制成标本。据说他做的各式标本，曾在南京举办的南洋劝业会展出，还参加了巴拿马万国博览会，得到过南洋劝业会的一等金牌奖和巴拿马的奖状。孙钺对工作一直兢兢业业，饲鹤更是煞费苦心，他饲养的丹顶鹤曾产卵数枚，孙钺按其特性，将它们埋藏于黄沙之中进行人工孵化，白天置于日光之中曝晒，夜里则以棉絮掩盖保温，曾孵出一雏，但未能成活。

　　张謇平生爱鹤，可谓情有独钟，不仅在他的濠南别业松坛内置放丹顶鹤的塑像，就连在其晚年休息之地濠阳小筑的八角亭屋顶也置放展翅丹顶鹤模型。第一对丹顶鹤死后，他一面命孙钺制成标本，一面不惜重金继续寻找鹤。

　　张謇的寻鹤购鹤也花费了不少心思，甚至不惜卖字来谋买鹤之资，他有首《鬻字买鹤》诗专记此事。某年，他还买了一对幼鹤来饲养，谁想稍大后才发现上了当，原来那是一对白鹳。鹤和鹳都是涉禽，外形相似，但还是有不少区别的。可能当时养鹤心切，观察就不仔细了。知道以鹳为鹤，张謇也感到可笑，他曾写《买鹤得鹳》诗云：

　　　　鹤也市人诬，来知鹤是雏。

　　　　留当常鸟畜，日费小鱼哺。

　　　　江雨交鸣促，墙阴习舞粗。

如何犹两斗，老子一胡卢。

作为博物苑的动物明星，丹顶鹤特别受人注目，直至抗日战争爆发，博物苑尚生存一对丹顶鹤。1938 年南通沦陷，日军驻进博物苑，苑内的动物饲养设施遭受破坏。博物苑饲养的最后一对丹顶鹤，一只竟遭日本侵略军的枪杀，变成强盗的下酒之物；另一只也悲鸣绝食而死。

然日军驻进博物苑，公然不顾国际公约，园林成为了日军的马场，那些饲养鸟兽的棚室大都被毁，剩余者也沦为日军的马厩，博物苑在日军的百般蹂躏下，已是残垣断壁，成为一座废园。

1949 年 2 月 2 日南通解放。27 日，新成立的南通市人民政府发布关于保护公共建筑及历史文物古迹的布告。9 月 24 日，南通市第一届各界人民代表会议开幕，韩意秋等 8 位教界代表向会议提交了"恢复博物苑"的提案，由此博物苑开始走上了艰难的复兴之路。

1966 年开始的文化大革命导致博物馆的业务全面停顿。据 1960 年南通博物馆《自然标本登记册》上记载，有鸟类标本 127 件，计 68 种，其中尚有经历战火幸存留下的博物苑旧藏的丹顶鹤标本，连同其他标本在这场浩劫中，被视作"四旧"毁于一旦。至此，博物苑在以后的二三十年里没有了丹顶鹤的踪影。

1972 年以来，博物苑的各项工作逐步恢复，1988 年被国务院公布为全国重点文物保护单位，博物苑进入了全面发展时期。1997 年，1 只途经本地而落地的丹顶鹤，使博物苑平添了一份喜悦。

博物苑建苑近百年中，历经风雨，丹顶鹤也随之一路坎坷、命运相通。2005 年，南通博物苑将迎来百年华诞，同时也是中国博物馆百年庆典，国家文物局已批准了《纪念南通博物苑成立 100 周年筹备工作计划》。目前，博物苑全面建设工作正紧张有序地进行，市政府对博物苑的建设给了高度关注和支持，决定将邻近博物苑的市卫校、市医学院职工宿舍区等用地划归博物苑，用于博物苑的扩建。由清华大学的两院院士吴良镛先生担纲的新馆设计，经国家文物局批准将在年内破土动工。在整体建设中，博物苑将力求保持其原有的园囿特色，保留并发展其中的动物园设施，计划恢复丹顶鹤的饲养，届时不仅还了南通人民的思鹤夙愿，更是圆了博物苑的百年鹤缘。

（原载《大自然》2003 年第 6 期）

苑藏鲸头骨的研究

张美英

在我苑鲸专题展厅内，有一件头骨标本，从现存头骨的特征看当属须鲸头骨无疑。由于这件头骨的某些部位缺失，至今未能准确定出其种名。近来，笔者查阅了有关文献资料，弄清了其来源，并对头骨保留部分进行了仔细地观察、测量、比较、研究，已能根据某些特征及有关数据确定它为长须鲸头骨。

一　须鲸头骨的来源

南通市濒江（长江）临海（黄海），鲸类活动频繁，南通地方志书上屡有"巨鱼"或"闰鱼"即鲸类活动的记载。我苑的创始人张謇先生，十分重视天产部类品物即自然标本的收集、制作、展览工作。在《南通博物苑文献集》收录的《啬翁垦牧手牒》中有两则内容是："……海大鱼全体骨骼务须设法运南通博物苑，为垦牧赠品。……"、"……海大鱼全体骨骼大约可拆取，须令挖泥人逐节挖，勿伤其接笋处。……"这两则"手牒"记录了两件事实：一是在江苏南通吕四垦牧区的滩涂上，曾经挖到过鲸骨；二是在张謇先生的安排下，南通博物苑历史上得到过比较完整的须鲸骨骼标本。

1914年出版的《南通博物苑品目》中，在骨骼栏目下，与鲨鱼骨相邻排列着"鲔骨（Thunnus schlegelisteined），吕四海滨掘出，本苑制作，陈列北馆，吕四垦牧公司赠"。这则记录显然是"手牒"中所提的"海大鱼"标本。

鲔，音"伟"，《现代汉语词典》上的解释是：（1）鱼，体呈纺锤形，背黑蓝色，腹灰白色，背鳍和臀鳍后面各有七或八个小鳍。生活在热带海洋，吃小鱼等小动物。（2）古书上指鲟鱼。这种解释显然与实物不相符；按给鲔骨所标注的学名，在《动物学大词典》上进行检索，查到所标注的拉丁文是硬鳍类，青花鱼科，金枪鱼属的鱼的学名。金枪鱼属的鱼是比较小型的鱼。很显然，当时给这件骨骼所定名称及学名与实物是不相符合的。

1920年编印出版的《南通实业教育慈善风景画册》上登有一张须鲸骨骼标本照片，

下面附有说明，全文是"北馆陈列大鱼骨，长四十英尺（约12米），在垦牧公司土中得之"。这张照片应该就是《南通博物苑品目》中所记录的"鲔骨"照片。

1930年（民国十九年）9月，通通日报馆编辑部编著的《二十年来之南通》第三目"博物苑"条目下有这样的记述："……北馆内楼上除陈列名人字画，楼下陈列各种化石外，尚有一大鱼骨。其名曰'鲭'，长约四丈。肋骨粗如大碗。脊骨亦颇大。为余有生以来所仅见之大鱼也。"

以上资料，记录的是同一件骨骼标本，由于当时工作人员对鲸缺乏认识，所以都把这件标本当作鱼类看待。"鲭"可能是写"鲔"时笔误所致。

据本苑第一任主任孙钺之子孙渠先生回忆，抗日战争期间，这件标本同博物苑其他大多数展品的命运一样，未能逃避战争所带来的劫难，逐渐散失殆尽，仅留不完整的头骨残存至今。

二　描述与测量比较

（一）描述　此件标本缺失吻部及右侧眶板，残留部分除左鳞部前端外缘有磨损外，其余结构比较完整。其鼻骨背面呈心形，同科鳁鲸的鼻骨背面呈梯形，鳀鲸的呈近长方形。近观该头骨的左右两侧鼻骨各如同半个纵切桃子嵌在其额骨之前，与大连自然博物馆展厅内的长须鲸头骨标本的鼻骨形状一致，其长稍大于两鼻骨最大宽处，位于残存的上颌骨眶突前缘之后；额骨部位因多年沧桑，已磨蚀严重，看不出具体形状；左侧眶板边缘略缺，上枕骨前顶呈圆弧形，中央部位凹陷并有一条较宽纵嵴直达桃形枕骨大孔，基枕骨较小，两肾形枕髁位于头骨后方，几于枕骨并齐。

（二）测量　有关此件头骨标本测量数据如下：

1．头骨保留部分的长度（自鼻骨前缘至枕髁）：106厘米。

2．缺失吻长的长度（自吻基部至枕髁）：75.6厘米（缺失吻端后的长度）。

3．颅宽：107厘米。

4．鼻骨长：左27，右32厘米。

　　　　宽：左11，右12厘米。

5．两枕髁外缘距离：32厘米。

（三）比较　经相关专家研究，各种须鲸头骨的各部分如吻长、颅宽、颅高、鼻骨长等与头颅全长、甚至体长都有一比较固定的比例。如鳁鲸颅宽为头骨长的45.62%，吻长为头长的62.77%等等。须鲸科主要种有小鳁鲸、鳁鲸、鳀鲸及长须鲸。它们头骨标本的测量数据对比详见表一、表二（数据摘自王丕烈著《中国鲸类》，带"＊"的数据摘自A.T.TOM H，1957）。

表一　　　　　　　　　　　　　　　　　　　　　　　　　　　单位：厘米

测量部位	小鳁鲸 *		鳁鲸		鲲鲸	
	量度	占颅全长 %	量度	占颅全长 %	量度	战颅全长 %
颅全长	103	100	274	100	295	100
颅宽	53	51.4	125	45.62	135	45
颅高	−	−	55	20.07	−	−
吻长	63	61.2	172	62.77	187	63.6
鼻骨长	−	−	−	−	11	3.7

表二　　　　　　　　　长须鲸头骨所测部分占颅全长 %　　　　　　　单位：厘米

测量部位	上海自然博物馆标本	大连自然博物馆标本	山东自然博物馆标本	长须鲸 *
颅长	480	423	434	492
%	100	100	100	100
吻长	70.8	71.4	69.6	69.1
眶间宽	42.5	42.8	42.6	−
颅宽	−	46.8	44	43.7
两枕髁外缘距	7.1	7.8	7.4	−
翼骨后端间宽	12.7	10.4	−	−

　　由于本文所研究的对象缺失吻部，所需要进行比较的百分率是缺失吻长的颅长，即颅全长减去吻长后的长度与颅宽的比率。经对上述二表中所记录的数据进行研究、计算，可得出以下结果：

表三　　　　　　　　　　　　　　　　　　　　　　　　　　　单位：厘米

须鲸种名	小鳁鲸	鳁鲸	鲲鲸	长须鲸				须鲸头骨
				上海自然博物馆标本	大连自然博物馆标本	山东自然博物馆标本	*	
缺失吻长的颅长（颅全长与吻长的差）	40	102	108	140	121	132	152	75.6
缺失吻长的颅长与颅宽的比率（%）	0.75	0.81	0.80	−	0.61	0.69	0.70	0.70

　　由"表三"中缺失吻长的颅长与颅宽的比率数据看，本文研究对象应属于小鳁鲸或长须鲸头骨。又据本文第一部分所录资料记载，这件骨骼标本的长度在 10 米以上，

而小鳁鲸一般体长不超过 10 米，所以，这件头骨标本应该是长须鲸头骨。

由"表二"中所录长须鲸的颅宽与颅长比例的平均值（44.9%），可推算出此件头颅全长约为 238.8 厘米，缺失的吻长即约 163.2 厘米，占颅长的 68%，此数据在"表二"长须鲸吻长占颅长的百分数据范围之内。

三　结果与分析

通过以上研究，可以确定我苑旧藏的须鲸头骨为长须鲸（Balaenoptera physalus Linnaeus）头骨。以上推算得出的这件头颅骨标本的颅全长数据，仅为"表二"中所列长须鲸颅全长最大值的 49%，从这一情况可判断此件头骨系长须鲸未成年个体。

长须鲸分布范围很广，多成群活动，食物主要为太平洋磷虾。它们在我国黄海北部活动的范围直接受其食物的分布的影响。据《中国鲸类》记载，长须鲸每年 6～8 月游向北方海域度夏，冬季在日本、朝鲜南部及黄海越冬，而以黄海的鲸群较多。在黄海、朝鲜南部海域未成熟也就是哺乳期至离乳期（体长为 12 米左右）的个体较多。根据以上资料及研究结果可认为早期博物苑收藏的鲸就是一条离哺乳期不久的长须鲸的个体（北半球长须鲸成年雌性平均长 20.6 米，雄性为 18.8 米）。

（原载《博物苑》2003 年第 1 期）

苑藏"海南虎斑鳽"标本定名商榷

居卫东

南通博物苑自然标本藏品中，自总 22 号、58 号两件鸟类标本，分别收藏于 1981 年、1983 年，原分别定名为鹬和鹭。1987 年 10 月 15 日上海自然博物馆周海忠先生来苑鉴定鸟类标本，定为海南虎斑鳽。

海南虎斑鳽（Gorsachius magnificus）又称海南鳽，是我国特有鸟类，在分类上隶属于鹳形目、鹭科、[夜]鳽属，它的分布非常狭窄，仅分布于我国东南沿海的海南、广西、广东等地，福建、浙江、安徽南部有过采集记录。自 1899 年在海南发现海南虎斑鳽模式标本后，至今一百年来，这种鸟的数量一直很少。由于只有零星的标本采集，对其繁殖、种群数量等情况不了解，因此在制定《国家重点保护野生动物名录》时仅把它列为二级保护动物。经过多年的调查，目前只有在广西南部偶尔能见到它的活动踪迹，在其他曾有分布记录的地方却再也不见它的踪影。其濒危程度可能更甚于朱鹮，可说是中国最稀有的鸟。由此，它被所有的国际自然保护组织列名为世界上极度濒危的物种，在国际上深受关注。

1999 年 11 月在南通如东、通州连续发现两只与我苑所定名为"海南虎斑鳽"的标本特征相一致的鸟类。如这些鸟确是海南虎斑鳽，将是鸟类学中的重大发现，对抢救这种极度濒危的鸟类，具有十分重要的意义。于是我对苑藏标本和如东新店发现的鸟进行了研究。

经观察，苑藏自总 22、58 号鸟类标本和如东新店的鸟（以下统称标本）与海南虎斑鳽确有不少相似之处。

首先，它们都是中型鹭科鸟类，体长 50～65 厘米，体粗短，颈脚亦短；其次它们的眼先和胫下部裸出，嘴基和眼先都是绿色；从照片上看它们的羽色也很相似，以灰、褐、黑色为主，羽毛上的斑纹相近；虹膜亦为黄色。

然而，通过进一步观察、尺量和核对，我还是发现了它们之间的不少区别。

（一）海南虎斑鳽与标本量衡度对比（重量：克；长度：毫米）：

海南虎斑鳽（标本采自海南岛尖峰岭及广东英德县）

标本数	体重	体长	尾长	翅长	嘴峰	跗蹠
2	750	605－656	107－137	288－325	62－63	75－76

苑藏标本及如东新店的鸟

标本数	体重	体长	尾长	翅长	嘴峰	跗蹠
3	600	510－560	100	270－290	63－72	75

（二）海南虎斑鳽与标本形态上的主要区别：

1．海南虎斑鳽的眼后有较大的白纹而标本无；

2．海南虎斑鳽的嘴较粗短直而标本的嘴峰向下曲、嘴端有缺刻；

3．海南虎斑鳽的跗蹠被网状鳞而标本的跗蹠前鳞盾状后鳞网状；

4．海南虎斑鳽的跗蹠绿黑色而标本跗蹠为黄绿色；

5．海南虎斑鳽的跗蹠长于嘴峰而标本的跗蹠几与嘴峰等长。

根据以上几点，可以判断我苑自总 22 号、58 号鸟类标本和如东新店的鸟并非海南虎斑鳽。通过进一步对比研究，我认为它们的特征与夜鹭相同，应为夜鹭的亚成鸟。

夜鹭（Nyctoax nycticrax）在分类上隶属于鹳形目、鹭科、夜鹭属。夜鹭成鸟的额、头顶、枕、羽冠、后颈至背墨绿色而具光泽，头枕部着生有 2～3 枚细长的白色饰羽，上体余部和颈侧灰色，下体白色，虹膜血红色，嘴黑色。幼鸟上体暗褐色，缀有淡棕色羽干纹和白色或棕白色星状端斑，下体白色而缀以暗褐色细纹，虹膜黄色，嘴先端黑色，基部黄绿色。成鸟与幼鸟在形态上有比较明显的区别。

苑藏的两件标本及如东新店的鸟其羽色与夜鹭幼鸟相似，但身体大小已与成鸟相同。苑藏 22 号标本是 1981 年 11 月 7 日动物园赠给的尸体，无采集记录，其虹膜色无记录，标本上的虹膜色为黄白色；58 号标本系 1983 年 4 月 3 日采集于南通县蒋家坝，虹膜色记录为红色，标本上亦为红色，这件标本的头顶及背上的羽毛已出现墨绿色；如东新店的鸟（1999 年 11 月 7 日）虹膜橘黄色，羽色与 22 号标本相似。它们具有幼鸟的形态特征也具有成鸟的一些形态特征，所以我认为这三只鸟均为夜鹭的亚成鸟。

夜鹭在我国分布较广，长江以南为夏候鸟或留鸟，长江以北为夏候鸟，每年 3 月中下旬到达繁殖地，9 月底 10 月初迁离繁殖地。如东、通州的夜鹭亚成鸟均发现于 11 月份，如东的夜鹭放飞后并未远离，12 月份在原地又被捕获。是因为气候变暖夜鹭在本地已成为留鸟，还是由于其他原因使这些亚成鸟没能飞离本地，这有待以后作进一步调查研究。

建议：自总 22 号、58 号鸟类标本的种名更正为夜鹭。

附言：

2000、2001 年冬季在我市曾多次发现夜鹭，其中有成鸟，也有亚成鸟。看来随着气候的变暖，有些夜鹭已在本地越冬成为留鸟。

（原载《博物苑》2002 年第 1 期）

参考文献

周放《寻找海南鸦》，《大自然》1999 年第 5 期。

郑作新等《中国动物志·鸟纲》第 1 卷第 2 部，科学出版社，1997 年。

高玮《鸟类分类学》，东北师范大学出版社，1992 年。

赵正阶《中国鸟类手册》（上），吉林科学出版社，1995 年。

范忠民《中国鸟类种别概要》，辽宁科学出版社，1990 年。

郑作新《中国鸟类分布名录》，科学出版社，1976 年。

郑作新《中国鸟类系统检索》，科学出版社，1966 年。

中国野生动物保护协会《中国鸟类图鉴》，河南科学技术出版社，1995 年。

华南濒危动物研究所《广东鸟类彩色图鉴》，广东科技出版社，1991 年。

上海市野生动物保护协会等《上海的保护鸟类》，学林出版社，1986 年。

藤萝架上紫藤香

王述烽

有中国第一馆之称的南通博物苑内植有数棵繁英婉垂的紫藤，最为卓尔不群者当属清代状元张謇所植于濠南别业楼前的两棵紫藤，至今已逾百龄。它们一紫一白，紫藤坐东，白藤坐西，围楼口而攀爬，横空直上，勾连盘曲，直上三楼藤架，颇有"蒙茸一架自成林"之势。阳春时节，繁花锦簇，一紫一白相映成趣，更是秀美异常。

紫藤为豆科紫藤属的大型落叶木质藤本攀缘灌木。其茎呈盘曲之态，势如苍龙盘绕，刚劲古朴，生命力极为旺盛。豆科植物中许多蔓生性草本植物，如扁豆、豇豆、四季豆等，为大家所熟知。但蔓生性的木本豆科植物，像紫藤这样长寿的确实不多。如四川新都、北京故宫内均有百岁以上的老紫藤。上海西南闵行区紫藤棚镇，就是缘于一株古老的紫藤而命名的，这株古藤相传为明代著名书画家董其昌所植，据考证至少已有四百多年历史了，传说乾隆皇帝下江南，从松江府去上海县梅陇镇途径紫藤棚镇时，曾在这株紫藤树下歇过脚，他的坐骑就拴在这株紫藤树上。据传，美国有一株特大紫藤，蔓长150米，遮荫地近七百亩，成为当地一处诱人的风景游览胜地。

紫藤原产我国，分布很广，属内约有九种。我国园林栽培中常见的是多花紫藤和白花紫藤，白花紫藤另唤银藤。紫藤生长迅速，花朵硕美，为优良的垂直绿化、棚架绿化材料，攀缘茎可伸展很长，三年即可成架。紫藤生长时攀缘很怪，遇直立的柱子、树干等对象，总喜欢反时针方向缠绕而上，并随年龄增加愈绞愈紧，有时活树被缠死，木柱则被绞断，因此园中藤架常用钢架、水泥等坚固材料制成。紫藤的当年生枝条，抽发力特强，总是张牙舞爪，迫不及待地寻找攀缘对象，实在找不着时，就互相纠缠一气，显出杂乱无序的姿态。因此，每到秋冬或早春时节，园林工人总要及时修剪一番，以利生长和观赏。

每年4～5月间，是紫藤开花时节，紫藤花序下垂，短者花繁艳丽，长者盈尺。近观，流苏成串，花繁映面；远望，似麇集的紫白彩蝶翩翩起舞。漫步藤萝架下，风送幽香扑鼻，不禁俗虑如洗，劳顿尽消。花开时节，若无野风劲雨吹打，可经半月而不凋萎。

　　紫藤对土壤与环境要求不高，抗逆力强，对二氧化硫、氯气和氟化氢等有较强抗性，且维护管理较为粗放。若通风透光良好，很少出现病虫危害。这恐怕也是紫藤长寿的原因之一吧。至于紫藤的繁殖颇为简单，可采用播种、扦插、分株、压条的方法进行，成活率很高。另外，紫藤除了可以绿化门廊、透空长廊等，还可以盆栽，制作桩景。盆栽的紫藤，施以艺术加工，使之形成虬曲古老、紫英婉垂、横秋春盎然之态，别具风格。陈设于厅堂阳台，案头几架，无不生机勃勃，神韵增辉。

　　莫以为紫藤中看不中用，其实它还是一材多用的宝贝呢。其经济价值可谓不小，藤蔓可制藤椅、藤桌等家具，树皮可制纤维编织物；它的茎、叶、根、果实均可入药，性微温，味甘，有小毒，具有祛风通络、解毒止痛、驱除蛲虫等功效；花瓣以糖浸渍后制成的藤萝饼，还是北京的土产呢。

　　如此美好的紫藤树带给我们不尽的陶醉与流连。

（原载《博物苑》2002 年第 1 期）

博物苑古树名木撷要

曹玉星

南通博物苑由张謇先生手创于光绪三十一年，他在日记中记有："十一月，因公共植物园营博物苑。"今天，博物苑已走过了百年历程，历经沧桑和发展，苑中现有古树名木十六棵，其中一级保护的一棵，二级保护的十五棵。

一级保护的一棵，树种为银杏，现位于博物苑西南方向新展馆第一、二（西侧）展厅前。银杏，别名白果、公孙树、鸭脚子、鸭掌树，学名 Ginkgo biloba L.，英文名 Maidenhairtree 或 Ginkgo。它是银杏科银杏属的落叶乔木，为我国特产，是现存种子植物中最古老的孑遗植物，为国家重点保护植物之一，在我国广为栽培，北至沈阳，东起沿海各省，西至甘肃、四川，南至贵州、云南，各地名胜古迹常有栽培千年以上的大树。在浙江西天目山海拔 1000 米以下甚至还有野生植株。特点是木材优良，可供雕刻、图版、建筑等用。种仁可食，入药有补肺、止咳、利尿等效，捣烂敷治皮肤开裂，但含氢氰酸，不宜多食。叶可提冠心酮，供药用。外种皮含银杏酸、银杏醇、银杏酚，有毒可杀虫。秋叶金黄，是优美的风景树。

在博物苑新展馆北侧（原人民公园动物房处）还有四棵银杏，这四棵二级古树和前面介绍的一棵一级古树，是受张謇的保护留存下来的。原来这里是东岳庙，庙里道士闻知张謇将在此地建农校后，欲砍伐、贩卖庙中树木。张謇知道后，立即将此地的树木买下，并立碑保护这些树木，有诗记道："举类论年辈，差当子弟林。买从道士手，中有老夫心。或说康乾代，端然八九寻。诸生勤爱护，食息在乔阴。"这几棵具有纪念意义的树已在 20 世纪 90 年代初由绿化行政主管部门立档、挂牌、保护了。

另外，进入新世纪来，博物苑十分重视园景面貌的改造建设和苑内大树、古树、名木的保护。园林部同志对全苑树木普查，摸清了全苑植物底细，其中大树有 31 科 80 种 500 余棵，对够得上古树名木的树木 12 棵（包括濠阳小筑的一棵罗汉松）整理了资料向上级绿化行政主管部门进行了汇报，市建设局风景园林管理处和市绿化管理处的专家们组织来本苑进行了现场调查、考证，并向省建设厅上报核准，这 12 棵树木被列入二级保护范畴。

濠南别业南侧的两株紫藤是二级保护树木。这两株紫藤，东西各一棵。东侧一棵开紫花，主西根部已朽枯，萌生新藤数十根，萦绕而上直至别业三楼与西侧一棵交汇成一大拱门植物造型，蔚为壮观。西侧一棵则开白花，"白花"紫藤，又称"银藤"，这棵银藤主杆根部虬枝蜿蜒，古朴苍老。两棵紫藤，一白一紫，一西一东，一"拙"一"雅"，如姊妹花，缠绕相拥，陪伴着气宇轩昂的英式建筑濠南别业，和谐美观，相得益彰。紫藤是豆科（蝶形花科）紫藤属的落叶木质观花植物，又名藤花、葛藤、葛花、藤萝、朱藤、黄环。学名 Wisteria Sinensis（Simg）Sweet，英文名 Chinese Winteria 或 Bean Tree。紫藤是我国著名的观花藤本植物，栽培历史悠久。1200 多年前唐代诗人李白诗曰："紫藤挂云木，花蔓宜阳春。密叶隐歌鸟，香风流美人。"十分生动地描绘出紫藤的优美姿态和园林效果。我国古藤资源极为丰富，《中华人民共和国地名词典·上海分卷》记载：上海闵行"紫藤棚镇上一棵紫藤，系明朝正（德）嘉（靖）年代文人董宜阳所手植"。紫藤棚镇也就以这株 470 多年历史的这株古紫藤而命名。这种攀援灌木，分布于辽宁、内蒙古、河北、河南、山西、山东、江苏、浙江、湖北、湖南、陕西、甘肃、四川、广东等地，山林中均有野生，现广泛栽培于庭院中。花含芳香，含芳香油0.6%～0.95%，可提浸膏，作调香原料，也可制成美味食品，经开水烫煮后，可炒食做菜。鲜花糖渍后与面粉拌和制饼，称"藤萝饼"，为北京名点之一。茎皮、种子、花穗供药用，种子含氢化物，有毒性，经碾压成粉，其浸出液能杀虫防腐，是优良有垂直绿化材料。

濠南别业北面有三棵二级保护的植物，北门两侧凹进处，东边一棵广玉兰，西边一棵厚壳树，另在大楼西北向一只山石花坛里还有一棵灌木罗汉松。广玉兰，别名荷花玉兰、洋玉兰，学名 MagnoLia grandiflora L.，英文名 Southern Magnolia 或 BullBag 或 Evergreen Magnolia 或 Laucel Magnolia。它为木兰科木兰属常绿乔木，原产北美东南部，我国长江流域及其以南常见栽培，华北常温室盆栽。广玉兰喜光，也耐半阴，耐夏季高温，但耐寒性不强，喜温暖湿润气候及肥沃湿润而排水良好的沙质土壤，在干燥、积水和碱土上生长不良。很少病虫害，不耐修剪，根系深大，颇能抗风。广玉兰树姿态雄伟壮丽，叶大光亮，四季常青，花大而洁白美丽，又耐烟尘和对二氧化硫气体有较强抗性，是优良的城市绿化及观赏树种，用做行道树、庭荫树及在园景中孤植、丛植都很合适。其木材致密、坚实，可作家具等用。叶入药，可治疗高血压。厚壳树，异名大岗茶，学名 Ehretia acuminata R.Br.Var.obovata，英文名 Obovate Acuminate Ehretia。为紫草科厚壳树属落叶乔木。山石花坛里这棵灌木型罗汉松，据说是由盆景栽种长成，根际有七根叉枝。这很容易让人想起原来种植在濠南别业正北门松坛的一棵松树，濠南别业建成之初，张謇特地自军山移植了一棵松树至博物苑。相传此松为清乾隆状元胡长龄手植，已有数百年历史。嗜好植树的张謇专门铺建铁轨，费时三月余，耗银 1200 余两，将此松移来，还作有《移松行》：

啬庵老人性爱树，生平所种累万数。

濠南突兀别业成，有人传说大松处。

大松生自军山东，太原废祠之故官。

龙文张筋赤匦匜，雀舌攒顶青蒙茸。

度围七尺有二寸，高三丈弱端章缝。

厥初束缚在盆盎，如指而臂当乾隆。

......

只可惜这株松树不久便死去了，现在北门松坛的松树为另外栽植。西北角这株移自盆景的罗汉松像是要弥补这个缺憾，如今也是"雀舌攒顶青蒙茸"，长势十分茂实。罗汉松，别名罗汉杉、土杉，学名 Podocarpus macrophyllus（Thunb.）D.Don，英文名 Kusamaki，或 Broad–leared Podocarpus，或 Longleaf Podocarpus。罗汉松科罗汉松属常绿乔木或灌木。罗汉松原产我国，长江流域及东南沿海各地广泛栽培。姿态秀丽葱郁，种托紫红奇特，犹如"罗汉裂裟"，惹人喜爱。南方寺庙、宅院多有栽植的大树。适宜门前对植、中庭孤植，或栽于墙垣一隅与假山湖石相配。也可盆栽，制作盆景。树皮、种子可入药。

博物苑中馆周边也有三棵二级保护的植物，西侧草坪内一棵木瓜，西北侧一棵榔榆，南侧一棵乔木罗汉松。

木瓜，别名木李、木梨、海棠，学名 Chaenomeles sinensis（Touin）Koehne，英文名 Chinese Flowerinspuince。它是蔷薇科木瓜属的灌木或小乔木，原产我国，分布山东、陕西、安徽、江苏、浙江、江西、湖北、广东、广西。现以菏泽为盛产区。果实经蒸煮糖渍后，供食用，亦可药用。苑内这棵木瓜高 9 米，胸径 37 厘米，这木瓜树姿优美、春花烂漫，入秋后金果满树，香气袭人。市内罕见。木瓜为园林重要观赏树木，宜孤植于院前庭后，对植于门厅入口处，丛植于草坪一隅，或与其他花木相配置，也可矮化盆栽。

榔榆，别名小叶榆，学名 Ulmus parvifolia Jacp.，英文名 Chinese Elm 或 Smalleaf Elm。乃榆科榆属落叶乔木。产华北中南部至华东、中南及西南各地。树皮和叶均可入药，本种树形枝态优美，宜作庭荫树、行道树及观赏树，在园林中孤植、丛植或与亭榭、山石配植都很合适，又是制作盆景的好材料。苑中这棵高 16 米，胸径 46 厘米，其树皮呈不规则鳞片状剥落，叶小质硬，基部偏斜，秋季开花，在本市少见。再一棵罗汉松是乔木型，高 7 米，胸径 35 厘米，姿态优美，生长良好。

在博物苑东馆前面有一棵三角枫，也是这次列入的一棵二级保护树木。三角枫又名三角槭，学名 Acer buergerianum Mig，英文名 Buerger Maple 或 Trident Maple，为槭树科槭树属落叶乔木。分布于长江流域各省，北达山东，南至广东，东南至台湾，日本也有栽培。这棵树高 14 米，胸径 6l 厘米，冠幅 15×15 米，甚是枝繁叶茂，姿态优美。

在博物苑东边，原水禽霖山石处还有一棵是丛生状的黑榆树，那棵榆树高 7 米，胸径 56 厘米，从根部分出一丛分枝，每枝单独成树，像一巨大的伞架，笼罩水禽霖中央，根部与山石相附，交汇在一起，不分你我，奇妙壮观。榆树学名 Ulmus pumila L.，英文名 Siberian Elm。为榆科榆属落叶乔木。分布自东北到西北，从华南至西南（长江以南都有栽培），朝鲜、日本和俄罗斯也有。树皮和叶、果均可入药，嫩果、幼叶可食或做饲料。

博物苑南部（原园林办公室二楼后）有一棵朴树，也属二级保护植物。朴树又名沙朴、朴榆，学名 Celtis sinensis Pers.，英文名 Chinese Hackbreey 为榆科朴树属落叶乔木。分布于河南，山东、长江中下游和以南诸省区以及台湾、越南、老挝也有。皮部纤维为麻绳、造纸、人造棉的原料，果榨油作润滑剂，根皮入药，治腰痛。苑内这棵高 12 米，胸径 58 厘米，有奇妙的板根现象。

以上介绍的是博物苑内现在立档保护培育的十六棵古树名木。相信随着时间的推移，博物苑新百年新发展，十六棵古树名木将彰显它们的社会教育、科普宣传和美化景点的功能，并还会有更多的树木列入保护范畴。

关于麋国和麋姓的考证研究

曹克清

现生麋鹿是世界上著名的珍兽。原为我国的特产。它是 100 多年以前已经绝灭于我国东南地区野外和北京南海子皇家猎苑，但安全地被保存在英国乌邦寺（Woburn Abbey）等地园囿条件下，去国达 100 年左右之久，20 世纪 80 年代中期才重引进（Reintroduction）回国（1985 年奠基种群引回南海子，1986 年奠基种群引至江苏大丰）进行扩群和风土再驯化。近几年（1998~2003 年）试行重新在原野生栖息地古海陵（西汉行政建制，包括今泰州、姜堰、海安、南通和大丰等地，后亦称亭间、东阳、海阳和吴陵等，其范围和归属各朝各代变动频繁）、今大丰释放出自然保护区（共 32 头，其中 9 雄、21 雌和 2 幼仔），使其重新完全回归大自然的大型哺乳动物中的少数物种之一，也是我国动物群（Fauna）的典型代表以及自然和文化遗产的重要组成部分。它对中华民族悠长古远、方方面面的巨大贡献和影响，诸如新石器时代先民骨、角工具材料的来源、新石器时代及其以降先民肉食的来源和中药药源、最早文字载体之一以及与历史、文学、艺术、狩猎文化和饮食文化等不可分割的关系等，也许我国其他动物很少有能与其媲美的，可谓独傲群伦。本文关于麋国和麋姓的考证研究则又为这种兽类的底蕴丰富了崭新的内涵。

在我国历史上曾经有个跨越夏、商、周的古老方国，叫麋国。

何谓方国？它是相对于夏、商、周"中央大国"而言的。当时分布着许多夏、商、周王朝未直接统治的小国，被称作"方"或"邦"。这些方国，都按照夏、商、周王室建立自己的政权机构，组织军队，设置监狱，征收贡赋，直接统治所属的人民。同时，各方国要向夏、商、周王朝定期朝贡称臣，否则，就有可能遭到讨伐。

远在三四千年前，在长江和黄河中下游的广阔土地上，曾经活跃着一个以麋鹿（微—薇—麋）作为图腾的部落。尔后，它建立了一个国家，并就以此图腾作为它的国名。这就是麋国。

何谓图腾（Totem）？它是北美洲印第安阿尔贡部落鄂吉瓦人的土语，可译为亲族和标记。我国上古也有许多图腾，其含意与之相类似。《列子·黄帝》载："黄帝与炎帝战于阪泉之野，率熊、罴、狼、豹、貙，虎为前驱，雕、鹖、鹰、鸢为旗帜"。其所言野兽猛禽都是黄帝联盟下各部族的图腾。《山海经》更明确告知我们，我国原始社会曾经盛行过动物崇拜和动物图腾。虽然《山海经》成书于从战国到汉代初年，但是神话被记录的时代并不等于神话产生的时代。中国最重要的图腾是凝聚着我炎黄子孙、作为中国几千年文化核心、华夏立国象征的龙图腾。麇鹿图腾也是其中一个影响很大、不容忽视的重要图腾。

位于今湖北省当阳县南境的麇城，是当时麇国的都邑。它地处沮漳河西岸的两河乡麇城村，距玉阳镇30公里。城墙周长1,660米以上，东西宽570米以上，略呈椭圆形。城区面积约为174,000平方米。如果用现代眼光来看，这个城实在太小了。可是"古代方国，城大不过三百丈，人多不过三千家"，在春秋以前，这样的都邑就不算小了。这里地势低平，土地肥沃，物产丰富，临湖泽，带沮漳，有舟楫通江河之便，有鱼米山林之饶，是一块得天独厚、兴邦创业的宝地。

当阳附近的沮漳河由沮水和漳水合流而成，是浩渺长江中游北侧的一条支流。

当阳又临着什么样著名的大的湖泽？上古中国的行政区划"九州"，常为中国的代称。"九州"包含着"九薮"。"薮"者，大泽国之地也。楚之云梦泽便是"九薮"之一。当阳就坐落在古代的这片大泽区——今天的江汉平原——地质上的强烈凹陷里。江汉平原范围大致相当于今湖北、湖南交界至汉江以南的广大地域。先秦时这里林木葱茏、河流纵横、湖泊沼泽连绵不断、野兽繁多，史称云梦泽。一说它是同一个大的湖群，一说它是两个大的湖群，长江以北为云，长江以南为梦。孰是孰非？很难裁定。那时云梦泽究竟有多大？也很难说准，但有方900里之说。这片极其富饶的云梦区堪称当年麇国发祥的最重要的自然背景和保障。

当年当阳附近野生麇鹿分布的状况如何？从1961年以来，重要的几宗考古〔如麇鹿角枝造形的镇墓兽（Tomb animal）〕、化石（如残角）和遗骸（如角骸和毛被）的相继发现，积累了自古〔自中更新世（Middle pleistocene）至全新世（Holocene）〕麇鹿就在江汉平原（如江陵）及其邻近（如五峰、建始、恩施）生息的确凿的实物证据，结合从战国（如云梦）到清代（如巴东）的历史记载，业已证实麇鹿确系当地的土著分子，也许在此至少已经生息了数十万年（Q_{2-4}）之久。

包含当阳在内的江汉平原一带开发的历史如何？很早！旧石器时代闻名遐迩的长阳人在这里生息过，还发现过上百处新石器时代遗址。春秋战国时又长期被楚王族占据作为田猎之所。例如，据《楚策》记载，楚宣王在云梦中一次游猎，其猎队结驷（四匹马拉的车）千乘，旌旗蔽天，放起的野火就像天空中出现了云霓，受惊的兕、虎嗥叫声如雷霆。据研究，尽管先民对云梦长期如此利用，但麇国在这里发展时自然界的平衡基本上尚未被打破；云梦泽区的原始生境和调蓄功能一直维系到隋唐以后才遭到毁灭性的破坏。

　　加之，麋鹿生存能力还是较强的，在人的干扰不大时仍可生存繁衍。这样的例子很多。唐代诗人杜甫《晓望》："荆扉对麋鹿。"唐代僧人皎然《姑苏台歌》："山中精灵安可睹，辙迹人踪麋鹿聚。"北宋宰相丁谓贬官海南岛《到崖州见市井萧条赋诗》："吏人不见中朝礼，麋鹿时时到县衙。"清代道光时夏退庵笔记《梓里旧闻》："泰州城区闯来一头麋鹿。"这些例子都说明麋鹿与人生息的地方彼此可以甚为接近。这也许也能多少反映出当年麋国先民和野生麋鹿长期共同生息在这同一片热土上的部分实景。

　　起初，麋国是个产生于夏代的小国，与荆楚同祖。但是到了商、周，国势强盛，曾经参加周武王的盟军，灭了商朝，后来又威胁荆楚，先后共传承迁徙于山东、山西、陕西、湖北、湖南和四川等地，历时一千四五百年，谱写过灿烂辉煌的史诗。到春秋时尚见麋国都邑变动的记载，之后才为楚所灭。灭国后大多遗民迁至今天的湖南岳阳梅村和四川眉山。据训诂资料，追本溯源，梅村和眉山，以及今天的山东省梁山县北微乡和陕西省郿县等地的地名都与麋国的大面积的迁徙相关。

　　这是中华民族史和麋鹿史上的一页壮丽篇章！

　　何谓祖根？它是指某姓氏的发源地，始祖生息的地方。祖根考是从姓氏迁徙演变的历史过程中，寻根溯源地考察该姓氏的始祖及其居住地。

　　我国见诸文献的姓氏有6,000多个，其中有不少姓是动物名称，如现代有牛、马、羊等，古代有狗、狼、狐等；但是中国姓氏中有没有姓麋的？直到接触到历史文献后，作者才做出了肯定的回答！

　　麋，这个《百家姓》里没有的姓，作者至今在现实生活中尚未碰到过一例。而从三国时期到宋代的历史文献里，共发现了7位大致生活在今江苏版图之内，或有学阶，或有官阶，或是有名望的历史人物，他们都姓麋。这7位是：麋芳，三国时东海朐人（相当于今江苏省连云港市之西南）；麋竺，汉末东海朐人（亦相当于今上述地点）；麋弇、麋错、麋溧、麋鞏、麋师旦，宋平江府吴县人（宋时的吴县大致就相当于今吴县）。这七位是不是我中华跨越夏、商、周的麋国先民的后裔？是不是目前在哪省、哪个地方还一脉传承着一些姓麋的人？

　　翻阅姓氏考，寻觅姓氏根，或言楚大夫受封于南郡麋亭，因以为氏，或言工尹麋之后，以名为氏。作者拙见，麋姓传承是不是还应该从麋国之麋去发掘？是不是沿当年麋部落——麋国发源、转徙和衰亡后定居的路线或相关的其他蛛丝马迹去追溯寻觅？

参考文献

丁玉华《中国麋鹿研究》，科学技术出版社，2004年。

刘庆桂《古代都城与帝陵考古学研究》，科学出版社，2000年。

江林昌《楚辞中所见夏殷氏族图腾考》，《东南文化》1994年第6期。

朱俊明《评何光岳〈楚灭国考〉》，《史学月刊》，1991年第6期。

何光岳《楚灭国考》，上海人民出版社，1990年。

张㧑之、沈起炜、刘德重《中国历代人名大辞典》，上海古籍出版社，1999年。

吴昭谦《漫话我国姓名》，《化石》1983年第3期。

宋镇豪《夏商人口初探》，《历史研究》1991年第4期。

周煜《泰县是麋鹿的故乡》，《博物》1984年第5期。

俞伟超、汤惠生《图腾制与人类历史的起点》，《中国历史博物馆馆刊》1995年第1期。

唐锡仁、杨文衡《中国科学技术史·地学卷》，科学出版社，2000年。

曹克清《江陵九店东周墓》，科学出版社，1995年。

曹克清、邱莲卿、陈彬、缪柏茂《中国麋鹿》，学林出版社，1990年。

曹克清、景存义、李枫《江汉平原第四纪麋鹿以及在长江中下游建立自然保护区的可行性》，《考察与研究》1991年第11期。

黄明延、许智范《中国古代的图腾崇拜》，《南方文物》1996年第4期。

黄德宽、常森《汉字阐释与图腾遗风》，《东南文化》1994年第1期。

董乐义《吴楚"麋"之战战地考——兼探麋国及其地望》，《中国历史地理论丛》1992年第1期。

傅兆君《论春秋战国时期城乡对立运动的发展与经济制度的创新》，《中国史研究》1999年第4期。

《列子·黄帝》、《墨子》、《淮南子》、《山海经》、《国策》、《杜工部草堂诗笺》、《百家姓》、《梓里归闻》、《巴东县志》等古籍

Hu Huijian and Jiang Zhigang《Experimental release of père David's deer in Dafeng reserve, China》，《Oryx》，2002，36（2）

海安县发现新石器时代遗址

南通博物苑

南通地区究竟有没有新石器文化，这是我们多年来一直在探索的问题。近几年海安、如皋一带多次发现麋鹿骨骼，特别是沙岗公社新村大队麋鹿骨骼上人工砍削痕迹的发现，给我们带来了一点消息。我们知道，古代麋鹿的生存，是和人类活动有着密切关系的。我们因此增加了探寻的信心（关于本地区发现麋鹿骨骼的情况，我们已在《化石》杂志 1975 年第 1 期报道，这里从略）。今年 1 月，我们终于在青墩找到了新石器时代遗址。这在本地区是前所未有的新发现。

一　遗址的地理历史概况

青墩是一个古老的村庄，它在海安县的西北部。这里，也是南通地区的西北一角。在沙岗公社的附近，还有白甸、瓦甸、墩头、烈士、邓庄、新南等公社。这里北接盐城地区的东台县，西邻扬州地区的泰县，原是里下河洼地的一部分，因地势很低，群众都叫它"铁锅底"，海拔高度在 3 米上下，有的地方只有两米。

在旧社会，由于淮河泛滥，这里水灾连年，再加上反动统治的剥削压迫，弄得田园荒芜，成为一片草荡，人们背井离乡，四处逃荒。草荡中仅有少数耕地，一年只能种一熟水稻，或种茨菰、芹菜等水生作物，群众称之为"沤地"。零散的农户多住在较高的土墩上。自从 1940 年新四军东进，来到海安，农民群众在共产党的领导下，实行民主改革，发展生产，这里就成了抗日战争和解放战争的敌后根据地。建国以来，更起了翻天覆地的大变化，那种灾害连年、满目荒凉的境况，已一去而不复返了。

青墩，就在旧日草荡的南缘部分。它四面环水，东为东塘河，西为西塘河（群众说，这两条河相传是唐代开的，所以又称东、西唐河），南为青墩前河，北为青墩后河，面积约为 7 万多平方米。该处地势较高，海拔 4.6 米；近年平整土地，削低了高墩，现海拔高度为 3.8 米，仍显然高于四周地面。

在东塘河与青墩后河交会处的河心里，过去有一个土墩，群众就叫它青墩，据说庄子即以此为名。解放后整治河道，已把土墩挖掉了。

1970 年以来，大队平整土地，规划社员住宅，一、二、三、四这 4 个生产队的社员陆续迁居到这庄子上来（还有五、六两个生产队的社员仍散居在村外）。在一条新开的南北向的青墩新河两旁，现在是一排排整齐的社员住宅，白墙红瓦，衬着绿油油的菜畦，呈现着社会主义新农村欣欣向荣的气象。青墩新河两头与青墩前、后河相通，新河中部造了一座水泥桥，连接两岸，桥栏上有四个大红字：青墩新村。

二 遗址发现经过

为了解决社员的生活用水问题，青墩新河在 1973 年 8 月 15 日动工了。就在开河工程中，发现了大量的新石器时代遗物。

当时，开河工程由四个生产队分段施工，经过半个月完成。这条河全长 236 米，深 4 米，河面宽 12 米，河底宽 1 米。当挖到 2 米多深时，南半段和北半段的土层显出了差异（南北两段大体相等，可以现在的青墩新村桥为界），南半段为黄沙土层，北半段则是黑色土层。黑土中杂有很多白色的蛤蜊壳，和残断的兽类骨、角，并有颗状兽粪，同时发现各种陶器、石器和玉器（没有发现铜器）。在桥北约 50 米的范围里发现最多。而南半段却除了少数鹿角，没有其他发现。在北半段还发现 3 口砖井，两口靠东岸，一口靠西岸，呈三角形分布。靠西岸的一口井是用的素面弧形砖，有榫，最上一层还有一个灰陶绳纹井圈，直径约 1 米。靠东岸的两口井用的平直无榫绳纹砖。井内都有很多陶罐。有一口井挖到了木底。还有社员反映，曾发现并列的人骨架四具，都是头北脚南，并无棺椁痕迹。此外，有一户住在河东的社员，在 1973 年挖粪坑时，挖到了石器和玉器。该坑距新河边为 21 米。

当发现了这些器物时，社员们虽也知道是古代的东西，但以为没有什么用，只拣了一些完整的各自保存起来，其他都散失了。有的连同泥土，填了村西头一条叫做"血花河"的小沟（传说往昔曾有人被反动统治者害死在这里，所以称血花河）。

今年 1 月，有当地群众向我馆反映了这些情况，我们即前往调查。自 1 月至 3 月，我们在海安县委、公社党委和大队、生产队的支持下，依靠贫下中农，先后在青墩进行了三次调查，并且采集了出土的器物，标本。现在已经可以初步断定，这是一处新石器时代遗址。

在调查中，当地干部、群众十分热情地协助我们工作。他们详细地向我们介绍有关的情况，认真地答复我们提出的问题。他们无保留地把自己保存的出土文物交给我们，并且协助我们去采集文物。老人和孩子们也投入了这项工作。他们还提出许多问题，和我们共同讨论。他们惋惜地说："要是早知道有这样的历史价值，我们一定要通知你们，等你们来了再挖，东西一块也不会丢掉了。"

对于器物出土的先后和土层等情况，社员们都没有去注意，因此就再也说不清楚了。关于土层，我们只是在社员的协助下，在新河边上进行了测量：自上而下，表面熟土厚85米，黄沙土厚95厘米，青沙土厚20厘米；再向下直到水面，是灰土，厚65厘米，杂有贝壳和草拌泥。水面下没有测量。

很可惜，由于我们宣传工作做得不够，以致失去了在青墩配合农田基本建设，进行遗址发掘的好机会，这是我们应该引以为训的。

三　出土文物介绍

现把我们在青墩所采集的新石器时代文物，分别叙述如下：

（一）石器

共14件。除一件剥蚀比较严重外，其余都磨制精细，器身光滑。器形有斧、锄、锛、凿等。斧、锄都穿孔，大部分由两面琢穿，个别的有管穿。石料有页岩、灰白色页岩和板岩等。

1. 斧，8件：

Ⅰ式，长方形。双面直刃，有崩裂痕迹。两侧和顶都是双面斜磨。横剖面呈棱形。长9.5厘米。

Ⅱ式，长方形，器身较厚重。弧刃，顶弧形，横剖面呈椭圆形。长16.3厘米。

Ⅲ式，长方形。器身较厚重。弧刃，平顶微拱，横剖面呈椭圆形。长11.4厘米。

Ⅳ式，长方形。弧刃，顶弧形，横剖面呈椭圆形。长11.2厘米。

Ⅴ式，梯形，器身较厚重。弧刃，顶微拱，横剖面呈椭圆形。长14.7厘米。

Ⅵ式，长方形，弧面。双面半圆刃，斜弧顶，横剖面呈椭圆形。长11.8厘米。

Ⅶ式，长方形，器身扁平。弧刃。顶微拱，缺一角。横剖面呈椭圆形。长14.8厘米。

Ⅷ式，长方形，器身剥蚀。斜弧刃。平顶，两角磨圆。横剖面呈椭圆形。长14.2厘米。

2. 锄，2件：

Ⅰ式，梯形，器身扁平。斜弧刃，有崩裂，顶部缺一半圆形口，横剖面呈圆角细长方形。长13.5厘米。

Ⅱ式，梯形，器身扁平。弧刃，顶平直，横剖面呈圆角细长方形。长11.8厘米，最大宽度19.4厘米。

3. 锛，3件：

Ⅰ式，长方形，有段。单面直刃，横剖面呈长方形。长 12 厘米。

Ⅱ式，长方形，一面中间有垂直凹痕一道。单面直刃，平顶。横剖面呈长方形。长 11.8 厘米。

Ⅲ式，长方形。单面直刃，平顶，其一侧有剥蚀，横剖面呈长方形。长 11.5 厘米。

4.凿，1 件。长方条形。单面直刃，横剖面呈正方形。长 5.3 厘米。

（二）陶器

共九件，其中完整和比较完整的四件，器残足五件。

陶片很多，我们仅采集几种不同类型的作标本，共 43 片。

陶质可分泥质、夹贝和夹砂三类。值得注意的是夹贝陶纹普遍，具有浓厚的滨海地方特色。泥质陶的质地比较细致、坚硬；夹贝和夹砂陶质比较疏松粗糙，硬度较低。

陶色主要分红、黑、灰三种。红陶有的夹"灰心"；夹贝陶以灰色为主，也有表里呈现红、橙黄和褐色的。

陶器的制法以手制为主，口部和足部有的经过轮修。器壁一般厚薄均匀，但也有上薄下厚的。器底有的凹凸不平，留有指窝印痕。

陶器除素面磨光者外，施加的纹饰有划纹、弦纹、捺窝纹、附加堆纹和镂孔等。印纹陶只有 1 片。没有发现彩绘。

1.灰陶壶。泥质，侈口，圆唇，口沿稍有残缺。高颈，呈喇叭形。扁圆折腹，平底微圆。腹部及底施红衣。口径 7.5 厘米，高 14.8 厘米。

2.黑陶豆。泥质。敛口，圆唇，弧腹，喇叭形圈足。口径 9.3 厘米，通高 6.5 厘米。

3.黑陶杯。泥质，残破。敞口外侈，圆唇，斜壁内折，自上而下逐渐加厚，至底部折转处有一周折棱，稍上有 3 道凹弦纹，喇叭形圈足。口径 6 厘米，通高 6 厘米。

4.黑皮陶镂孔足豆。泥质，圈足残。敛口，圆唇，弧腹，腹部有一周棱脊。镂孔大圈足，施镂孔波浪纹和圆圈纹八组。口径 20 厘米，残高 7.5 厘米。

5.黑皮陶豆残底。细泥陶，磨光。残腹底有划纹，喇叭形圈足，内外都有明显的轮修痕迹。

6.夹贝灰陶器剔孔残足。长方形，施不规则剔孔，两边内卷，捏成波浪形。足高 16.5 厘米。

7.夹贝灰陶器残足。鸭嘴形，上部施捺窝纹，似鬼脸足。足高 13.7 厘米。

8.夹贝灰陶器残足。圆锥体，足高 9 厘米。

9.夹贝灰陶器残足。铲形足，两面中间施剔刺纹，两边稍微凸起。足高 9 厘米。

10. 陶片：

陶　质	印纹硬陶	泥质陶			夹贝陶				夹砂陶		总　计
颜　色	灰	红	黑	灰	灰	红	橙黄	褐	黑	灰	
小　计	1	12	4	4	9	2	6	1	2	2	
总　计	1	20			18				4		43

（三）玉器

共 15 件。器形有璧、琮、环、璜、瑱等，都经磨制。器孔一般地都由两面琢穿或管穿，孔壁明显地残留棱脊，有的虽经琢磨，仍然可以看出其痕迹。有的质地纯净，如玉璧；有的制作精细，造型工整，如玉琮、玉瑱。玉环一般质地较差，瑕斑很多，环肉厚薄不一，制作较粗糙。玉料可分碧玉、青玉、白玉等。

1. 璧，3 件：

Ⅰ式，大璧。用碧玉制成，器面光滑，孔由两面对钻，孔壁残留隔棱，未加打磨。直径 17.7 厘米，孔径 4.4 厘米。

Ⅱ式，系璧。青玉，孔偏一边，孔壁磨平。直径 4.5 厘米，孔径 1.3 厘米。

Ⅲ式，系璧。青玉，孔壁残留隔棱。直径 4.5 厘米，孔径 1.4 厘米。

2. 琮，1 件。碧玉。器形内圆外方，上下圆口稍微凸出。外壁中间磨出一条垂直平凹槽，槽的两边有两组平行弦纹和两个对称的圆圈纹，四壁相同。孔壁琢磨较平。高 5 厘米，孔径 6.1 厘米。

3. 环，7 件：

Ⅰ式，青玉，环肉厚薄不匀，瑕斑很多，孔壁经过打磨。直径 10.4 厘米，孔径 5 厘米。

Ⅱ式，青玉，环肉厚薄不匀，孔壁经过打磨。直径 10 厘米，孔径 4.3 厘米。

Ⅲ式，青玉，环肉较厚，琢磨光滑，有瑕斑。孔壁打磨较平。直径 7.8 厘米，孔径 5.5 厘米。

Ⅳ式，碧玉，有瑕斑，孔壁琢磨较平。直径 9.6 厘米，孔径 4.9 厘米。

Ⅴ式，碧玉，环肉厚薄不匀，有瑕斑。直径 7 厘米，孔径 4.1 厘米。

Ⅵ式，白玉，环肉厚薄不匀，孔壁琢磨较平。直径 5.4 厘米，孔径 3.4 厘米。

Ⅶ式，青玉，制作粗糙，环肉厚薄不匀，有瑕斑，孔稍加琢磨。直径 6.7 厘米，孔径 4.1 厘米。

4. 璜，3 件。都是白玉，月牙形，两端有孔，系对钻，孔壁有明显的隔棱。

Ⅰ式，弧长 5.9 厘米。

Ⅱ式，弧长 5.1 厘米。

Ⅲ式，弧长 4.4 厘米。

5. 瑱，1 件。用白玉制成，加工比较细致，上段呈长方体，外形与琮相似，有垂直棱脊和横弦纹，下段磨成圆锥体。顶端有一穿孔的系钮，孔由两边对钻。长 6.3 厘米。

（四）骨、角器

骨器仅发现 1 件，角器 3 件。但麋鹿角发现很多，有砍削加工的痕迹。兽骨有胛、肢、肋骨等，有的有火烧痕迹，可能也是麋鹿骨骼。其中有一块幼鹿的头盖骨，上面残留着角的根部。

1. 骨梭，一件。由肢骨剖开制成，呈梭形，一面有骨腔。其一端磨成三角形，骨面刻一道凹槽，另一端为扁锥体。长 13 厘米。

2. 叉形角器，2 件。用麋鹿角的分枝部分加工而成，呈"丫"形。

Ⅰ式，叉头均断裂，握柄较长。长 15.5 厘米。

Ⅱ式，叉头磨平，一叉齿外侧至柄下端裂损，近似三角形。长 11 厘米。

此外，还有一些陶、瓷器，显然是汉以后的，这里就不再一一介绍了。

四 其他线索

新石器遗址在海安，看来可能不只是青墩一处。

今年 2 月，就在我们第二次到青墩调查前，海安县农林局的同志向我们反映：海安县烈士公社发现很多鹿角。于是，我们在 3 月份，两次去青墩进行调查时，也都到烈士公社作了调查。

鹿骨出土地点，在烈士公社红卫大队第四生产队（在青墩东边，相距约十公里）。这地方叫东长堉头，原为荒地，土质含盐碱较多，不长庄稼，曾经成为乱坟场。

1974 年春，公社组织三个大队的社员，在这块地上挖了一个养鱼池。这个池南北长而东西窄，中间有十字埂，把整个池分成四口长方形的塘，形如一个长田字。

在挖土过程中，北边的两个塘里发现了大量鹿角，西塘多而东塘少，特别是西塘偏北最多。而南边的两个塘则没有发现。据参加这工程的毛庄大队干部说，北边的两口塘，上面是黄土，挖到 1 米以下，就是黑土，夹有成堆的蛤蜊壳。再向下就出现了一堆一堆的鹿角。没有发现完整的骨架，也很少见到其他骨骼。鹿角的总分布面积，有五六亩地。此外，还发现了一些陶罐，社员说像南瓜。

这些鹿角绝大部分已散失，只有附近的毛庄大队卫生室保存了一部分，医师把它赠送给了我们。此外，有几个社员给了我们一些残段。我们在养鱼池旁也采集了一些。这些鹿角绝大部分是在近根处砍断的，有明显的砍削痕迹，也有烧灼痕迹。

至于陶器，已全部打碎散失。我们只采集了一些陶片，多为泥质红陶，也有少数夹贝灰陶。我们第二次去调查时，在养鱼池边采集了一件泥质红陶兽形器的残头部，这是值得注意的。

我们认为，这地方很可能也是一个遗址，有待进一步调查。

在红卫大队附近的红星大队，还发现大量的牡蛎壳，我们也去作了调查。

此外，在本文开头提到的沙岗公社新村大队第四生产队发现的麋鹿骨骼，也提供了一个线索。

五　我们的初步认识

由于从青墩遗址采集的出土文物的品类，数量有限，地层关系又不清楚，因此现在还很难对它们所属的文化类型及其价值，做科学的论断和恰当的评价。但根据现有的材料，我们认为它们都是新石器时代的文化遗存，这是可以肯定的。

南通地区南临长江，东濒大海，是长江三角洲冲积平原的一部分。过去人们以为此地成陆较晚，开辟较迟，历史较短，不可能有新石器时代遗址。如今，在地下沉睡了几千年的石器出来说话了，它们明明白白地宣告：在这滨江近海的祖国东南一隅，也有新石器文化。

这个发现不仅填补了江苏省境内新石器时代文化遗址区域分布上的空白，丰富了新石器文化的内容，而且开阔了我们的视野，解放了我们的思想，并将吸引我们去研究一个又一个问题。

首先，就南通地区的历史来说，究竟有多少年？这还是一个谜。古史和地方志对此不是根本不谈，就是寥寥数语。以海安为例，最早的记载是汉代在泰州设置海陵县，海安当时即属县东境，距今大约二千年左右。青墩遗址的发现，可以弥补文献考古的不足，有助于研究南通地区的历史和成陆过程。至少可以肯定海安历史，已从汉代上推到新石器时代了。

青墩遗址的发现，说明远古时代，就有人群在这个偏僻的海滨劳动生息。我们祖先的勤劳勇敢，及其所创造的业绩，是值得我们自豪的。我们的祖先是怎样同大自然斗争，开辟杂草丛生的原野，把生产力提高到一个新的水平，创造了具有地方特色的新石器文化的，这需要我们去努力探索。

江苏不产玉，可是在僻处海滨的青墩，却有璜、环、璧、琮之类的玉器同磨制的石器一道出土（玉环放在石锄上的印痕还宛然可见）。这些玉是从哪里来的，通过什么途径，又在哪里制作的？这样的玉器，当时不可能为多数人所用，而只能为少数人占有。因此，这些玉器的出现，同生产与交换的发展，贫富的分化，阶级的萌芽，都应有一定的内在联系。这方面的问题也都有待研究。

　　青墩还出土汉代至明代的零星陶、瓷器，还有清代的地券，说明在新石器时代之后，这里仍然是人群居住和活动的地方。但海安的历史上也曾出现过黄河夺淮，泛滥成灾，人民流离失所，田园满目荒凉的情况。沙岗公社黄庄大队第八生产队，曾于开荒时在低洼的水荡里发现旧田埂；新村大队也曾发现古代水井、陶罐、碎瓷片等。说明这里曾经历过农田成草荡的沧桑变化。探讨这些问题，探讨劳动人民开发海安的历史、海安的地理变迁、农业生产的历史情况等等，对于当前的农业学大寨，重新安排山河的斗争，该有积极意义。对文物工作者来说，应遵照"古为今用"的方针，积极做好文物调查和田野考古发掘工作，运用收集的文物资料和历史文献，为农业学大寨服务。这对我们也很有启发。

　　以上，仅仅是我们初步调查的情况汇报和粗浅的认识。为了进一步了解遗址的情况，从而为发掘工作做准备，并探寻新的遗址，我们将配合有关方面，作进一步的调查。

　　我们建议，对已发现的遗址，要加以保护，不能随便挖掘。如因农田水利基本建设的需要，必须在这些地方进行挖土工程时，请报上级党委，并请随时通知我们以便配合基本建设，做好科学的发掘工作。其他地方在生产建设中如有新的发现，我们将密切配合，做好工作。

（原载《南通历史文物参考资料》1976 年第 2 号，

《文博通讯》1976 年第 9 期节录发表）

略谈吉家墩新石器时代文化遗址

徐治亚

　　吉家墩遗址是继青墩遗址之后，在海安县境内经过发掘清理的又一处新石器时代滨海遗址。吉家墩遗址东距黄海老港 35 公里，西与青墩遗址相邻，相距约 15 公里，更接近大海。该遗址的发掘资料尚未发表，就文化遗存考察，大体与青墩遗存相似。如果以青墩遗址作为典型，代表江淮地区的一个考古学文化，吉家墩遗址理所当然地是青墩文化的一个组成部分。近年来这类遗址还有多处发现，对我们认识青墩文化将会带来新的帮助。下面仅就吉家屯遗址的居住遗迹、墓葬遗存、分期与年代及其与青墩遗址的相对年代关系等几个方面的问题略谈一些看法。

一　关于居住遗迹

　　遗存中发现的居住遗迹，属于"干栏式"建筑，共发现两处，一处见有四根较粗的木桩，一根较长的圆木和一些细木条。另一处则由十余根粗细不等的木桩围成了椭圆形，在这些木桩和圆木附近，见有大片大片的树皮，我们推测，这些树皮是用来遮盖屋面的。与青墩遗址发现的一样，这些木桩均插入生土内，长度也在 1 米左右。但在制作上有不同之处。青墩遗址的木桩下端曾加修尖，吉家墩的则下端平齐。在这方面反映了青墩建筑遗存的进步性，而以树皮作屋面则是吉家墩遗址的新发现。

二　关于墓葬遗存

　　墓葬分布密集，墓与墓之间相距 1.5 米左右，排列比较整齐，头向一律朝东。葬式为单人仰身直肢，葬于长方形浅穴墓坑中，一般都有树皮葬具，树皮葬具由 4 块树皮组成，下垫 1 块，上盖 1 块，前后两档各镶 1 块，切割整齐，衔接严密。墓中一般都有少量的随葬品，少则一两件，多者十余件，不见随葬品的墓葬亦有一定的数量。随葬陶器放置在葬具之外，生产工具放置在葬具之内。随葬生产工具有石斧、石锛、石凿、骨簇、陶纺轮等，装饰品石环，石璜放在贴身部位，仅在个别墓中见到一两件。随葬陶器都为日用器皿，基本组合为鼎、豆、壶、钵、罐、盆、杯等器皿亦可见到。鼎有釜形、钵形、罐形三种。一部分釜形鼎的中腹有一周附加堆纹，有的上腹或领部施以数道旋纹。鼎足多为凹的扁铲形，足上端施加一至三个捺窝。两侧捏成锯齿状，表面刺上条形锥刺纹；少数钵形鼎装有宽扁形鼎足，并镂有构成一定花样的圆孔。豆有钵形、罐形、碗形三种。以红陶钵形豆多见。下安喇叭形细把或粗粝、高把或矮把。豆盘素面无纹，豆把有的施以圆形镂孔，或略加数道旋纹。罐、壶有圆腹、折腹两种。圆腹壶又可分为圆腹两类。折腹者不多见。起折部位多施指甲纹。平底、直口是其共同特征，钵的器形有弧壁敛口，折壁直口两种、弧壁敛口者常见，上述各类器物，除鼎以外，均为红陶，造型简朴，纹饰简单，器物品类单调，是吉家墩墓葬陶器组合的特色。而用树皮葬具则是石器时代罕见的文化现象。

三 关于分期与年代

根据地层堆积情况，吉家墩遗址可分上、中、下三层，下层主要遗迹为"干栏式"居住遗址，中层为墓区，上层遗存多为以芦苇秆附草拌泥烧成的红烧正堆积，当是一种地面居住遗迹。按层位关系，陶器组合和类型的若干差异，可分为早、中、晚三期。

早期 陶色以红陶和褐色陶为主，其他陶色极少见。陶器组合为釜形鼎，细把钵形豆，敛口弧壁小平底钵、釜形钵。此外还有少量的圆肩大腹罐和拆腹壶。

中期 陶色亦以红陶和褐色陶为主，灰陶、墨陶均有发现，并占有一定的比例，纹饰除了指甲纹、锥刺纹、附加堆纹、小镂孔外，新增了凸旋纹、瓦纹等。而圆形镂孔由小变大，陶器方面出现了有关墓葬一节中谈到的各种器形。器形变化比较明显，如罐、壶等容器，腹部由圆变扁，豆把一般由高变低。由细变粗，豆盘的形制变多，有的施以旋纹。盛器如钵等，开始在底部施加圈足。

晚期 文化层较薄，文化遗物较少，除红烧土堆积外仅发现一个灰坑，见有粗绳纹陶片和类似大汶口文化晚期的弧裆实足鬶。

此外，与青墩遗址所见到的一样，在早、中期文化层中均有所谓"角形"把手发现。

有关各期的年代，我们曾在中层遗存中取木炭。由文物保护科学研究所 C^{14} 测定，为距今 5415 ± 105 年，其早期文化面貌较之青墩早期遗存更具原始性。青墩遗址早期经 C^{14} 测定，有两个数据，即距今 5970 ± 77 年前和 5645 ± 77 年前，所以吉家墩遗址早期文化遗存当不得晚于这两个年代数据。

吉家墩晚期文化遗址的年代，估计与大汶口文化晚期的相当。

四　关于吉家墩遗址与青墩遗址各期相对年代问题

从上述情况得知，吉家墩遗址和青墩遗址的上限和下限基本一致，然而吉家墩遗址的早、中期文化遗存的某些方面明显地存在着有别于青墩遗存的重要现象，对此如何看待？我以为有必要对这两个遗址的文化内涵作深入的考察。本人初步认为，青墩遗址的文化遗存由早期转向中期，这中间有所脱节，从发掘结果可以见到，从青墩的早期转向中期的过程中该遗址曾经遭受大水侵袭，大水冲击淤结现象在某些探方中是明显的，而花粉分析所反映的植被情况也一再表明，在青墩文化早期晚段曾遭到过大水的入浸，估计此段的人们需要他迁，其延续时间虽然不明，但从陶器的种类、纺饰、器形等方面看，其早期与它的中期区别甚大，中期明显受到崧泽文化的巨大影响。吉家墩的中期与其早期则是紧密地相连的，期陶器的变化是相衔接的。此外，吉家墩遗址的早期建筑用树皮覆盖屋面，中期以树皮作葬具，也说明了这一点。因此，本人以为，吉家墩中期墓葬早于青墩遗址的中期墓葬。吉家墩遗址早期的房屋建造，在下桩技巧上比较原始，吉家墩的晚期遗存，则是作为墓区以后，经过一段较长的时间，人们再迁居过来留下的遗迹。

以树皮为葬具，这是吉家墩遗址墓葬遗存富有意义的重要发现，青墩遗址的墓葬遗存曾发现用苇席为葬具，看来青墩文化对尸体掩埋是比较重视的。吉家墩遗址以树皮作为葬具，固然是当时人们的一个发明，但与当时当地生长有此类易于剥下大片树皮的树木有关。据花粉测定，在遗址的早、中期，这里生长着桦树，桦树皮是易于剥脱的，估计这类树皮为桦树皮。

（原载《东南文化》1990 年第 5 期）

南通狼山骆宾王墓的真伪问题

管劲丞

南通市南郊狼山东麓唐骆宾王墓，系清乾隆十三年（1748 年）从城东黄泥口迁来，而墓的发现，却早在明正德九年（1514 年）。清咸丰、同治间，有一个秀才姜渭，曾作过游狼山和过骆丞墓诗，一再表达这墓是假的，一则说："明朝好去寻荒冢，疑墓传闻有骆丞。"再则说："飘零海上几经春，埋骨兹山恐未真。"现在陆侃如、冯沅君所著的《中国诗史》，则说："现在南通狼山有骆宾王墓，真伪不可考。"骆墓真个不可考吗？不，我们认为，要弄清骆基的真伪，至少该弄清这三点：首先是弄清新、旧《唐书》记载不同的问题，其次是今南通地区存在骆墓，在历史上究竟有没有可能？最后是我们论定骆墓的真伪，应掌握哪些可靠论据？

我们知道，新、旧《唐书》各有《骆宾王传》和《徐（李）敬业》传，而两书的记载分歧。照《旧唐书》本传，骆于"敬业败，伏诛"。徐（李）敬业传记叙较详，略谓"敬业奔至扬州，与唐之奇、杜求仁等乘小舸，将入海投高丽，追兵及，皆捕获之"。列举虽只有唐杜，参照本传，骆显然被包括在同乘小舸、皆遭捕获的诸人之内。其结果总不外槛车囚送西上，或是遇害传送京都，同样是兵败随后身死，那再也不会有骆墓存在这里。墓肯定是假的。

但《新唐书》和《旧唐书》不同。《新唐书》说："敬业败，宾王亡命，不知所之。"同书《徐（李）敬业》传，也比较加详，谓"敬业与敬犹、之奇、求仁、宾王轻骑通江都，悉焚其图籍，携妻子奔润州，潜蒜山下，将入海，逃高丽。抵海陵，阻风遗山江中。其将王那相斩之，凡二十五首，传东都"云云。文亦恰与旧书相反，举名骆同在随奔之列，却不包括于二十五级传首之中。两书不可并据，那就必然要我们决定从舍。按：《新唐书》的续修，约在旧书成书百二十年后，新书竣事，欧阳修等表称："其事则增于前，其文则省于旧。"我们认为，文省于旧，不外记叙简要；事增于前，必当由于发掘和掌握到更丰富的可靠资料。我们单就两书本传记叙诏求其遗文一节对看，旧书谓"则天素其文，遣使求之，有兖州人郗云卿集成十卷，盛传于世"。求遗文者为武后。新书则谓："中时，诏求其文，得数百篇。"而求其文者非武后，乃中宗。我们知道，骆为扬州举义草檄，对武后极力丑诋；又据《旧唐书·中宗本纪》，神龙元年三月，甲申制："文明以来，破家臣寮，所有子孙，并还资荫。其扬州构逆徒党，唯徐敬业一房不在免限，余并原宥。"关于诏本遗文朝代，衡度情现，自以新书所载为正。而别据宋蜀本《骆宾王文集》卷《端鲁国郗云卿序》，亦谓骆于"文明中与嗣业于广陵共谋起义兵，事既不捷，因至遁逃，以致文集悉皆散失。后中宗朝，降敕搜访宾王诗笔，令云卿集焉"云云。其于骆事败遁逃，及中宗复位，求其遗文两点，概同新书。且云卿与骆同时，又曾奉命搜访遗文，熟悉骆的历史，其言自最信据。新书本传系据此改纂，亦未可知。

次一问题，为骆墓在今南通地区究竟可能与否。按：骆籍婺州义乌，地与长江下游北岸阻隔遥远。而骆的生平，复与此地区了无关系。依常情揣想，他生逃死葬，绝不会选择到此一僻壤。根据《新唐书》，记载，骆脱险亡命，乃在阻风遗山江中、王那相突然叛变之时。所谓海陵，即今泰州地区。唐时海陵之东，晋末所置五县，早经裁并。史家所指海陵幅员，往往扩展到东至于海，包括今南通地区。而长江下游北岸，自扬州以下，数百里平衍无山。只有今南通市南郊以狼山为首的五山，远远悬峙于江头海角。为此，考究江中遗山何在，我们有充分理由推断，即今狼山。这虽无明文可考，而事实告诉我们：扬泰以东，只此一山，别无二处；且在唐代，恰居江中。此刻除非有法证实遗山并非山名；是山名就非此莫属。因为狼山当时孤悬江中，人迹罕到，很像造物把它遗忘或遗弃于此，其有遗山之称，并不是不可理解的。至于骆之脱险遁逃，断然不再西向，因为追兵正从西来。又以他府主已死，亦复不会单舸东航，远投海外。长江南岸，虽然较近家乡，但仓促脱逃，利在潜伏，而家乡却易遭名捕的去处。只有北岸今南通地区，距离遗山江中既近，维时又是一望草荡沙洲，小舸易达，荒僻易藏的所在。选择从这里登陆，躲藏一时，等到叛兵既去，而朝廷认为已一网打尽时，便隐姓埋名，驻足在这已经形成的居民点上，一直到老死不去。那么后来这一地区发现骆墓，岂不是很自然的吗？

最后一个问题，在于辨证正德九年发现的骆墓究竟可据信与否。按：检阅南通地方文献，以明末邵潜所著《州乘资》记载为最早，其书为康熙《通州志》蓝本，时人视为方志性著作权威。而邵潜本人，上承家学渊源，熟谙地方掌故，而又考订精审。他追述百年前事，必有所本。该书的记载如下：

> 唐骆宾王与眉州刺史李敬业共起义兵于广陵，讨武罍檄告四方。兵败亡命，流落通之海上死焉，盖通近广陵而僻也。正德九年，城东黄泥口乡民曹某，掘地得冢，题石曰："唐骆宾王之墓"。启棺见一人，衣冠如新。曹惊讶，随封以土，取其石而归。人有欲觉之者，曹惧，乃碎其石。迄今百余年来，更无有表而出之者，可叹也！

所称黄泥口，地居城东北郊濠河边，至今仍为菜农场圃，游人之所不到。掘地得冢的曹某，系一农民，度必不知骆的身世，其取墓石以归，不过与砖块等视。等到事经传扬，始恐因此招祸，遂碎其石灭迹，一切都属常人行动。他对骆墓，事先原无借以宣传的希冀，事后反而怕为此惹是生非。依合理的推断，他不会造意伪托，且亦无其需要。而黄泥口那儿，既僻在郊炯，周围田园村舍，亦复不需要名人古墓来作为胜迹点缀。更何况毫无历史关联，谅来谁也不会凭空把骆墓伪托或附会在这里。比不上说它原葬狼山，倒还可以让人从他的在西湖灵隐寺为僧上来联想。我们肯定地说，不存在伪托或附会的需要和可能，我们不能平白地怀疑它。

又据刘名芳《五山全志》，叙述骆墓迁葬狼山之际，掘石曾得断石。石上"唐骆"二字，唐字未损，骆字蚀其下半。名芳系主持迁墓之人，事属身亲目睹，其言与《州乘资》载曹某碎石说同，亦证邵实所记非虚，并从而证明骆墓葬在黄泥口是实。

另外，还有清初海门县人李于涛，曾经为骆墓的征信提供了有力的旁证。李于涛，字霞绮，康熙十六年海门县入学的秀才，所著《雪崖外集》有谒骆宾王墓一诗，前有小引云：

> 涛，英公三十七世孙也。三十五世祖德基公讳敬业者，起义扬州，讨武氏不克，一时眷属逃窜几尽。三十四世祖尚庵公讳者，偕幕府骆宾王匿邗之白水荡。久之，宾王客死崇川，尚庵公具衣冠以敛，黄泥一穴，表其篆曰："唐骆某之墓。"载之家乘最详。先大父（一作大人）备兵宝婺；知义乌绣川溪亦有墓，特往礼之。其子孙述云：本墓实枉崇川，后人追思莫措，故特为衣冠墓以志不朽焉。

据此，海门李氏，系出英公李绩。其始迁祖李纲，则英公曾孙，敬业之子，与唐书谓敬业为莱公之孙说无不合。纲迁海门，系随骆宾王同来，其时骆约三十多岁，纲想尚年少，所以由他挈以遁逃。初居白水荡，荡在海门县境，江海之交。嘉靖《海门县志》荡在吕四，而吕四在明及清初属海门县。上述作邗之白水荡，邗谓扬州。通州在元明二代上下迄清雍正初，为扬州路或府属，此乃李氏修族谱者估计唐代地属广陵之辞。其实地形如何，迄无图籍可考。仅知唐中叶以后，海口沙洲上开成了东洲镇，狼山隔江北岸形成了静海镇。唐代、五代，各建有栅寨，生聚了大量各业居民，和狼山并成为军事据点。这其间有过很长的历程，上推二三百年，当敬业阻风遗山江中时，可能早有不大的居民点存在。这就不难推想，李纲与骆初来，一同潜伏在那形成东洲的居民点上，取其地最僻远。经过若干年，未闻名捕，骆复移住到这形成静海镇的居民点上。到后来，李纲子孙繁衍，骆则老死不去，也没有归骨绣川溪，葬在这居民点的附近。到明朝正德九年，偶尔为乡民曹某发现，人才知道这里葬有骆墓。从这一角地发展来看，完全是可能的。

又按：《旧唐书·敬业传》说："绩诸子孙，坐敬业诛杀，靡有遗胤，偶脱祸者，皆窜迹胡越。"与上述《中宗本纪》所谓"……其扬州构逆徒党，唯徐（李）敬业一房，不在免限"之语，正可合看互证。可见事后敬业部分家属徒党，确在亡命南北。而那时这一地区，因系沙洲形成，政治上隶属南岸，所以狼山初见史籍，被称浙西狼山。为此，广义地说来，李绹来此隐匿，可说是"窜迹入越"的一例。从这里，便更加显见李氏族谱记载的信而有征，并从而证明骆墓实葬于此。

另如义乌绣川溪骆氏子孙自述所营葬为衣冠墓一节，也可作为有力的旁证。如此地骆墓非真实可考，他们必无"本墓实在崇川"之说，至于李于涛先人之往访绣川事，早于邵潜《州乘资》的出版，而于涛先人必然早见族谱记载李绹营葬骆墓事，始乘服官之便往访绣川、是李氏族谱与邵书两者之间，素无影响之袭，而所记黄泥口有骆墓，事同一辙，不谋而合，我们有什么理由说它是偶然的呢？凡此种种，足以互相启发，互相证核，我们最后的结论是：从黄泥口迁狼山的骆墓，通过详考，当认为断然真实。

（原载《江海学刊》1962 年第 1 期）

通州古城西出土残陶瓷考略

金　锋

　　据相关文献记载，通州城初为土城，显德六年（959年）改用砖建城墙。自此之后，古城不断修复，直到1921年开始拆除，城基改筑马路，陆续建成环城马路。2002年10月，古城西市和平桥拓宽改造，在桥桩基础施工时，发现古城遗址。

　　整个遗址周边的开挖面积南北约25米，东西宽约10米，深度在4至5米左右。笔者通过调查了解到，在工程动工之初，开挖的地表以下就不断有零星瓷片出土。随着工程开挖深度的进展，伴随出土的各类瓷片更为丰富也相对集中，尤其是古城遗址的周边，而在河对面的桥墩基础工地处，出土的残瓷碎片极少。这些陶瓷残片，数量及密集远远超过市区的其他地方；瓷片的时间跨度具有良好的连续性，从五代至民国均有发现；反映的窑系窑口比较丰富，有五代时期的北方邢窑、南方的青瓷，宋代的定窑、磁州窑、吉州窑、耀州窑、龙泉窑及青白瓷，明清以后的景德镇窑、福建德化窑等等；最具特点的是此处出土的瓷片有明显的叠压，由上至下时代分明，愈向下时代愈早，同时瓷片也呈减少的趋势。古城遗址周边的这些瓷片，与古城千年伴随，它所具有的时序性，从另一个侧面映射着通州古城的前进历程。

一　五代时期瓷片

　　晚唐时期，南通开始修筑城池，当时该区域人烟稀少，社会经济十分落后。这一时期无论是历史遗迹或史料记载均为罕见，地下考古发现也难寻几处。20世纪70年代初，在"深挖洞、广积粮、不称霸"的工程中，在南通电影院前人防工地，出土了一件后来被定为国宝的越窑青瓷皮囊式壶，这一件精美绝伦的晚唐宝物，却给南通带来了许多难以解答的谜团。在以后的数年里，南通城市规模宏大的基建为数不少，却再无晚唐以前器物出现，就连残瓷碎片也难以寻觅。这次在古城遗址西侧的最下层，发现了为数不多的晚唐时期邢窑系的白瓷残片和一些南方青瓷窑的民用青瓷，其中还有一件相当完整的青瓷碗。

唐、五代的瓷业在中国陶瓷史上具有"南青北白"特点。即指以邢窑白瓷与越窑青瓷分别代表的北方瓷业和南方瓷业。这一时期的瓷器一般均具有胎体不够致密、施釉不及底、器物采用垫或支烧、白瓷具有施化妆土等特点。南通古城遗址中出土的青瓷碗，口径为17.7、底径8.5、高4.5厘米，撇口、矮圈足，在碗心及圈足处各留有五个支烧点，施釉不及底，胎体疏松，釉色呈青绿。从整体器型来看，此器为青瓷中的一般民用器，虽远不及越窑青瓷中的精品，但作为南通地区唐至五代时期，为数不多的出土之物，历史意义远胜过其物本身。

二　宋元时期陶瓷残片

宋代时期，南通开始呈现出繁荣，虽说文献史料对此的记载很少，但从现存的宋代建筑、文化遗迹及南通周边地下发现的宋代遗迹、砖室墓葬等已不难看出。在南通市内各大基建工地，深入地表都能发现为数不少的宋代瓷片，而且涉及的窑口多。

宋代是我国瓷器生产的全盛时期，各类瓷窑争相斗艳，除极名贵的汝、官、哥、定、钧五大名窑外，更有流传广泛的磁州、耀州、龙泉窑系，此时的黑色瓷以其独有装饰手法进一步发展，同时具有划时代意义的青白瓷也在此时涌现。在早年进行的市图书馆静海楼工地、花园角新村基建工地、南通日报社基建工地均有不同程度的宋代各瓷窑瓷片的出土。和平桥古城遗址出土的宋代瓷片虽不及上述地点多，但也有许多发现，其中常见的有耀州、龙泉、吉州窑瓷片，德化窑黑瓷、影青（青白）瓷等。宋五大名窑精品瓷在南通无一可见，仅偶见定窑系和钧窑系中一般瓷片，五大名窑精品瓷的珍贵程度由此可见一斑。在南通每一处工程中，都会出现一些黑漆漆的、品种不同的宋代黑釉瓷片。在通州古城遗址中也有不少类似黑瓷出土。这些黑釉瓷片，以撇口、小平底的各式茶盏最为常见，并且常有半器或近乎完整的黑釉瓷器出土，这一现象不仅表明此类黑瓷的廉价和普遍，更引人对宋时南通人产生生活状况产生联想。

综合多处实物分析，南通地下出土的宋代黑釉瓷片，主要为福建建窑、江西吉州窑和北方窑系三类，其中以福建建窑、江西吉州窑的茶盏最为普遍。黑釉瓷器以黑色釉闻名，瓷学界亦称之为"天目釉"。其生产历史可以追溯得很远，宋代盛极一时。

黑釉瓷之所以能在宋时大行其道，尤其是各类茶盏的盛行，与当时宋人流行的"斗茶"时尚关系密切。宋代的茶叶是制成一种半发酵的膏饼，饮用前先把膏饼碾成细末放在茶碗内，再沏以初沸的开水，水面沸起一层白色的泡沫，泡沫越多越白，茶越好。宋人喜欢攀比，看谁的茶好，叫做"斗茶"。斗茶在当时是一种风雅的事，从皇帝、高官到读书人都喜欢。白色的茶泡沫只有在黑的茶具里最能显得出，因此在斗茶的同时茶具更有一"斗"，其中以福建建窑的兔毫盏最为名贵，宋徽宗《大观茶论》就有如此的叙述："盏色贵青黑，玉毫条达者为上"。一时间名贵茶盏成为达官显贵们的掌上珍玩，一些器底刻有"供御"、"进琖"字样建窑茶盏，则是供宫廷斗茶之用的贡品，对黑釉茶具的如此追寻，更促成了黑釉瓷器的发展。名器之贵非一般人能享用，作为一般市民及那些穷书生，只得用廉品代之求风雅，由此促成了普通黑釉茶盏流传。这或许也是我们如今能在地下常见到这些黑釉茶盏瓷片的缘故吧，也反映出宋时南通文化时尚的一面。

在南通市地下出土的宋元时期的瓷片中，龙泉窑也是一种较为普遍存在的瓷类，此次在古城遗址中也有不少的发现。

龙泉窑是宋元时著名的瓷窑，以烧造胎体细密，釉色厚润的青瓷著称。鉴别龙泉瓷窑除观其器型、装饰、胎色外，釉色的分析是其重要因素。北宋时期的龙泉瓷因受越窑、婺窑、瓯窑的影响，青中微显黄，釉层不够肥厚。南宋中晚时期青色纯净，呈现青玉色泽的粉青、梅子青等色，通体施釉，温润肥厚，断面能显著观察到胎釉间的层次。元以后釉层不及南宋时肥厚，但不失温润感，此时出现器底常有不施釉的现象。

北宋时期龙泉窑与越窑、婺窑、瓯窑相似，在南宋中期以后才形成了有自身特点与风格的梅子青、粉青釉龙泉瓷。龙泉青瓷产品以习见的日用品如盘、碗、盆、碟、壶为主，少量文具器皿，至南宋中晚期出现仿青铜器的各式炉、鬲、觚等。装饰以刻花为主，辅以篦、划及浮雕。器物造型淳朴，器底厚重，圈足宽阔而矮，具有稳重感。龙泉瓷器以其清新喜人的色泽和近于生活的装饰，在民间流传很广。南通缘于邻近产地，常常出现这类瓷器。

南通博物苑收藏有一件南宋龙泉窑鬲式炉。20世纪60年代，市文物商店在本市收购到一只龙泉青瓷鬲式炉，因器身上有张謇题记，后由博物苑收购珍藏。这件器物是20世纪初叶在一次疏浚通州师范学校畔的濠河时出土。张謇见后十分钟爱，小心地收藏起来，并在其上铭刻："光绪癸年，因建学校浚城濠，得之泥淖中。三百年前殉葬物。"器底刻："张氏啬庵永用。"鬲式炉是南宋晚期龙泉窑仿商周青铜器的造型的典型器。这件器物呈梅子青色，除三足近底部露胎外，通体施釉，施釉肥厚，温润如玉，是典型的南宋龙泉窑精品。

三　韩瓶小考

古城遗址中不仅出土了大量瓷器残片，同时还伴有为数不少的陶器残片，多半为釉色呈酱褐或青灰色的罐瓶之类，并在遗址的下层出土了一只完整的四系陶瓶。此陶瓶釉色青灰，高27、口径7、腹径12.5、底径6.5厘米。器形为小口溜肩、直腹、平底，瓶无颈，口沿外圈与肩部形成一圈深槽，便于绑扎封口，肩靠口部有四系，可贯穿绳索作背负之用。整体制作粗糙，可见轮制痕迹，近底处最为明显。这只看上去不起眼的一般民间器物，在本地区乃至江苏境内长江沿线，却有一个专用名称——韩瓶。这是因为南宋抗金名将韩世忠当年曾于京口（今镇江）淮水间抗击金兵，苏北地区老百姓习惯以韩家军称之。据传韩家军中广为使用这类陶制器皿，用于盛水，即宋代军队中士兵用的水壶，小口巨腹便于行军也便于封口与饮用。此名因韩世忠而得，代代相传，沿用至今。

韩瓶在南通地区的许多基建工地都有出土，少则一两只，多则数十不等。最多的一次是在市光明新村基建工地，一次出土了上百只这样的韩瓶。从资料显示，在接近居住区及老河道，出土韩瓶的机会最多。这类瓶子通常器形修长、小口巨腹、制作粗糙，大小也有差异，一般高约30、口径6；腹径17、底径8厘米左右，以内外施青灰色釉的最为常见。

韩瓶的作用，在《中国文物报》上曾展开讨论。1991年9月22日第4版叶定一《韩瓶　岳瓶　背嵬军》中认为韩瓶的作用是酒弄瓶："……近来有资料表明，它似为酒器。清代海陵学者夏荃在《退庵笔记·韩瓶》中曾有记载：'古瓦瓶，长身，两头微锐，浑沦如冬瓜，近瓶口布列四小耳。'又'瓶可容酒斗许，长身便于负，四小耳以贯索者，质颇粗重，酒尽则弃之。'这些描述与出土的韩瓶完全符合。文中记载，其为'古军中主将酒瓶'。"同时进一步说明："酒是古代军旅中的必备饮料，无论是庆功犒军，还是奖励晋级，乃至于大战前夕都要饮酒壮色，由此可见，酒在古代军队中具有特殊重要的作用。"同年12月1日，黄炳煜撰文《韩瓶岳瓶非酒瓶》，与叶定一同志进行讨论，认为韩瓶为汲水之器。他认为："韩瓶、岳瓶实际上是种四系硬陶罐。罐口较大，无盖，密封性不好，不宜装具有挥发性的酒。""建炎四年八月下旬至十一月，岳飞任通泰镇抚使兼知泰州。时泰州及附近州城累遭金兵蹂践，全无所收，粮斛猝急，岳飞曾写'申状'说'刍荛糗粮，——窘乏'（《岳忠武王文集》）请求'假十余日之粮'，以激励士卒。又进入冬季，未曾发放衣服，官兵衣衫单薄，岳飞又请求'支给冬衣一次，资免官兵赤露失所。'如此缺衣少粮的部队，说是还带这么多酒瓶，以酒作饮料，岂不怪哉！""无论古今，水才是军旅中的必备饮料。"

那么，韩瓶在南通地区又作何用呢？

南通地区韩瓶出土的情况，除上述古代居住地及老河道外，更为常见的是唐宋以来的古井中，历年来几乎每遇一口宋井均有类似陶瓶残片出现。

南通地区滨临江海，成陆较晚，唐宋时期地表淡水中所含盐碱成分较高，人们习惯取饮地下淡水。加上本地区地下水位高，随处均可取得水源，开挖成本低，因此在南通地区形成星罗棋布的水井。这些水井虽经历千年，除井圈损坏外，其主体部分大都保存完好，这主要缘于古代科学的造井技术。南通地质构造属冲积平原，土壤中含沙丰富，流动性强，普通方砖难以抵抗沙水流动的压力，针对这种情况，南通的先民采用了带隼卯的弧砖，这种弧形砖一般长25至30、宽10至12、厚3至4厘米左右，通常为单隼单卯，也少量的双隼双卯砖。根据砖的大小，通常十余块围成一圈，然后一圈接一圈垂直砌成。这样的井一般为深 6 至 8 米，直径 1 米左右。由于圆是最合理的抗压力的构造，这是我们至今能看到的井中出土韩瓶的主要因素。

那么，这些宋井中因何有如此多的韩瓶残片出现呢？分析韩瓶的构造不难寻到其中的奥妙。韩瓶体型修长，小口巨腹，小平底，甚至底部小于口径。这种小口巨腹的器皿入水后，极易倾覆，由于口部制成唇口，加上肩部四系，形成上端自重大于底部，倾覆后往往口部能顺利入水，这样构造的器皿自然成为理想的汲水工具。

综合上述考古发现，韩瓶当属南通地区先民们普遍使用的汲水、装水的水具。

四　明清青花瓷片

在南通古城遗址出土的历代瓷器残片中，数量最多的是明清时期以来的青花瓷片，与本地其他地点出土的青花瓷残片并无太大差异。

此次出土的明清瓷器残片大致可分为人物、动物、花卉和几何装饰四大类。其中以人物为主题的纹饰瓷片最具时代特点，主要有历史人物、神话人物、婴戏图及高士图等，且主题画面完整。这里仅列举几片明代历史人物及婴戏图残瓷片，作一简要考述。

人物题材是我国陶瓷纹饰中的重要组成部分，最早可上溯到数千年前西安半坡彩陶中的人面鱼纹。大致在魏晋时期，瓷器上开始出现人物纹饰，但题材较窄，多为宗教、神话之类。瓷器上绘制历史人物最早可上溯到南北朝时期，且以"竹林七贤"最为流行。此后历代均有绘制，多见世俗人物、宗教人物及小说戏剧故事。元代历史人物纹饰深受戏剧的影响，成为了历史人物的潮流纹饰。如"萧何月下追韩信"、"蒙恬将军"、"三顾茅庐"、"昭君出塞"等，尽管元代以历史人物为题材的纹饰不多，但所表达的意境和技法为明清历史人物题材的发展奠定了基础。

南通古城遗址中出土了数种历史人物的青花残瓷。《张骞乘槎图》，虽是一件民窑青花瓷残片，但其流畅奔放的笔触，体现了明代中叶民间绘画的豪放。这片张骞乘槎图碗残片，残长 11.8 厘米。碗底内心绘青花双圈，青花双圈中绘有张骞坐在叶形小舟上渡河，线条极为流畅，人物造型洗练洒脱，整体构图简洁疏朗，空中仅以单圈点装饰。残碗外周边简饰以水波纹及山石花草等。绘法上为一笔点划。胎质较白，稍欠致密。釉面微泛青，釉层厚润，并具开片现象，青料较为混浊，色泽呈淡灰青色。底部施白釉，在圈足露胎处具有明显的"火石红"现象。此残片具有显著的明代中期的特点。

明代中期的民窑器多见叶形槎，在整体的构图上显得十分疏朗，线条极为简洁流畅，围绕中心主题通常辅饰有三星、水波纹及山石花草等，多采用一笔点画。明晚期的《张骞乘槎图》在描绘手法上开始趋于细腻写实，人物形象而具生动，特别是分水技法（指不同的青料的配水比例）的使用，使画面具有层次感。勾、擦、点、染诸法并用，艺术成就较高。此时，采用青花点染太阳，左右飘浮的括号云极具时代特点。

婴戏图是以儿童游戏为主题的装饰纹样，是瓷器纹饰尤其是民窑瓷器中最为常见的纹样之一。瓷器中的婴戏纹饰最早见于唐代的长沙窑，虽为数不多，但其显著的艺术特征，对后世婴戏图的发展产生了积极影响。经过宋、元的发展，这种多姿多彩重在表现世俗生活的婴戏图，至明中后期开始，婴戏题材已成为瓷器上广为流传的装饰纹样。在明代出现了五子、八子、九子、十六子的纹样，清代表现婴戏的纹样更为常见，婴戏图不仅人物众多，场面开阔，更出现了场面宏大的百子图。

南通古城遗址出土的这两片民窑青花婴戏图残片，属明代瓷器生产中兴阶段的成化和弘治时期。其一为明代成化时期民窑青花瓷器残片。残径 11 厘米，青花色泽淡雅，釉质厚润泛淡青。碗心绘一童戏耍，童子头呈圆形，刘海上扬，面目略显不清，但童子手执花枝，挥手召唤，拱腰耸肩的神态大有呼之欲出之势，将儿童的顽皮活泼刻画得淋漓尽致。童子四周绘有花草和双勾朵云纹。画法上先用深色青料勾勒出纹饰轮廓，再用稍淡的青料渲染，勾勒加渲染的技法，增强了纹饰的层次感。其二为明代弘治民窑青花盘残片。残径 12.5 厘米，青花色泽较为深沉，釉色灰青。盘心绘多个童子在庭院持荷叶追逐玩耍，间饰围栏、花草树木。绘法上继承了成化民窑婴戏的写意画法，但层次感不及成化。值得一提的是弘治的树枝飘荡极为简约，以多条凌乱的弧形线表示，这种树枝的画法，反映了当时的艺术风格，也是识别弘治民窑器的重要证明。

明清青花瓷器除上述人物装饰纹饰之外，其动物纹饰的青花瓷片也有一定的出土，常见的有龙凤纹、鹤纹、鸟纹等，也有不常见的对马及猫的描绘纹饰。其他则显得普通而常见。总体上这些明清瓷片均系景德镇窑民窑产品，官窑瓷器的残片几乎无一可见，这也是南通地区出土明清瓷片的普遍现象。

五　结束语

陶瓷器残片相对完美整器而言真是微不足道，但其内在所折射出的信息，以及在瓷学补遗上，可谓虽残尤珍。陶瓷残片在不同领域、不同人群中有着各自不同作用和取舍。在考古中具有地层和辅助断代的作用，对美术人而言，他们注重瓷片上的纹饰，颜料色泽的差异，构图的方式，及画法上勾勒平涂的变化，从中吸取为我所用。对收藏者而言，陶瓷残片是一位廉价而易见的瓷学"老师"，虽不具整器价值和鉴赏完整性，但它极易得到，上手随心所欲，同时具备了陶瓷器鉴赏中的诸多因素，且在体察胎、釉特征方面有着整器难以达到的优势。事实上，一件带有精纹饰或造型的陶瓷残片，不仅给人以美的享受，更存有对当时工艺水平判定和瓷器断代的价值。可以说，经常接触这类残片，并视残为宝，定能不断提高您欣赏和鉴别陶瓷的能力。

从麋和獐的命运看野生动物的保护问题

南通博物苑

南通地区东滨黄海，南临长江，野生动物种类不多，野生兽中，现存较大体型的只有獐，也已濒于绝灭。但在古代，南通地区却曾有多种野生兽。1976～1979 年于海安县青墩新石器遗址（根据 C^{14} 素测定，距今 5000 年以上）采集和发掘到的野生兽遗骨中，有野猪、梅花鹿、麋鹿、獐、麂、狐等近十种。其中麋鹿数量最多，残骸碎骨共千余件。1974 年海安县烈士公社开挖鱼塘时，也发现大量麋鹿角。这两处出土的麋鹿骨、角上，很多留下了人类砍削的痕迹，有的还有刻划符号或锥点纹图案。海安县章郭公社、如皋县马塘公社，扬州地区的泰县也先后发现麋鹿的遗骨。南通市于 1978 年曾出土一枚麋鹿的臼齿。

早在新石器时代，麋鹿就成为人类狩猎的主要对象，肉可供食用，骨、角可制造生产工具。青墩遗址出土的骨镞、骨鱼镖、骨耜、叉形角器、角纺轮及大量的骨、角器半成品，其数量远超过石器。南通地区历来缺乏石料资源，因此，骨、角器在当时的生活和生产中起了很大的作用。

西晋张华《博物志》记载："海陵县多麋，千万为群，掘食草根；其处成泥，名曰麋畟；民随而种，不耕而获，其利所收百倍。"（《太平寰宇记》）南朝陶弘景说："今海陵间最多，千百为群。"（《政和经史证类本草》卷十八）元代泰定间进士杨维祯的诗句："经营别野庐，聊与麋鹿邻。"（嘉庆《如皋县志》艺文志）说明元末有麋鹿。明嘉靖《通州志》物产篇"兽之属"中有麋，到万历和清康熙《通州志》的物产篇中，就只列鹿、獐等，不再有麋了。但万历《泰州志》中有麋，到清道光《泰州志》中就只有獐而没有麋。嘉庆《如皋县志》物产篇在麋的后面加夹注引用明万历吕克孝编《如皋县志》记载："吕志谓如皋海陵故地，而今绝少，岂地气变迁耶。"其他地方文献还具体记载了蓼角嘴有麋鹿的情况。清初顾道含《为巢民先生题玉山君所临薛稷十一鹤图》诗注："蓼角嘴入海，亘南北三四百里，江海气交，亦地脉结根处也。上有仙草，人莫识。有鹿群以数百来游，浮海来去。大角鹿载草，群众就食，泛潮如鸥鸟。舟人、樵子或见有元白者。角坍没，鹿不复至，而鹤亦种绝。"（《崇川各家诗钞汇存补遗》卷九）这反映了鹿和鹤（丹顶鹤）的关系（蓼角嘴明嘉靖间在今启东县吕四东南，当时属海门县，后于清初坍入海中）。清乾隆汪芸巢《州乘一览》记载："廖家嘴，一名料角嘴，在州东吕四场。……地产仙草。遇清明，渔人每见海岛中，麋鹿浮水至，衔其草，缠置角上而去。"显然顾道含所指鹿也就是麋鹿。明嘉靖《海门县志》和万历《通州志》中，都记载了料角嘴附近有一条入海的港口，叫麋鹿港。由此可知，直到明末清初，料角嘴一带，还有麋鹿的踪迹。此外，清嘉庆《海曲拾遗》物产类记载："麋鹿喜居泽，鹿因与居，亦善济水。里老云：每见北堤外有越海来者，非耸肩泅于波面，即昂首抱足仰卧，乘流而渡，两角载海藻为裹粮，逢洲沚可憩处，即捎下食之，又或衔草至町场栖止。自是种类渐繁，然究之善聚善散。"这些资料，对研究麋鹿的兴衰，均很有价值。

上引文献，反映了料角嘴一带麋鹿的生活习性：喜水，爱清静，善聚善散，隐居在沙洲上，常仰卧乘潮来江海之滨的林地草原觅食；喜吃草，并翻土掘食草根，饱餐肥草后，两角还裹了海藻带去。曹克清在《我国的特产动物——四不像鹿》（《化石世界》，化石编辑部 1978 年 9 月）中说："根据它宽大而能分开的蹄来看，是适于泥泞地上行走的，可以推测当年它栖息于沼泽地带"，"主要吃草及各种水生植物"。现在饲养于动物园中的麋鹿，仍保持涉水的习性，也能说明它原是生活在近水地区的。

根据青墩遗址孢粉分析，当时泰州、海安这一带位于江口，应是气候温湿的疏林草原。汉、晋间，那里仍有大片草荡，按照麋鹿的生活习性，可供成群的麋鹿"掘食草根"。很可能，西晋时麋鹿就生活在海陵而在别处很少，所以张华在《博物志》中特别写到，"海陵县多麋"。

随着长江泥沙的冲积，后来这块江海平原不断向外延伸，现在的如皋、如东、南通等地陆续形成，旧海门县在唐、五代时已形成沙洲，宋代与大陆连接。由于人口增加，农业和盐业的不断发展，这块平原不断被开发，森林、草原逐渐缩小，麋鹿的生活环境受到干扰，加上人类对麋鹿的大量捕杀，这样，麋鹿再也不能在那里生存下去了。随着江海平原的延伸，麋鹿逐步南迁。可能在唐、宋间来到料角嘴，在那江海交汇处的沙洲之上，草荡之中，人迹罕到（只有"舟人、樵子"）之处，定居了一个时期。后来料角嘴坍没，麋鹿也就在这块江海平原上绝迹了。为什么料角嘴成为麋鹿的最后栖身处？这也是值得我们进一步探讨的问题。

另一种体型较小的鹿科动物——獐（亦称河麂），在五千多年前就和麋鹿一同活跃在南通地区。青墩新石器遗址中有它的遗骨，地方志也有记载。明嘉靖《通州志》把它列为十四种"兽之属"的第三位，清康熙《通州志》把它列为二十一种主要的"毛虫"之一，与鹿、麋同归为"草泽之交"的物产。麋鹿和其他鹿科动物在南通地区绝迹之后，獐却幸运地一直生活到现代。

獐，雌雄都无角，雄性上犬齿发达，向下延伸突出口外，形成獠牙，故又名"牙獐"。毛粗长，黄褐色。四肢有力，行动灵敏，善跳跃，能游泳。主食草叶、苔藓。生活在南通地区的如皋、海安、如东和盐城地区的东台、大丰一带，以及长江下游的其他芦滩、沼泽地区。古代，獐在这一带是很多的，獐皮和鹿皮都曾列为本地向朝廷进贡的特产。

獐，性格温和，对人类没有危害，也不需精心饲养，只要有一块安静的荡地，有水有草就行了。可是，时至今日，獐正步着麋鹿的后尘，处于朝不保夕的境地。"文革"前，南通地区的獐还是不少的，我馆亦曾藏有獐标本。海安、如皋一带，过去收购的獐皮比较多，但近年来已经很少（1978 年收到獐皮 19 张，1979 年只 3 张，1980 年 4 月前仅 1 张）。獐的稀少，固然由于工农业的发展，草荡面积的减少，缩小了它的生存范围，同时，由于保护措施不力，人们贪得无厌的狩猎，大量的捕杀，也是一个不可忽视的重要因素。

獐已列为国家保护的三类稀有动物，早在 1962 年国务院就明文规定予以保护，但一直缺乏具体的保护措施。为了保护稀有动物——獐，我馆曾多次向有关领导部门写了报告，报纸上也发表了好多篇呼吁文章。1980 年召开的全国自然保护区区划工作会议，为野生动物的命运带来了希望。南通地区行政公署已于 1981 年 5 月发出了《关于保护野生动物獐的通知》，海安县也已作了相应的规定。我们认为，可以对南通、盐城地区沿海一带进行一次现场考察，并可考虑在该地区现有草荡内，划一定范围，让獐在那里生存繁衍。也可以设想，将来能让麋鹿重返海陵故地。而目前迫切要做的首先是禁止狩猎，让獐能定居下来以免绝种；其次是有意识地保留一些草泽地不去开垦，以不断丰富獐的资源。

保护野生动物资源的工作，已越来越显得重要。为了切实有效地做好这方面的工作，我们建议：

一、有必要建立的有权威的领导机关，统一管理文物保护和自然保护事业。

二、要制订一系列的法律、法令。

三、要广泛开展科普宣传，使广大群众对保护野生动物的意义有深刻的认识，特别要引导青少年参加保护野生动物的活动。要建立学术性的和群众性的组织，如保护野生动物协会等。

（1980 年中国自然科学博物馆协会交流论文，

《南通市科技》1981 年第 3 期摘载，穆烜、徐志楠执笔）

附表一：

1905～2005 年南通博物苑陈列展览一览表

陈列展览名称	展出时间	展出地点	办展方式
天产部陈列	1912～1937	南馆楼下	自办
历史部、教育部陈列	1912～1937	南馆楼下	自办
美术陈列	1912～1937	北馆楼上	自办
化石、骨骼陈列	1912～1937	北馆楼下	自办
兽闲、鸟槛、鹤柴、鹳室、鸠扈罳等动物陈列	1912～1937	博物苑内	自办
药坛、晚春堮、秋色坪等植物陈列	1912～1937	博物苑内	自办
竹石陈列处	1912～1937	博物苑国秀坛	自办
农业知识展览	1952.12.15～1952.12.25	本馆	自办
妇幼卫生展览	1953.03.12	本馆	自办
儿童卫生展览	1953.06.01～1953.06.03	本馆	自办
防火展览	1953.11.18～1953.12.30	本馆、唐闸、八厂	自办
农业展览	1953.01.09～1953.01.11	如皋	自办
卫生展览	1953.06.14～1953.06.20	唐闸	自办
农业、卫生、自然科学展览	1953.06.24～1953.07.01	南通县	自办
古书画、农业、自然科学展览	1953.01.01～1953.03	本馆	自办
造林植树展览	1953.02.15～1953.12.31	本馆	自办
从猿到人展览	1953.02.15～1953.12.31	本馆	自办
爱国卫生展览	1952.02.15～1953.12.31	本馆	自办
自然科学展览	1953.02.15～1953.12.31	本馆	自办

陈列展览名称	展出时间	展出地点	办展方式
古钱展览	1954.01	本馆	自办
文物展览	1954.02	本馆	自办
历史文物展览	1957.11.03	本馆	自办
刺绣展览	1958.03.10～1958.04.10	本馆	合办
革命史料展览	1958.03.22～1958.11.04	本馆	自办
历史文物陈列	1958.05.01～1960.04.26	南馆、北馆	自办
绘画展览	1958.06	本馆	自办
南通市手工业产品展览	1958.06	本馆	自办
南通市农具改革展览	1958.07	本馆	自办
大搞钢铁展览	1958.10.01～195.10.27	本馆、唐闸	自办
深翻、脱粒田头展览	1958.11.01～1958.11.12	郊区	自办
今古时钟展览	1958.11.01～1958.11.11	本馆、唐闸	合办
大跃进展览南通市规划馆	1959.02.08～1959.02.28	南馆楼下	自办
大跃进展览工业馆	1959.02.28～1959.07.15	北馆楼下	自办
大跃进展览农业馆	1959.02.08～1959.02.28	北馆楼上	自办
大跃进展览文卫馆	1959.02.08～1959.06.04	中馆	自办
革命历史文物展览	1959.04.05～1959.07.15	南馆、西馆	自办
钢铁远征军出征一周年展览	1959.06.23～1959.07.31	中馆	自办
南通地方文物文献展览	1959.10.01～1960	南馆、中馆	自办
绘画展览	1959.10.01～1959.11.03	中馆	自办
自然标本陈列	1959.10.01～1959.12.29	西馆	自办

陈列展览名称	展出时间	展出地点	办展方式
第二个五年计划提前三年胜利完成展览	1960.01.28～1960.01.31	北馆	自办
工农业陈列	1960.04.23～1960.04.26	北馆楼下	自办
纪念红十四军建军卅周年革命文物展览	1960.05.01	南馆楼下	自办
明、清书法展览	1960.05.27～1960.05.29	中馆	自办
南通地区革命文物史料展览	1961.02.15～1961.10.21	孔庙	自办
大办农业、大办粮食展览	1961.02.15～1961.04.30	孔庙	自办
南通地方国画展览	1961.02.15～1961.04.30	孔庙	自办
自然标本展览	1961.04.08～1961.04.30	孔庙	自办
出土文物展览	1961.04.08～1961.04.30	南馆	自办
历史文物文献陈列	1962.01.01～1963.09.13	南馆	自办
南通地区革命文物史料展览	1962.01.01～1965.09.26	北馆楼下	自办
书法展览	1962.01.01～1962.01.14	中馆	自办
南通地方绘画展览	1962.01.18～1962.01.27	中馆	自办
绘画展览	1962.02.05～1962.04.19	中馆	自办
明、清扇面画展览	1962.02.05～1962.04.19	中馆	自办
李兆熙捐赠书画展览	1962.06.06～1962.06.23	中馆	自办
美术工艺展览	1962.07.01～1962.09.23	中馆	自办
中国近百年绘画展览	1962.09.30～1962.10.30	中馆	自办
南通清代绘画展览	1962.10.31～1962.12.23	中馆	自办
元、明、清绘画展览	1962.12.31～1963.02.21	中馆	自办
李苦李画展	1963.02.02～1963.03.27	中馆	自办

陈列展览名称	展出时间	展出地点	办展方式
书法展览	1963.03.29～1963.04.25	中馆	自办
南通地区反"清乡"斗争文物史料展览	1963.07.16～1965.05.31	本馆巡回	自办
南通市郊区家史、村史、社史展览	1963.08.26～1963.12.29	郊区巡回	合办
革命历史画展	1964.02.13～1964.05.24	中馆	自办
阶级教育展览	1964.10.01～1965.05.13	南馆楼下	自办
南通地区贫农、下中农革命事迹展览	1965.02.02～1965.03.31	文化馆	合办
"美国侵略者从越南滚出去"展览会	1965.06.03～1965.06.14	南通师范	合办
南通人民抗日斗争事迹展览	1965.08.27～1965.09.30	南馆楼下、郊区	自办
历史文物陈列	1972.05～1992.10	南馆	自办
出土文物展览	1973.01～1974.04	中馆	自办
批林批孔展览	1974.05～1975.06	中馆	自办
革命文物展览	1974.05～1975.06	南馆	自办
南通地区抗日战争文物史料展览	1975.08～1977.03	中馆	自办
五山历史展览	1976.12～1980.09	狼山	合办
出土文物展览	1977.10～1978.01	西馆	合办
古代绘画联展	1978.01～1978.04	南京博物院	联办
南通地区革命文物史料展览	1978.02～1978.12	西馆	自办
全国征集文物汇报展览	1978.02	北京	参加
南通市三·一八革命斗争、汤景延烈士、马世和烈士史料展览	1978.10.23	市文化宫	自办
革命文物陈列	1979.01～1987.6.24	中馆	自办
江苏省出土文物展览	1979.03	北京博物院	参加

陈列展览名称	展出时间	展出地点	办展方式
书画展览	1979.03	南通书画院	合办
古代文物、自然标本展览	1979.10～1983.10	文峰塔院	自办
南通博物馆馆史展览	1979.10.06	中馆	自办
江苏省流散文物展览	1979.10	南京博物院	参加
清代花卉画展览	1979.12	中馆	自办
馆藏山水画展览	1980.01	中馆	自办
馆藏明、清书法展览	1980.02	中馆	自办
古代绘画图片展览	1980.06～1981.02	中馆	自办
南通惨案史料展览	1980.03～1980.05	中馆	自办
南通话剧运动史料展览	1980	市文化馆	参加
历史书法知识展览	1980.03～1981.12	中馆	自办
南通烈士事迹陈列	1981.03～1981.12	中馆	自办
颐和园文物展览	1981.04～1981.05	南馆	联办
民俗品物展览	1982.01～1982.06 1982.10～1983.05	中馆	自办
明、清扇面画展览	1982.07～1982.08	中馆	自办
古代绘画展览	1982.11	文化馆	合办
南通烈士事迹陈列	1983.03～1983.08	文化馆、少年之家	自办
市文物商店向南通博物馆提供文物展览	1983.06～1983.07	中馆	自办
反清乡斗争文物展览	1983.10.01～1984	中馆、西馆	自办
自然标本陈列	1984.04.24～1985.12.09	西馆	自办
南通刺绣展览	1985		合办

陈列展览名称	展出时间	展出地点	办展方式
张謇史料陈列	1985.12	濠南别业三楼	自办
三·一八斗争史料展览	1986.03.18		合办
爱鸟护鸟展	1986.04.19～1986.05.05	西馆	联办
徐惊百烈士遗物展览	1986.07.27～1986.08.30		自办
自然标本巡回展览	1987.01.24～1987.02.14	海安	自办巡展
爱鸟周展览	1987.04.15～	西馆	自办
端午习俗展览	1987.05.31～1987.06.11	中馆	自办
纪念抗日战争爆发五十周年文物史料展览	1987.07.07～1987.07.15	南通市群艺馆	联办
瓷器陈列	1987.09.05～1987.09.17	濠南别业二楼	自办
革命文物展览	1987.11.～1990.03.02	中馆	自办
人与环境	1988	科协	联办
张謇史料陈列	1988.01	濠南别业三楼	自办
南通四十年来出土文物展览	1989.10.01～1989.10.25	花房展览室	自办
红十四军文物史料陈列	1990.04～1990.06		自办
没有共产党就没有新中国——南京博物院院藏近代文物展	1990.01.12	本苑	联办
苑藏书画珍品展	1991.11.07～1991.11.15	濠南别业三楼	自办
南通市文物商店成立三十周年成果汇报展览	1991.11.25	濠南别业二楼	联办
张謇文物史料陈列	1991.11.25	濠南别业三楼	自办
南通市书画装裱艺术展	1991		自办
张柔武、张绪武捐赠书画展	1992.02.01～1992.02.20	濠南别业三楼	自办
民俗品物展	1992.02.01～1992.04.02	中馆	自办

陈列展览名称	展出时间	展出地点	办展方式
海贝展	1992.02.25	中馆	联办
鸟类标本展	1992	中馆	自办
苑藏艺术珍品展	1992.09.20～1992.10.05	濠南别业二楼	自办
张謇手迹展	1992.09.20～1992.10.05	濠南别业三楼	自办
益友邮展	1992.11.01		合办
鸟类生态标本展	1993	中馆	自办
南通博物苑苑藏文物展	1993.07～1994.04	南馆	自办
张謇文物史料展	1993.07.14	濠南别业	自办
海洋世界专题展	1993.08.22	中馆	联办
南通博物苑苑史陈列	1993.10.01～1994.04	南馆	自办
孙中山与宋庆龄图片展	1994.03.24	南馆	合办
趣味文物展	1994	南馆	自办
南通博物苑益友邮票展	1994.10.01～1994.10.16	南馆	合办
南通博物苑藏文物选展	1995.01.31～1995.07.18	南馆	自办
纪念反法西斯战争胜利五十周年和抗日战争胜利五十周年图片展	1995.08.25	濠南别业二楼	联办
苑藏文物珍品展	1995.10.05～1996.02	南馆	自办
博物苑苑史展	1995.10.29～1998.07.28	中馆	自办
张謇手迹展	1995.10.30～1995.11.01	濠南别业三楼	自办
张謇业绩展	1995.10	濠南别业二楼	自办
张謇文物史料展	1995	濠南别业	自办
小藏品展览	1996.02.19～1996.06.07	南馆	自办

陈列展览名称	展出时间	展出地点	办展方式
三·一八斗争文物史料展	1996.03.17～1996.06.21	中馆	自办
爱鸟护鸟鸟类标本展	1996.04.02～1996.05.18	扬州史可法纪念馆	联办
爱鸟护鸟鸟类标本展	1996.05.22～1996.06.30	海安博物馆	联办
南通博物苑藏明清书画展	1996.04.16～1996.04.23	日本	联办
苑藏明清书画出国汇报展	1996.05.03～1996.05.10	濠南别业二楼	联办
全国获奖邮集展览	1996.11.23		合办
今日南通博物苑——科普橱窗	1996	市科协	合办
苑藏书画小品展	1997.01	南馆	自办
鸟类标本展	1997		自办
一国两制、百年梦圆——'97香港回归展	1997.05.10～1997.06.09	濠南别业	联办
迎香港回归邮展	1997.07	南馆	合办
中国珍稀动物	1997	科协	联办
植物与健康	1997.09.21	科协	联办
南通历代书画精品展	1997.09.26～1997.10.05	濠南别业三楼	自办
沈启鹏画展	1997.11.04～1997.11.08	濠南别业三楼	合办
纪念李方膺诞辰三百周年——苑藏作品特展	1997.10.14～1997.10.18	濠南别业三楼	自办
张謇手迹展	1997.11.14～1997.11.21	濠南别业三楼	自办
丘石书法篆刻艺术展	1998.01.08	濠南别业二楼	合办
侯德剑画展	1998.01.23～1998.02.03	濠南别业二楼	合办
黄稚松、黄幼松、李巽仪书画展	1998.03.06～1998.03.13	濠南别业二楼	合办
我爱大自然系列活动	1998.04.08～1998.05.17		自办

陈列展览名称	展出时间	展出地点	办展方式
中外蝴蝶艺术展	1998.04	濠南别业三楼	合办
鸟类标本展	1998		自办
动物——人类的朋友	1998		自办
陆荣华书法展	1998.05.23	濠南别业二楼	自办
袁峰画展	1998.06.12	濠南别业二楼	合办
苑藏文物精品展	1998.07.30～1998.07.30	濠南别业	自办
苑藏铜器、瓷器展	1998.08.18～1998.12.07	南馆	自办
陈跃剪纸作品展	1998.09.16～1999.05.07	东馆	联办
张文昌工笔花鸟画展	1998	濠南别业二楼	联办
"共和国主席刘少奇"大型图片展	1998.10.01～1998.11.06	濠南别业	联办
钱币珍品展——纪念中国人民银行成立暨人民币发行50周年	1998.11.01～1998.12.31	濠南别业	联办
苑藏扬州八怪作品展	1998.12.15～1998.12.15	濠南别业	自办
海洋生物标本展	1999.01.28～2000.12.31	中馆	合办
珍奇贝壳展	1999.02.16～1999.06.02	西馆	合办
苑藏雕刻品展	1999.02.16～1999.06.09	苑内	自办
谢克东捐赠书画展	1999.02.19	濠南别业	自办
甘作垦荒牛，一生勤耕耘——纪念昆虫学家尤其伟诞辰一百周年展	1999.04～1999.05	濠南别业二楼	联办
苑藏扇面珍品展	1999.05.27～1999.05.28	南馆	自办
南通历史文物陈列	1999.08～2002.12	南馆	自办
南通政协书画展	1999.09.18	濠南别业	
江海风云——南通地区革命文物史料展	1999.10.01～2001.08	濠南别业二楼	联办

陈列展览名称	展出时间	展出地点	办展方式
开拓者的足迹——张謇在南通的业绩	1999.12.01	濠南别业	自办
江海风云——南通地区革命史料展	2000.03.29	海安	巡展
南通中学校友画家省亲画展暨《崇川瑰宝》邮资明信片发行	2000.04.8～2000.04.16		联办
蝴蝶展	2000		合办
朱颖人、陈斌画展	2000.07	濠南别业二楼	合办
美国泽西市美术摄影作品展	2000.08.26～2000.09.01	濠南别业二楼	联办
尤无曲国画盆景艺术展	2000	濠南别业二楼	联办
顾云琜九十华诞中国画展	2000.10.20～2000.10.25	濠南别业	联办
林晓画展	2000.10.30～2000.11.03	濠南别业二楼	联办
南通市美术精品展览	2000.11.05～2000.11.12	濠南别业	联办
南通人著作展	2000.12.22～2000.12.26	濠南别业	联办
南通市文联建立五十周年书画精品展	2000		合办
鲸展	2000.01.01～2002	西馆	自办
江海风雷——纪念中国共产党建党 80 周年南通革命文物史料展	2001.06.26～2001.09.01	濠南别业	自办
苑藏绘绣观音像展	2001.01	濠南别业二楼	自办
太空探索	2001.10～2002.01	天象馆	自办
台北故宫博物院复制书画展	2001.01	濠南别业二楼	联办
吴永康中国画遗作展	2001.04.12	濠南别业二楼	联办
喜栋体育美术和摄影作品展	2001.01		联办
首届社区艺术节综艺展	2001.05.18	濠南别业二楼	联办
田林、卢成瑞书画展	2001.05.18	濠南别业二楼	联办

陈列展览名称	展出时间	展出地点	办展方式
南通博物苑苑史展	2001.05.16～2002.01	濠南别业二楼	自办
白衍油画、摄影作品展	2001.05.26～2001.06.03	濠南别业	合办
兵马俑展览	2001.06	西馆	合办
南通民间工艺品展	2001.09.20	西馆	合办
太空探索	2001.10～2002.01	天象馆	自办
南通博物苑馆藏历代绘绣观音像艺术特展	2001.09	濠南别业	自办
南通摄影作品展	2001.09.20	东馆	合办
南通美术作品展	2001.09.20	濠南别业二楼	合办
天文知识展	2001.9.20	天象馆	合办
南通日报创刊 60 周年暨省第三届新闻界书画邀请展	2001.12.30		合办
南通师范学院美术系校友作品提名展	2002.01.08		合办
南通市首届农民艺术家综艺展	2002.01.20～2002.01.27	濠南别业	合办
红旗漫江海——南通地区革命斗争史料图片展	2002.02.16	谯楼	自办
妈祖文化陈列	2002.02.08～2005.05	中馆	自办
走近昆虫	2002 年		自办巡展
张謇业绩展	2002～至今	濠南别业一楼	自办
濠南别业——张謇故居复原陈列	2002.05.02～至今	濠南别业二、三楼	自办
南通博物苑苑史展	2002.05.02～2004	西馆	自办
"华夏第一馆——南通博物苑"宣传展板	2002.07～2002.08	社区巡展	自办
南通博物苑苑藏书画展	2002.10	北馆	自办
南通博物苑苑藏扇面书画展	2002.05.02	北馆	自办

陈列展览名称	展出时间	展出地点	办展方式
金沧江遗物遗作展	2002.05.03	濠南别业	联办
崇尚科学、关爱自然——苑藏自然标本陈列	2002.05.04	北馆	自办
南通市首届插花艺术展	2002.05.05	北馆	联办
"走近自然，探索奥秘"科普展	2002.05.07	北馆	自办
冰雕展	2003.01.20	公园	合办
"中国近代第一城"图片史料展	2003.09.23~2005.03	谯楼	自办
旅台乡亲书画展	2003.09.23~2003.10.07	濠南别业二楼	合办
胸中丘壑——蔡治中画展	2003.11.08	谯楼	合办
蔡志中书画展	2003.11.06~2003.11.12	谯楼	联办
内蒙、南京、南通三地书画联展	2003.11.13~2003.11.18	谯楼	联办
"走近自然，探索奥秘"科普展	2004.01.15	北馆	自办
佛教造像艺术展	2004.01.19~2004.06	南馆	自办
纪念亚明先生诞辰八十周年——亚明中国画作品展	2004.04	谯楼	联办
南通市首届兰花艺术展	2004.04.26~2004.05.02	濠南别业二、三楼	联办
芬芳的季节——首届芳香植物及系列产品展览	2004.04.28	张謇纪念馆	联办
保护无形遗产、传承古代文明——"5·18国际博物馆日"主题宣传展	2004.05.18~2004.08	环西文化广场、社区	自办
南通——中国上市公司实物股票收藏馆馆藏实物股票珍品展	2004.07.03~2004.07.12	南馆	联办
绿色南通、美化家园——摄影艺术作品展	2004.10~2004.11	南馆	联办
南通市第二届社区艺术节综艺展	2004.09.30~2004.10.07	谯楼	联办
尤无曲国画艺术九十年回顾展	2004.12.25~2005.01.09	濠南别业二楼	联办
南通人著作展	2005.02.24~2005.02.26	濠南别业三楼	联办
南通博物苑——架起文化的桥梁——"5·18国际博物馆日"宣传展	2005.05.18~2005.05.22	濠南别业北大门	自办

（任苏文整理，穆烜、葛云莉、赵翀、张炽康、王违华、凌振荣等补充）

附表二：

1905～2005 年 1 月有关"张謇与南通博物苑"的文章、著作一览表

序号	文　章	作者	报刊名称	时间	备注
1	游博物苑记	李守铭	《南通师范校友会杂志》	1912 年第 2 期	
2	从五公园游到博物苑	落花生	《通光日报》	1932 年 9 月 4 日	
3	参观纪要：博物苑	乔济之	《救济》	1937 年 7 月 19 日	
4	城南文化地区凭吊记	言　永	《五山报》	1946 年 2 月 23 日	
5	博物苑	维　之	《东南日报》	1946 年 3 月 1 日	
6	我国最早的一所博物馆——南通博物苑的今昔	钟　欣	《大公报》	1975 年 6 月 8 日	
7	《南通博物馆史料》	南通博物苑	专著	1978 年 11 月 1 日	南通博物馆编印
8	南通博物馆今昔	穆　烜	《南通报》	1979 年 10 月 6 日	
9	南通博物苑史料	孙　渠	《文博通讯》	1979 年第 4 期	
10	中国最早的博物馆——南通博物苑	穆　烜	《博物馆》	1979 年第 2 期	为联合国教科文组织刊物
11	《中国博物馆事业早期史料》	南通博物苑	专著	1979 年 10 月 1 日	南通博物馆编印
12	张謇倡办博物馆的理论和实践	徐冬昌 穆　烜	《文物通讯》	1980 年第 5、6 期	
13	我国最早的博物馆——南通博物苑	穆　烜	《博物》	1980 年第 1 期	上海自然博物馆办
14	我国自办的第一个博物苑——南通博物馆	周国兴	《大自然》	1980 年第 1 期	
15	从全国看南通博物馆	任　敏	《南通市报》	1981 年 1 月 9 日	
16	多识鸟兽草木之名	任　敏	《南通日报》	1981 年 1 月 24 日	
17	木村和南通博物苑	孙　渠	《南通日报》	1981 年 5 月 9 日	
18	设为庠序学校以教——南通博物馆散记	沈　定	《文汇报》	1981 年 10 月 21 日	
19	我国最早的博物馆	穆　烜	光明日报	1981 年 10 月 30 日	
20	博物馆介绍——南通博物馆		《中国博协通讯》	1981 年第 4 期	
21	省、市博物馆介绍——南通博物馆		《中国博协通讯》	1981 年	

序号	文　章	作者	报刊名称	时间	备注
22	张謇创办南通博物苑	穆　烜	《中国科技史料》	1981年第4期	中国科技出版社
23	状元首创博物馆	穆　烜	《科普园地》	1981年第1期	又载《科普作品选》
24	中国最早的博物馆——南通博物苑	穆　烜	《光明日报》	1981年10月30日	又载南通市政协《江海春秋》中册、杨德心编《张謇与中国教育》，美国《侨报》1998年7月14日转载
25	恢复博物苑，增设自然之部	穆　烜	《科技工作者建议》	1981年第1期	市政协
26	南通博物馆今昔	文　江	《中国建设》	1982年第7期	
27	木村忠治郎与南通博物苑	孙　渠	《科普作品选》	1982年8月	南通市科普创作协会
28	南通博物苑	黄　然	《南通市报》	1983年1月11日	
29	状元首创博物馆	穆　烜	《科普作品选》	1983年	
30	张謇和南通博物苑	宋伯胤	《博物馆研究》	1983年第3期	
31	张謇与南通博物苑——博物馆史事与人物之二	宋伯胤	《博物馆研究》	1983年第3期	
32	南通博物苑建设规划设想（初稿）	穆　烜	《江苏博物馆年鉴》	1983年	
33	南通博物馆	穆　烜	《江苏博物馆年鉴》	1983年	江苏省博物馆学会、江苏博物馆年鉴编辑部编
34	翡翠项链上的一颗宝石——南通博物苑	吕循逸	《南通市报》	1984年2月21日	
35	南通博物苑将恢复原名	黄　然	《南通日报》	1984年6月29日	
36	多识鸟兽草木之名	陈秉生	《南通日报》	1984年11月10日	
37	张謇和我国最早的博物馆——南通博物苑	黄　然	《文物天地》	1984年第4期	
38	南通博物苑		《江苏博物馆年鉴》	1984～1985年	江苏博物馆学会编
39	风雨八十载——记南通博物苑	曹京胶	《南通日报》	1985年10月22日	
40	我国最早的博物馆：南通博物苑	黄　然	《百科知识》	1985年第8期	
41	南通博物苑		《南通经济》	1985年第3期	

序号	文　章	作者	报刊名称	时间	备注
42	南通博物苑	黄　然	《东南文化》	1985 年创刊号	
43	张謇与中国博物馆事业的肇始	穆　烜	《东南文化》	1985 年创刊号	又载《南通博物苑创建 80 周年纪念刊》
44	南通博物苑回忆录	孙　渠	《东南文化》	1985 年创刊号	
45	南通博物苑南馆对联	赵　鹏	《东南文化》	1985 年创刊号	
46	我国博物馆事业的开拓者——张謇	黄　然	《中国博物馆》	1985 年创刊号	
47	南通博物苑早期的苑品收藏	徐冬昌	《南通博物苑创建 80 周年，南通纺织博物馆落成开馆纪念刊》	1985 年	江苏省博物馆学会编
48	试论张謇对我国博物馆事业的贡献	曹志军	《江苏博物馆学会纪念刊》	1985 年 10 月	江苏省博物馆学会编
49	《南通博物苑文献集》	南通博物苑	专著	1985 年 10 月	
50	南通博物苑先进事迹		《中国博物馆通讯》	1986 年第 6 期	
51	我国最早的博物馆——南通博物苑今昔	黄　然	《博物馆工作》	1986 年第 4 期	
52	张謇和中国第一座博物馆	林　新	《人物》	1986 年第 6 期	
53	博物好古　丹青不渝——南通博物苑第一任主任孙钺	黄　然	《南通今古》	1987 年 5 月	
54	南通博物苑有世界上最古的铁炮吗	穆　烜	《东南文化》	1988 年第 1 期	
55	状元张謇与中国近代博物馆事业	曹志军	《文博》	1988 年第 2 期	
56	南通博物苑在呼救	金品旗	《中国文物报》	1990 年 9 月 20 日	
57	张謇与我国第一个博物馆	许　薇	《人民日报》海外版	1990 年 9 月 26 日	
58	博物苑应有大的发展	德　生	《南通日报》	1990 年 12 月 29 日	
59	南通市人大常委会通过决议保护和建设南通博物苑	穆　烜	《中国博物馆通讯》	1990 年第 10 期	
60	中国最早的博物馆——南通博物苑	穆　烜	《情系南通》	1990 年 12 月	中国文史出版社
61	南通市政府邀请专家学者座谈南通博物苑的保护和建设		《中国博物馆通讯》	1992 年第 2 期	
62	南通博物苑创业过程	孙　渠	《九秩春秋——南通师范校史资料专辑》	1992 年 4 月	

序号	文　章	作者	报刊名称	时间	备注
63	仍然活着的记忆——纪念孙子钛先生	孙　模	《九秩春秋——南通师范校史资料专辑》	1992 年 4 月	
64	南通博物苑	穆　烜	《开拓与发展》	1993 年 11 月	江苏人民出版社
65	张謇开创博物馆理论与实践的重大意义——纪念张謇先生诞辰 140 周年	吕济民	《中国博物馆》	1993 年 3 期	
66	南通博物苑	穆　烜	《开拓与发展》	1993 年	江苏人民出版社
67	南通博物苑	黄　然蔡述传	《中国大百科全书·文物、博物馆》	1993 年 1 月	中国大百科全书出版社
68	郑振铎的一句话救了南通博物苑	穆　烜	《南通日报》	1994 年 2 月 25 日	
69	博物苑如何生存发展	裴立新	《南通日报》	1994 年 4 月 12 日	
70	通州博物馆敬征通属先辈诗文集书画所藏金石古器启	张　謇	《张謇全集》	1994 年	江苏古籍出版社
71	博物苑观览简章	张　謇	《张謇全集》	1994 年	江苏古籍出版社
72	南通博物苑品目序	张　謇	《张謇全集》	1994 年	江苏古籍出版社
73	为博物苑征求本省金石拓本	张　謇	《张謇全集》	1994 年江苏古籍出版社	
74	早期南通博物苑的教育功能	孙　模	《南通今古》	1994 年 1 期	
75	中国博物馆之父——张謇	宋明明	《收藏大观》	1994 年试刊号	
76	张謇·状元·博物馆	吕济民	《收藏》	1995 年总第 33 期	
77	隆重纪念南通博物苑建苑九十周年	曹京胶	《南通日报》	1995 年 11 月 1 日	
78	南通博物苑原有场所将全面恢复	曹京胶	《南通日报》	1995 年 11 月 1 日	
79	发掘昨天为明天——写在南通博物苑建苑 90 周年	曹京胶	《南通日报》	1995 年 11 月 3 日	
80	张謇与中国博物馆——纪念南通博物苑成立 90 周年	吕济民	《中国博物馆》	1995 年 3 期	
81	南通博物苑第一位主任——孙钺	黄　然	《博物馆》		

序号	文 章	作者	报刊名称	时间	备注
82	南通博物苑	穆 烜	《中国博物馆志》	1995 年 6 月	中国博物馆学会编
83	南通博物苑	黄 然	《梦游梅花楼——南通人文景观》	1995 年 4 月	南通市政协文史编辑部编
84	南通博物苑喜庆建苑九十周年	张炽康	《中国文物报》	1995 年 12 月 3 日	
85	极富特色的南通博物苑建筑	凌振荣	《中国文物报》	1996 年第 31 期	
86	在南通博物馆 90 周年纪念大会上的讲话	王霞林	《东南文化》	1996 年第 1 期	
87	南通博物苑沧桑	周国兴	《中国博物馆》	1996 年第 1 期	
88	博物苑与丹顶鹤	金 锋	《江海晚报》	1997 年 3 月 23 日	
89	南通博物苑 深闺人未识	刘 铸	《江海晚报》	1998 年 12 月 29 日	
90	濠南苑囿郁璘彬	赵明远	《江海晚报》	1999 年 5 月 18 日	
91	园囿生辉愿无憾——对人民公园归属博物苑的思索	啸 鸣 逸 易	《江海晚报》	1999 年 12 月 16 日	
92	市人民公园并入南通博物苑	周 健 朱晖斌	《江海晚报》	1999 年 12 月 21 日	
93	快速推进 整体移交——人民公园并入博物苑	施 晔	《南通日报》	1999 年 12 月 22 日	
94	人民公园并入博物苑,文化旅游增添新活力	施 晔	《南通日报》	1999 年 12 月 31 日	
95	南通博物馆恢复旧貌	张炽康	《中国文物报》	2000 年 1 月 19 日	
96	有感于南通博物苑	朱华山	《南通日报》	2000 年 3 月 12 日	
97	日寇在中国第一座博物馆干了些什么	卜万容	《中国文物报》	2000 年 7 月 9 日	又载《南通日报》2000 年 3 月 17 日
98	中国历史博物馆史树青等参观南通博物苑各展馆时发表的意见	徐冬昌	《徐冬昌文集》	2000 年 2 月 11 日	南通市文学艺术界联合会南通博物苑编
99	《南通博物苑保护利用规划》读后感	徐冬昌	《徐冬昌文集》	2000 年 2 月 11 日	南通市文学艺术界联合会南通博物苑编
100	南通博物苑	赵明远 杨问春	《走遍江苏》	2000 年	中国林业出版社
101	百业待举南通博物苑	施 晔	《南通日报》	2001 年 7 月 12 日	
102	振兴南通博物苑的思考	施 晔	《南通日报》	2001 年 11 月 18 日	
103	我国自然博物馆之先驱——南通博物苑	张炽康	《大自然》	2001 年第 3 期	

序号	文　章	作者	报刊名称	时间	备注
104	中国第一个博物馆——南通博物苑	王宏钧	《中国博物馆学基础》	2001年12月	国家文物局主持编写的"文物博物馆系列教材",上海古籍出版社
105	从创建南通博物苑看张謇的大教育观	陈卫平	《中国文物报》	2002年8月30日	
106	传承张謇博物馆思想与实践,铸造中国博物第一馆新的辉煌	王倚海	《博物苑》	2002年第1期	南通博物苑
107	关于博物苑基本陈列特色的思考	刘伟东	《博物苑》	2002年第1期	南通博物苑
108	谈谈博物苑的青少年教育基地工作	沈倩	《博物苑》	2002年第1期	南通博物苑
109	南通博物苑观感	方祖歧	《博物苑》	2002年第1期	南通博物苑
110	《漫步博物苑》	赵鹏	专著	2002年9月	黄山书社
111	加快推进南通博物苑总平规划和新展馆建设保护、研究和宣传好"中国近代第一城"	蓝绍敏	《博物苑》	2003年1期	南通博物苑
112	南通博物馆琐记	徐晓白	《博物苑》	2003年1期	又载《南通日报》2003年5月18日
113	南通博物苑感言	梁吉生	《博物苑》	2003年1期	南通博物苑
114	从麋鹿亚化石的发现到麋鹿种群的回归——南通博物苑记事	卜万容	《博物苑》	2003年1期	南通博物苑
115	南通举行张謇与博物馆文化座谈会	郭桂香	《中国文物报》	2003年8月15日	
116	孙家四代与南通博物馆	孙模	《中国文物报》	2003年8月20日	
117	南通博物馆获省表彰	赵明远 苗蓓	《南通日报》	2003年10月22日	
118	张謇创办中国第一个博物馆	吕济民	《文史知识》	2003年第8期	
119	多致真知瀹众愚　先从格物救凭虚——张謇与博物馆	金艳	《张謇的文化自觉》	2003年	陕西人民出版社
120	博汇万物以昭德教民	张炽康	《张謇的文化自觉》	2003年	陕西人民出版社

序号	文　章	作者	报刊名称	时间	备注
121	感谢南通博物苑	孙　模	《江海晚报》	2003 年 5 月 20 日	
122	2002 年南通博物苑事业建设十项成果等	张炽康	《南通日报》	2003 年 1 月 14 日	
123	我与南通博物苑	季修甫	《南通广播电视报》	2003 年 5 月 29 日	
124	南通博物苑出路何在	苗　蓓	《南通日报》	2004 年 3 月 11 日	
125	门庭冷落到何时　谁为博物馆买单　新观念新机制打造博物馆之城	苗　蓓	《南通日报》	2004 年 1 月 26～28 日	
126	论张謇设苑为教育的思想	凌振荣	《东南文化》	2005 年第 1 期	
127	百年回眸风雨路，万里望云霞天——纪念南通博物苑一百年	陈卫平	《中国博物馆》	2005 年第 1 期	
128	中国博物馆事业的开创者——张謇	金　艳	《中国博物馆》	2005 年第 1 期	

（沈　倩　整理）

编　后　记

　　沐浴着新世纪的阳光，我们迎来了"南通博物苑一百年暨中国博物馆事业发展百年"的盛大庆典。值此欢庆的日子，谨以此书来纪念南通博物苑的创建人张謇及其同仁，纪念南通博物苑100年诞辰，纪念中国博物馆事业发展百年的光辉历程。

　　100年前，张謇以其敢为天下先的气魄创建了博物苑，为中国博物馆树立了榜样；100年后的今天，当代博物苑人正以科学发展观为指导，在新的百年里再创新的辉煌。100年风雨历程中，南通博物苑虽历经磨难，但始终坚持"设为庠序学校以教，多识鸟兽草木之名"这样一个设苑为教的思想，为社会的发展、民族的进步贡献出了自己的力量。南通博物苑是中国博物馆的骄傲，它的发展彰显着博物苑几代人薪火相传的奋斗精神。

　　我们编辑出版《南通博物苑百年苑庆纪念文集》，得到了南通市文化局、南通市图书馆、南通市档案馆等单位领导的大力支持，得到了博物馆苑的老朋友孙模先生、程灼如先生的热情帮助，得到了南通博物苑全体同仁的积极配合，在此一并致谢。

　　本集所收，主要是博物苑几代人工作心得的结晶。特别令人兴奋的是，一些著名学者还为百年苑庆撰写了专稿，他们是两院院士、清华大学教授吴良镛先生，国家文物局专家组成员、中国国家博物馆研究员苏东海先生，著名古脊椎动物学家、北京自然博物馆研究员甄朔南先生和南开大学文物与博物馆学系教授梁吉生先生。还有三位作者，与博物苑关系渊源颇深：一位是与博物苑同年同月生的南通师范孙渠先生，还有两位被博物苑人尊为"南曹北周"——上海自然博物馆的曹克清先生和北京自然博物馆的周国兴先生。需要交待的是，我苑创建人张謇先生为博物苑事业所留下的诸多文字，已另结集，本书不再收录；首任苑主任孙钺的文章，因与文集主题相去甚远，只得忍痛割爱。

　　为全面而清晰地反映南通博物苑的百年历程和辉煌成就，所收66篇文章除为统一格式稍加改动外，基本上都保持原貌。而且，还按内容大致分为苑庆专稿、苑人苑事、论说汇存、苑品集锦和考古考证五个部分，在目录中用空行来表示。

　　囿于编者水平，难免会有井底之见或挂一漏万之处，还望方家不吝赐教。

编　者
2005 年 8 月

封面设计　张希广

责任印制　张道奇

责任编辑　许海意　张　芳

图书在版编目（CIP）数据

南通博物苑百年苑庆纪念文集/南通博物苑编．－北京：

文物出版社，2005.9

ISBN 7-5010-1786-7

Ⅰ．南…　Ⅱ．南…　Ⅲ．博物馆－南通市－纪念文集

Ⅳ．G269.275.33-53

中国版本图书馆 CIP 数据核字（2005）第 095486 号

南通博物苑百年苑庆纪念文集

南通博物苑编

*

文 物 出 版 社 出 版 发 行

（北京五四大街 29 号）

http://www.wenwu.com

E-mail：web@wenwu.com

北京美通印刷有限公司印刷

新 华 书 店 经 销

787×1092　1/16　印张：19.75

2005 年 9 月第一版　2005 年 9 月第一次印刷

ISBN 7-5010-1786-7/G·111　定价：80.00 元